新版 社会構造

Social Structure

核家族の社会人類学

George Peter Murdock

G.P.マードック著
内藤莞爾監訳

新泉社

社会組織の研究におけるその創造
的な努力によって、斯学のこんに
ちの発展に大きく貢献した
A・L・クローバー、R・リントン、R・H・
ローウィ、L・H・モーガン、A・R・ラドク
リフ＝ブラウン、W・H・R・リヴァースと、
社会学と心理学とに対するその寄
与が、両分野の発展を志す著者に
とって無限の助けとなった
J・ダラード、S・フロイト、C・L・ハル、
A・G・ケラーとに

本書を捧げる

はしがき

本書は、社会科学の五つの個別的成果——ひとつの研究技術と四つの理論体系——の総合である。本書は、この五つのすべてから生まれ、このすべてに拠っており、またこのすべてを反映している。それはいくつかの学問の焦点を、人間の社会生活の一つの側面——家族と親族組織、そしてそれらと性・結婚の規制との関係——に合わせてみよう、と意識的に努力した結果である。意図としては、この仕事がただ人類学だけでなく、また社会学あるいは心理学に貢献するというのでもなく、人間行動の総合科学への貢献であろうとしている。また成果においても、そうなることを望んでいる。

本書の拠っている研究技術は、「通文化的サーヴェイ」(Cross-Cultural Survey) というものであるが、この技術がなければ、おそらく本書は、企画されなかったに違いない。

「通文化的サーヴェイ」は、一九三七年、エール大学の「人間関係研究所」(Institute of Human Relations) が行なった、社会科学における総合研究計画のひとつとして開始された。ここでは未開社会だけでなく、歴史社会、現代社会も含めて、一五〇ほどの人間社会について、原資料からフルに抜きだし、これを項目別に分類した、地理的・社会的・文化的情報の完全なファイルが作成された。このファイルからは、収録されたどの社会についても、特定の項目に関するすべて既存の情報を、ごくわずかの時間——図書館で調べるのと較べて——で手に入れることが可能である。

著者は、一九四一年、この研究を始めたが、ここでは家族、親族、親族者、地域集団、それに結婚と性行動とについて、必要なデータの一覧表がつくられた。そして、十分な情報が報告されているすべての社会について、「通文化的サーヴェイ」のファイルから、そうしたデータを抜きだした。こうしてわずか数週間で、私は八五の社会に関する適切な資料を集めることができた。これらの社会は、〔巻末の〕文献目録に星印で示されている。

この数は、かなり多いけれども、なお信頼のおける統計的処理をするには、事例数が大きく不足しているように思われた。そこで私は、普通の文献調査というやり方で、もっとたくさんの情報を手に入れようとした。結局、一六五の別の社会のデータも手に入れて、全部で二五〇の社会ということになった。この追加事例を得るのに要した労力は、まことにおびただしいもので、優に一年以上の研究努力を払うことになった。これは時間にして、もとの八五の事例を手にするのに使った一〇倍以上にあたっている。しかも結果は、質量ともに劣るものであった。これは「サーヴェイ」のファイルから取りだした事例が、完全に資料範囲をカバーしているのと対照的に、ほとんどの場合、一冊の本とか一編の論文とかで満足しなければならなかったからである。われわれの作表したデータにも、事実上のギャップや誤りが発見されるかもしれない。しかし文献目録を照合されれば、それは公認された原資料がつかめなかったため、ということに気づかれるに違いない。なお追加した一六五の社会の資料カバーが不完全だったことについて、一言付け加えておきたい。「通文化的サーヴェイ」の達している完全さを得るための研究作業、これを進めるほどの時間の余裕が、私にはなかったのである。もし「サーヴェイ」が、歴史学、社会学、民族誌学の知っている全部の文化から、せめて一〇%の代表的標本をカバーしていたならば、本書の編集・執筆に要した時間で、こうした研究をいくつも、しかももっと完全で、もっと正確な資料によってつくることができたに違いない。

分析のさい、統計法と仮説設定法（postulational method）とを用いることは、主に「通文化的サーヴェイ」のファイルの資料をつかうことからして、はじめから[1]これを考えていた。ただ南アメリカやユーラシアのような地域では、十分な資料を備えた事例があまりにとぼしく、適当な標本を得ることができなかった。そこで利用できる事例はみなつかって、抽出という技法はやめる方針にした。また他の地域でも、標本が必要だということよりも、そこには良質の資料があるということのために、ある社会を選んだこともあった。けれどもある文化地域にことさら代表性をもたせることは、注意して避けることにした。要するに厳密な抽出からは外れることもあったが、それは、ふさわしい原資料がそこにあるかないかということの反映であって、他に選択の理由があったのではない。これが五つの地域からほぼ同数の社会をとりだすことをしないで、北アメリカの原住民から七〇、アフリカから六五、オセアニアから六〇、ユーラシアから三四、南アメリカから二一となったことを説明するものである。

　著者の仮説を支持するような社会、別の言い方をすれば、著者の仮説と矛盾する仮説を斥けるような社会、こうしたものに偏る懸念を極力避けるために、著者は「通文化的サーヴェイ」のファイルのうち情報が十分な社会は、これをみな含ませることとした。また追加事例に対しては、標準となる一つの方針を採用することにした。私は、ある社会が抽出の基準にあっていることがわかると、つかえる原資料を捜してそのページを追ってみた。そして一目みて、親族呼称法、性と結婚、家族集団、親族集団、地域集団についてのデータがあると思うと、情報のくわしい検討はしないで、その事例を採用して、以後はこれを除かないことにした。ところがこのために、データがとぼしくて、おそらく信頼できそうもない社会をたくさん含むことになった。そこで九例――アラワク族（Arawak）、フラニ族（Fulani）、ヒウ族（Hiw）、フイチョル族（Huichol）、ジバロ族（Jivaro）、カンバ族（Kamba）、モハベ族（Mohabe）、ポモ族（Pomo）、シンハリーズ族（Sinhalese）――については、はじめの作表のときに、情報がまったく不適格なことがわかった。そこで以上の決定をやめて、事例からは除くことにした。また少なくとも他の九例――ゲトマッタ族（Getmatta）、ハワイ人（Hawaiians）、ヒュパ族（Hupa）、マタコ族（Mataco）、ミキル族（Mikir）、ナンビクアラ族（Nambikuara）、ルテニア人（Ruthenians）、トウィ族（Twi）、ヴァイ族（Vai）についても、のちに同様、不適格なことがわかった。けれどもこれらについては、以上の決定を守って、事例として残すことにした。

有効な科学的原理には、まったくの例外というものはありえない。したがって理論的な期待と一致しない場合には、なぜそうなったか、つまり対抗要因を確定することがたいせつになる。そしてそのためには、否定的もしくは例外的な事例は、みなこれを科学的に検討してみることが望ましい。この試みは、第八章で行なっているが、他の場所でも、ときとしてなされている。けれどもこの方針を完全に貫くのは、二五〇の事例を数百の表で扱うことからして、実行不可能とするほかはない。

ほとんどの社会学者と機能主義に立つ人類学者たちとは、文化変化のプロセスには統合的な傾向がみられるので、個々の文化は、これを統計処理のための独立の単位として扱ってよいことを、十分理解している。けれども多くの歴史主義に立つ人類学者と少数の社会科学者とは、伝播という事実——ほとんどの社会は、その文化要素の大きな部分を明らかに他の社会から借りている——が、この統計処理の仮定を無効にしていると、以上の見解に疑いをいだいている。たしかに著者は、この懐疑論を破ることをしないで、これまで自分の立場を述べてきた。そこである付録では、この問題にはっきり立ちむかうことにした。そしてそこでは個々の部族ではなくて、文化領域と語族とを単位として、一連の集計表をあらためて集計しなおしてみることにした。この二つは、明らかに歴史的な関連をもち、また最も広く承認されている二つの人間集合だからである。そして試験的に行なったいくつかの集計結果では、部族を単位とした結果と実際同じにみてよいということが示された。ただこの計画は、中止されたが、それはその後、ずっと完全な方法が発見されて、厳密に歴史的な手続きからわれわれの仮説が正当なものとなったからである。これは付論Aに示されている。

われわれの歴史的テストが統計的証明を確認しているという事実は、部族を単位として選ぶ抽出の方法、他の単位での試験的な確認、それに第八章での明確な反証——歴史的関連は社会組織の形態に有意の影響を及ぼすこと——とともに、今度は挙証責任を懐疑論者の側に移すことになってくる。われわれの主張は、文化の構成要素は統合の方向にむかって変更されるということである。そこでもし伝播がこれを拒んでいるとするならば、その論者は、少なくともわれわれの作業と比較できる規模で、このことを例証しなくてはならない。こうしてはじめて歴史的接触が文化単位それぞれの変異をこわすものではないという〔われわれの〕仮定は、重大な挑戦を受けることになるわけである。

統計的作業については、それぞれの算定に二つの指数を採用した。すなわち比較のためには、ユール（Yule）の連関係数（Q）を、また、偶然によって起る特殊な分布の確率を示すためには、x^2を用いている。統計法について、著者はアービン・L・チャイルド（Irvin L. Child）、カール・I・ホブランド（Carl I. Hovland）、ダグラス・H・ローレンス（Douglas H. Lawrence）、ベネット・B・マードック（Benett B. Murdock）、オイステイン・オーア（Oystein Ore）、フレッド・D・シェフィールド（Fred D. Sheffield）、ジョン・R・ウィッテンボーン（John R. Wittenborn）の諸博士の助言を得た。言うまでもなく、係数の低いまたは負の係数を示す集計も、いっさい排除されていない。なお負の係数の出たごく少数の場合には、分析によって仮説中のなにかの欠陥が明らかとなり、次いでその仮説は改訂された。修正された仮説を検証する係数は、本書にあっては、多くの場合、統計的に有意とするにはあまりに低いものであるが、しかしもっと重要なのは、何百回計算しても、どれもまったくのマイナスの記号にはならなかったことである。もしテストされた理論になにか本質的な誤りがあったとすれば、こうした結果の出るチャンスは、信じられないほどわずかなものとしなくてはならない。

「通文化的サーヴェイ」がなければ、この研究はほとんどできなかっただろうし、あるいはこうも大規模にその方法を適用することもできなかっただろう。それで著者は、このプロジェクトを終始支持された人間関係研究所の所長、マーク・A・メイ博士（Dr. Mark A. May）に、個人としてのまた専門人としての謝意を表する。さらにカーネギー財団、とりわけ現在の理事長チャールズ・ダラード（Charles Dollard）氏は、戦時中ずっとこの「サーヴェイ」に財政的援助を与えられた。また「南北アメリカ問題」（Inter-American Affairs）の同人たち、わけてもウィラード・Z・パーク博士（Dr. Willard Z. Park）とかれのスタッフとは「南北中央アメリカの戦略的索引」（Strategic Index of the Americas）と呼ばれる戦争計画のもとで、現代ラテン・アメリカの諸社会に関する資料をきわめて豊富なものにした。またアメリカ海軍省、とくにA・E・ヒンドマーシュ海軍大尉（A. E. Hindmarsh）とハリー・L・ペンス海軍大尉（Harry L. Pence）とは、戦時中、日本の統治下にあった太平洋諸島の完全な資料カバーを可能にしてくれた。これらに対して、著者は多くのものを負っている。さらに以下の人びとの協力にも、謝意を表わさなくてはならない。アイミー・アルデン夫人（Mrs. Aimee Alden）、ジョン・M・アームストロング（John M. Armstrong, Jr.）、ウェンデル・C・ベネット博士（Dr. Wendell C. Benett）、ワード・H・グッドイナフ（Ward H. Goodenough）、ジョフリー・ゴーラー（Geoffrey Gorer）、フランシス・キャンベル・ハーロウ夫人（Mrs. Frances Campbell Harlow）、ハリー・ホーソーン博士（Dr. Harry Hawthorn）、アラン・R・ホルンバーグ博士（Dr. Allan R. Holmberg）、ドナルド・ホートン博士（Dr. Donald Horton）、ロイス・ハワード夫人（Mrs. Lois Howard）、ベンジャミン・キーン博士（Dr. Benjamin Keen）、レイモンド・ケネディ博士（Dr. Raymond Kennedy）、ウィリアム・エワート・ローレンス博士（Dr. William Ewart Lawrence）、オスカー・レイス博士（Dr. Oscar Lewis）、レオナード・メーソン教授（Prof. Leonard Mason）、アルフレッド・メトロー博士（Dr. Alfred Métraux）、アロイス・M・ネーグラー博士（Dr. Alois M. Nagler）、ベンジャミン・ポール博士（Dr. Benjamin Paul）、ギテル・ポズナンスキー博士（Dr. Gitel Poznanski）、ジョン・M・ロバーツ博士（Dr. John M. Roberts, Jr.）、マリー・ローズ博士（Dr. Mary Rouse）、バーナード・シーゲル博士（Dr. Bernard Siegel）、レオ・M・シモンズ博士（Dr. Leo M. Simmons）、マリオン・ランバート・バンダービルト夫人（Mrs. Marion Lambert Vanderbilt）。なおそれぞれの面で「通文化的サーヴェイ」に関係されたたくさんの人びとについても、同様である。なかでもクレラン・S・フォード博士（Dr. Clellan S. Ford）とジョン・W・M・ホワイティング博士（Dr. John W. M. Whiting）は、全期間を通じて、このプロジェクトの展開と緊密に結びついていた。

　本書に影響を与え、その成果に反映されている四つの社会科学の理論体系のうち、第一は社会学のそれである。ここで著者は、アルバート・G・ケラー（Albert G. Keller）におびただしい知的負債のあることを繰りかえさなくてはならない。[2] 著者は、かれのもとで大学院の課程を修め、また後輩の同僚として、多年にわたる親交を結んできた。私はケラー教授から、真の知識へのただ一つの道は、科学という険しい小径だという確信を与えられた。また現代社会における社会的行動は、より初期の、より単純な諸民族を比較研究するという背景から、最もよく理解できるということを学んだ。さらにケラーを通じて、私はウィリアム・グラハム・サムナー（William Graham Sumner）の大きな貢献――文化の相対性、文化には情緒的基盤があり、その浸透には制裁と道徳的価値をともなうという、まだ完全には評価されていない事実――に気がつくようになった。

けれども、もっとたいせつなのは、文化は適応的または「機能的」（functional）であるということの発見である。すなわち文化は、その担い手の基本的なニーズをみたしながら、真に進化的な過程、すなわち秩序ある適応的変化という特徴をもつプロセスにおいて、一種の集団的試行錯誤をたどりながら、時とともに変化していく、ということの発見であった。(3) これはケラー自身の貢献であって、サムナーから受け継いだものではない。そしてこれは時代を超えた偉大な社会科学者として、ケラーの地位を保証するものであろう。この概念〔＝文化の機能的概念〕は、きわめて有効であって、当時の人類学者・社会学者の支持する文化と文化変化の性質に関する見解と較べて、はるかに洗練されたものであった。ただそのためかえって、これはほとんど承認されることなしに終った。なるほどこの観点は、ここ一〇年か二〇年ほどのあいだに、主として、マリノフスキー（B. Malinowski）の「機能主義」（functionalism）や「文化とパースナリティ」（culture and personality）というもっと新しい研究を通して、一般に受けいれられるようになった。しかしこんにちでも、ケラーの先行は、事実上、知られていない。ほかの人類学者たちが、のちにマリノフスキーから学んだものは、著者にとっては、そのほとんどがケラーの影響を通して、すでに親しいものとなっていた。著者は、技術的にはボアス（F. Boas）のもとで、もっと厳しい人類学の訓練を受けることになった。けれども大学院時代、ケラーのもとで研究をしたことには、いつも変わらない感謝の気持を抱いている。

ただ不幸にして、こうした利点には、著しい欠点がともなっていた。そこで重要な問題については、私はサムナー＝ケラーの伝統から逸脱せざるをえなかった。科学に対する純粋な尊敬というものは、ケラー教授やその弟子たちがしばしば表明した、他のアプローチへの不寛容とは両立しない、と思われた。それというのも、明らかに重要な仕事が、ほかの社会学者たち、またいく人かの心理学者や文化人類学者によってなされていたからである。それだけではない。ケラーたちにあっては、事例によって補強された価値判断が、あまりにもしばしば、科学の仮面をかぶっていた。とりわけ『社会の科学』（*Science of Society*, New Haven, 1927）は、一九世紀の進化論——歴史派人類学者が長いあいだ、非としてきたものであるが——の残滓で、あまりにも浸透していた。それでその結論を受けいれるには、非常に高度の選択性が求められ、したがって気短かで、十分訓練されていない学者たち、または酷評好きな学者たちは、しばしばそれを全面的に斥けようということにもなるのである。ただこう大きく割引きされるにもかかわらず、サムナー＝ケラーのアプローチは、なお本書の背後にひそむ、おそらく最も影響力の強い知的刺激となっているであろう。

エールにおけるかつての社会学の同僚のうちでは、とくにE・ワイト・バック（E. Wight Bakke）、モーリス・R・デーヴィ（Maurice R. Davie）、レイモンド・ケネディ、ジェームス・G・レイバーン（James G. Leyburn）、ステフェン・W・リード（Stephen W. Reed）、レオ・W・シモンズ、との専門のことと、個人的なつきあいとを通して、得るところが大きかった。他の機関にいる社会学者としては、とくに、ウィリアム・F・オグバーン（William F. Ogburn）の文化理論に対する貢献、ジョージ・ランドバーグ（George Lundberg）の厳密な科学的客観性、レイモンド・V・ボワーズ（Raymond V. Bowers）の方法論における多才、キングスレイ・デーヴィス（Kingsley Davis）、ロバート・マートン（Robert Merton）、タルコット・パーソンズ（Talcott Parsons）の社会構造への貢献に強い影響を受けた。

本書に対する大きな影響力は、第二にフランツ・ボアスをパイオニアーおよび知的指導者とする、アメリカ歴史主義の人類学者のグループから発している。著者は、まったくこの派に負うており、この派の貢献を心から評価している。このことをとくに強調しなければならない。というのは、この派の所説とは鋭い論争を呼びそうだからである。二〇世紀のはじめ、人類学とこれに関連する社会科学の思想と理論とは、科学のより大きな発展への道を閉ざす進化論的仮説によって飽和されていた。ボアスとその弟子たちとは、この知的廃墟を取り除くことを主な仕事と考えた。そしてかれらは、非常にたくみにまた精力的に、この仕事を進めていった。これによって一九二〇年までに、社会科学における進化論は完全に崩壊された。この離れ業は、野外調査への集中、平原部・北西海岸といった特定地域における諸文化の歴史的相互関連の例証、などでなしとげられた。これらの活動は、単系的進化の誤りを明らかにしただけでなくて、野外調査を専門の人類学の旗印にかかげることになった。事実、バフォーフェン (J. J. Bachofen)、デュルケム (E. Durkheim)、フレーザー (J. G. Frazer)、グレーブナー (F. Graebner)、リッペルト (J. Lippert)、ラボック (J. Lubbock)、マレット (R. R. Marett)、マクレナン (J. F. McLennan)、シュミット (W. Schmidt)、サムナー、タイラー (E. B. Tylor)、ウェスターマーク (E. Westermarck) など、初期の理論家たちは、野外調査者ではなかった。そしてこの野外調査が、人類学者たちに他民族の文化を直接体験させ、これが理論的解釈におけるリアリズムの最良の保証であることを知らせる結果となった。こうした貢献の重要性は、けっして強調しすぎることはない。

ただ残念なことに、この学派は、文化理論の進展には、ほとんどなすところがなかった。なるほど進化論という亡霊は祓った。しかし有望な新しい目標は、まったく発見することができなかった。弟子たちからは、法外に買い被られていたにしても(4)、ボアス自身は、最も非体系的な理論家であって、かれの優れた無数の洞察の核も、衒学的なガラクタのなかに散らばっているにすぎない。それにかれは、よき野外調査者でもなかった(5)。たしかにかれは自分の弟子たちに、民族誌の事実に、また方法論的な厳密性に深い敬意を払うことを教えた。ところが何人かの追随者によって、かれのアプローチは、地域的分布から先史学にかかわるせっかちな推論を行なうという不毛な歴史主義へと退化してしまった。また他の弟子たちの手によって、人類学の新しい傾向にはみな理不尽に対立するという、そうしたものに転宗してしまった。

ただレスリー・スパイアー (Leslie Spier) のなかには、ボアスのアプローチの長所が、最も純粋に蒸溜されている。一見して、ある限界が認められるにしても、スパイアーは、健全で体系的な民族誌家だと言ってよい。かれは、詳細な点への注意と尊敬とを備えた歴史的な諸結論に到着しており、これは称賛にあたいする。また理論構成についても、大きな力量を示している。著者は、スパイアーと親しく交際した数年間を貴重なものと考えており、アメリカ歴史主義人類学の伝統を学ぶにあたって、かれに深く負うていることを感謝する。ボアスの他の弟子たちのうち、ロバート・H・ローウィ (Robert H. Lowie) もまた、とくに社会組織の分野では優れた研究を行なっているし、A・L・クローバー (A. L. Kroeber) は、かれの同世代および隣接世代の人びとのうちでは、指導的な人類学者のように思われる。歴史的アプローチを尊重することに対する消極的な姿勢、またときとしてこの方法が軽率につかわれているにもかかわらず、クローバーはその独創性、生々とした問題への関心、分析的な洞察によって、アメリカの人類学を、実りなき世代にありながらも、なお生き続けさせた。ボアスは、この三人によって正しく評価されるであろう。もっとも一九二〇年以降、かれの個人的影響の全部を合わせるならば、当然、科学的人類学が生まれる方向にあったことも、事実である。

クラーク・ウィスラー (Clark Wissler) からは、はじめはかれの著作を通して、のちには個人的な接触によって、文化とその地理的背景との関連や、文化要素の地理的分布について、はじめて適切な理解を得ることができた。この仕事は、アメリカ歴史主義人類学の貢献のうちで、基本的に重要なもののひとつである。エドワード・サピアー (Edward Sapir) からは、私は言語学の知識と、フィールド・ワークの手ほどきを受けた。また文化とパースナリティという領域が、かれの抜群の直観能力と言語的才能とによって、はじめて刺激された。私には、いつでもこれを認める用意がある。けれども文化理論に対するサピアーの不変の貢献というものは、かれが言語学で達成したものに較べて、比較的わずかである。このこともますます明らかになってきた。ラルフ・リントン (Ralph Linton) には、著者は最も深い敬意を表している。かれにあっては、歴史主義的・機能主義的・心理学的という三つのアプローチが、ひとつの調和ある総合という形で接合されている。これは現代の文化人類学を、最高に類型化するものである。かれと私とがともに専門的な資格をもつ分野では、理論的に問題について、私はめったにかれと意見の大きなくい違いを見ることがなかった。

一〇年ほどまえ、私は自分の考えに重大な影響をもつもののひとつに、機能主義人類学を位置づけようとしていた。しかし今はそうではない。ブロニスラウ・マリノフスキーとの個人的な接触は、私に知的な刺激を与え、社会制度についてのある明示を得ることができた。けれども、基本的な見解としては、まえにケラーから得たものと変わりがなかった。また社会組織に関するラドクリフ＝ブラウン（A. R. Radcliffe-Brown）の仕事は、一見、非常に印象的に見えたし、また事実、それは私にこの分野を専攻させるようにさせた要因でもあった。しかしもっと近よってみると、その長所はうすらいで、集中的研究（intensive study）とともに、実質のないものとなって、色褪せてきた。たとえばクローバーとラドクリフ＝ブラウンとの論争をみると、私にはブラウンの見解のほうがいくぶん堅実なように思えたし、今でもそう思っている。しかしデータの実際の分析と解釈ということでは、ほとんどの事例でも、クローバーのほうが正しく、ブラウンが間違っていることは明らかである。

　機能主義人類学の主なインパクトは、若いアメリカの人類学者たちに、ひとつの革命をもたらしたことであろう。かれらの大部分は、もう純粋な歴史派でも、機能派でも、また心理学派でもない。いくつもの道具を同時に、それも、しばしばおどろくほど器用にこなす人たちである。こうした有能で寛大な人たちの手に、人類学の将来、そしておそらく社会科学全体の将来がゆだねられているのである。こうした人たちのうち、私は特別な知的負担を次の諸氏に負うている。H・G・バーネット（H. G. Barnett）、フレッド・エガン（Fred Eggan）、クレラン・S・フォード（Clellan S. Ford）、ジョン・P・ギリン（John P. Gillin）、A・I・ハロウェル（A. I. Hallowell）、A・R・ホルンバーグ、クライド・クラックホーン（Clyde Kluckhorn）、W・E・ローレンス、モリス・E・オプラー（Morris E. Opler）、アレキサンダー・スポエアー（Alexander Spoehr）、ジュリアン・H・スチュワード（Julian H. Steward）、W・ロイド・ウォーナー（W. Lloyd Warner）、ジョン・W・M・ホワイティング。

　本書に大きな影響を及ぼした第三の組織的な知識体系は、行動心理学である。私は初学者のころ、パブロフ（I. P. Pavlov）やワトソン（J. B. Watson）の業績に近づいて、これに好感を抱いていた。しかし一〇年前、クラーク・L・ハル（Clark L. Hull）と出会って、その研究に親しむようになるまでは、このアプローチの堅実性を十分に評価せず、それが文化理論に有効なことを認めていなかった。ハルのアプローチは、著者の知る人間行動に関する体系的研究のなかでは、科学的厳密性と客観性との点で他を凌いでいる。そして重大な批判をむけることのできない、唯一のものである。ハルの研究がなければ、本書の主な結論は、事実上不可能であったろう。心理学の他のどんな成果よりも、ハルのアプローチは、文化の問題により明るい光を投げかけそうに思われる。これに較べて、社会心理学、ゲシュタルト心理学、さらに精神分析でさえ、相対的に貧弱のように感じられる。私はこうした光源を提供したハル教授に深く負うものであり、同時にハルの心理学へとみちびいてくれたジョン・ダラード (John Dollard) にも負うところが大きい。著者はまた学習と行動の諸原理を解説してくれた次の諸氏にも、大きく感謝する。カール・I・ホブランド (Carl I. Hovland)、ドナルド・G・マーキス (Donald G. Marquis)、マーク・A・メイ、ニール・E・ミラー (Neal E. Miller)、O・H・マウラー (O. H. Mowrer)、ロバート・シアーズ (Robert Sears)、ジョン・ホワイティング。

本書に実質的な影響を与えた第四の、そして最後の理論体系は、精神分析である。ここではフロイト(S. Freud)の天賦の才、これまで不明とされていた現象の領域に対するその鋭い洞察力、かれの発見がきわめて重要でありかつ本質的に確実であることに、心からの敬意を表するものである。そしてこの敬意に水を差したり、またフロイトの治療技術が確かな価値をもつことを否定するものでもない。ただそれにもかかわらず、私は、私自身の次の確信を表明しておかなくてはならない。それは精神分析という理論体系が、最高度にあいまいのうちにあること、その諸仮説がしばしば重複し、矛盾さえしていること、さらにその理論が、厳密で検証可能で、進歩的な科学的知識たるの要件をほとんど充たしていないことである。そこで私の意見では、精神分析はおそらく、その成果が次第になにかもっと厳密な科学的体系、たとえば行動心理学のようなものに編入されていくにつれて、独立の理論的学問としては、消えていく運命にあるのではなかろうか。事実、この方面へのかなりの歩みが、すでにみられるが。しかしこの併合は、まだ完成にはほど遠い。したがって著者は、本書の二つの部分では、まだ併合まえのフロイトの理論を用いざるをえなかった。すなわち第九章における回避《アボイダンス》関係と冗談《ジョーキング》関係の解釈、第一〇章における近親相姦の禁忌《インセスト・タブー》の分析がそれである。

このように精神分析はやや不満足な科学的アプローチではあるけれども、この有意義なアプローチを私に紹介したことでは、私は深くジョン・ダラードに負うている。同様にアール・F・ジン（Earl F. Zinn）は、一五カ月のあいだ、分析〔の方法〕を指導するとともに、その前後にわたって、フロイト学説の原理を明らかにしてくれた。ニール・ミラー、ホバート・マウラー、ジョン・ホワイティングも、著者の教育に参加した。さらに精神分析の原理を文化的素材に適用する点については、エーリッヒ・フロム（Erich Fromm）、カレン・ホーネイ（Karen Horney）、アブラム・カーディナー（Abram Kardiner）からも、得るところがあった。

おわりに人間行動に関する調整的・学際的な科学を成長させようとして、いくつもの学問と技術とを統合する啓発的な方針を採用したことについて、それにふさわしい謝辞を人間関係研究所とその所長マーク・A・メイ博士に呈しなくてはならない。

コネチカット州ニュー・ヘブン

一九四八年九月

ジョージ・ピーター・マードック

原註

1 G. P. Murdock, The Cross-Cultural Survey (*American Sociological Review*, V, 1940, pp. 369-70) をみよ。

2 G. P. Murdock, *Studies in the Science of Society* (New Haven, 1937, pp. vii-xx) をみよ。

3 K. G. Keller, *Societal Evolution* (New York, 1915) をみよ。

4 R. H. Lowie, *History of Ethnological Theory* (New York, 1937, pp. 128-155).

5 クワキウトル族（Kwakiutl）に関するボアスのモノグラフは、いわゆる「五呎の棚」をなしている。にもかかわらず、この部族は、本書をカバーしている二五〇の社会のうちでは、社会構造およびこれに関連した諸慣習については、最も記述のよくない四分の一〔の部類〕に落ちてしまうのである。

社会構造　目次

装幀　勝木雄二

統計表　目次

凡例

一、本書は、George Peter Murdock, *Social Structure*, 1949, Macmillan Company の全訳である。

一、人名は、はしがき・註は別として、初出に限って原名を付しておいた。

一、民族名・部族名も、はしがき・註は別として、初出に限って原名を付しておいた。ただ付論Aは、これらが正確にアルファベット順に配列されているので、あえて原名を再録しておいた。

一、民族名・部族名は、地名から来たものについては、地図・地理書によって、呼び方の正確を期したが、純然たる民族・部族名については、その発音に不明のものを残した。この場合には、英語の音読に従ったので、正確は期しがたい。なお索引には、原語と音読とを併記しておいたので、読者のご教示を期待する。

一、訳文中の〔 〕は、訳者の加えたものである。

一、本書には、八七の統計表が出てくるが、原書には表の名称が欠けているので、本訳書では、適当と思われる名称をつけておいた。統計表の目次も、訳者の加えたものである。

一、また統計表のうち、比率および小計・合計を必要とするものについては、これを加えておいた。

第一章　核家族

家族は、居住の共同、経済的な協働、それから生殖によって特徴づけられる社会集団である。それは両性からなる大人と、一人またはそれ以上の子どもとを含んでいる。そして大人のうち少なくとも二人は、社会的に承認された性関係を維持しており、また子どもは、この性的共住を行なっている大人の実子、もしくは養子である。家族は、結婚とは区別されなくてはならない。結婚は、諸慣行の複合であるが、それは家族内の大人のうち、性的に結ばれているペアーの関係を中心としている。結婚は、こうした関係を確定し、終わらせる仕方、この関係のなかでの規範的な行動と相互的な義務とを規定している。また当事者たちには、地域的に受容されている諸制約を課することになる。

「家族」(family) ということばは、これを単独でつかうと、あいまいなものとなってくる。専門でない人、いや社会科学者でさえも、機能的には似ているけれども、重要な点で違ういくつもの社会集団に、このことばを無差別に適用していることがある。そこでこのことばが、厳密な科学的論議でつかわれるようになるには、まずこれらの違いを分析的に明らかにしなくてはならない。

ところで、二五〇の代表的な人間社会に関するわれわれの研究からは、家族構成の三つのタイプが現われてくる。第一は、最も基本的なタイプであって、ここでは「核家族」(nuclear family) と呼ぶことにするが、これは、典型的には一組の夫婦とその子どもたちからなっている。ただ個々のケースでは、一人あるいはそれ以上の人が加わって、これらと一緒に住んでいてもかまわない。核家族は、われわれ〔欧米〕の社会では、他のすべてに優先して認められているタイプなので、読者にはなじみ深いものであろう。ところが地球上の大多数の民族では、この核家族のいくつかが結びついて、ちょうど分子における原子のように、より大きな集合体をつくっている。こうした家族の複合体は、二つのタイプに分かれていて、この二つは、それを構成する核家族がどんな原理で配列されているかによって違ってくる。まず「複婚家族」(1)(polygamous family) は、複式の結婚、すなわち一人の配偶者を共同にもつことによって結ばれた、二つもしくはそれ以上の核家族からなっている。(2) たとえば一夫多妻制のもとでは、一人の男性がいくつかの核家族における夫と父親との役を演じており、そしてそのためにこれらの核家族が、より大きな家族的集団をつくりあげている。次に「拡大家族」(extended family) は、〔複婚家族のような〕夫婦関係の拡大ではなくて、むしろ、親子関係の拡大を通して結ばれた、二つもしくはそれ以上の核家族からなっている。つまりそこでは、既婚者の核家族が、その親たちの核家族と結びついている。父処〔婚的〕拡大家族は、しばしば家父長的家族とも呼ばれているが、これは拡大家族の好例を提供していると言える。これは典型的には、一人の老人とその妻または複数の妻、未婚の子どもたち、既婚の息子たちとその嫁たち、およびかれらの子どもたち〔孫〕を含んでいる。このように父親の核家族と息子たちの核家族からなる三世代の人びとが、一つの屋根の下とか、隣り合った家とかで生活するものである。

われわれのサンプル中、十分な情報が入手できる一九二の社会では、四七〔二四%〕は核家族だけをもち、五三〔二八%〕は、拡大家族と重ならない複婚家族をもち、九二〔四八%〕は、なんらかの形の拡大家族をもっている。なお本章では、もっぱら核家族だけを扱って、複合形態の家族構成については、第二章でとくに注目することにしたい。

核家族は、人間の普遍的な社会集合である。核家族は、それが唯一の支配的な家族形態であっても、またはもっと複雑な家族形態をつくりだす基礎単位であっても、とにかく現在まで知られているすべての社会では、一つの明確な集団として、また強い機能をもつ集団として存在している。少なくとも本書のために調査した二五〇の代表的な文化にあっては、これに対する一つの例外も出てこなかった。そしてこの結果は、ローウィ(R. H. Lowie)の次の結論を裏づけるものである。(3)「問題は、結婚関係が永続的か一時的かということでもなければ、一夫多妻婚または一妻多夫婚が存在するかどうか、あるいは性的放縦がなされているかどうか、ということでもない。さらにわれわれ〔欧米〕の家族には含まれない成員が加わって、条件が複雑になっているということでもない。なりよりもたいせつなのは、夫と妻と未成年の子どもたちとが、地域社会には吸収されない、一つの単位をなしている、ということである。」

そこで、核家族は「多くの社会の生活で、さほど重要でない役割」を演じているにすぎない、というリントン(R. Linton)の見解は、われわれのデータからすれば、まったく支持されていない。(4)信頼できる民族誌家で、この基礎的社会集団の存在または重要性のどちらかを否定するような者は、一人もいない。リントンは、インドのナヤール族(Nayar)を家族から夫と父とを排除している社会だと言っている。ところがかれの引用は、なんら権威あるものではない。この部族について、われわれ自身の調べた原資料は、リントンの述べるところをなんら裏づけていない。すなわちもっと大きな、またどんな形の家族が存在していようと、またより大きな形の家族が存在していようと、さらにより大きな単位がどの程度、より小さな単位のなにかの負担を受けもっていようと、つねに核家族の存在が認められる。またすぐあとでくわしく観察するように、それはいつもはっきりした、また活性度の高い諸機能――性的・経済的・生殖的・教育的――をもっている。ふつう、それは、社会的に区別されるとともに、空間的にも区別されている。一夫多妻制の場合でも、一般にそれぞれの妻とその子どものためには、別の部屋とか住居とかが準備されている。

核家族は、これを単に一つの社会集団としてみていると、その遍在の理由が、十分はっきりしてこない。ところがこれを構成する諸関係に分析して、これらの関係を全体的・個別的に検討してみると、はじめてこの家族の多面的な効用とその〔存在の〕不可避性とについて、納得がいくようになる。社会集団というものは、一連の対人関係――それは、互酬的に調整された習慣的反応のセットと定義されるであろう――が、それに参加する多くの人たちを集合的に結びつけるときに成立する。たとえば核家族では、これを束ねる関係は、次の八つである。すなわち、夫と妻、父と息子、父と娘、母と息子、母と娘、兄弟と兄弟、姉妹と姉妹、兄弟と姉妹、がそれである。(5) そして相互に作用し合うペアーの成員は、直接的には、おたがいに補強し合う行動を通して、また間接的には、各人が他の家族成員と個別にもつ諸関係を通して、結ばれている。ある成員と第二の成員との紐帯を強める要因は、みな同時に、また、この第二の成員が密接な関係をもつ第三の成員を第一の成員と結合させるように、間接的に作用する。だから核家族の社会的効用と、その遍在性に関する説明とは、一集合体としての諸機能のなかにだけ求められるのではない。その成員相互の諸関係における、サービスと充足とのうちにも求められなくてはならない。

核家族における父母の関係は、すべての社会が既婚の配偶者に与えている性的特権によって、強固なものとなっている。だいたい性は強力な衝動なので、人間の社会生活を支える協働関係を破壊するような行動に、個人を押しやっていく。だからこれに拘束を加えないと、安全なものであることができない。それであらゆる社会は、性をいろいろな制度でとり囲んで、その表現を統制しようとしてきた。(6) けれども反面、この規制が行きすぎになってもならない。そうなると社会は、その結果としてのパースナリティの不適応、または、その人口を維持するには不十分な再生産によって、困ることになる。あらゆる民族は、その統制の必要と、これに対立する表現の必要、この二つをどう調整するかの問題に直面してきた。そしてそれらのすべては、一連の性的タブーとその許可とを文化的に規定することによって、この問題を解決してきた。ただこうしたチェック・アンド・バランス〔の取り方〕は、文化によってえらく違ってくる。けれども例外なく言えるのは、核家族内の既婚の夫婦には、どこでも大幅な性的自由を認めている、ということである。〔むろん〕夫婦でも、性的エチケットは守らなくてはならない。またたとえば、月経・妊娠・授乳期の性交のように、ある周期的な禁制も守らなくてはならない。しかしノーマルな性の充足が、夫婦から恒久的に拒否されることは、けっしてない。

しかしこうした性的特権を、当然のことのように思ってはならない。そうではなくて、人間の文化がいろいろな点で、ほとんど無限の多様性をもつという見方からすれば、どこかある社会が夫婦関係をたとえば経済的な協働に限定し、性のはけ口をなにかほかの関係にむけさせ、夫婦の性的接近を禁止するということがあっても、別におどろくほどのことはない。事実、われわれの標本社会の一つである、ニューギニアのバナロ族(Banaro)は、こうしたやり方にやや接近している。この部族では、花嫁は花婿の身内の友人(sib-friend)によって、花婿の子どもの一人を生む。それまで花婿は、自分の若妻に近づくことが許されない。東ヨーロッパのある農民社会でも、これといくぶん似た習慣が報告されている。すなわち、そこでは父親は、未成年の息子を成年の女性と結婚させる。そして息子が成長して、夫婦間の権利を行使できるようになるまで、父がその娘と同棲して、子どもを育てる。(7) こうした例外的な事例では、性的権利が、結婚によって確立される夫妻関係とは結びつかずに、家族の創設によって確立される父母関係に結びついている。この点が、とりわけ興味深い。

性的交渉は、強い基本的な衝動を表わすとともに、これを鎮める手段である。が、同時に、いろいろな獲得的・文化的欲求を満足させる手段でもある。そこでこの交渉は、これにさきだって存在する諸反応を強化することにもなる。こうした反応は、もともと社会的なものであって、それには求愛のように、手段的反応とみるべき協働的行為も含まれている。こうして性は、既婚者の相互作用に特徴的な、すべての互酬的な習慣を強めていく。とともに、間接的には、配偶者の一方を包絡している家族関係の網の目に、もう一方を結びつけていくことになる。

しかし性は、男性と女性とを結婚にまでもたらし、かれらを家族構造に結びつける唯一の要因、あるいは最も重要な要因のようにみるのは、たいへんな誤りである。もっともすべての文化が、われわれの文化のように、結婚関係以外の性交を禁止して、それを処罰するならば、この仮定もなるほどと言えるかもしれない。しかしこれは、まったく事実に反する。インフォーメーションが入手できるわれわれの二五〇の社会についてみると、このうち六五〔二六％〕は、結婚もせずなんの親族関係もない人たちに性の完全な自由を許し、二〇〔八％〕は条件づきでこれを承認している。他方、わずか五四〔二二％〕だけが、非親族間の婚前交渉を禁止したり、非難したりしているにすぎない。しかもその多くは、たとえば交叉イトコのような、特別な親族間の性関係を許している。(8) 婚前交渉がさかんなところでは、性はたしかに、人びとを結婚生活にむかわせる原動力とみることはできない。

さらに結婚後でも、性がもっぱら結婚関係を強めるのに作用すると言うことはできない。なるほど、既婚の男性と人妻との性交は、われわれの標本社会の一二六〔五〇％〕で禁止されている。そしてわずか二四〔一〇％〕で、自由にまたは条件づきで許されているにすぎない。

ただこの数字は、結婚以外の性行動に対する文化的拘束が優勢なことを、誇張して印象づけることになる。というのは、非親族の間の情交は禁止されていても、特定の親族間のそれは、しばしば許されているからである。たとえばインフォーメーションの入手できるわれわれの標本社会では、その大部分において、既婚の男性が、一人もしくはそれ以上の女性親族と合法的な情交関係に入ることができる。そしてこれには、四一の義姉妹が含まれている。(9) 性的充足がつねに夫婦関係にかぎられているなどと、理論的にはまったく言うことができない。以上の例示は、このことを決定的に証明するものであろう。夫婦関係が他の諸関係を強化することができても、また一般にはそうであるが、性的充足をとくに結婚への誘因としたり、これだけが、遍在する家族制度〔＝核家族〕において最も決定的な関係〔＝夫婦関係〕が安定していることを説明するものではない。

こうした事実からすると、結婚をなによりも性という要因に帰してしまうのは、われわれのきわめて変則的な性慣習からくるバイアスの反映と認めざるをえない。だから、そうした立場をとる学者たちは、人間の結婚が下等動物の交配現象からきたとする、さらにひどい誤りを犯すことになった。(10) こうした誤りは、はじめリッペルト (J. Lippert) によって提示されたが、(11) その後も多くの権威者によって認められている。(12)

結婚以外の性関係が許される頻度からみると、性は、核家族内の夫婦関係を維持する一つの重要な因子ではあるが、しかし排他的な因子ではない。いちおうこう仮定して、別に〔夫婦関係を〕支持する補助的な因子を捜すというのが、科学的に慎重な態度であろう。ところでこうした源泉《ソース》〔＝因子〕の一つは、経済的な協働にみいだされる。(13) 性的結合と同じように、経済的な協働も、ふだん一緒に住む人たちによって、最も確実にまた最も十分に達成される。いずれも基本的な生物学的ニーズから出てくるものであるが、ところがこの二つの活動は、まったく折り合いがよい。実際、この一方の充足は、おどろくほど他方の強化に役立つからである。(14)

男性と女性とは、一次的な性差のために、実に効率的な協働の単位をなしている。男性は、肉体的に強靱なので、伐採・採鉱・採石・開墾・建築といった、力のいる作業にむいている。また女性と違って、妊娠・育児といった生理的なハンディキャップをもたない。それで、狩猟・漁撈・遊牧・交易など、広域的な活動に従事することができる。ところで女性も、たとえば野菜類の採取、水運び、食事の支度、着物や家具の製作など、家庭やその近くでの比較的軽い仕事なら、別にこれという不利はない。そしてあらゆる人間社会は、この生物学的に決定された分界線にほぼ沿って、両性間の専門化と協働とを発展させてきた。(15) 性による分業を説明するには、生得的な心理学上の差異をもちだす必要はない。生殖機能における明白な違いだけで、幅広い分界線をえがきだすのに十分だからである。新しい仕事が現われれば、便宜や慣例に従って、どちらかの活動分野へと割りあてられる。大人になってから違った仕事に馴れること、それに子どものころの性的類型づけ、この二つで性別気質の差異をよく説明することができる。けっしてその逆（*vice versa*）ではない。(16)

性的分業がもともともついろいろな利点が、おそらくこの分業の遍在を説明するものであろう。打ち込みと訓練とで、各パートナーは、自分の仕事について専門的な技能を身につける。共同作業を要する活動では、補完的な作業部分を学ぶことができる。二つの仕事が場所を別にして、また同時にしなくてはならないにしても、二人の仕事は可能である。そして生産物は、分配されるであろう。各パートナーの仕事は、相手にその担保を提供しているからである。男性は、一日の狩から、おそらく冷えきって、またさほどの獲物もなく帰ってくる。着物は汚れ、引き裂けている。かれは炉辺――その火の維持は、かれにはできなかった――で体を温め、女性が採集し調理してくれた食物で飢えをしのぐ。そして彼女が用意し、つくろい、洗濯した着物を着て、翌日に備えることになる。また女性は、野菜をまったくみつけることができない。土器の材料になる粘土や、着物をつくるための毛皮は、家から離れたところでしか、手に入れることができない。しかも子どもの面倒をみるので、あまり家を離れることができない。そんな場合、男性は狩の帰り道、彼女のいるものを供給するであろう。さらに、二人のどちらかが怪我をし、病気をしたならば、相手が回復するまで、その看病をしてくれる。こうして日毎に繰りかえされ、そして似たような互酬的な経験が、それだけで男女の結合を固めるのに十分であろう。さらに、これに性という有力な補強材が加えられる。こうして男女のパートナーシップは、不可避的なものとなるのである。

もっとも経済的協働を欠いた性的結合も一般にみられるし、また性的充足をもたずに分業を行なう男女関係も存在している。あとの例は、兄弟と姉妹、主人と女性のお手伝い、雇い主と女秘書などである。ただ経済と性とが、一つの関係に結び合わされたときにだけ、結婚が存在する。またこの組み合わせは、結婚にだけ現われる。そしてこのように定義される結婚は、あらゆる人間社会にみいだされる。さらにこれらの社会では、みな結婚は住居をともにすることを含み、また家族の基礎を形づくっている。文化的にまったく普遍というものは、ごく稀にしかない。だからわれわれがここで、そのいくつかが遍在していることをみいだしただけでなく、どこでもそれらが同じように結びついているのを発見したのは、最も注目すべきことであろう。

経済的な協働は、ただ夫と妻とを結びつけるだけではない。それはまた、核家族における両親と子どもとの諸関係を強化する。ただここでは、性にもとづく分業よりも、年齢にもとづくそれが働くのである。こうした関係において、子どもの受けとるものははっきりしている。子どもは、そのほとんどの充足を、親に依存しているからである。けれども利益は、一方的ではない。大部分の社会では、子どもは六、七歳になると、日常の雑用をするので、両親の手間がかなり省ける。それだけ助けとなってくる。さらに成人して結婚するようになるが、実はそのずっとまえから、子どもはたいへん大きな財産となってくる。それには典型的な欧米の農家の場合、父親にとって男の子、母親にとって女の子がどんな効用をもつか、これを考えてみるだけでよい。それに子どもは、いうなれば一種の投資、または保障の意味をもっている。数年、据え置いてから、経済的な援助という形でその配当が、年取ってからは扶養という形で、また、娘が嫁にゆくときの花嫁代償のように、ときとしては現金弁済という形で、たっぷり支払われるからである。

きょうだいたち[17]も、同じように、年長者の年少者への世話と手助け、大人の協働を真似た遊びでの協働、もっと大きくなれば、経済的な助け合いを通して、おたがいに結ばれている。こうして息子と娘とは、互酬的な物的サービスの交換を通して、父親と母親とに結ばれ、また自分たち自身も結び合い、家族集団全体が、強い経済的な支持を受けるようになるのである。

性的な共住は、必然的に子どもの誕生へとみちびかれる。両親が、もしいま述べたような利益を得ようとすれば、子どもが肉体的・社会的に成熟するまで、かれらを育てなくてはならない。たとえ両親にとって、生殖や育児の負担が自己本位の利益より大きくても、全体としての社会は、その力と保障の源として、成員の維持には非常に大きな利害関係をもっている。したがって両親には、この義務の履行を要求してくる。堕胎、嬰児殺し、棄て子などは、それが安全圏内にとどまらないかぎり、全体としての共同体がおびやかされる。こうして、身勝手な両親には、厳しい社会的制裁を課することになる。だから育児の動機には、自分の利益に加えて、〔社会的制裁への〕恐怖が存在する。さらにもう一つの動機として、いろいろ派生的な満足に発する親の愛情というものも無視することができない。もっともそれは、多くの人たちが手のかかる愛玩動物に注ぐ愛情と較べて、別に神秘的だと言うのではない。なぜならペットの見返りのほうが、はるかに少ないからである。このように核家族内の親子関係の再生産的側面を強めるように、個人的・社会的利益がいろいろなやり方で働きかけるのである。

むろん、こうした関係のなかで最も基礎的なのは、母子の関係である。もともとこの関係は、妊娠と授乳という生理的事実にもとづいている。また明らかに生得的な補強のメカニズム、つまり子どもに乳房を含ませるときの母親の喜び、あるいは緊張の解除によって支えられている。また父親は、直接ではなくても、母親との仕事を分かち合うことを通して、子どもの世話にあずかることになる。年うえの子どもたちも、年齢に応じた雑役の一つとして、しばしばきょうだいの面倒の一部をみるものとされている。このように家族の全体が子どもの世話にかかわり合い、この協働を通して、さらに一体的となるのである。

子どもの身体を世話することもたいせつであるが、それに劣らず、いやそれよりもっと難かしいのは、かれらの社会的育成であろう。若い人たちは、莫大な伝統的知識と技術とを身につけて、文化の命ずるさまざまな規律に、生得的な衝動を順応させることを学ばなくてはならない。こうしてはじめて、一人前の社会人として、自分の地位が引き受けられるようになる。どこでも、教育ならびに社会化の義務は、まず核家族に課せられる。なお一般にこの仕事は、身体の世話よりも平等に分配されて、父親も母親同様に、これに参加しなければならない。というのも性にもとづく分業のため、父親しかその息子に、成人男子の活動と規律とを教えることができないからである。(18) 年うえの兄や姉もまた、仕事や遊びという日常の相互作用を通じて、知識や規律を伝えるという重要な役割を果たしている。教育と社会化とについての集団責任が、おそらく他のなによりも、家族〔内〕の諸関係を固く結びつけるものであろう。

こうしてわれわれは、核家族またはそれを構成する諸関係のなかに、人間の社会生活にとって基本的な四機能の組み合わせをみることができる。すなわち性的機能、経済的機能、生殖的機能および教育的機能である。第一と第三の機能への用意がないと、社会は消滅するだろうし、第二がないと生命そのものが止まってしまう。また第四がないと、文化は終りを告げることになろう。核家族のもつ大きな社会的効用、この存在の普遍性、これらを説明するものが、こうして浮き彫りにされてくるわけである。

たしかに家族の外の諸機関や諸関係も、こうした機能のどれかを達成するのにあずかっている。しかしそれらは、けっして家族にとって代わることはできない。すでにみてきたように、性的充足を〔家族以外の〕他の諸関係のうちで許している社会もある。しかし、夫婦のそれを拒否している社会は、一つもない。現代の産業文明では、経済的専門化がなみはずれて拡大されているが、しかし夫と妻との分業は、いぜんとして続いている。例外的には、夫婦関係以外の子どもを生んでも、これにほとんど社会的否認がない場合もある。また親族・お手伝い・

看護婦・小児科医といった人びとが、子どもの世話に手を貸すこともある。けれども、子どもを生み育てる第一の責任は、やはり家族にとどめられている。最後に、祖父母、学校、またはイニシエーションを行なう秘密結社などが、教育過程に手を貸すこともある。しかし一般には、両親が教えと躾けの主役を果たしている。要するにどんな社会でも、核家族に代わって、こうした機能を移譲できる、適当な代替物の発見には成功していない。家族の廃止をとなえるユートピア的な提案とは対立するけれども、将来、こうした試みに成功する社会があるかどうかは、非常に疑わしい。

もっともうえに述べた機能だけが、核家族の果たす機能だと言うのではない。核家族は、しっかりした構成体なので、一般的ではないけれども、それ自身しばしば別の機能も引きだしている。たとえば核家族は、ときとして父を祭司とした、宗教的な礼拝所でもある。また土地所有、復讐、レクリエーションの基礎単位でもある。社会的地位も、個人の能力よりも家族の地位に拠っている、等々。ただこうした付加的な機能は、家族を説明するものではない。しかしこうしたものが存在するところでは、家族の強さが増してくることは、否定できない。

核家族は、地域社会と同様に、亜人間的社会(sub-human society)にもみいだされる。ただ亜人間的社会では、典型的には父親がその成員であることが少ないし、またふつう、しっかりとは結びついていない。人類に最も近い動物でも、せいぜい性にもとづく初歩的な分業をもつだけであって、そこでは文化はまったく欠けているようにみえる。ところが人間の家族では、どこでも父親の参加がみられる。これは、主に経済的な専門化と世代的に伝えられる伝統的な知恵の発達とに拠るものであろう。この二つは、文化の進化によって生まれた。いや、この進化のなかでも最も初期に生まれた。したがって、人間の家族は、本能や遺伝といった基礎からは、説明することができない。

この普遍的な社会構造〔=核家族〕は、一連の基本的な欲求へのおそらくただ一つの可能な適応として、文化の進化を通じて、あらゆる社会で生みだされてきた。そしてそれは、あらゆる個人が成熟にむかって成長していく環境のなかで、決定的な部分をなすものである。こうして人生のはじめの形成期、そこでの学習の社会的条件

表1　インセストの禁止と許可

エゴ(男性)の親族	婚前交渉		婚後交渉		結婚	
	禁止	許可	禁止	許可	禁止	許可
母	76	0	74	0	184	0
姉妹	109	0	106	0	237	0
娘	—	—	81	0	198	0

は、学習の生得的な心理学的メカニズムと同様に、人類の全体にとって基本的には同じであると言える。だからこうした条件のもとで獲得された行動を理解するには、心理学者とともに、社会科学者の参加が不可欠となってくるであろう。たとえば深層心理学の研究するパースナリティの表現は、その多くが心理学的常数と社会・文化的常数との結びつきに根ざしている。その可能性が、おおいにありそうである。たとえば、フロイトの「エディプス・コンプレックス」(OEdipus Complex)は、核家族が繰りかえし提供する状況に対して少年期の行なう特徴的な適応行動のセット、こうしたものとしてだけ理解することができるであろう(19)。

　家族の構造が個人の行動に及ぼす最も著しい効果は、おそらく近親相姦の禁忌《インセスト・タブー》の現象にみられる。ただインセスト・タブーの起源と拡大とに関する理論は、第一〇章でくわしく述べるので、ここで説明する必要はないであろう。もっとも、これらの理解は、社会構造のこれからの分析に絶対必要なので、基本的な事実だけは、このさい述べておかなくてはならない。インセスト・タブーの及ぶ範囲には、社会によって大きな変異とみせかけのバラつきとをみることができる。にもかかわらず夫婦を除いて、核家族の内部で交叉する性の関係には、みな例外なく、このタブーが適用されている。どんな社会でも、父と娘、母と息子、兄弟と姉妹が性的交渉をもち、結婚するのを慣例としたり、または許したりすることはない。民族誌家たちは、婚前・婚後のインセストを支配する規制よりも、結婚規則のほうをずっとくわしく報告する傾向をもっている。にもかかわらず、われわれの二五〇の社会からの証拠は、表1のようで、まったく決定的である。

　もっとも、二、三はっきりした例外もみうけられる。ただこれらはえらく部分的な例なので、本表には出てこない。しかし啓示的であるので、このさい、目に触れた全部を挙げておくことにしたい。アザンデ族(Azande)のある上級貴族には、自分の娘と結婚することが許されている。またかつてのハワイの貴族やインカの王家では、兄弟=姉妹婚が好まれていた。しかしこのいずれの場合も、一般の大衆は、近親相姦的な結婚をすることはできなかった。というのも、こうした結婚は卓越した地位のシンボルであり、特権だったからである。ドブ族(Dobuans)のあいだでは、父が死んでいると、母との性交は、さほど深刻には考えられていない。それは公的な犯罪というよりは、私的な罪とみられている。インドネシアのバリー島民(Balinese)は、双生子の兄弟姉妹は母の胎内ですでに密着していたというので、かれらの結婚を許している。アフリカのソンガ族(Thonga)のあいだでは、大きな狩にさきだって、主な狩人には自分の娘との性関係を許している。——ただそれ以外の場合には、これは極悪な行為である。ところでこうした事例は、その特殊な状況または例外的な性格から、家族内のインセスト・タブーの普遍性を非認するよりも、むしろこれを強調するようなものであろう。

さてこのタブーのもたらす第一の結果は、これによって核家族が時間的に不連続となり、二つの世代を区分するという点であろう。たとえば兄弟=姉妹婚が普通だったとすれば、家族は一般に祖父母、たがいに結婚しているかれらの息子と娘、その子どもたち、さらにこれらのインセスト的結合から生まれた子孫たち、こうした人びとからなることになろう。この家族は、地域社会、クラン、その他多くの社会集団と同様、恒久的な集団となって、死亡による欠損は、新たな誕生で絶えず埋めていくということになる。ところがインセスト・タブーは、こうした状況を完全に変えてしまう。このタブーのために、一人ひとりの子どもは、夫婦関係をもつべき配偶者を別の家族から求めざるをえない。そこでこの結果、あらゆる人間社会のあらゆるノーマルな大人は、少なくとも二つの核家族に所属することになる。当人が生まれ育った家族、そして当人の父母と兄弟姉妹とを含む家族——すなわち「定位家族」(family of orientation)と、当人が結婚によって確立し、当人の夫または妻、それに息子・娘を含む家族——すなわち「生殖家族」(family of procreation)とである。[20] そしてこの状況は、親族組織に重大な影響を与える。近親婚《インセスト》家族を仮定してみると、ここで必要なのは、成員を非成員から分けること、それに年齢と性とにもとづく成員の分類だけである。きわめて単純な親族体系が、あらゆる実際の欲求をみな満たすことになる。ところがインセスト・タブーのために、複数の家族が重なって、その成員たちは異なる遠近の関係に配列されることになる。すなわちあるエゴは、かれの「一次親族」[21](primary relatives)——すなわち定位家族における両親ときょうだい、それに生殖家族におけるかれの配偶者と子ども——をもつ。これらの人びとは、それぞれまたかれら自身の一次親族をもつが、これらの一次親族は、エゴに対して同じように関係づけられないけれども、エゴの「二次親族」(secondary relatives)としてランクされる。たとえばエゴの父の父、母の姉妹、妻の母、兄弟の息子、娘の夫などがそれである。二次親族がそれぞれもつ一次親族は、エゴの「三次親族」(teritary relatives)であるが、たとえばエゴの父の姉妹の夫、妻の姉妹の娘、エゴのイトコたちがそれである。親族者のこうした階梯式の等級づけは、無限にひろがって、系譜的結びつきの数えきれないカテゴリーをつくっていく。ただどんな社会でも、どうみても厄介な呼称の体系を避けるために、親族呼称の総数を扱える範囲に減少させる必要のあることに気がついた。そして呼称のいくつかを、異なるカテゴリーの親族者に適用するというやり方を取っている。こうした減少を支配する原理と、いろいろ異なる社会的条件のもとで現われる親族構造の類型とについては、第六章と第七章とで分析されるであろう。

　核家族内部の諸関係に特徴的な親近性は、親族紐帯の分枝的なチャンネルに沿ってあふれ出る傾向がみられる。たとえば一般に男性は、自分の両親の兄弟〔オジ〕、自分の妻の兄弟に対して、部族や地域社会の非親族の男たちに対するよりは、親密な感じを抱いている。定位家族または生殖家族が提供できるところを超えて、かれが援助やサービスを必要としたとき、かれは非親族よりも二次親族・三次親族、あるいはもっと遠い親族に相談しようとする。しかしこうした親族のうち、かれは誰に頼ろうとするのであろうか。インセスト・タブーから出る親族紐帯の分枝によって、一人の人間は、三三種の二次親族と一五一種の三次親族をもつことができる。それにたとえば、父の兄弟〔オジ〕といったタイプは、一つで多くの個人〔オジ〕を含むことができる。というわけで、すべての社会は、いうなれば親族間に優先順位をつけるという問題に直面することになる。つまり、物質的な援助・支持、あるいは儀式上のサービスについて、まず優先して頼っていく、そうした特別の親族グループを限定する、という問題である。ところであらゆる文化は、「出自」(descent)の規則を取ることで、この問題を解決している。

出自の規則は、個人が生まれたときに、その個人をある特定の親族グループへと編入させる。かれは、このグループととくに親密であって、非親族やほかの親族からは求められないある種のサービスを期待することができる。基本となる出自の規則は、三つしかない。[22]「父系出自」(patrilineal descent)と「母系出自」(matrilineal descent)と「双系出自」(bilateral descent)とである。父系出自は、ある個人を男性だけを通じて関係づける親族のグループへと編入させる。母系出自は、女性を通してだけからなる親族のグループへと、かれを配置する。双系出自は、個人を系譜上の特定のつながりとは関係なく、ごく近い親族のグループへと結びつける。ところで「二重出自」[23](double descent)と呼ばれる四番目の規則は、父系出自と母系出自との組み合わせであって、ある個人をそれぞれのタイプのグループの一つに所属させる。

初期の人類学者たちは、出自規則というものは、一定の系譜的紐帯の認知が他のすべての排除を意味するものと思って、これをまったく誤解していた。たとえば母系制をとる民族は、子どもが父親に対してもつ生物学的な関係を知らないか、または知ろうとしないと思っていた。この点で科学は、リヴァース(W. H. R. Rivers)が、[24]出自は単に社会的配置を示すだけであって、基本的には系譜関係とかそれにもとづく認知とかとは無関係だ、とした指摘に負うところが大きい。今日では、ホピ族(Hopi)やその他、母系出自をもつほとんどの社会は、子どもとその父親および父系の親族との関係を否定したり無視したりしていない、ということが知られている。事実、これらの社会では、しばしば母方の親族と同様に、父方の親族との通婚を禁止することによって、とりわけこのことを認知している。これと比較される状況が、父系制の民族でもみられる。オーストラリアの多くの部族では、事実、とりわけ父と子どもとの生物学的紐帯はみな否定している。にもかかわらず実際には、父系の出自に従っている。さらにアフリカその他の地域では、人妻とほかの男とのあいだに生まれた不倫の子が、父系の出自にもとづいて彼女の夫、つまり「社会学的父」(sociological father)に問題なく属しているが、これは別に珍しいことではない。

要するに出自は、かならずしもある系譜上の紐帯が、他よりも緊密だという信念を含むものではない。いわんや他を排して、一方の親との親族関係だけを認知する、などといったことを含むものではない。なるほどそうした観念も、例外的なケースでは報告されている。しかし出自とは、ただ相互扶助とか結婚の規制とか、一定の社会的目的のために、個人を特定の選ばれた親族集団に編入させる、そうした一つの文化規則を指すにすぎない。なお出自規則に由来する親族集団のいろいろなタイプについては、第三章で分析されるであろう。

いつも核家族の内部を支配するインセスト・タブーは、さらにもう一つ、きわめて重大な影響を社会組織に及ぼしている。これは結婚(生活)における共住という普遍的な要請と結びついたものであって、つまりインセスト・タブーは、結婚とともにかならず住居の移動を生みだすことになる。夫と妻とが新しく生殖家族をつくるとき、双方がともに自分の定位家族にとどまることはできない。どちらか、あるいは双方ともに移動しなければならない。可能な選択肢は、わずかしかない。そしてあらゆる社会は、そのどれかを、またはそれらのなんらかの組み合わせを、文化的に選ばれた「居住」(residence)規則として、採用することになる。もし慣習が花婿に親の家を離れて花嫁の親の家か、その近くに住むことを求めるならば、その居住規則は「母処」(matrilocal)と呼ばれる。反対に、花嫁が花婿の親の家か、その近くに移るのがきまりであるならば、その居住は「父処」(patrilocal)と呼ばれる。この規則は、ただ妻が夫と暮らすために移るというのではない。夫の両親の家か、またはその近所に、かれらの世帯をもつことを意味している。このことを強調しておかなくてはならない。

いくつもの社会では、結婚したカップルは、どちらの親と一緒に、またはその近くで暮らしてもよい、としている。こうしたケースでは、二つの家族の相対的な富や地位といった因子、あるいはその結婚に対する当事者たちの個人的な好みといったものが、このカップルに母処的に住むか、父処的に住むかを選ばせることになりやすい。こうした居住規則は、「双処」(bilocal)と呼ばれる。[25] われわれの社会のように、新婚のカップルが双方の親の家から独立して、おそらく双方の家からかなり離れたところで世帯をもつとき、その居住は「新処」(neolocal)と呼んでよい。民族誌の文献では、この規則は残念なことに、しばしば父処居住と混同されている。五番目の選択肢は、われわれが「オジ方」[26](avunculocal) 居住と言っているものであるが、これも、少数の社会で行なわれている。これは結婚したカップルに、配偶者のいずれの親と暮らすのでも、かれら自身の家〔新処〕に住むのでもなく、花婿の母方のオジと一緒に、またはその近くに住むことを命ずるものである。

理論的には、そのほかの居住規則も可能であるけれども、実際にはうえに述べた五つの選択肢がそれぞれ独立で、あるいは組み合わされて、二五〇のわれわれの標本社会の全ケースをカバーしている。メラネシアのドブ族は、母処とオジ方という二つの居住規則が、結婚生活を通じて定期的に交替するという、珍しい結びつきを示している。もっとしばしばみられる妥協は、最初のうち――ふつう一年間とか、はじめの子どもが生まれるまでとか――は、母処居住が求められ、その後は永続的な父処居住に従うものである。この組み合わせは、実際には父処居住制の特別な変種にすぎないけれども、これに、われわれは「仲介」(intermediate)居住とか「通過」[27](推移)(transitional)居住よりもさらに適切なことばとして、「母処→父処」(matri-patrilocal)という用語を提案したい。われわれの二五〇の標本社会について、こうしたいろいろな居住規則の分布を示すと、次のようになる。父処一四六〔五八%〕、母処三八〔一五%〕、母処→父処二二〔九%〕、双処一九〔八%〕、新処一七〔七%〕、オジ方八〔三%〕。けれども父処と報告されている部族のいくつかは、実際にはおそらく新処規則に従っている。

居住規則は、全体の経済的・社会的・文化的な諸条件を反映している。そして基盤となる条件が変化すると、それに応じて居住規則も変更される傾向をもつ。と同時に、これによって親族の地域的な配列が変化し、その結果、一連の適応的変化が開始され、ついには全体の社会構造が再組織されることにもなる。社会組織の進化において、居住規則の果たす根本的な役割は、第八章で証明される。

居住規則の第一次的な効果は、特定の親族(集合)とその生殖家族とを、一つの地域に集めるということである。父処居住制と母処↓父処居住制とは、多くの父系的につながる男性を、かれらの妻子とともに集合させる。母処居住制とオジ方居住制とは、母系の親族とその家族とを集合させる。双処制は、双系親族の地域的配置を生みだす。こうした親族の地域的な集まりから、社会集団の主な二つのタイプが現われてくる。――拡大家族とク

表2　居住規則の分布

居住規則	外婚または外婚傾向をもつ社会		外婚でも内婚でもない地域社会		内婚または内婚傾向をもつ社会	
父処	54	(77.1)	40	(58.8)	7	(21.2)
母処→父処	5	(7.1)	6	(8.8)	2	(6.1)
オジ方	4	(5.7)	2	(2.9)	0	(0)
双処	2	(2.9)	9	(13.2)	3	(9.1)
新処	0	(0)	9	(13.2)	4	(12.1)
母処	5	(7.1)	2	(2.9)	17	(51.5)
計	70	(100.0)	68	(100.0)	33	(100.0)

ランとがそれであるが、これらについては、それぞれ第二章と第四章とで考察されるであろう。そして新処居住制は、こうしたより大きな親族の集合の発達とは、決定的に逆行する唯一の規則である。

結婚のとき、居所を変える必要のない配偶者は、相手方と較べて、一定の利益を享受することになる。かれもしくは彼女は、なじみの深い自然的・社会的環境のなかにあるわが家にとどまって、その生殖家族は、定位家族と密接なつながりを維持することができる。ところがもう一方の配偶者は、ある程度、過去と訣別して、新しい社会的紐帯をつくらなくてはならない。縁組がふつう、同じ地域社会のうちで結ばれるときは、この裂目もそう深刻なものにはならない。居所を移した配偶者も、自分の定位家族の近くにとどまって、日常の対面的なかかわり合いを続けることができるからである。けれども、地域の外と通婚するところでは、[28]どこでも一方の配偶者は、比較的なじみのうすい人たちのあいだで暮らすことになり、かれ（または彼女）はその連中に対して、新しくパーソナルな適応を行なわなければならない。それに以前は親戚や古くからの友人たちから受けていた支援、保護または社会的な充足も、こうしたなじみのうすい人たちに頼まなくてはならない。こうして実家にとどまる側と較べて、かれはおびただしい心理的・社会的不利を負うことになる。

住む地域を変えるということは、理論的には、どの居住規則のもとでも起ってくる。ただわれわれの標本からのデータによれば、居住が父処、母処→父処、またはオジ方の場合、つまり居所を変えるのが、ふつう男性でなく女性である場合を除くと、そのほとんどは慣習化されていない。結果は、表2に掲げた通りである。肉体的に勝っているために、男性が支配する。そして結婚のときにも、妻を新しい土地へと移動させる。そうした頻度のずっと大きいことが、その理由かもしれない。しかし私は、リントン(29)とともに、主に経済的な要因、とりわけ性的分業からくる諸因子に、その説明を求めたいと思う。これらについては、いま問題の諸事実が社会組織の進化に大きく負っているので、第八章で十分に考察することにしたい。

居住規則、そしてとりわけこれがどの程度、女性の新しい土地への移住を含むかは、婚約の仕方と重要な関係をもっている。花嫁が結婚して実家を去れば、彼女の核家族は、生産上の働き手を失うことになる。とくに両親は、年とってから受ける援助と支持の可能性をなくしてしまう。それだけではない。もし居住が母処制ならば、かれらと一緒に暮らし、かれらのために働いてくれる義理の息子〔＝婿〕の扶助の可能性もなくしてしまうことになる。そこで父処婚またはオジ方婚の形で、親が娘を手放すことに同意するのは、なにか実質的な補償を受けとる場合だけということは、ほとんど疑うことができない。

娘が結婚して、夫の家に移っても、なお同じ地域社会にとどまるならば、親の損失はそれほどきびしいものではない。彼女とその夫の与える援助と支持が、〔親にとって〕十分な補償となるからである。だが彼女が別の土地に移るとなると、なんらかの形の賠償が、ほとんど避けられない。

婚約の仕方は、大きく有償と無償の二種類に分けられる(30)。代償が求められる場合には、これは品物か人かサービスか、そのどれかで支払うことになろう。これらはそれぞれ、花嫁代償、嫁としての姉妹または身内の女性の交換、義父母になされる花婿のサービス、という支払い方となってくる。なんの代償も要求されない場合には、両家でほぼ等価の贈物を交換して、婚礼が執り行なわれる。また持参金の豊富な花嫁、〔反対に〕財産の移転がまったくない結婚、それに妻の略奪、駈け落ち、さらに比較的インフォーマルな同棲に始まるもの、などもある。略奪婚は、ふつうの結婚の仕方としてはごく稀であって、われわれの標本社会のうちでは、こうしたものが現われない。また駈け落ちは、通常、のちに慣例の挙式と財物の移転を行なうことで、正式の結婚とされる。

表3に掲げたように、われわれの二五〇の社会からのデータは、居住規則が花嫁を実家から移動させるときには、通例、なんらかの形の補償がその結婚にともなうことを示している。すなわち花嫁代償を支払うこと、およ

表 3　居住規則と出嫁の補償

居住規則	有償婚			無償婚	計
	花嫁代償	姉妹交換	花婿奉仕		
父処	103	10	2	25	140 (58.1)
母処→父処	6	0	13	2	21 (8.7)
オジ方	2	0	4	2	8 (3.3)
双処	6	2	1	10	19 (7.9)
新処	0	0	2	15	17 (7.1)
母処	4	0	8	24	36 (14.9)
計	121 (50.2)	12 (4.9)	30 (12.4)	78 (32.4)	241 (100.0) (100.0)

表 4　花嫁の移動と出嫁の補償

花嫁が実家のある土地から移動する	有償婚			無償婚	計
	花嫁代償	姉妹交換	花婿奉仕		
通例または常に	44	6	6	4	60 (53.1)
時にまたはしばしば	27	2	4	8	41 (36.3)
稀にまたはしばしば	5	0	1	6	12 (10.6)
計	76(67.3)	8 (7.2)	11 (9.7)	18(15.9)	113(100.0)

び妻として姉妹または身内の女性を交換することは、ほとんど絶対的と言ってよいほど、父処居住制と結びついている。花婿奉仕は、ふつうは母処↓父処居住にともなっているが、文献ではそれとかならずしもはっきり区別されない母処居住でも、一般的である。花嫁代償またはそのほかの補償の支払いは、花嫁が実家だけでなくて、その育った地域から移るときに、とりわけ一般的となってくる。ほかの居住規則は別として、この例に関する結果は、表4の通りである。

個々の事例も、しばしばこのことを明らかにしてくれる。たとえばアベラム族(Abelam)のあいだでは、結婚したカップルが同じ部落の出身であれば、通例の花嫁代償は省略される。コッパー・エスキモー（Copper-Eskimo）のあいだでは、娘が結婚後も村にとどまるならば、娘夫婦は娘の親を援助するけれども、花嫁代償は要求されない。けれども例外的に父処居住型の村外婚が行なわれると、花婿は花嫁の親の損失をつぐなわなければならない。カリフォルニア北西部で父処制をとるヒュパ族（Hupa）とユロク族（Yurok）とのあいだでは、花嫁代償の全額を払うことのできない男は、その半分を支払って、「半婚」(half-marriage)と呼ばれる形で、義父と同居して義父のための労働に従事する。またわれわれの〔標本〕社会の八つでは、一つの調整を示しており、(31) これはインドネシアでとくに一般的であって、そこでは"ambil-anak"と呼ばれている。すなわちこれらの社会では、娘だけで息子のいない場合、慣習の父処規則に対する例外が娘の一人に適用される。つまり彼女は、通例の花嫁代償なしに結婚する。そして夫が母処的に彼女の両親と住んで、息子の代わりをするのである。

花嫁代償は、結婚した娘が家を離れる損失を、親に補償するだけではない。それはまた一般に、若妻が婚家でよく扱ってもらえるようにという保証でもある。そうした扱いを受けないと、彼女はふつう親のもとに戻ることができる。けれどもその結果、夫は彼女への財政的投資を没収されることになる。これが花嫁代償の真の機能だと、この一世紀間の人類学者たちは指摘してきた。また古代文明の研究者たちも、同じ結論に達している。(32) 花嫁代償は、家財の代価や奴隷を買う金と同じにみることはできないという理由からである。

以上、結婚の諸側面を考察してきたが、それは結婚の締結が、核家族をつくる正規の手段だからである。また夫婦関係が家族という織物のまさに縦糸をなしているからであり、さらに性のタブーによる結婚の規制が、家族構造そのものにはかり知れない結果を生んでいるからであった。ほかの点は、社会構造の他の特性を明らかにするために、後の諸章で扱われることになろう。なお婚礼、離婚の慣習、その他、結婚の非構造的な側面については、ウェスターマーク（E. Westermarck）、そのほか定評ある権威の業績に及ぶ必要があるであろう。

原註1　「複婚」(polygamy) および「複婚的」(polygamous) ということばは、本書を通じて、すでに承認ずみの術語である複式の結婚 (plural marriage) のどの形態にも当たることばとして用いたい。「一夫多妻婚」(polygyny) は、一人の男性と二人以上の女性との結婚を指し、「一妻多夫婚」(polyandry) は、一人の女性と二人またはそれ以上の男性との結婚を指すことにしたい。

2　M. K. Opler, Woman's Social Status and the Forms of Marriage (*American Journal of Sociology*, XLIX, 1943, p. 144); A. R. Radcliffe-Brown, The Study of Kinship Systems (*Journal of the Royal Anthropological Institute*, LXXI, 1941, p. 2)

参照。

3 R. H. Lowie, *Primitive Society* (New York, 1920, pp. 66–7)（ロバート・H・ローウィ『原始社会』河村只雄訳、第一出版社、昭和一四年）。また F. Boas *et al, General Anthropology* (Boston, etc., 1938, p. 411); B. Malinowski, Kinship (*Encyclopaedia Britannica*, 14th edit., 1929, XIII, p.404).

4 R. Linton, *The Study of Man* (New York, 1936, pp. 153, 154–5)。

5 親族構造と結びつけて、これらの関係のもっとくわしい考察については、第六章をみよ。

6 これらは、第九章でくわしく考察される。

7 R. F. Kaindl, Aus der Volksüberlieferung der Bojken (*Globus*, LXXIX, 1901, p.155).

8 交叉イトコは、父の姉妹の子、あるいは母の兄弟の子のことである。父の兄弟あるいは母の姉妹の子は、専門的には「平行イトコ」(parallel cousin)として知られる。

9 くわしいインフォーメーションについては、第九章をみよ。

10 たとえば E. Westermarck, *The History of Human Marriage* (5 th edit., New York, 1922, I, p.72); A. M. Tozzer, *Social Origins and Social Continuities* (New York, 1925, p. 145) をみよ。

11 J. Lippert, *Kulturgeschichte der Menschheit in ihrem organischen Aufbau* (Stuttgart, 1886–87, I, pp.70–4; II, 5).

12 たとえば、R. Briffault, *The Mothers* (New York, 1927, I, p.608); W. G. Sumner and A. G. Keller, *The Science of Society* (New Haven, 1927, III, 1495–8, p.1517); P. Vinogradoff, *Outlines of Historical Jurisprudence*, I (New York, 1920, p.203) をみよ。

13 W. G. Sumner and A. G. Keller, *The Science of Society* (New Haven, 1927, III, pp.1505–18) をみよ。

14 *Ibid.*, I, 111–40.

15 二二四の社会における性による経済活動の配分に関する分析については、G. P. Murdock, Comparative Data on the Division of Labor by Sex (*Social Forces, XV*, 1937, pp.551–3) をみよ。

16 M. Mead, *Sex and Temperament in Three Primitive Societies* (New York, 1935).

17 「きょうだい」(sibling) の語は、本書を通じて、性に関係なく兄弟または姉妹のどちらも指す術語として用いることにする。

18 R. Linton, *The Study of Man* (New York, 1936, p. 155) 参照。

19 こうしたわけで、他の心理学の体系とは違って、フロイトのそれは、生理学的仮定とともに文化的仮定に立っている。G. P. Murdock, The Common Denominator of Cultures (*The Science of Man in the World Crisis*, ed. R. Linton, New York, 1945, p. 141)（G・P・マードック「文化の公分母」、R・リントン編 池島重信他訳『世界危機に於ける人間科学』新泉社、昭和四九年）をみよ。

20 これらの非常に有益な用語については，われわれはウォーナー (W. L. Warner) に負うている。

21 「一次，二次，三次親族」(primary, secondary, teritary relative) の用語は，A.R. Radcliffe-Brown, The Study of Kinship Systems (*Journal of the Royal Anthropological Institute*, LXXI, 1941, p.2) からの借用である。

22 これは，もっと正確には「多系出自」(multilineal descent) と呼ばれるかもしれないことが示唆されている。T. Parsons, The Kinship System of the Contemporary United States (*American Anthropologist*, n. s., XLV, 1943, p.26) をみよ。

23 G. P. Murdock, Double Descent (*American Anthropologist*, n. s., XLII, 1940, pp.555-61) をみよ。

24 W. H. R. Rivers, *Social Organization* (New York, 1924, p. 86). また B. Z. Seligman, Incest and Descent (*Journal of the Royal Anthropological Institute*, LIX, 1929, p.248) をみよ。

25 E. A. Hoebel, Comanche and Hekandika Shoshone Relationship Systems (*American Anthropologist*, n. s., XLI, 1939, p. 446). なおこの居住規則のためには，"ambilocal" の語も示唆されている。

26 この用語は，A. L. Kroeber, Basic and Secondary Patterns of Social Structure (*Journal of the Royal Anthropological Institute*, LXVII, 1938, p. 301) で提案されている。けれどもそれより数年前から，これが著者の教室での講義で用いられている——いわば平行した発明の，興味ある例である。

27 E. B. Tylor, On a Method of Investigating the Development of Institutions (*Journal of the Royal Anthropological Institute*, XVIII, 1889, pp. 245-69) 参照。

28 「外婚制」(exogamy) の語は，自分の属する地域・親族，または地位集団のなかで，配偶者を得ることを禁ずる結婚規則を指している。これと対になる「内婚制」(endogamy) の語は，自分自身の集団内で結婚することを要求する規則を指している。

29 R. Linton, *The Study of Man* (New York, 1936, p. 165).

30 E. Westermarck, *The History of Human Marriage* (5th, edit., New York, 1922, Ⅱ, pp. 354-431) 参照。

31 事例をともなった広範な議論としては，W. G. Sumner and A. G. Keller, *The Science of Society* (New Haven, 1927, Ⅲ, pp. 1654-8) をみよ。

32 たとえば M. Burrows, The Basis of Israelite Marriage (*American Oriental Series*, XV, 1938, pp. 1-72) をみよ。

第二章　家族の複合形態

われわれの社会を含む少数の社会では、それぞれの核家族が、地域社会において、一種独立した原子として、つまり同種の他のすべての集合とは別のものとして存在している。けれども大多数の社会——すなわちデータの入手できるサンプル一八七のうち、一四〇〔七五％〕の社会——では、複数の核家族が、いわば分子のように集合している。ここでは二、三、またはそれ以上〔の核家族〕からなる群が、より大きな家族的集合に結び合わされている。そしてこれらの家族的集団は、一般に共住しており、その地域の他の家族と較べて、緊密な紐帯を維持し合っている。つまり空間的には、こうした複合家族集団が、ふつう、一つの世帯を形成しており、それは同じ大きな住居、または隣接した一群の小屋、あるいははっきりきまった屋敷を合同で使用する、といった特徴を示している。なお社会的には、このように結び合わされた複数の核家族が、たいていのところで、共住というきずなだけではなくて、緊密な親族的紐帯を通して、相互に結びついている。たしかに、縁戚関係のない家族、またはそうした関係のうすい諸家族も、ときには一つの共同世帯をつくっている。ただこうしたことは〔われわれの〕研究した社会では、ふつう行なわれていない。

複合家族の主な二つのタイプについては、すでに簡単に触れておいた。繰りかえすならば、「複婚家族」(polygamous family）は、一人の共通した配偶者を通して結ばれた、いくつかの核家族からなっている。「拡大家族」（extended family）は、親と子、あるいは二人のきょうだいのように、血縁的な親族関係で結ばれた、二つまたはそれ以上の核家族を含んでいる。仮説的ではあるが、典型的なケースとして、こうした集団〔＝拡大家族〕には、父の生殖家族と成人した二人の息子の生殖家族とを含むものが挙げられる。息子のそれぞれは、二つの核家族――自分の核家族と父の核家族――のメンバーであり、第三には、一次親族、すなわちかれのきょうだいをもっている。父と母とは、もちろん、それぞれの一次親族、すなわち息子をもっている。しかし息子たちの核家族に関しては、両親は、その成員ではない。当然のことながら、規範というものは、個々の事例のすべてを支配しているのではない。にもかかわらず、あらゆるタイプの複合家族にあって、その結合の特徴的・決定的なボンドは、これを構成する核家族を結びつけている、固い親族の紐帯である。そしてその証拠は、圧倒的にみいだすことができる。

複婚家族は、もちろん、複式の結婚を認めている社会だけに現われる。それは、厳格な単婚とは共存できない。後者は、われわれのサンプルでは、少なくとも制限つきの複婚を認めている一九五の社会に対して、四三〔二二％〕の社会で行なわれている。複婚には、理論的に三つの可能的な形態を想定することができる。「一夫多妻婚」（polygyny）すなわち一人の男性と、二人またはそれ以上の妻との同時的な結婚、「一妻多夫婚」（polyandry）すなわち一人の女性と、二人またはそれ以上の男性との共存的な結合、「集団婚」（group marriage）すなわち数人の男性と数人の女性とを一時に包摂する夫婦関係。このうち、最初のものが、最も一般的である。

集団婚は、初期人類学の理論的文献(1)には、よく出てくる。けれども文化的規範としてのその存在は、まったく現われてこない。われわれのサンプルでは、それは一握りの部族でみられるだけであって、しかもごく例外的な個々の事例という形で、行なわれているにすぎない。最もしばしばみられるのは、ブラジルのカインガング族（Kaingang）であるが、この部族は、非常に弛緩した、また流動的な性的結合を示している。一〇〇年間にわたって、カインガング族の系譜を統計的に分析してみると(2)、記録されたすべての結婚のうち、一妻多夫婚の一四

%、一夫多妻婚の一八%、単婚の六〇%と較べて、八%が集団婚であることがわかった。シベリアのチュクチ族(Chukchee)やオーストラリアのディエリ族(Dieri)――これらも集団婚が行なわれていると、しばしば言われてきた社会であるが――でさえ、実際には集団婚をしているということはできない。たしかにこれらの部族その他では、しばしば性的特権を、一群の男女にまで拡大している。けれども真の結婚がつねに拠るところの経済的な責任にまで、これを拡大しているのではない。要するに集団婚が、夫婦結合の支配的なタイプとして、どこかに存在し、またはかつて存在したとする証拠は、なに一つない。(3)

一妻多夫の家族も、ごく稀にみられるので、民族学的には興味あるものとされている。しかしわれわれのサンプルでは、わずか二つの部族、すなわちポリネシアのマーケサス島民(Marquesans)とインドのトダ族(Todas)だけが、これを正常で好ましい結婚形態としているにすぎない。もっとも他の少数の社会でも、これが突発的には現われている。ケースはとぼしいけれども、一妻多夫婚は、幼女殺しの風習のための女性不足、これに由来するように推測される。(4) ただ、その原因がなんであっても、一妻多夫は、ごく稀な現象であって、だからマクレナン(J. F. McLennan)のように、(5) 社会組織の進化のうえで、これに重要な地位を与えることは、どうみても正しくない。

なお最近の民族誌家たちは、(6)「一妻多夫婚」ということばを、文化規範に反して、数人の男が一人の女と交わるという偶発的な事柄、あるいは経済的協働もないのに、一人の女が夫の兄弟との性的特権を享受するといったケース、こうしたものにまで適用するという不幸な傾向を示している。もっとも結婚生活において、どちらかの配偶者の性的特権が、もう一方の配偶者のきょうだいにまで拡張されるということは、けっして珍しい現象ではない。これは私自身が野外調査を行なった三つの部族、すなわちハイダ族(Haida)、テニノ族(Tenino)、トラック島民(Trukese)でもみられたし、またわれわれのサンプル中の四一の社会、あるいは適切な資料が入手できるサンプル中では、その半分をはるかに出る社会で、これが裏づけられている。(7) けれども、そうした性的特権〔の拡張〕は、けっして結婚を形成することはない。というわけでクーパー(J. M. Cooper)は、「一妻多夫」という用語は、社会的に認められ、文化的にパターン化され、また性的権利とともに、経済的協働と共住とを含むところの結婚という形態、これにもっぱらあてるべきだと主張しているが、[8] この主張は、正しいとしなくてはならない。なおもっと最近になって、全体の問題がマーヴィン・オプラー（Marvin Opler）の素晴らしいやり方で、明確にされてきている。

ところで、多夫婚家族は、非兄弟型と兄弟型という、二つの違った形で現われてくる。非兄弟型の多夫婚は、マーケサス島民にみられるが、かれらのあいだでは、親族関係をもたない一定の男性たちが、上層の一女性と世帯を共有し、共同して経済的責任と性的特権とにあずかっている。兄弟型の多夫婚は、トダ族のあいだでは、ふつうの形態となっている。もっともかれらは、ときとして、非兄弟型の多夫婚も行なっている。〔兄弟型の多夫婚では〕いく人かの兄弟が、一人の女性と共同世帯をつくる。子どもたちの厳密な父性は、どうでもよいことであって、それは、はじめの妊娠中に行なう儀式――兄弟の一人が、彼女におもちゃの弓矢を贈る――によって、合法的に確定される。もっともこれに続く妊娠のとき、別の兄弟がこの儀式をしても、一向にかまわない。たいせつなのは、次のことである。すなわち、トダ族のあいだでは、共通の夫が兄弟の場合には、かれらは一つの家に住む。けれども非兄弟型という稀な場合には、かれらは別々の家を構えて、順々に共同の妻の訪問を受ける、ということである。[9]

次に一夫多妻婚であるが、ところでこれを定義するのは、一夫多妻家族の分析にとって、欠くことができない。一夫多妻婚というのは、もちろん、複数の結婚が同時に存在する場合にかぎられる。というのは、もしこれらの結婚が継続的ならば、二番目の配偶者は、最初の配偶者の子どもで、まだ家にいる者にとっては、その義理の親、または社会学的親となる。そしてその家族の構造は、核家族のそれと同じだからである。第二に、ここでの結合は、性的結合とともに、共住と経済的協働とを含む、真の結婚でなければならない。だから文化的には許されていても、蓄妾は、それが結婚の経済的基準に合わないとき、またその存在がかならずしも単婚と矛盾しないときには、一夫多妻婚とは区別されるべきである。最後にその結合は、文化と世論とによって、支持されなければならない。法と慣習とを無視して、ときたま起る結合、たとえばわれわれの社会における重婚、寡婦とその子どもの扶養など、これらは、文化と世論という基準に合わない。したがって、いつも単婚として区別しなくてはならない。

複数の結合が、文化的タブーによってはっきり禁じられていないにしても、ではその社会を一夫多妻的と呼ぶには、どの程度の社会的認可が必要であろうか。またこうした結合が、どのくらい存在していなければならないか。ところで社会的認可の度合については、次の点が示唆される。すなわち複数の結合が、単婚と較べて、高い社会的地位をもたらし、したがって成功した男たちが、できれば第二の妻を求めようとするとき、その社会は一夫多妻的として特徴づけられる、ということである。こうしてわれわれは、複数の結合がときたま生まれても、それらが好まれているという証しのない部族は、これを単婚として分類した。これらのほとんどは、最初の妻の不妊がはっきりした男性に対する例外的な措置である。こうしたケースは、少しも一夫多妻婚を好むというのではない。またそうした状況での第二の結婚は、実際に複合家族をつくることもない。すなわち最初の妻は、ちょうど年取った片親や未婚のきょうだいのように、核家族にとっては付加的な存在だからである。

次に一夫多妻婚の数的基準であるが、これは、まだ十分には確立されていない。複数の妻を極端に好む社会でさえも――どの観察時点にあっても――、一夫多妻婚よりも単婚のほうが、その数が多いからである。なおこれは、自然の性比率によっても確かめられる。すなわち異常事態や短期の場合を除けば、人口中で、女性の数が、男性のそれを大きくうわまわることはない。ごくおおざっぱに言えば、二人の妻をもつ男性に対して、独身生活を余儀なくされる一人の男性がいなければならない。もっともこうした状況は、一部は男性の高い死亡率によって、また通常、女性のほうが結婚年齢がいくぶん低いというズレによって、修正される。しかし一夫多妻婚の強い社会でも、数人の妻をもてるのは、比較的高齢の男性であって、大多数の男性は、一人の妻か、または無妻のままで満足しなくてはならない。一夫多妻婚は、理想かもしれないし、また多くの男性にとって、達成可能のものかもしれない。けれどもかれらが二番目の妻を買い、または受けとるまでには、ふつう、何年も待たなくてはならない。だから多少という基準を用いる公正な観察者にとっては、圧倒的多数で多妻婚が好まれ、またその頻度〔が相対的に高い〕にもかかわらず、既知の人間社会は、そのほとんどを単婚として特徴づけざるをえないであろう。

そこで数という基準を斥けて、二人以上の妻を同時にもつことを、文化が許容し、また世論が支持しているとき、その社会を一夫多妻婚社会として分類することにしたい。こうした結合が、一般的だろうと比較的稀だろうと、とりわけこれが威信の高い男性に限られようと、これをもてるだれにも許されていようと、そのことはかまわない。そこでこの基準によると、われわれのサンプル中、一九三〔八一％〕の社会が一夫多妻婚に、そしてわずか四三〔一八％〕が単婚に、二〔一％〕が一妻多夫婚に分類されることになる。

ただ、右の定義で一夫多妻婚とされる多くの社会でも、経済的条件が大きく働いてきて、実際には単婚的結合が、どの年齢層の男性でも、かなり一般的となっている。おそらく異常に精力的な男性、または有能な男性だけが、二つの家族を維持できるにすぎないであろう。なお他のケースでは、一夫多妻婚は、大きく首長や金持や地位のある者に限られているか、または他の方法で制限されている。けれどもこの結婚が高い威信にあたいして、ごく少数の地位集団の絶対的特権でないならば、やはりこれを文化的規範としてよいであろう。

ところで数の問題は、一夫多妻家族のことになると、少し変わってくる。ここでは、なにが文化的に許され、また好まれているか、ということではない。それよりも、大多数の人びとが実際に生活している正常な社会構造はなんであるか、このほうが大きな問題だからである。第八章でもみるように、単婚の家族と一夫多妻婚の家族とは、親族呼称法や社会構造の他の局面に、違った影響を及ぼしている。複婚が高い威信をもっても、一夫多妻の家族が実際に稀であるなら、それが大きな影響を与えていると期待することはできない。そこで、複婚が実際にはごく稀な一夫多妻的社会の場合、われわれは、その家族の一般的形態を、一夫多妻的ではなくて、単婚的と呼ぶことにした。そしてその分界線を、とりあえず二〇％のところに引いてみた。すなわち複婚がどんなに強く好まれていても、それが全結婚のうち、この比率以下の社会は、結婚は一夫多妻的であっても、家族は単婚的とみなされる。われわれのサンプルについて言うと、一九三の一夫多妻社会のうち、六一〔三二%〕の社会は、明らかにこの二〇%の分界線よりも低い。

一夫多妻婚と関連するけれども、一次婚と二次婚とを区別することも、たいせつであろう。「一次婚」(primary marriage)とは、典型的には個人が結ぶ最初の結合を指している。「二次婚」(secondary marriage)とは、これに続く結合のことである。ところで多くの文化では、この二つの結婚にまったく別の規則を定めている。そしてこの事実から、以上の区別がたいせつとなってくるのである。一次婚に働く規制は、一般にあまり身近な親族を除外するが、しかししばしば交叉イトコのように、好まれる配偶者を特定の親族に限定する。ところが二次婚では、配偶者の選択は、ときとしてもっと広くなる。けれどもしばしば、これが制限されることがある。とりわけはじめの配偶者との関係が、決定的な因子となる。なおこのことは、まえの配偶者が死亡・離婚して、これに続く再婚の場合だけでなく、一夫多妻婚の場合にもあてはまる。

二次婚を支配する特殊な規制としては、「レヴィレート」(levirate)〔兄嫁婚〕と「ソロレート」(sororate)〔姉妹婚〕とが主なものとなっている。兄嫁婚(または逆縁婚)とは、未亡人に好んで亡夫の兄弟との再婚を命ずる文化規則を指している。この場合、彼女は、この兄弟の正妻になることもあるが、またしばしば、かれの第二の妻になることもある。なおこの兄嫁婚の規則が、通時的ではなくて、同時的な結婚に適用されるときには、まえに述べた「兄弟型の一妻多夫婚」(fraternal polyandry)となる。反対に姉妹婚とは、男ヤモメに亡妻の姉妹との再婚を勧める規則のことである。そしてこれが通時的な結婚ではなくて、複婚に適用されるときには、「姉妹型の一夫多妻婚」[10](sororal polygyny)、すなわち一人の男性と二人あるいはそれ以上の女性との選好される結合を生むことになる。ただこれらの用語は、兄嫁婚・姉妹婚がごく稀か、偶然にしか起らない社会、たとえばわれわれの社会には、用いるべきではない。これらが一般に行なわれ、また真に好まれている社会にだけ、適用しなくてはならない。

兄嫁婚と姉妹婚とは、そのどちらも、非常に一般的な現象である。前者は、われわれのサンプル社会の一二七

〔五一％〕で、決定的に好ましい形態として報告されている。そしてわずか五八〔二三％〕では、それが存在しないか、ごく稀にしか存在しないとされている。残りの六五社会〔二六％〕については、その資料がない。姉妹婚は、一〇〇社会〔四〇％〕で好ましいとされ、五九〔二四％〕の社会では、それが存在しないと報告されている。しばしば兄嫁婚は、亡夫の弟にだけ、また姉妹婚は、亡妻の妹にだけ許されている。〔このような〕"junior levirate" と、"junior sororate" とは、まえに挙げた社会のうち、それぞれ二八〔一一％〕と九〔〇・七％〕の社会で、特化されている。ただこの数字は、もし資料が完全になれば、間違いなく大きくなるであろう。なおそのほか好まれる二次婚には、兄嫁婚と姉妹婚と似てはいるが、もっと一般的でないものも挙げられる。すなわちある男性と、父方あるいは母方のオジの未亡人との結婚、かれ自身の母親以外の父の未亡人との結婚、亡妻の姉妹の娘、あるいは兄弟の娘との結婚である。

一夫多妻的家族にあっては、単婚のもとでは起らない個人的調整という問題が生まれてくる。とりわけ性的嫉妬から発して、女性の活動分野における経済的な仕事の配分にまで及ぶところの争いがそれである。というわけで、多くの文化的解決が、資料のうちに現われてくる。われわれは、すでに、妻たちに別々の住居を割りあてるということの多いのを知った。もう一つ、ひろくみられる解決〔の仕方〕は、一人の妻——ふつうは最初に結婚した妻——に高い社会的地位を与えて、家庭での女性の仕事をひろく監督する権限をゆだねることである。第三に性的嫉妬は、夫にそれぞれの妻と順番に住むのを求めることによって、軽減される。夫は、実際には、年とった妻、魅力のなくなった妻、嫌いになった妻、これらとの交渉はもたないかもしれない。しかし順番がくると、夫はそれぞれ彼女たちの小屋で、夜をすごす。こうして彼女たちは、公然たる拒絶という屈辱を免がれるということになるのである。

こうした事実と、キンボール・ヤング（Kimball Young）が提供した資料とを照らしあわせてみると、モルモン教団がアメリカで行なった一夫多妻婚の実験がなぜ失敗したか、その理由のいくつかが示唆される。生まれの違う妻たちが、一つの建物で暮らすことになった。そこであまりに身近な接触のために、彼女たちの神経はすぐに参ってしまった。それぞれの妻は、ある期間、夫の寵愛を受ける。すると夫の支持をかさにきて、年上の妻たちの喜ばない権威を行使する。こういうことになりやすい。こうして彼女たちの地位も、不安定なものになってしまった。また性的には、夫はいちばん新しく世帯に入ってきた妻に関心をもつようになる。そこで残りの妻たちを斥けて、彼女とだけ住むようになっていった。というわけで残りの妻たちは、肉体的に欲求不満になるのみならず、社会的にも、屈辱感を抱くようになっていった。とうとうモルモン教団は、一夫多妻制を放棄することになるのであるが、これにはたしかに外部からの圧力もあった。しかしそれよりも、制度を調和的に働かせることについて、内部的なトラブルがあった。その公算が、きわめて高い。なおこれがスムースに行なえないことは、民族誌の例証からしても、まったく明らかである。

妻たちの圧轢を減らす簡単なやり方の一つは、姉妹型の多妻婚を好ましいものとして、これを制度化することである。言うまでもなく姉妹たちは、その定位家族において、おたがいの行動を適応させることを学んできた。それで彼女たちは、実家から夫の家に移っても、ともに働き、おたがいに耐える習慣を身につけている。ほかの妻たちと違って、彼女たちは適応的行動を学ぶのに、いうなれば、引っ掻き傷から始めなくてもよい。そしてわれわれの資料は、この選好的な姉妹型多妻婚が、きわめて広く分布していることを示している。すなわち、一夫多妻婚が許されてはいるが、あまり起らない六一の社会のうち、一四の社会〔二三%〕が、姉妹型の多妻婚を報告している。また多妻婚が一般的な一三二の社会のうち、姉妹型の多妻婚は、一八の社会〔一四%〕で、排他的な形態となっている。なお三八の他の社会〔二九%〕では、非姉妹型の多妻婚とともに、排他的ではないにしても、好ましいものとして、これを行なっている。もっともこの合わせて七〇という数は、資料がもっと完全になると、さらに増えることは間違いない。(11)

姉妹でない妻たちの個人的調整の問題は、彼女たちが同じ家に住まなくてはならないときに、とりわけ激しいものとなってくる。そしてこの事実は、未開社会では、とくにまた暗黙のうちに認められているので、別におどろくにはあたらないであろう。たとえばクロウ族(Crow)、シンカイエトク族(Sinkaietk)、ソガ族(Soga)のあいだでは、妻たちが姉妹ならば、ふつう、同じ家に住むが、他人同士ならば、別々の家に住む、と民族誌家は報じている。なお、おおまかな統計でも、この点は確かめられる。すなわち姉妹型の多妻婚だけを行なっている二一の社会についていては、その資料が入手できるが、このうち一八社会〔八六%〕の妻たちは、同じ家で一緒に暮らしている。〔これに対して〕非姉妹型の多妻婚をしている過半数の社会（五五のうち二八）では、妻たちは別々の家に住んでいる。また同じ家に住んでいるケースでも、それは大きな建物であって、彼女たちには別々の部屋が与えられている。そして姉妹型の多妻婚と非姉妹型のそれをともに行なう部族は、予想されたように、その中間的な位置を占めている。すなわち一六部族が同一の家、八部族が複数の家、といった具合である。

ところで、姉妹型の多妻婚は、とくに母処居住に適応していると言える。非姉妹型の多妻婚は、どんな居住制のもとでも可能であるが、ただ男性が通常、結婚とともに妻の家に移る場合、これは例外的にしか起りえない。そこで、こうした〔母処婚という〕状況のもとで、居住規則を破らずに、なお第二の妻を求めようとするならば、これは最初の妻の姉妹か、それに近い女性の親族だけになる。このように、排他的な姉妹型の多妻婚は、とりわけ母処居住制に適ったものとなってくる。しかしこれは、他の居住規則のもとでも可能であるし、また〔実際に〕行なわれている。その分布は、われわれのサンプルでは、次のようである。すなわち母処居住制の社会では三八のうち一二〔三二%〕、父処居住制、母処→父処居住制あるいはオジ方居住制の社会では、一七六のうち一四〔八%〕、双処居住制あるいは新処居住制の社会では、三六のうち六〔一七%〕の社会で、これが現われている。

拡大家族は、複婚家族から、単婚家族から、またはその双方からなっている。そして複婚家族が、もっと大きな家族的集合体に吸収されているときは、これを「従属複婚家族」(dependent polygamous family)と呼んでよいであろう。これに対して、拡大家族を欠き、複婚家族がそれだけで存在しているときは、これを「独立複婚家族」(independent polygamous family)と言ってよいであろう。同じように核家族も、従属的と独立的ということになるであろう。一般に複婚家族あるいは拡大家族が存在する場合、それらは核家族をより大きな複合家族に従属させせ

表5　家族組織のタイプ

家族組織のタイプ	社会の数
独立核家族	
単婚をともなう	24 (9.6)
たまに多妻婚をともなう	23 (9.2)
従属核家族	
単婚をともなう	16 (6.4)
たまに多妻婚をともなう	26 (10.4)
(以下の98の複婚家族)	
独立複婚家族	
多夫婚をともなう	2 (0.8)
多妻婚をともなう	51 (20.4)
従属複婚家族	
多夫婚をともなう	0 (0)
多妻婚をともなう	45 (18.0)
分類にはデータが不足	63 (25.2)
計	250(100.0)

ることになるが、その場合には「従属核家族」(dependent nuclear family)と呼ばれる。そして複婚あるいは拡大家族のどちらかが欠けていて、核家族が社会における唯一の家族的単位として存在している場合、これは「独立核家族」(independent nuclear family)と名づけられる。そして家族組織のこうしたタイプ別の分類は、表5のようにまとめることができる。

さて、独立核家族と複婚家族とは、どちらもそれが一時的な存在だという性格から、拡大家族からは区別される。つまりどちらも、両親が死亡し、子どもたちが新しい生殖家族をつくると、それ自身は解体し、消滅する。だからそれらは、一般に二世代の成員だけからなっている。ところが拡大家族は、三世代またはそれ以上の人びとからなり、時間を超えた無限の連続性をもって、特徴づけられる。独立核家族あるいは複婚家族をもつ社会では、結婚によって新しい生殖家族がつくりだされる。そして配偶者の双方を空間的ではなくても、社会的にそれぞれの定位家族から分離させていく。けれども、拡大家族の典型的形態が支配する場合には、配偶者の一方が定位家族とのきずなを切るだけである。もう一方の配偶者は、家庭に残って、そこで相手と結ばれる。そしてかれの生殖家族は、かれを通して、かれの定位家族と、複合家族という集合体に結び合わされる。この過程は、ふつう、世代ごとに繰りかえされる。というわけで拡大家族は、時間的な恒常性を得ることになるのである。そしてこの時間的な連続性〔=恒常性〕は、家族組織の諸形態のうち、拡大家族だけに特徴的であるが、なおこの点がそれを単系の親族集団や地域社会と同類のものとすることにもなってくる。

あとの二つも、比較的恒常な社会集合だからである。

ところがわりに稀ではあるが、家族の一形態が、いくつかの点からして、媒介的な位置を占めている。このタイプを「兄弟型の合同家族」(fraternal joint family) と呼ぼうと思うが、ここでは二人あるいはそれ以上の兄弟が、かれらの妻たちとともに、一つの共同世帯をつくる場合が生まれる。構成単位の核家族を結びつける基礎は、複婚家族の場合には、夫と妻との関係、ふつうの拡大家族の場合には、親と子との関係である。ところが兄弟型の合同家族では、それが兄弟の関係ということになる。ただ拡大家族と似ているのは、結合の紐帯が、婚姻的であるよりも血縁的だという点である。兄弟型の合同家族は、われわれのサンプルでは三つの部族、すなわちニューギニアのイアトムル族 (Iatmul)、メラネシアのマヌス族 (Manus)、オレゴン〔州〕のテニノ族で、排他的な形態ではないが、一般的な家族組織の形態としてみることができる。

拡大家族のいくつかのタイプは、主にその土地の居住規則に拠っている。たしかに——このことは強調しなくてはならない——どんな居住規則も、それだけでは、拡大家族をつくるのに十分ではない。にもかかわらず経済的その他の要因が、隣接した世代の諸家族を、より大きな家族的集合体に結びつけていく。したがって居住規則が特殊な親族結合をもつ諸家族を空間的に接近させる。そしてこれらが——他を排して——もっと大きな家族構成体をつくることに作用する。そうみてよいであろう。

新処居住制——これは拡大家族をつくることと矛盾する——を除けば、すべての居住規則は、ほぼ出自の原理に従って、諸家族を空間的に配列しようとする。ただこの原理は、ときとして文化的に認められなかったり、あるいはまったく別の出自規則がつかわれたりすることがある。これとは対照的に、居住規則は、いつもその土地の拡大家族の組織のタイプと調和している。そこでわれわれは、キルヒホフ (P. Kirchhoff)[12] に従って、この居住規則という点から、拡大家族のタイプを父処拡大家族、母処拡大家族、双処拡大家族、オジ方拡大家族と名づけることにしたい。

もっともこれに代わる名称も、文献には、おびただしく出てくる。たとえば、父系、母系、双系拡大家族、父方・母方・オジ方家族、父権・母権家族などがそれである。けれども出自規則が単系でなく双系である場合、拡大家族を父系とか母系とか呼ぶことは、紛らわしい。「父方」(paternal)とか「母方」(maternal)とかという用語は、あまりにも不明確である。さらに「父権」(patriarchal)とか「母権」(matriarchal)とかいうのは、家庭内の権威がもっぱらどちらかの性に帰属する、といった間違った意味にみちびいている。ところが居住にもとづく用語には、こうした不利はまったくない。かえって区別するべき重要な因子を、正しく示してくれる。なおここでは長たらしい用語の繰りかえしを避けて、ローレンス[13](W. E. Lawrence)の有益な示唆に従って、父処・母処・オジ方拡大家族の代わりに、それぞれ「父処家族」(patri-families)、「母処家族」(matri-families)、「オジ方家族」(avuncu-families)と呼ぶことにしたい。

まず居住が父処または母処→父処であって、そこに拡大家族の成長を促す要因のあるところでは、父—息子の関係にもとづく複合組織のタイプが現われてくる。これが「父処拡大家族」(patrilocal extended family)である。これには一人の男性の生殖家族、既婚の息子のそれ、孫のそれなどが含まれる。また母処居住制のもとでも、同じように「母処拡大家族」(matrilocal extended family)が生まれる。これには一人の女性の生殖家族、娘のそれ、孫娘のそれなどが含まれる。そしてわれわれのサンプルとなった二五〇の社会のうちでは、五二〔二一%〕が父処拡大家族、二三〔九%〕が母処拡大家族として特徴づけられている。

双処居住制のもとでは、それぞれの事情にもよるけれども、息子か娘のどちらかが家に残って、その生殖家族を定位家族に結びつける。これから「双処拡大家族」(bilocal extended family)が生まれる。これは既婚のカップルがつくる核家族、その息子たちの全部ではなく一部の核家族、あるいはその娘たちの全部ではなく一部の核家族、さらにどちらかの性の孫たちの、全部ではなく一部の核家族とを結びつけるものである。要するに、隣接した世代の核家族が、いずれかのタイプの親子関係によって結ばれていく。ただこの型の拡大家族は、比較的稀であって、われわれのサンプル中、一〇を数えるにすぎない。通例、経済的な条件が父処か母処か、どちらかの方向に圧力を加える。こうして双処拡大家族の拠る居住選択のデリケートな均衡も、やがて崩れていくのである。

オジ方居住制を行なうところでも、複合構造の一タイプが現われてくる。「オジ方拡大家族」(avunculocal extended family) であって、これはサンプル中、七例が出てくる。そしてブリティシュ・コロンビアのハイダ族は、これをみるのに便利であろう。この部族では、少年たちは一〇歳ぐらいになると、まったく親の家を離れ、ほかの村にいる母方のオジのところに住みこむ。このオジの家ならびに家長の地位は、最終的にはオジと一緒に住むオイの一人によって承け継がれる。しかしこのオイは、しばしばオジの娘と結婚する。するとこのオイの姉妹の息子が代わりにやってきて住む。したがって典型的なハイダ族の世帯は、世帯主とその妻または妻たち、未成年の息子と未婚の娘、〔世帯主の〕姉妹の青年ではあるが未婚の息子、娘と結婚した〔世帯主の〕姉妹の息子、この夫婦の幼い子どもたち、それにおそらく、結婚したほかのオイや娘たちとその家族、またときとして一人か二人のオイの子どもからなる。この例では、核家族が、二つの関係を通して結合されている。一つは親と娘との関係、もう一つは母方のオジとオイとの関係である。ただこのタイプの拡大家族をもつ社会でも、そのいくつかでは、オイが〔オジの〕娘と結婚しない。だから〔この場合には〕オジとオイとの環は、ただ隣接世代の核家族をつなぐだけとなる。

独立核家族と複婚家族とは、世代ごとに新しくつくられるので、これらは歴史的な変遷によってほとんど影響されない。けれども、拡大家族の時間的連続性は、生活条件を変えるところの変化には従わざるをえない。たとえばこれらの家族は、繰りかえし、その成員の増加という条件に遭遇する。しかもその増加は、経済的に利用可能な土地や資源をうわまわってしまう。こうしたことが起ると、拡大家族はふつう、よそに移り、そこに定住する分枝を出しながら、分裂していくのである。この分裂の傾向は、しばしば拡大家族という組織をもつ社会の特徴として、注目されてきた。人口の増加や膨脹は、また拡大家族をクランに変えることもある。実際、第四章でみるように、これがクラン組織の最も一般的な起源の一つだからである。

社会をある家族構造のタイプに傾斜させていく要因について、とくに観察してみると、かならずや啓示的な結果が出てくるものと思われる。ただ不幸にして、本書ではこの問題を直接明らかにすることができない。開拓の技術、分業、財産その他、経済の基本的な諸側面、つまり決定的な役割を果たすと思われる側面については、まだ諸事実が集まっていないからである。けれども読んだ資料からの印象として、二、三、仮説的な示唆を得ることはできる。そこでこれらを進めてみることも、あながち間違いではないであろう。

まずそれぞれの経済状況において、性による分業は、かなりの程度で、好まれる結婚形態を決定するように思われる。トダ族のように[14]、女性が経済生活にほとんど貢献しないところでは、一妻多夫婚が満足できる適応〔形態〕となる。両性の生産活動がだいたい同じで、また小さな単位がそれより大きな単位と同じくらい効率的ならば、経済的には単婚が有利となる。女性の経済的貢献が大きく、また一人の男性がかれの領分で、数人の女性の要求を満足させるだけの生産ができるならば、この状況には一夫多妻婚がマッチする。もっとも経済的な要因が基本的に重要だと示唆したからといって、もちろん、われわれはその他の補助的な影響を無視するわけではない。たとえば、複数の妻をもつことが威信としての価値をもっていること、あるいは授乳や妊娠中の禁欲に対して、多妻婚が提供してくれるその捌け口、などがそれである。

拡大家族の形成にとって、その土地の居住規則は、たしかに重要な要素となってくる。しかし居住規則に及ぼす諸影響については、その考察を第八章まで延期しなくてはならない。財産に関するいくつかの要因も、おそらく家族の連続性を促して、拡大家族のいずれかの形態を発展させることになるであろう。財産が少ないところ、またそれが動産や移動しやすいもののところでは、財産は家族の非連続性に対して、なんの障碍にもならない。しかし農地という形での財産、大きな恒久的な家屋、きまった漁場や牧草地、その他、不動産が富の主な形態をなしているところでは、そうではない。とくに経済的協働にとって最も効率的な単位が、核家族よりも大きなものである場合、そこではたとえ生殖家族が分立しても、かれらはそうした財産の相続にあずかれる配偶者の定位家族を援助することになる。おそらくこのようにして、財産の形態や相続の仕方が、その社会をあるタイプの拡大家族へとみちびいていくことになるであろう。

財産相続の問題になったので、なおいくつか、これについて考えてみたい。相続規則に関する資料は、研究の過程で、折にふれて集められた。そこでこの結果のいくつかを紹介しておくことにしたい。文献のうえでは、[15]ふつう二つの主要な相続様式が区別されている。すなわち父系の相続と母系の相続とである。これは、選ばれた相続人と故人との関係が、男性を通してたどられるか、女性を通してたどられるか、の別である。それで、ある男性の財産が息子に渡されれば、それは父系の相続であり、姉妹の息子に渡されれば、それは母系の相続である。なお当人の兄弟に渡されれば、それはそのどちらかであって、その規則は、兄弟全部が死亡している場合にだけ、明らかとなる。表6は、居住規則と出自規則との相関のもとで、男性財産の相続様式について、われわれの資料を要約したものである。

表6　居住・出自規則と財産相続との相関

居住および出自規則		父系相続	母系相続	混合相続	計	
居住	父処	87	6	5	98	(61.6)
	母処→父処	10	2	0	12	(7.5)
	オジ処	0	6	2	8	(5.0)
	母処	5	13	2	20	(12.6)
	双処	8	0	3	11	(7.0)
	新処	9	0	1	10	(6.3)
出自	父系	61	0	1	62	(39.0)
	二重	6	1	3	10	(6.3)
	母系	6	23	7	36	(22.6)
	双系	46	3	2	51	(32.1)
サンプル数		119 (74.8)	27 (17.0)	13 (8.2)	159 (100.0)	(100.0)

　母系の相続は、ふつう母処かオジ方居住制、または母系の出自と結びついている。けれども八の社会では父処あるいは母処↓父処居住と結びついており、三の社会では双系の出自と結びついていることが注目される。さらに父系の相続は、五の母処、また六の母系の部族で現われている。ローウィ[16]は、母系制および母処制という慣行は、かならずしも一貫した複合体に結びつけられていないと言っているが、以上の結果は、かれの主張を支持するものであろう。

　実際からも、相続規則は複雑なので、これを十分に分析するには、父系・母系といった簡単な二分法は、きわめて不適当なものとなってくる。まず財産は、これを相続人には渡さずに、毀したり、譲ったり、あるいは所有者の遺言で処分したりすることもある。第二に、性にもとづく財産権が、相続に大きな影響を及ぼすこともある。たとえば衣類とか仕事道具とかは、どちらかの性がもっぱら所有しており、したがって同性の者だけがこれを相続する。また金銭とか貴金属とかも、しばしばどちらかの性が所有し、どちらかの性の者に譲られる。さらにあるカテゴリーに属するすべての親族が、ひとしく分け前にあずかることもある。あるいは長子相続や末子相続のように、最年長者とか最年少者とかへの偏向を示すこともある。配偶者のような姻族、また義理の子どもなどが、これに加わることもあるし、除かれることもある。きょうだいが子ども以上の分け前にあずかったり、その反対であったりする、等々。通文化という視野からの財産権と相続とに関する研究は、まだ十分にはなされていないといってよい。

財産相続の領域とは離れるけれども、これはさらに、権威的地位の継承という問題につながる。そしてこの問題は、われわれの研究が、もっと家族の構造に近づくことを可能にしてくれる。家族内での最終または最高の権威は、どのタイプの家族でも、ほとんど普遍的に、一人の人に与えられている。独立核家族あるいは多妻的家族の特徴をもつ社会では、われわれの資料のかぎりでは、これは夫と父とである。ただ拡大家族の支配する社会では、いくつかの選択肢を認めることができる。たとえばイロクォイ族（Iroquois）では、家庭内の権威は、年長の女性か、年長の母方のオジに与えられている。あるいは――これが最も一般的であるが――父方の祖父に与えられている。そしてこの地位の継承は、すでに相続のところで述べた分類に従って、多く父系か母系かで行なわれる。もっとも、似たような規則は、地域社会や部族の首長に関しても行なわれているが、しかしこれは、われわれには関係がない。なお拡大家族をもつ社会の継承様式については、われわれには不完全な資料しかない。けれども一つの例外を除いて、母処とオジ方の拡大家族では、その継承はつねに母系であり、双処と父処の拡大家族では、つねに父系である。一つの例外というのは、西アフリカのアシャンティ族（Ashanti）であって、かれらは父処拡大家族をもっているが、その継承は母系である。この社会の男性は、自分の家の息子たちよりも、よその世帯の姉妹のオイに、より大きな権威を行使している。

ところでリントンは、(17)基本的に異なる二つの家族構造の型を区別している。㈠「夫婦家族」(conjugal family)――これは性的な牽引に注目したもので、配偶者〔=夫婦〕とその子孫とを核としてなり、そのまわりをさして重要でない親族が縁取っている。㈡「血縁家族」(consanguine family)――これは性とは無関係に、年少期を通じてつくられた結合に注目したもので、血縁の親族を核としてなり、そのまわりをさして重要でない配偶者たちが縁取っている。後者のカテゴリーが、われわれの〔言う〕拡大家族ときわめてよく対応していることは、明らかである。これに対して「夫婦家族」は、われわれの分類からすると、独立核家族と独立複婚家族の双方を含んでいる。リントンは、夫婦家族を始源的なものとみて、血縁家族の発展は、それがもともともつ多くの利点によるものだとしている。この利点としてかれの挙げるのは、㈠その永続性、㈡これが適応的習慣の初期の発達に益する機会の多いこと、㈢〔成員の〕数において、したがって協働の能力において卓越していること、㈣老人の養護および自己防衛における利便、㈤財産の保有と地位付与の母体としての、より大きな適格性、などである。そしてこの分析は、実質的には私のそれと一致している。

けれどもリントンは、核家族の普遍性を認めない点では、誤っているとしなくてはならない。かれは拡大(血縁)家族を分けることのできない単位として扱っており、これが一次的関係の相互連鎖からなる核家族の集まりとはみなかった。かれはさらに、拡大家族や血縁家族にあっては「配偶者は付随的に重要なだけだ」とまで極言している。たしかにこのタイプの複合家族では、ふつう核家族の果たす経済的・教育的機能が、しばしばより大きな集団によって分担されている。しかしこの分担は、一部でしかすぎない。すでに指摘したように、これを構成する核家族は、いつも経済的協力の単位として、少なくともなにほどかの独立性を残している。また一般に、子どもの保育・教育・社会化の一次的な負担に耐えている。加えて性と再生産というユニークな機能を完全に維持している。ただこうした些細な欠点はあるにしても、リントンの書物は、家族の複合形態に関して、思慮に富む分析を行なっている。本書を補足するものとして、推奨してよいであろう。

原註

1 L. H. Morgan, *Ancient Society* (New York, 1877, p. 416)（モルガン『古代社会』荒畑寒村訳、角川文庫）、J. Lubbock, *The Origin of Civilization and the Primitive Condition of Man*, 5th edit. (New York, 1892, pp. 86-98)；J. G. Frazer, *Totemism and Exogamy* (London, 1910, Ⅳ, p.151)；W. H. R. Rivers, *Social Organization* (New York, 1924, p.80)（リヴァース『社会体制』井上吉次郎訳、育英書院、昭和一九年）、R. Briffault, *The Mothers* (New York, 1927, I, pp.614-781) 参照。

2 J. Henry, *Jungle People* (New York, 1941, p.45).

3 R.H. Lowie, *Primitive Society* (New York, 1920, pp.49-62)参照。

4 たとえばトダ族では、両性の数的ヒズミが非常にはげしい。W.H.R. Rivers, *The Todas* (London, 1906, pp. 477-80) をみよ。

5 J.F. McLennan, *Studies in Ancient History* (London, 1876, p. 132).

6 たとえば J. H. Steward, Shoshoni Polyandry (*American Anthropologist*, n.s., XXXVIII, 1936, pp.561-4)；W. Z. Park, Paviotso Polyandry (*American Anthropologist*, n.s., XXXIX, 1937, pp. 366-8)；O.C. Stewart, Northern Paiute Polyandry (*American Anthropologist*, n. s., XXXIX, 1937, pp. 368-9)；D. G. Mandelbaum, Polyandry in Kota Society (*American Anthropologist*, n.s., XL, 1938, pp. 574-83) をみよ。

7 J.M. Cooper, Temporal Sequence and the Marginal Cultures (*Catholic University of America Anthropological Series*, X, 1941, pp.52-3).

8 M.K. Opler, Woman's Social Status and the Forms of Marriage (*American Journal of Sociology*, XLIX, 1943, pp. 130-46).

9 多妻婚に関する新しい見解は、ギリシアのピーター王子 (Prince Peter) に期待できそうに思われる。かれはこのテーマを生涯の研究としている。一九四八年、アメリカでの講演で、かれは西チベットの多妻婚について、秀れた機能的見解を示した。当地の多妻婚は、ふつう兄弟型であるが、息子がいないため、家族の系統《ライン》が娘によって継がれる場合には、例外的に母処婚が行なわれて、多妻婚は非兄弟型となる。

10 文献のうえでは、「姉妹婚」［ということば］が、しばしば、姉妹との継起的な結婚とともに、多妻婚にも適用されている。しかしこの用法は紛らわしいので、ここでは避けることにする。

11 多妻婚がそのタイプを明示することなく報告されている社会は、ふつう、非姉妹型として分類されている。これらの社会は、一般に多妻婚を行なう五二と、稀に行なう一八の社会を含んでいる。

12 P. Kirchhoff, Kinship Organization (*Africa*, V, 1932, p.190).

13 W. E. Lawrence, Alternating Generations in Australia (*Studies in the Science of Society*, ed. G. P. Murdock, New Haven, 1937, p. 319).

14 「男性は政治的・宗教的・儀礼的な機能に加えて、放牧・搾乳・攪乳・採薪・建築・交易、そして料理をする。農業と重要な家内工業を欠いているので、性の分業による女性の仕事は、水汲み、衣類のつくろいと刺繍、穀物を搗いたり篩にかけたりすること、床拭き、家具の掃除など、比較的軽い仕事に限られる。」G.P. Murdock, *Our Primitive Contemporaries*, New York, 1934, p.124.

15 たとえば W.H.R. Rivers, *Social Organization* (New York, 1924, pp.87-8) をみよ。

16 R.H. Lowie, The Matrilineal Complex (*University of California Publications in American Archaeology and Ethnology*, XVI, 1919, pp.29-45).

17 R.Linton, *The Study of Man* (New York, 1936, pp. 159-63, ***et passim***).

第三章　血縁親族集団

親族という紐帯にもとづく社会的集合は、「親族集団」(kin group) と呼ばれている。もちろん、核家族も親族集団の一つである。というのも、そのメンバーは、それぞれ他のメンバーの一次親族だからである。複婚家族もまた、一つの親族集団である。ただここでは一次親族に加えて、ふつう核家族ではたまにしか、または付随的にしか現われない、多くの二次親族を含むことになる。とくに義父母、半兄弟、継子などがそれである。拡大家族も、父処・母処・オジ方・双処のどのタイプであれ、親族集団である。ただ核家族や複婚家族と違って、この拡大家族は、ふつう、父の家にいる兄弟の息子の妻、父の兄弟の息子のような三次親族を含み、ときにはもっと遠い親族さえ含むことがある。

もっともどんなタイプの家族組織にあっても、メンバーを結ぶ親族のきずなは、その一部はつねに姻族のそれであって、血縁だけということはない。この点に注目することが、たいせつである。たとえば核家族における父と母、夫と妻とは、結婚といいうきずなで結ばれている。つまりインセスト・タブーによって、ふつう、夫と妻とが一次血縁親族であることが妨げられる。さらに複合形態の家族では、多くのメンバーが姻族といいうきずなで結びついている。もっともその紐帯が血縁であっても、姻縁であっても、またその家族がどんなタイプのものであっても、家族のメンバーは、さらに共住ということで結び合わされている。そして血縁と姻縁というきずな、それに共住という特徴とによって、親族集団の主要タイプの一つとして、「居住親族集団」(residential kin group)が区別されてくる。家族は、どの形態でも、このタイプに入る。

親族集団の第二の主要タイプは、「血縁親族集団」(consanguineal kin group)である。この集団のメンバーは、まったく血縁的な紐帯によって結びついている。だから〔この集団の〕二人のメンバーのあいだに、姻族の関係がたどれたとしても、それはいつも間接的で、偶然的なものである。つまりはじめから姻族の関係にある人びとは、同じ血縁親族集団に属すことができない。それで夫と妻とは、ごく特殊な状況のもとでだけ、同じメンバーとなる。インセスト・タブーと、そして族外婚という形でのこのタブーの拡大とは、通常、人を自分の血縁親族集団外の者と結婚させる。その結果、夫婦は、ふつう、違った〔血縁親族〕集団のメンバーということになる。一方、兄弟姉妹は、つねに血縁親族であって、同じ集団のメンバーということになる。結婚は、同じ血縁親族集団に属すことのできない夫と妻とを同居させる。ところがインセスト・タブーは、通常、同じ〔家族〕集団に属する兄弟姉妹を、結婚とともに、空間的に分離させる。したがって血縁親族集団は、共住によって性格づけることができない。

以上、二つの親族集団は、その基本的な特徴において、次のように要約できるであろう。居住タイプは、つねに共住によって特徴づけられるが、血縁タイプはそうではない。血縁タイプは、血縁の親族だけを含むが、居住タイプは、つねにある血縁の親族を排除する。しかし反面、ある姻縁の親族を含んでくる。居住タイプは、いつも夫と妻とを含むが、兄弟姉妹のすべてを含むことはない。血縁タイプは、かならず兄弟姉妹を含むけれども、夫と妻の双方を含むことはない。そしてこの基本的特徴は、その大きさや名称、あるいは居住・出自の規則がどうであっても、以上、二タイプの親族集団のすべてにあてはまる。さらに一般化すると、居住親族集団の形態は、なによりもその土地の居住規則によって決定される。これに対して血縁親族集団のそれは、なによりも出自規則によって決定される。

すでに指摘したように、出自は系譜関係と同意語ではない。単系出自のもとでも、一方の親をたどる親族のきずなが、もう一方の親をたどるそれを排除したり、またはそれよりも密接だという認知を含むものではない。父子の生物学的結びつきを認めない社会でも、父系出自の例があるからである。出自は、個人を社会的にある血縁者の親族集団に配置する。もっぱらそうした文化原理に関しているわけである。

親族集団は、個人にとって、いわば第二の防衛線をなしている。個人が危険や困難に遭遇する。経済上の仕事や儀式上の義務を果たそうとする。そうしたときには、援助が必要となってくる。こうした場合、要するにかれにとって、その属する家族が提供できる以上のものが必要となったとき、かれはその援助・救助を、より大きな親族集団のメンバーに求める。またこれに頼ることができる。このメンバーは、拡大された親族の紐帯によってかれと結ばれている。だからかれを助けるという義務は、部族や地域社会のメンバーよりも強い。もちろん、代わりに、かれはこれらの人たちに対して、互恵的な義務を負っている。とくに結婚だけを通じて関係をもつ親族よりも、ふつう「血のつながった親族」(blood relatives) により親近感をおぼえる人たちにとっては、この血縁親族集団は、とりわけ重要なものとなる。

では血縁親族のだれに援助を求めることができるのか。またそのだれに互恵的な義務を負っているのか。血縁親族の紐帯は、無限に分枝していく。もっと広げれば、地域社会や部族の全員を含むことにもなってくる。というわけで、このさい、なにかの識別をしなくてはならない。つまり個人がとくに親しく結ばれる人たち、これを選択しなくてはならない。そしてこの決定は、もし混乱を避けようとすれば、出生の時点にまでさかのぼらなくてはならない。どんな社会でも、子どもの誕生は、かならず他の成員の権利や特権に影響を及ぼしてくる。このため、やむをえず新しい義務を引き受ける人も出てくるし、新しく権利を手にする人も出てくる。またほかの人たちの見込み、たとえば相続・継承・結婚についての見込みも変わってくる。要するに法的諸関係が、いろいろなやり方で修正される。そしてだれが、どんなに自分に影響してくるか。これを知らなくてはならない。というわけで、不確定と争いとのはびこらないように、なによりも子どもの社会的位置づけが、なされなくてはならない。

まず生まれた日が、当人の属する年齢階梯を決定する。出生の場所は、特定の世帯・地域社会・居住親族集団における成員権を決定する。このように成員権は、一般に出生のときに決まるけれども、ただこれを決めるのに、はっきりした外的基準を欠くような社会集団もある。たとえば違ったカーストや社会階級のように、つまり違った地位集団の人から生まれた子どもの場合に、これが起る。白人と黒人とのあいだの子ども（ムラトー mulatto）、あるいは白人と黄色人種とのあいだの子ども（ユーラシアン eurasian）は、どのカーストに属すべきであろうか。また自由民の男性と奴隷の女性との子ども、貴族の父親と平民の母親との子どもは、どの階級に属すべきであろうか。そこでは帰属について、二つの選択肢があることになる。そしてその決定は、争いのもとにならないように、いつも文化的に、まえもって命じられていなくてはならない。

ところで個人が属することになる親族集団、かれが互恵的な義務を負うことになる親族集団、これを決めることも、正確には似た状況にあると言える。そしてこのようにして決まった親族の人たちは、たいていの社会で、子どもの誕生後まもなく——ふつうは赤ちゃんに名前をつけて、親族の人たちが正式に受けいれるという儀式が済むと——その機能を開始する。もっともこうした機会に集まろうと集まるまいと、この特定の人たちは、〔この子に対して〕自分がどんな人間であり、〔この子によって〕自分の法的権利がどんな影響を受けるかを、まえもって知っていなくてはならない。ところでこうした知識は、どんな社会でも、出自という文化的に公式化された規則によって提供されている。

といってどんな出自の規則でも、それがもともと明白なもの、つまり「自然的」(natural) なものというのは、ひとつもない。まずインセスト・タブー——これはひろく核家族内の結婚を妨げる——のために、父と母とは同じ親族者をもつことができない。もし一人の子どもが、両親の親族のすべてに関係づけられるならば、その子どもの血縁親族集団は、両親のそれの二倍の大きさとなる。そして数世代のうちに、親族集団は地域社会と、あるいは部族とも共存〔＝一致〕してきて、親族集団としての意味をなくしてしまうであろう。こうして子どもの親族集団は、だいたい一方の親の親族集団の範囲に制限されることになるが、これはいわば至上命令であるとも言える。となるとこのために、両親の親族集団の成員のいくらかを、子どもの親族集団から除かなくてはならない。ところでこれを可能にする仕方には、主に三つのものが挙げられる。そしてこの仕方から、三つの基本的な出自規則がつくられることになる。

まず「父系出自」(patrilineal descent) は、母の親族集団を排除して、子どもを排他的に父の親族集団へ所属させるというやり方で、〔親族者の〕選択を行なう。同様、「母系出自」(matrilineal descent) は、父の親族をみな排除して、子どもを母の親族集団へと割りあてる。「双系出自」(bilateral descent) は、父の親族集団のある人たちと、母の親族集団のある人たちとを排除して、子どもを両集団のある人たちからなる特別の集団へと所属させて、同様な結果に達する。ほとんどの場合、この特別の集団は、系譜的に子どもに最も近い親族の者からなっていて、どちらの親を通して、子どもと結ばれるかを問わない。そしてこの出自規則のそれぞれから、いくつかの特徴的な血縁親族集団が生まれてくる。

しかしある社会では、二つの出自規則を結合させることも可能となっている。このさい、母系出自と父系出自との組み合わせが、とくに一般的であって、たとえばアムビル・アナク婚 (ambil-anak) を行なうインドネシアのいくつかの社会では、息子のいない家庭にあっては、通常の父系規則が一世代だけ停止される。そして家系の連続を維持するために、母処婚を行なう娘を通じて、母系の出自が現われる。ブラジルのアピナエ族 (Apinaye) では、母系の出自は女性に、父系の出自は男性に行なわれる。またニューギニアのムンドグモル族 (Mundugumor) では、娘は父親に属し、息子は母親に属する。(1) つまり遺伝における性連関のように、世代ごとにジグザグする親族集団に所属する。セレベスのブギ族 (Buginese) とマカッサル人とのあいだでは、第一子・第三子といった奇数番目の子どもは母親に属し、偶数番目の子どもは父親に属する。(2) なお以上の例では、ある単系の規則がある個人のケースに、ほかの規則がほかの個人に適用されている。このことに注目しなくてはならない。つまり二つの規則が、一人に同時に適用されることはない。

ところが父系出自と母系出自とがともに適用されて、しかもうえのように、二者択一的に結びついていない場合が挙げられる。そしてこの連結式の適用は、「二重出自」[3](double descent) として知られている。この場合、その社会は、父系の親族集団と母系の親族集団の双方をもち、個人は、父の父系集団と母の母系集団とに同時に所属する。しかし父の母系集団、母の父系集団は排除される。ある条件のもとでは、二重出自は、ユニークな血縁親族集団を生みだしてくる。だから単に父系規則と母系規則の組み合わせというよりも、第四の基本的な出自規則としたほうがよいであろう。

われわれ「アメリカ」の社会は、双系の出自と、典型的な双系タイプの親族集団とを特徴としている。専門的には「キンドレッド」[4](kindred) と呼ばれているが、一般には「身内」(kinfolk) とか「親類」(relative) とかの集合名詞で知られている。双系の親族集団は、とくにむずかしい問題をかかえているが、人類学者は、これにあまり注意しなかった。そこで順序として、ここでは父系出自・母系出自という、単系の出自から生まれる親族集団からみていくことにしたい。さてこれらは、文献上ではいろいろな名前で報告されている。**clan, gens, lineage, moiety, phratry, ramage, sept, sib** などがそれである。そして人類学者たちは、数世紀にわたって、これらの集団を分析するとともに、そのさまざまなタイプにどういう用語を割りあてるか、この方面でも、目ざましい進歩を示してきた。ただわれわれは、全体としては、ローウィ[5]の古典的な業績に従うことにしたい。そこではこのテーマについて、完全に近い解明のアプローチがみられるからである。

父系出自と母系出自とから出てくる血縁親族集団は、完全に対応し合っている。ただその帰属の仕方と含まれる親族とが、違ってくるだけである。すなわちそれぞれ似た階梯列をなしており、またこの階梯列は、単系的帰属の認知が拡大されていく程度を反映して、いくつものタイプを含んでいる。そしてこれらのタイプは、出自規則が「父系的」(patrilineal)・「母系的」(matrilineal) という形容詞、または **"patri"**・**"matri"** という接頭語で示されるので、これらと同じ形容詞または接頭語が付けられている。

どちらの単系出自規則から生まれてもよいが、その血縁親族集団は、専門的には「リネージ」(lineage) の名称で知られている。ただ出自の線は、ひろく拡大していく。そこでこのリネージには、一連の系譜的結びつきが記憶されていて、これによってかれらの共通の関係がたどれる人たちだけが含まれる。なおこれはいつもというのではないけれども、リネージは、ときとして、父処拡大家族、母処拡大家族、オジ方拡大家族、こうした家族の核となる単系の同性者からなっている。リネージは、他処に住むもう一方の性のきょうだいは含むけれども、かれらと一緒に住むかれらの配偶者は、もちろん、含まない。われわれの社会は、双系的ではあるけれども、姓が父系的に継承される結果、リネージに似た同姓集団が生まれてくる。こうしてスミス姓をもって生まれたすべての人たちが、もし男性の線を通して、共通の先祖からの具体的な出自がたどれるとすれば、かれらは一種の父系リネージを構成していることになる。

一般に血縁親族集団の成員は、父系または母系の線で、共通の出自という伝統的なつながりを認めている。ただ個々については、実際の系譜的関連がたどれるとはかぎらない。こうした場合、その集団はシブ(6)(sib) と呼ばれる。われわれの社会の場合、スミス姓で生まれた人たちが、すべてつながりがあると考えるならば、かれらは父系のシブをなしていることになる。単系の社会には、リネージだけあって、本当の〔=ここで定義した〕シブを欠いているものもある。けれどもほとんどの社会は、シブをもっており、このシブが単系の血縁親族集団として、最も特徴的なものとなっている。シブは、ふつう、いくつかのリネージを含んでいる。ただこの場合のリネージは、文化的に規定されなくてもよい。なおシブとリネージとの中間にあたる集団も、いくつかの社会でみられるが、これらは「サブ・シブ」(sub-sib) と呼んでよいであろう。

ときとして二つまたはそれ以上のシブが、まったく便宜的な単系親族のきずなを認めている。もっとも、このきずなは、一つのシブを結合させているそれよりも稀薄である。しかし、それでもいくつかのシブの星座が、他の同種のものから十分に区別される。この上位の血縁親族集団は、「フラトリー」(phratry)〔胞族〕と呼ばれる。ある社会に二つのシブ、またはフラトリーしかないと、すべての人たちは、どちらかのメンバーにならざるをえない。そうしたとき、この二分法は、社会構造にはっきりした特徴をたくさん生むことになって、この場合には

「モイエティ」(moiety)〔半族〕という特別の用語が用いられている。もしわれわれの社会が、スミス姓とジョーンズ姓の人たちだけからなっていて、またそれぞれの集団が、父系的に関係があると考えられるならば、かれらは、父系のモイエティをなしていると言えるであろう。

単系血縁親族集団の最も普遍的な特徴は、外婚制である。これは、すべての成員に、その配偶者をほかの集団から求めるように要求する規則である。一般に親族集団は、それが小さければ小さいほど、外婚制への傾斜が強くなっていく。たとえばシブは、部分的にだけ外婚であって、またモイエティは、他のもっと小さな単系集団よりも非外婚的なことがある。しかしあとの場合、シブはしばしば完全な外婚を行なっている。もっとも、このさい、親族集団を装ってはいるが、出自の規則にもとづかない社会単位もあるので、これと純粋の単系親族集団とを混同してはならない。たとえば、村の境界内であい対する側に住む人たち、ゲームのときに相手チームになるといった、部族内のいわば擬似モイエティがそれである。それから成員性がなにか非親族のベースで決定されている社会単位も、これに属する。いわんや非外婚型のそれと混同してはならない。

ただ構造分析、たとえば親族呼称法の解釈といった目的のためには、単系社会でその親族集団が完全に非外婚の場合には、通常、これを双系出自のように扱わなくてはならない。内婚的な結合が、期待される親族者の空間的・社会的配列を妨げているからである。われわれのサンプルとなった一七八の社会のうちでは、一〇だけが完全に外婚制を欠いている。またこれらの事例の半数では、親族集団は現われつつあるけれども、まだ十分に組織されているようにはみえない。たとえばバリー島民、トンガ族(Tongans)、ツワナ族(Tswana)などは、明らかに父処居住にもとづく父系のリネージをもちながら、まだ外婚の規則が十分には発達していない。同様に母方居住のカリナゴ族(Kallinago)では、非外婚的な母系のリネージがみられる。オントン=ジャワ族(Ontong-Javanese)は、二つの非外婚的な集団をもっている。すなわち土地の所有単位としての父系のリネージ、家屋の所有集団としての母系のリネージ、がそれである。他の五つの事例では、親族集団は衰微して、ほとんど消滅している。スーダンのカバビシュ族(Kababish)やイラクのクルド族(Kurds)では、イスラムの導入が父の兄弟の娘との選好的な結婚をみちびいて、シブ外婚制を破壊してしまった。北アメリカのフォックス族（Fox）、ピマ族（Pima）、テワ族（Tewa）の父系親属集団も、明らかに衰微している。

うえに挙げた社会、すなわち単系ではあるが非外婚的な社会は、もし定義を幾分ひろげるならば、リスト・アップの範囲もやや拡大されるであろう。ルテニア人（Ruthenians）やヤンキーも、同じ部類に収められるかもしれない。これらも父系的に継承される同姓集団をもち、この集団は、おそらくシブの名残りと思われるからである。メラネシアのブイン族（Buin）は、母系的に継承されるトーテムをもち、ナイジェリアのエド族（Edo）は、父系的に継承される食物のタブーをもっている。これらもシブの衰退、または未熟さを示すものかもしれない。ワショ・インディアン（Washo Indians）は、父系の出自集団をもっているが、その機能は、いまはゲームで競い合うだけである。ただいろいろな理由から、これらの現象は、親族集団と結びつけて分類しないほうがよいであろう。もっとも、外婚制がどんな単系親族者の集団と結びつく傾向があるかについてテストするといった場合には、話は別である。同じような理由で、次のものは、モイエティとして分類すべきではない。すなわちサベイ族（Sabei）の二つの区分は、おそらく地域的な区分にすぎない。トダ族のタルサロル（Tartharol）とテイバリオル（Teivaliol）という二つの内婚的な分派は、カースト制と著しいかかわり合いをもっている。ロングダ族（Longuda）の父系的な二つの区分は、その性格からみて、なによりも宗教的・儀礼的なものである。なお根拠はとぼしいけれども、プカプカ族（Pukapukan）とユチ族（Yuchi）との非外婚的な二重区分は、それぞれ母系のモイエティ、父系のモイエティとして分類される。どんな分類でも、境界線上の事例には、困難がともなってくる。以上は、とりあえず、目についた事例を挙げただけのことである。

親族集団のタイプと外婚制という点から、われわれのサンプルである一七五の単系社会を分類すると、表7のようになる。なお双方の欄に二重出自の部族も含めたので、総計は一七五を超えている。

リネージ、シブ、モイエティのもう一つの共通した特徴は、トーテミズムである。ただこの議論の多い現象を分析するには、読者は他の資料も参照しなくてはならない。(7) というのは、トーテミズムが社会関係のフォーマル

表7　血縁集団と外婚制との相関

血縁集団のタイプと外婚制の実施	父系出自	母系出自	計
族外婚のモイエティをもつ	10 (8.1)	19 (27.1)	29 (15.0)
非族外婚のモイエティと族外婚のシブをもつ	4 (3.3)	5 (7.1)	9 (4.7)
すべて非族外婚のモイエティと他の親族集団をもつ	3 (2.4)	0 (—)	3 (1.6)
族外婚のフラトリーをもつ	9 (7.3)	5 (7.1)	14 (7.3)
族外婚のシブをもつ	74 (60.2)	33 (47.1)	107 (55.4)
非族外婚のシブと族外婚のリネージをもつ	4 (3.3)	0 (—)	4 (2.1)
非族外婚のシブと非族外婚のリネージをもつ	3 (2.4)	0 (—)	3 (1.6)
族外婚のリネージだけをもつ	10 (8.1)	5 (7.1)	15 (7.8)
非族外婚のリネージだけをもつ	6 (4.9)	3 (4.3)	9 (4.7)
計	123 (100.0)	70 (100.0)	193 (100.0)

な構造化に、どうかかわってくるか、これについて、資料の触れるところは、比較的少ないからである。いわゆるトーテム的複合の最も一般的な特性の一つは、親族集団に動物の名前をつけることである。ところでこのことの説明は、きわめて簡単かもしれない。もし仲間の連中を「ワシ」、「ツノシカ」、「オオワシ」と呼んだり、プロ野球のチームを「クマの子」、「ムクドリ」、「トラ」と呼んだり、大学の学生団体やチームを指して「ブルドッグ」、「パンサー」、「スッポン」、「月グマ」と言ったり、州を象徴するのに「ハリネズミ」、「黒アナグマ」とか、政党を表わすのに「オスオオシカ」、「ロバ」、「象」をつかったり、「アメリカのワシ」が「イギリスのライオン」、「ロシアのクマ」と世界の覇権を争ったり、国際平和のために論争したりしているのをみると、——もしこうした人たちがシブをもっていたならば、果たしてイロクォイ・インディアンが選んだ「熊」、「海狸《ビーバー》」、「鷹」、「亀」、「狼」などと、そんなに違った名前をつけたであろうか。

もし社会集団が名前を貰うならば、動物の名前がいちばんはっきりしている。しかしたいせつなのは、血縁集団は、動物の名前ほど一般的でない名前ももっていることである。ときとしてその名前は、鳥や哺乳動物からでなくて、植物や自然物、場所、首長、祖先からも取られているからである。名前をつけるということはたいせつで、つまり共通の名称によって、親族から離れて住む成員が確認される。こうして集団への所属意識が維持されることになる。実際、ある土地で生まれた人たち全員に、固有の名前を拡大したりする。また結婚して家を離れた人たちにも、その名前を残したりする。これらがリネージやシブを進化させる主な手段となってくる。これは、大いにありうるとしてよいであろう。(8)

なお、トーテムによる食物の禁忌も、これと似た目的に役立っている。われわれの社会でも、ある宗派の成員は、一定の期間、牛肉を控えるとか、豚肉を絶対口にしないということで、ひろく識別されている。トーテム複合は、たしかにその種類・起源はさまざまであるが、その多くは、メンバーの分散に直面して、なお血縁親族集団の社会的統一を維持しようとする。つまりこの禁忌も、同じ機能を果たしているとみることができる。

リネージ、シブあるいはフラトリーが、父系と母系の双方をもつ社会では、二重出自が行なわれても、これは別に新しい構造的特性を導入するものではない。ここでは両方の出自規則をもつ親族集団が存在していて、個人は父の父系集団と母の母系集団の双方に属することになる。たとえばアシャンティ族のあいだでは、個人は、母の母系シブに属することによって「血」を、父の父系シブの成員になることを通して「精神」を継承する。この二つの集団は、外婚的であるとともに、トーテム的でもある。(9) さらにヘレロ族(Herero)もまた、外婚的・トーテム的な母系のシブと父系のシブとをもっている。前者の性格はなにより社会的、後者のそれは宗教的である。(10) こうした集団は、どの例をとっても、単系の出自規則だけの集団と、重要な点では少しも変わりがない。

けれども二重出自の社会が、それを構成するいろいろな親族集団のあいだに、モイエティをもっていると、そこでは外婚制とともに「両系的親族集団」(bilinear kin group)と呼ばれる、まったく新しいタイプの構造を生む傾向がみられる。単系や双系とは対照的に、両系的親族集団は、父系・母系双方の紐帯で結ばれた人びとからなっている。この集団には、自分のきょうだい・平行イトコ・父方の祖父・息子の子ども・母方の祖母・娘の子どもといった関係の人たちが含まれる。しかしどちらの線からも関係のない人たちは当然であるが、エゴに対して父方だけ、あるいは母方だけで関係してくる人たちは、みなこの集団からは排除される。

両系的親族集団は、専門的にはセクション（sections）〔分族〕と呼ばれている。これは以前からオーストラリアの原住民のあいだで知られており、ゴールトン（F. Galton）[11]のころから、かれらの両系的な性格は、おぼろげながら認められていた。しかしこの問題に関する知識は、ディーコン（A. B. Deacon）[12]によって大きく進められた。かれは、メラネシアでこのセクション[13]を発見して、それを正しく解釈したからである。けれどもすべてを明らかにするという仕事は、ローレンスに残された。そしてこれは、社会組織に関する文献中で、最もオリジナル、最も重要な貢献の一つとすることができる。ラドクリフ＝ブラウン[14]は、ほかの点では、オーストラリア原住民の社会組織についての優れた権威とみることができる。ところでかれは、ある論文でローレンスの批判を行なった。しかしこの論文は、民族誌的な細部は扱っているが、肝腎の問題を避けているとするほかはない。だから重要な点では、ローレンスが正しく、ラドクリフ＝ブラウンが一貫して間違っている、こう強調しなくてはならない。

たいせつなのは、オーストラリア型の社会体系の決定因子はなにか、ということである。ところでゴールトンが推定し、ディーコンが確定し、ローレンスが証明し、そしてここで採用することになった解釈というのは、次のようなものである。すなわちこの体系は、モイエティと厳格な外婚制のもとで、父系と母系の親族集団が相互に作用し合った結果にほかならない。しかしローレンスばかりでなく、ディーコンとも意見を異にするラドクリフ＝ブラウン[15]は、これらを親族呼称法のためだとする。[16]かれによると、オーストラリアのある部族は、それがたまたまもつことになった親族組織のタイプに拠って、選好的な交叉イトコ婚で、また他の部族は、選好的な交叉マタイトコ婚で特徴づけられることになった。それは親族集団がまったく二次的で、取るに足りないものだからである。[17]しかしこのラドクリフ＝ブラウンも、結婚は、ふつう、以上とは違った親族呼称の適用される親族〔交叉イトコ・交叉マタイトコ以外〕とも許されていることを、事実として認めざるをえなかった。そこでかれは、こうした親族は、好ましい配偶者〔交叉イトコか交叉マタイトコ〕と「同等の関係にある」ということを説明して、この矛盾から逃れようとした。ところが資料を分析してみると、この「同等の関係にある」人たちは、まさに同じ両系的血縁集団のメンバーであることが示されている。ことばを換えれば、結婚を実際に規制しているのは、ラドクリフ＝ブラウンが断定したような、親族呼称法ではない。ローレンスが証明しているように、現行の親族集団なのである。

本書の最も決定的な結論のひとつ（第七章および第一〇章参照）は、親族集団が親族呼称法と結婚規則の双方にとって、まず第一の決定因子だということである。世界中どこをみても、親族呼称法と結婚規則のどちらかが優先しているという事実は、これをみいだすことができない。そしてローレンスは、その証拠を挙げなかったけれども、オーストラリアだけが〔この点の〕唯一の例外だとは、ほとんど期待することができない。そこでローレンスは、これまでに知られた事実に、最も満足のできる説明を与えた。またそのほか、かれの解釈は、実際には母系と父系の双方があるにもかかわらず、アルンタ族（Arunta）は母系か父系かという——マシューズ（R. H. Mathews）とスペンサー（B. Spencer）の論争にみられる——特殊な問題も説明している。しかし、なによりもかれの解釈は、オーストラリアの社会組織を、世界中どこにもある社会体系として、はじめて準拠枠のなかに取りいれた。それは同一と判断できる要素、同じ影響に帰することのできる要素、そしてその構成が比較的複雑になったときだけ分化する要素、そうした要素からなる準拠枠のことである。これに対してラドクリフ＝ブラウンの解釈は、一見、奇異でユニークではあるが、科学的に説明のつかない——ローレンスが、それを救いだしたのであるが——混沌のうちに、オーストラリア土着の制度を置き去りにしたのである。

ミスティシズムを一掃してしまえば、オーストラリアの社会組織の、いわゆる「二分」（two-class）・「四分」（four-class）・「八分」（eight-class）体系の本質的な性格は、比較的たやすく理解することができる。すなわちこれらは、みな母系の親族集団と父系の親族集団との結びつきによっている。そしてこの結びつきは、つねに外婚制の母系モイエティと外婚制の父系のリネージまたは父系のシブを含んでいる。なおこの二つが、どこでもみられる地域集団、すなわちホルド(horde)の核となっている。そこでことを複雑にさせる要因さえなければ、この二つの集団が連結して、それぞれの地域的なホルドまたは父系のクランの生えぬきの成員、すなわち地域化された父系のリネージまたは父系のシブの成員が、二つの母系のモイエティのあいだで、世代交代的に分かれるという状況が生みだされる。男性であるエゴ、父の父、息子の息子、およびこれらすべてのきょうだいと平行イトコは、一つのモイエティに入る。またエゴの父、エゴの息子、およびこの双方のきょうだいと平行イトコは、別のモイエティに入る。母系のモイエティは、部族中に広がっているので、その社会のあらゆる地域集団が世代交代的に配列されることになる。女性が男性自身の父系シブの成員でないかぎり、族外婚の規制は、この男性があい対する母系のモイエティの女性と結婚することを認めている。そこで彼女は、別の地域集団の出身で、また男性の父と息子が属するモイエティに等置される交代世代のひとつの出身でなければならない。これがいわゆる「二分体系」(two-class system)であって、ふつうの外婚的母系モイエティとは、父系の出自が加わる点が違ってくるだけである。

二重出自をもつオーストラリア地域のかなりの部分では、父系の出自が、地域集団を超えて広がっている。そこで部族の父系のシブは、みな二つの散在しているセットにまとめられる。これが外婚制の父系モイエティを構成する。これら父系のモイエティは、二つの母系モイエティと交叉して、四つのセクションをつくる。このタイプの「四分体系」(four-class system)では、それぞれのセクションが、二重出自で結ばれた両系的親族集団を形成する。どんな個人にとっても、自分のセクションのすべての成員は、父系的にも母系的にも、自分と関係している。すなわちかれらは、みな父系のモイエティと母系のモイエティの双方に属している。第二のセクションは、かれの父系のモイエティに属するすべての人たちを含むが、あい対する母系のモイエティに属する人たちを含まない。第三のセクションは、かれの父系のモイエティに属さない、母系の親族者のすべてを含んでいる。第四のセクションは、男の線と女の線の双方において、かれと関係のないすべての人たちを含んでいる。すなわちあい対する父系のモイエティとあい対する母系のモイエティの双方に属する人たちである。双方のモイエティは外婚

表8　オーストラリア親族組織の分析

親　　族	エゴの父系モイエティの成員		あい対する父系モイエティの成員	
	エゴの母系モイエティ	あい対する母系モイエティ	エゴの母系モイエティ	あい対する母系モイエティ
父の父	×	—	—	—
父の母	—	—	—	×
母の父	—	—	—	×
母の母	×	—	—	—
父	—	×	—	—
母	—	—	×	—
父の兄弟、父の姉妹	—	×	—	—
母の兄弟、母の姉妹	—	—	×	—
父の兄弟の妻、父の姉妹の夫	—	—	×	—
母の兄弟の妻、母の姉妹の夫	—	×	—	—
妻の父	—	—	×	—
妻の母	—	×	—	—
兄弟・姉妹	×	—	—	—
妻	—	—	—	×
父の兄弟の息子、父の兄弟の娘	—	—	—	×
父の姉妹の息子、父の姉妹の娘	—	—	—	×
母の兄弟の息子、母の兄弟の娘	—	—	—	×
母の姉妹の息子、母の姉妹の娘	×	—	—	—
妻の兄弟、妻の姉妹	—	—	—	×
兄弟の妻、姉妹の夫	—	—	—	×
妻の兄弟の妻、妻の姉妹の夫	×	—	—	—
息子・娘	—	×	—	—
兄弟の息子、兄弟の娘	—	×	—	—
姉妹の息子、姉妹の娘	—	—	×	—
息子の妻、娘の夫	—	—	×	—
妻の兄弟の息子、妻の兄弟の娘	—	—	×	—
妻の姉妹の息子、妻の姉妹の娘	—	×	—	—
息子の息子、息子の娘	×	—	—	—
娘の息子、娘の娘	—	—	—	×

的なので、かれが配偶者を得るのは、この第四のセクションからであって、またこれからだけである。こうしたわけで、二重モイエティ外婚制は、なぜオーストラリアでは、結婚をただひとつの親族集団とだけ行なうか、と

いうことを説明している。というのは、外婚制のモイエティとシブとをもつほとんどの社会では、あい対するモイエティのシブの人なら、だれとも結婚できるからである。

多くの文献を蔽うあいまいな記述を取り去っていくと、オーストラリアの「四分体系」には、読者の思いがちな複雑さというものは、なにひとつない。それどころか、これは非常に理解しやすい。そこで一般の人たちにもわかるように、表8では、男性のエゴからみた重要な一次・二次・三次親族のセクションへの所属を表示しておいた。なお〔本表の〕親族については、他の論文[18]で用いたやり方に従って、略字を使用しておいたが、以下もこれに準ずることにしたい〔本訳書では無関係〕。

土着オーストラリアのもっと限られた地域では、いわゆる「八分体系」が行なわれている。そこではそれぞれのセクションが、さらに二つの「サブ・セクション」(sub-section) に再分される。これは母の父系親族に、外婚制のタブーを課することから生まれる。そしてこれが第三のモイエティ二分法 (moiety dichotomy) をつくるために、社会の全体に拡大される。この第三の外婚的二分法は、それぞれのセクションの成員を、二つのグループに分割する。この二つのグループとは、第三のモイエティのペアーのひとつに属するグループと、もう一方のペアーに属するグループとである。たとえば妻のセクションにおいて、交叉イトコは、母の父とともに、通婚禁止のサブ・セクションに入る。だからエゴは、もうひとつのサブ・セクションから、その妻を求めなければならない。そのサブ・セクションは、エゴの父の母および若干のマタ交叉イトコを含んでいる。この第三のモイエティ二分法の結果、個人は、自分の属するサブ・セクション以外の七サブ・セクションのひとつからだけ、配偶者を得ることが許される。その最も〔関係の〕近い適任者は、ふつう、自分自身の母系のモイエティにも、自分の父系のモイエティにも、また自分の母の父系親族を含む第三のモイエティにも属さないところの、マタ交叉イトコということになる。なお細かい点については、読者はローレンスの業績と、〔その他〕記述的な文献とを参照しなくてはならない。

ニュー・ヘブライド島のラノン族 (Ranon)、またペンテコスト族 (Pentecost) もそうであるが、これらでは、オーストラリアでは報告されていない「六分体系」(six-class system)という、明らかな変種がみられる。六つのセクションは、二つの外婚制の母系モイエティと、三つの外婚制の父系シブとの交叉によって生まれる。男性は、あい対するモイエティの三つのセクションの一つだけから、自分の妻をめとることができる。つまり自分の父系のシブにも、母の父系のシブにも属さない人としか、結婚できない。本当の両系的親族またはセクションは、オーストラリアと限られたメラネシアの地域以外では、まだ報告されていない。しばしば反対の意見もあるけれども、東インドネシアの諸族、アッサムのナガ族(Naga)、東中央ブラジルのゲ族(Ge)、それに北アメリカのチェロキー族(Cherokee)のような部族の複雑な社会組織は、オーストラリアのそれとは関係がない。純粋に両系的親族集団であることの最もはっきりした基準は、おそらく個人は父・母・息子・娘と同じ集団に属することができない、ということであろう。それから個人が、その社会で、どれか一つの親族集団とだけ結婚が許されているかどうかも、特徴としてよいであろう。けれども重要なのは、モイエティと外婚制とをともなう二重出自が存在していることであろう。われわれのサンプルでは、まだ報告されていないけれども、両系的親族集団のありそうな、ただひとつの社会は、ニューギニアのウォジェオ族(Wogeo)である。ここでは外婚制の母系モイエティと地域外婚制とが、父処居住にもとづく集団と結びついている。この部族が明らかに「結婚階級」(marriage class)としてのタイプを欠いているのは、おそらく正常の居住規則から、かなり逸脱していることによるらしい。

二重出自は、これを双系出自と混同してはならない。双系出自は、二重出自と違って、父系出自と母系出自との単なる結合ではない。その区別は、エゴとかれの四人の祖父母との関係を調べてみると、はっきりしてくる。かれは、父系出自のもとでは、父の父と同じ親族集団に、母系出自のもとでは、母の母と同じ親族集団に、二重出自のもとでは、この違った親族集団に〔同時に〕属する。けれどもこれら〔父系、母系、二重出自〕では、かれは父の母、母の父の親族集団には入らない。ところが双系出自のもとでは、かれは四人の祖父母と関係づけられる。そしてこの四人は、かれの二次親族なので、必然的にかれ自身の属する双系タイプのどの血縁親族集団の成員にもなる。双系の出自は、父系と母系との結合ではなくて、単系への強調をまったく欠いていることを反映しているわけである。
まえにも述べたように、双系親族集団の最も一般的なタイプは、キンドレッドである。われわれの社会では、そのメンバーは、集合的に「親戚」(kinfolk)とか「親類」(relatives)とか呼ばれている。これには結婚・洗礼・葬儀・感謝祭・クリスマスの晩餐・「家族親睦会」のようなたいせつな儀式に出席し、参加することの期待される一群の近親者が含まれる。キンドレッドの成員は、おたがいに自由に訪問したりもてなしたりするが、成員間の結婚、利益が目的の金銭的な取引は、ふつう、タブーとなっている。自分が困ったとき、人はまずかれらに助けを求める。どんなに意見が違っても、また争いがあっても、第三者からの批判や侮辱に対しては、かれらは、おたがいに助け合うことが期待されている。なお他の社会のキンドレッドも、似たような特徴と機能とをもっている。

双系の親族集団は、人類学の理論家たちからは、これまでほとんど注目されなかった。だから、民族誌家たちも、たまにその存在に気づくぐらいのものであった。それでこれが〔はっきり〕ないといった報告も、ほとんどない。ただわれわれのサンプルのうち、三三の社会では、特別の記述または推論によって、キンドレッドの存在が証明されている。キンドレッドは、ベナ族(Bena)、オジブア族(Ojibwa)、ティコピア族(Tikopia)のような父系の社会、それにポピ族、イロクォイ族、ナヤール族のような母系の社会でも、ときには報告されている。しかし圧倒的に多いのは、双系の社会あるいはフォックス族、ツワナ族のように非外婚のシブまたはリネージをもつ部族である。キンドレッドは、しばしば新処居住制とも結びついているが、とりわけ双処居住制とともに現われる。一般にキンドレッドは、単系の出自を欠いているか、これがほとんど強調されていないことと、はっきり結びついている。おそらくそれは、究極的には、ほとんどの双系社会の特徴としてよいであろう。けれどもキンドレッドは、ふつう、外婚への傾斜を示しており、この点は、リネージのそれと比較することができる。ただわれわれのサンプルでは、一三の双系社会が性的禁止の双系的な広がりを示していない。この事実は、おそらくキンドレッドが、少なくともこれらのいくつかでは、完全に欠けていることを示唆するものであろう。そしてもしその通りだとすれば、ほんのわずかではあろうが、核家族と地域社会とを媒介する血縁親族集団をもたない社会が存在する。そういうことになるであろう。

双系出自という文化規則は、系譜関係という事実と正確に符合している。ところで大部分の民族は、子どもと両親との生物学的関連を認めている。したがって大多数の社会では、この双系出自という選択肢を、文化規範として選ぶことが期待されるかもしれない。しかし二五〇のわれわれのサンプルでは、全体の三〇%にあたる、わずか七五の社会が双系出自の規則に従っているにすぎない。そこで〔このように〕双系の出自が比較的稀で、他の規則がひろく行なわれているということになると、これは周知の生物学的事実と両立しなくなってくる。たしかに説明を要する事柄であろう。

そこで多くの、またいろいろな説明が試みられてきた。一九世紀の進化主義に立つ人類学者たち[19]は、未開人は肉体的父性の事実を知らなかったので、社会の進化は、母系で開始したに違いないと推定した。かれらの意見によると、父系的な諸制度は、男性が次第に支配するにつれて、つまり遅れて、進化してきた。一方、双系の出自は、より高度の文明の出現と、これにともなって、両親の役割が平等になってきたことで、はじめて確立された。また二〇世紀初頭のアメリカの人類学者たち[20]は、こうした進化主義者たちが核家族〔の存在〕を無視していることを批判して、双系出自の先行を主張した。そして母系制の起源については説明しなかったが、これが比較的遅れて発展してきたものと考えた。なおいく人かの有力な歴史主義の人類学者[21]——イギリス、オーストラリア、アメリカの——は、単系の出自を非常に変則的なものとみて、これは限られた数の文化的発明が、発生地から世界中に伝播したものと考えた。これらの仮説は、第八章でまとめて分析することにしたい。そしてそこでは、これらの欠点、およびこれらが分布の事実と合わないことが証明されるはずである。

そこで問題を展開するためには、理論家のうちで、血縁親族集団の諸タイプがもつ機能について考える人たちに目をむけなくてはならない。まずリントン[22]は、いくつかの示唆を発展させているが、そのなかで「単系出自への強調は、血縁的基盤のうえに家族的単位を確立するさい、ほとんど不可避的な随伴物」となるとしている。そ

表9　居住規則と出自との相関

居　住　規　則	母系出自	父系出自	二重出自	双系出自	計
母処およびオジ方	33 (63.5)	0 (—)	0 (—)	13 (17.3)	46 (18.4)
父処および母処→父処	15 (28.8)	97 (92.3)	17 (94.4)	39 (52.0)	168 (67.2)
新処および双処	4 (7.7)	8 (7.7)	1 (5.6)	23 (30.7)	36 (14.4)
計	52 (100.0)	105 (100.0)	18 (100.0)	75 (100.0)	250 (100.0)

こでもしこの理論が正しいとすれば、単系の出自は拡大家族の存在と強く結びつき、双系の出自はその欠如と結びつかなくてはならない。ところがわれわれのデータは、この期待を確認するのに大きく失敗している。なるほど父系の出自は、父処拡大家族をもつわれわれのサンプル中、六九％の社会（五二のうち三六）で、また母系の出自は、母処あるいはオジ方拡大家族の社会の七三％（三〇のうち二二）でみられる。しかし同じ単系の規則は、どんな拡大家族もまったく欠く社会の六〇％（一一三のうち六八）でも現われている。

次にローウィ[23]は、「財産の所有権の移転と結婚後の居住の様態とは、単系出自の原理を確立するのに、最も効果的な手段であった」としている。しかし財産相続についてかれが主張しているような影響は、これを検証することができない。というのもローウィは、どんな相続規則が双系の出自と共存すべきかを示していないからである。ただ、居住規則が単系の出自を確立する手段となるという仮説は、リントン[24]によっても採られている。かれは、こう述べている。「母系出自は母処居住と、父系出自は父処居住と一般に結びついている。」この理論は、表9にまとめたデータでも支持されているが、なお第八章において、十分に検証されるであろう。

こうした証拠に支えられて、われわれは、次のローウィとリントンとの説に同意しなくてはならない。それは、一方の性の配偶者が、婚後も同性の系親族（linear relatives）と一緒に、または近くにずっと住むことによって、特定の居住規則は、双系の出自よりも単系の出自にみちびいていく、ということである。しかし次の問題は、なお残る。すなわち子どもと両親との系譜的なきずなは、ひろく知られているにもかかわらず、居住規則はこれを超えて、子どもをどちらか一方の親の親族にだけ帰属させる。すなわち出自の規則を生みだした。ではこの力は、どこから得たのであろうか。なるほど一方の親の親族たちは、単処規則の場合には、同一の地域に集まってくる。これによって、子どもの所属が、いっそうはっきりしてくる。これは、たしかに解答の重要な部分を提供している。しかし居住は母処や父処で特徴づけられていても、出自は双系という例が、サンプル中、五二〔二一％〕の社会で証明されている。したがって単処の居住規則だけが、単系の出自を生んだのではない。このことは、明らかである。

なお補足的な仮説によると、単系の親族集団は、双系のキンドレッドとは共有できないいくつもの利点をもっている。そしてこれが、多くの場合、近親性（proximity）という要因に重みを加えて、母系なり父系なりの出自へと傾斜させていく、というのである。たとえばラドクリフ＝ブラウン[25]は、組織〔＝親族〕の単系的な諸形態を「一定の基本的な社会的必要」に帰属させている。すなわち争いを避けるために、法的権利を正確な形式に納める必要、そうした権利を規定する社会構造を持続する必要、などがそれである。なおリントン[26]も、これと同じ要因を挙げている。そしてこれらの示唆は、キンドレッドについても、再検討を要するように思われる。

キンドレッドに関する最も明瞭な構造的事実は、偶然によるものを除けば、自分のきょうだい以外に、どの二人の個人にとっても、同じものはありえない、ということである。ある個人にとって、そのメンバーシップは、さまざまな親族の結びつきを通して分岐していく。そしてこれは、ある程度の関係にまで及んで、終止符が打たれる。それはしばしばフタイトコで終ったりするが、またときとして、その限界がこれよりいくぶん、狭くなったり広くなったりする。あるいはむしろ際限のないようなこともある。異なる人たちのキンドレッドは、一致するよりも、重なり合ったり、交叉したりする。たとえば二人の兄弟の息子たち、すなわち第一イトコというキンドレッドは、かれらがそれぞれの父を通しての近親だという点では、そのメンバーシップを共通にしている。しかしそれ以外では、別のものとなる。たとえば母を通しての一方のイトコの親族者は、もう一方のイトコのキンドレッドには属していない。

キンドレッドは、交錯し、重なり合うので、これらは、全体社会のはっきりした分節や、別々の分節をつくることはない。またつくることができない。それでひとつの部族、ひとつの社会が、構成要素としてのキンドレッドに再分されることはない。この交叉的・非排他的という特徴は、双系の出自とだけ結びついてみいだされる。他の出自規則は、みな明らかに分化し、独立し、区別される親族集団を生みだす。そしてこれらの親族集団は、けっして同種の他の集団と重なり合うことはない。

こうした特異性のために、キンドレッドは、個人の法的権利を規定するには、まことにふさわしい。けれども集合体として行動することは、ほとんどできない。たとえば二つのキンドレッドが、たまたま共通の成員をもっているならば、一方のキンドレッドが、もう一方のキンドレッドに「血の復讐」などすることはできない。さらにキンドレッドは、土地その他の財産をもつことができない。キンドレッドは、特定の個人の観点からという場合を除いて、集団でないばかりではない。時間を超えた連続性をもたないからである。だから財産の共同所有、親族者の集団責任、そのどちらかが有利な状況となると、キンドレッドは、リネージやシブと較べて、決定的なハンディキャップのもとで機能する、ということになる。

しかしキンドレッドにとってとりわけ不利なのは、次のような場合である。すなわち個人が二人の人のキンドレッドに属しているために、葛藤する義務、両立しない義務に巻きこまれるような場合がそれである。たとえば二つのキンドレッドのあいだに重大な障害ができたような場合、かれは一方からは復讐を、もう一方からは防禦を求められる。また、双方が疎遠になってくると、双方ともに、かれに支持を求めるようになる。こうしてかれは、感情的な葛藤や緊張にさらされやすくなってくる。こうしたいたましい家族の争いについては、読者のみなさんも、おびただしい実例が提供できるに違いない。けれどもリネージ、シブ、モイエティに分節されている部族では、そうした場合、個人は自分がどういう立場にいるかを正確に知っている。争う二人が自分の親族集団の成員ならば、かれは中立の立場に立って、両人の調停のために、この立場を利用することが期待される。どちらもこの集団の成員でないならば、この事件は、まったくかれの出番とはならない。一人が成員で、他がそうでないならば、事柄の是非に関係なく、シブの仲間を支援することが期待される。要するにほとんどの葛藤状況は、簡単にまた自動的に解決されるわけである。

オレゴン〔州〕のテニノ族は、シブをもたない社会の場合、儀礼的義務の葛藤がどのようにして起るか、その例を提供している。この部族では、結婚式のとき、花婿・花嫁双方のキンドレッドのあいだで、手のこんだ一連の贈物がおごそかに交換される。花嫁の親族は、男も女も、着物・籠・袋・野菜など、女性の経済活動の分野でできたものをもってくる。花婿の親族は、馬・皮革・肉など、男性の手になる品々をもってくる。それから参列者の一人ひとりが、相手のキンドレッドの特定の成員と、贈物の交換をする。もちろん、いく人かは、花婿・花嫁の双方につながっている。それでどちらの側に参列するか、その決断を迫られる。こうしたことが、ほとんどいつも起ってくる。かれらは、同時に対立する二つの役割を果たすことができない。それに双方の人数は、同じでなければならない。こうした問題は、関係の当事者と有力者とが長い議論をした末に、やっとけりがつく。それでも嫉妬や不和を生み、いやな気持になることが少なくない。

単系出自のもとでは、こうした葛藤は絶対に起らない。父系・母系・二重出自から生まれる親族集団は、みなはっきりした社会単位である。儀礼的活動での参加者それぞれの役割、論争のときの傍観者の役割は、どの親族集団の成員であるかによって、自動的に決定される。そしてこの利点が、単系の出自が世界中で優勢であることを、かなりよく説明するものであろう。

しかしキンドレッドは、そのだいたいの大きさだけでなく、エゴに対する成員全部の系譜的な関連がわかり、またたどれるという点では、おおざっぱにはリネージと比較することができる。ではこの大きさの点、成員を結びつける親族のきずな――事実上のきずなというよりも伝統的な――という点、この二点でシブと比較される、やや大型の双系親族集団が存在するであろうか。しかし文献的には、まだこうした集団についての広汎な理論的考察はなされていない。ただ本書の研究結果は、次のことを指示している。すなわちこうしたやや大型の双系親族集団のひとつの型は、たしかに存在している。しかもこれは、かなり一般的である。またそれは、大きな影響力——シブその他、既知の血縁親族集団の与える影響力にも較べられる——を、親族呼称法と性行動とに及ぼしていることである。

そしてこの集団は、内婚的な地域共同社会、しかも単系の親族者の集合によって分節されていない地域共同社会において、最も明瞭に観察することができる。その住民たちは、かならずしもかれらの正確な親族をたどることはできない。けれども地域内婚の規則、または地域内婚を強く好むことによって、かれらは、通婚を通して不可避的に関係し合っている。その結果、かれらは共住だけではなく、血縁によってもたがいに結びついている。日常的にはとくにそうである。そしてこの集団の内部で構造化されるものは、ふつう、家族だけということになる。もっともこの家族は、核家族・複婚家族・拡大家族のどれでもよい。そこで家族的紐帯を除けば、ここで最も強い一体感は、全体の地域社会のそれ、ということになる。なおこの地域社会は、別の地域社会との関係では、ひとつの血縁的な単位とみなされる。そしてこの見方は、単系社会において、自分自身のシブに対する態度と、まったく同じである。なおわれわれのサンプル中では、このタイプの内婚的地域血縁集団は、論理的な確実性をもって、次の諸族で証明されている。アイマラ族（Aymara)、チリカフア族（Chiricahua)、コマンチェ族（Comanche)、クナ族（Cuna)、インカ族（Inca)、キオワ・アパッチ族（Kiowa Apache)、メンタウェイ族（Mentaweian)、ヌバ族（Nuba)、パウニー族（Pawnee)、ルテニア人、ショショーン族（Shoshone)、シンカイエトク族、シリオノ族（Siriono)、タオス族（Taos)、ウィチタ族（Wichita)。また少なくとも、次の諸族のいくつかにも、存在していると思われる。カリブ族（Carib)、カヤパ族（Cayapa)、コッパー・エスキモー族（Copper Eskimo)、カインガング族、マタコ族（Mataco)、ナンビクアラ族、トピナムバ族（Topinamba)、ワショ族。

そして〔読者は〕、のちにこのタイプの血縁集団が他の社会現象、たとえば親族呼称法と結びついていることをみいだすであろう。したがってこのさい、これをとくに取りあげて、またなにか名称を与えておいたほうがよいように思われる。著者の知るかぎりでは、これにはまだ名前がついていない。それに社会組織の方面で基準とされている用語は、そのどれもがこれには適用できそうもない。そこで著者は、シブのように簡単・明瞭な名前を捜してみた。しかも地域的・系譜的という双方の含みをもった名前を、というわけである。

探索の手は、とうとう古代ギリシアの社会組織にまで伸びていった。そしてそこでは「ディーム」(deme)〔demōs〕と呼ぶ地域集団のあることがわかった。この集団は、ほぼイギリスの教区と比較される存在であるが、クレイステネス(Cleisthenes)の政治革命の結果、単系の出自集団にとって代わられ、クレイステネスは、このディームの成員権を世襲的なものとした。(27) われわれの資料は、もとのディームが内婚だったかどうかは確かめていない。けれどもそれは、たしかに地域集団であって、また少なくとも後の時代には、血縁集団でもあった。したがってそれは、われわれの意図にマッチするように思われた。それに簡単で発音しやすいだけでなく、英語の辞書にも載っているという利点があった。なおこのことばは、人類学の文献にもちょっと出てきたが、(28) たちまち忘れられてしまった。しかしわれわれ自身の定義を添えて、これを再登場させることを妨げるものではない。そこでこれからは、単系出自を欠く内婚的な地域集団に対しては、「ディーム」の語を常用することにしたい。とくに地域社会としてよりも、血縁集団としてながめる場合において、そうである。

ところでどんな親族集団にも、インセスト・タブーを拡大しようとする傾向——これは第一〇章で考察されるであろう——が、ひろくみられる。そして〔この傾向からすれば〕当然、ディームだけを不問に付することはできない。多くの事例に出てくるように、外婚制は、成員間に共通の出自をもつという伝統に立って、リネージからシブへと拡大されていく。同様に、キンドレッドからディームへも拡大されうるし、また拡大している。そこでこうなると、地域外婚が地域内婚にとって代わって、ディームの構成も基本的に変化していく。つまり成員には、地域社会外との通婚が求められる。すると当然、その土地の居住規則に従うことになってくる。というわけで単系の出自が確立していない地域の場合、そこでの外婚的ディームは、居住規則に従って、「父処ディーム」(patri-demes)と「母処ディーム」(matri-demes)とに区別される。もとの〔地域〕内婚的ディームをこれらと分ける必要があるなら、これは「内婚的ディーム」(endo-demes)と呼んでよいであろう。次章にみるように、外婚的ディームは、クランの主要な起源のうち、そのひとつをなすものである。

原註

1 M. Mead, *Sex and Temperament in Three Primitive Societies* (New York, 1935, pp. 176-7) をみよ。

2 R. Kennedy, A Survey of Indonesian Civilization (*Studies in the Science of Society*, ed. G. P. Murdock, New Haven, 1937, p. 291) をみよ。

3 詳細については、G. P. Murdock, Double Descent (*American Anthropologist*, n.s., XLII, 1940, pp. 555-61) をみよ。また R. F. Fortune, A Note on Some Forms of Kinship Structure (*Oceania*, IV, 1933, pp. 1-9) を参照のこと。

4 W. H. R. Rivers, *Social Organization* (New York, 1924, p. 16) をみよ。

5 R. H. Lowie, *Primitive Society* (New York, 1920). 本書の第二版（ニューヨーク、一九四七年）は、二、三の重要な訂正と加筆を含んでいる。

6 R. H. Lowie, *Primitive Society* (New York, 1920, p. 111) をみよ。このまことに有用なことばは、まだそれにあたいする一般の承認を完成していない。

7 とくに A. A. Goldenweiser, *History, Psychology, and Culture* (New York, 1933, pp. 213-356); J. G. Frazer, *Totemism and Exogamy* (4 vols., London, 1910); R. H. Lowie, *Primitive Society* (New York, 1920, pp. 137-45) をみよ。

8 R. H. Lowie, *Primitive Society* (New York, 1920, pp. 157-8) 参照。

9 R. S. Rattray, *Ashanti* (Oxford, 1923, pp. 77-8) をみよ。

10 H. G. Luttig, *The Religious System and Social Organization of the Herero* (Utrecht, 1934, pp. 58-67) をみよ。

11 F. Galton, Note on the Australian Marriage Systems (*Journal of the Royal Anthropological Institute*, XVIII, 1889, pp. 70-2).

12 A. B. Deacon, The Regulation of Marriage in Ambrym (*Journal of the Royal Anthropological Institute*, LVII, 1927, pp. 325-42).

13 W. E. Lawrence, Alternating Generations in Australia (*Studies in the Science of Society*, ed. G. P. Murdock, New Haven, 1937, pp. 319-54).

14 A. R. Radcliffe-Brown, Australian Social Organization (*American Anthropologist*, XLIV, 1947, pp. 151-4).

15 A. B. Deacon, Regulation of Marriage in Ambrym (*Journal of the Royal Anthropological Institute*, LVII, 1927, p. 347) をみよ。

16 A.R. Radcliffe-Brown, The Social Organization of Australian Tribes (*Oceania*, I, 1930, pp.43-5 *et passim*) を見よ。

17 A.R. Radcliffe-Brown, Three Tribes of Western Australia (*Journal of the Royal Anthropological Institute*, XLIII, 1913, pp. 190-3) を見よ。

18 G.P. Murdock, Bifurcate Merging (*American Anthropologist*, n.s., XLIX, 1947, 56, n. 2).

19 および J. J. Bachofen, *Das Mutterrecht* (Stuttgart, 1861); J. F. McLennan, *Studies in Ancient History* (London, 1876); L.H. Morgan, *Ancient Society* (New York, 1877) を見よ。

20 および J.R. Swanton, The Social Organization of American Tribes (*American Anthropologist*, n.s., VII, 1905, pp. 663-73); R.H. Lowie, Social Organization (*American Journal of Sociology*, XX, 1914, pp. 68-97) を見よ。

21 および W.J. Perry, *The Children of the Sun* (New York, 1923); W. Schmidt &. W. Koppers, *Völker und Kulturen* (Regensburg, 1924); R. L. Olson, Clan and Moiety in Native America (*University of California Publication in American Archaeology and Ethnology*, XXX, 1933, pp.351-422) を見よ。

22 R. Linton, *The Study of Man* (New York, 1936, p. 166).

23 R.H. Lowie *Primitive Society* (New York, 1920, p. 157).

24 R. Linton, *The Study of Man* (New York, 1936, p. 169).

25 A.R. Radcliffe-Brown, Patrilineal and Matrilineal Succession (*Iowa Law Review*, XX, 1935, pp.301-3).

26 R. Linton, *The Study of Man* (New York, 1936, pp. 160-2, 166-7).

27 E.M. Walker, Athens: the Reform of Cleisthenes (*Cambridge Ancient History*, IV, New York, 1926, pp.142-8) を見よ。

28 A.W. Howitt and L. Fison, On the Deme and the Horde (*Journal of the Royal Anthropological Institute*, XIV, 1885, p. 142) 参照。

第四章　クラン

親族集団の主な二つのタイプは、さきにこれを区別しておいた。ところでそのひとつである居住親族集団は、なによりも居住規則にもとづいている。そしてこれは、必然的に夫と妻の双方を含んでいる。二人はつねに共住するからである。けれどもそれは、ほとんど不可避的に、既婚の兄弟姉妹を含むことができない。かれらは、インセスト・タブーと居住規則とによって、分離させられる。したがって稀にしか、一緒に住むことができない。こうして居住親族集団に集まる親族は、通常、夫と妻、あるいは義理の親子のように、親族の紐帯がなによりも姻族である何人かの人たち、それに親子あるいは兄弟、または平行イトコのように、その紐帯がまったく血縁の人たちとを含んでいる。最も特徴的な居住親族集団は、家族の諸タイプであって、これらは、第一章と第二章とで述べておいた通りである。

親族集団のもうひとつのタイプは、血縁親族集団である。これはつねに、居住規則よりも出自規則にもとづいている。したがってこの集団には、夫と妻の双方、あるいはともに姻族の関係にあるペアーを含むことは絶対にない。しかし既婚・未婚の別を問わず、兄弟姉妹は、いつもこれに含まれる。また成員性の目的からして、現行の出自規則のもとでたどれるかぎりの他の血縁親族も、みなこれに含まれる。こうした特徴からして、この集団は、現実にひとつの居住単位となることはできない。その主な形態は――リネージ、シブ、フラトリー、モイエティ、セクション、キンドレッド、ディームであって、これらについては、第三章で分析した通りである。

そこでわれわれは、親族集団の第三の主要タイプに移ることにしたい。この集団は、居住規則と出自規則とが和解できるかぎりで、この二つの規則にもとづいていると言える。だから「折衷親族集団」(compromise kin group)と呼ぶこともできる。ただこの和解は、単処居住と単系出自とのあいだでだけ行なわれる。そこで双系血縁親族集団の主な二つについてながめてみると、まずキンドレッドは、特定の個人という観点からの場合を除いて、これはまったく集団ではない。だから地域化することもできない。これに対してディームは、まったく折衷の必要がなく、最も完全な意味で、居住集団であるとともに血縁集団でもある。ところで、すでにみてきたように、インセスト・タブーと夫婦の同居とは、どんな居住規則のもとでも、単系の血縁親族集団が完全に地域化することを妨げている。ただこれは、ある単処居住規則と、それに見合ったある単系出自規則とを結びつけることによって、つまり折衷を行なうことによって、それへの接近が可能となる。すなわちこれによって、ある姻族が含まれ、ある血族が排除される。のちにみるように、数種の可能性があるけれども、そのすべては、一方の性の成人血族を排除し、もう一方の性の成人血族の配偶者を含める、といった式のものである。

折衷親族集団は、ふつう、拡大家族よりも大きい。しかし親族者の配列という点では、これと同じにみることができる。主な違いは、〔折衷親族集団では〕集団構造の統合の因子として、単系の出自規則が加わってくることである。なるほど単処拡大家族の核も、実際に単系的な関係にある一方の性の人びとからなるのがふつうである。けれどもこの関係は、まったく付随的なものであって、形式化される必要はない。またしばしば認められてもいない。結合のきずなは、なによりも居住、またしばしば居住だけ、ということになってくる。ところが折衷親族集団では、集団の核として、単系的な関係が、少なくとも居住の配列とともに、たいせつな統合上の事実となってくる。

ところで折衷親族集団の存在とその中心的な性格については、ときおり漠然としてではあるけれども、認められてきた。しかしそれらは、一方では拡大家族と、もう一方ではシブと混合されるのがつねであった。それは研究者が、一方では居住のきずな〔＝拡大家族〕、もう一方では血縁のきずな〔＝シブ〕を強調したからである。もっともローウィ[1]は、これまでの混乱の多くを、満足のできるほどに整理している。しかしこのローウィでさえ、いまの問題の違いについては、わかっているようであるが、なおはっきりさせることには失敗している。というわけで、この点の解明が、本章の第一の目的となってくる。単系制度を適切に理解するには、これがきわめて重要だからである。

そこでこの折衷親族集団にふさわしい用語を選ぶことが、まず当面の問題となってくる。ところが文献のうえでは、この集団は、ほとんどシブと区別されていない。そして、同じ用語を、両集団に無差別に適用するのが、ふつうとなっている。しかし最も広くつかわれているのは、「クラン」(clan)である。そこでややためらいもあったけれども、われわれもこのことばを採用することにしたい。用語集は、もう満員なので、このさい新しいことばをもちこんで、さらに混乱させてはならない。そう思ったからである。ただこの採用には、大きな不利のあることを認めざるをえない。第一は、社会組織に関する専門書では、この「クラン」が、二つの違った意味につかわれてきたことである。すなわち、パウエル(J. W. Powell)の時代からつい最近まで、アメリカの人類学者のほとんどは、母系のシブを指すのにこの「クラン」をつかってきた。それは「ゲンス」(gens)という語を用いる父系のシブと対照させ、これと区別するためである。しかしこの用法は、こんにちではもうすたれている。というのも、シブは、〔母系・父系〕二つの出自規則のもとでも、本質的に類似していることがわかってきた。それでもう区別の必要がなくなったからである。ところがもっと重要なのは、イギリスの人類学者たちが、どの単系の血縁親族集団――これをわれわれは、ローウィに従って「シブ」といってきたが――にも、「クラン」をつかっていることである。というわけで最近のアメリカ人類学では、「クラン」と「シブ」が、こうした意味での承認を得るためきわどい競争をしている、と言ってよい。われわれは、このさい、〔単系の血縁集団を指すには〕「クラン」ではなくて、「シブ」を採用することにしたい。というのは、なによりも「シブ」は、単系出自の血縁集団以外の親族集団につかわれたことがまったくないからである。だからわれわれの用法は、なんら混乱を招くことはないわけである。

以上のように、折衷親族集団に「クラン」をつかうことには、一部には明らかな不利が認められる。とくにこのことばは、一部の読者には、はじめから混乱を生んでいるからである。にもかかわらずあえてこれを選んだのは、積極的な多くの利点があったからである。まずこの用語をすっかり放棄するには、これがあまりに採用され、あまりに知られすぎている。さきのようにわれわれは、最も典型的な単系血縁親族集団の名称として、「シブ」を採択した。そのあと、もうひとつのことばを選ぶとなると、これは「クラン」にならざるをえない。第二に「クラン」は、折衷親族集団を指すのに、人類学者たちもしばしばこれをつかってきた。いやこの親族集団に用いられてきた、ほとんど唯一の用語であった。文献では、とくにシブと区別するとき、この集団を「地域化されたクラン」と呼ぶのが最もふつうである。おわりに、このことばの採用と、われわれの提案するこのことばの再定義とは、一般の用法とも非常に接近している。たとえばウェブスター(2)〔辞典〕は、クランの第一の定義として、次のように書いている。すなわち「一定数の世帯を含んだ社会集団であって、その世帯主たちは、共通の祖先からの出自を主張している……」と。世帯主を通じて結ばれる、こうした複数世帯の集団は、それがどんなものであっても、夫とともにかならず妻を含むことになる。そして兄弟は含むが、既婚の姉妹は含まない。ここに血縁親族集団、すなわちシブではないところの、折衷タイプの親族集団が現われてくる。こうしてわれわれの提案は、このことば本来の、非専門的な意味にもつながってくるわけである。

さて、ある集団が純粋なクランになるには、三つの主な要件に従わなければならない。そしてこのうちどれかひとつでも欠けると、たとえ構成や外見は非常によく似ていても、その集団はクランではない。まずそれは、単系の出自規則にもとづいて、成員の中心的な核〔=世帯主〕が結ばれていなくてはならない。なるほど単処の拡大家族と外婚のディームも、クランと同じ構成を示している。けれども出自という統合原理を欠いている点だけが、クランとは違っている。すなわちディームは、単系の出自を欠いているし、また拡大家族では、これが欠けているか、あるいは偶然的なものにすぎない。第二に、クランとなるには、その集団が居住的な統一をもたなくてはならない。居住規則と出自規則とが一致しなくては、クランは存在することができない。たとえば出自が母系であって、居住が父処または新処のような場合がそれである。正規の居住規則から、ある程度の個人的な逸脱が許されるような場合にも、クランは存在しない。第三に、その集団は、社会的な統合を現実に示さなくてはならない。クランは、アメリカの郊外団地に住む人たちのように、独立した家族の単なる未組織的集合であることはできない。そこには積極的な集団感情があって、とくに婚入の配偶者は、これをメンバーシップの統合的部分として認めなくてはならない。

さらにクランは、居住規則と出自規則とがただ適合的に併存していれば、自動的に現われるのではない。これは強調しなくてはならない。たとえば居住が厳密に父処、出自が父系であって、しかも父系的につながる男性を核とした世帯が、地域の特定部分に集まっていても、その集団は、必然的にクランとなるのではない。居住者たちは、ただ血のつながった隣人同士かもしれないからである。だから、民族誌家は、クランとして性格づけるには、組織、集団的行動、集団機能といったデータも観察しなくてはならない。

メラネシアのドブ族は、クランの組織は欠くけれども、クランのメンバーシップをもつ集団の一例を提供している。交互的な居住制と母系出自との結果、地域集団の成員は、単系的につながる男性と女性とから構成され、かれらの配偶者たちは一時期かれらと一緒に住んでいる。けれども婚入の配偶者と地域社会はえぬきの成員とのあいだには、社会的統合がまったく欠けている。そしてこれが、地域集団を純粋のクランとすることを妨げているわけである。

すでに述べたように、クランの形成には、居住規則と出自規則とを折衷させるが、そのふつうのやり方は、血縁親族集団の成人メンバーには、一方の性を含める反面、もう一方の性のきょうだいを排除する。そして前者の配偶者を含める、といったものである。ところでこれを行なうには、論理的には四つの方法が存在している。それは父系と母系の二つの出自規則と、そして二つの性があるからであって、理論的には、そのどちらかの性がクランの核となって、その全員が含まれるものである。ただ実際には、この四つの可能性のうちの三つだけが、われわれのサンプル社会に現われている。

クラン形成の第一の可能性は、父処居住制を通じて、男性成員を中心に、父系のリネージまたはシブが地域化されることである。その結果現われる集団には、男性の全員とリネージまたはシブの未婚の女性、それに既婚の男性の妻たちが含まれる。リネージやシブの既婚の女性、すなわち男性の姉妹たちは、父処居住制のもとにある夫と住むために、他のクランへと転出する。だからもとのクランからは排除される。そしてこの集団は、居住規則と出自規則とに拠っているので、父処クランまたは父系クランと言うのが適当であろうが、ただローレンス(3)の有益な示唆に従って、われわれもこれを「パトリ・クラン」(patri-clan)と呼ぶことにしたい。

さて地域化されたシブやリネージと、以上のように同じく地域化によって出てきたクランとの区別であるが、これは、われわれ自身の社会に当てはめると、たぶんはっきりしてくるであろう。われわれの社会はシブもクランも欠いているが、居住規則は新処というよりも父処であり、出自規則は、双系というよりも父系である。とすれば読者は、これから容易にクランの存在をえがくことができるであろう。こうした場合、父系的に継承されるわれわれの姓は、クランとシブの双方に適用される。たとえばウォルフという姓をもつ男性は、みなウォルフ・シブの成員であろうし、またウォルフ・クランとも呼べる、ひとつあるいはそれ以上の地域化された集団に住んでいる。けれどもすべての女性は、結婚とともに、地域集団と姓の双方を変える。彼女たちは、シブは自分の兄弟のシブに、クランは夫のクランに属することになる。ところが男性の場合には、ウォルフ姓は、シブとクランの双方のメンバーシップを示すことになる。そして女性の場合には、シブのメンバーシップは、未婚時の名前で示され、クランのそれは、結婚後の名前で示されることになる。ミス・メアリー・ウォルフは、ジョン・ヘロンと結婚して、ヘロン・クランに参加しても、彼女はウォルフ・シブの成員である。ミセス・ジェームス・ウォルフ（旧姓フォックス）は、クランはウォルフ・クランに属していても、シブはフォックス・シブに属していることになる。

クラン形成の第二の可能性は、母処居住の規則を通じて、女性のメンバーを中心に、母系のリネージまたはシブが地域化されることである。その結果現われる「マトリ・クラン」(matri-clan)〔母処クラン、または母系クラン〕には、女性の全員とシブの未婚の男性、それに既婚の女性の夫たちとが含まれる。それは、シブの成人男子を含まない。かれらは、結婚すれば、他のマトリ・クランでその妻たちと住むことになるからである。

第三の可能性は、女性の成員よりも男性の成員を中心に、母系のシブが地域化されることである。そしてこれは、オジ方居住制を通じて行なわれる。ここでは未婚の男性は、父の家を離れて、母方のオジと住む。そして結婚のときには、そこへ妻を連れていく。その結果現われる集団は、オジ方居住クラン、または「オジ方クラン」(avuncu-clan)とも呼んでよいものである。この集団には、オジとオイとの関係にあるか、あるいは本当の兄弟、分類式の兄弟で母系的に関係する男性、それにかれらの妻と未婚の子どもたちが含まれる。もちろん、彼女〔＝妻〕たちは、それぞれ別のシブに属している。このクランの成人女性は、彼女たちと同世代の男性の妻と義理の姉妹たちとで、シブの成員で結婚した女性は、夫と一緒に別のクランに住む。ときとして、オジ方クランにいるオイが、母方のオジの娘と結婚することがある。そのため、このクランの何人かの既婚女性は、少なくとも年長者〔＝オジ〕の娘ということになる。そこでそのかぎりでは、その集団はマトリ・クランとオジ方クランとの結合を示し、その女性たちは母処居住の特徴をもつシブに属し、また男性たちはオジ方居住の特徴をもつ別のシブに属す、ということになる。つまりオジ方クランは、その核が単系的に関係づけられる男性の集団からなるということからは、父系のクランと似ている。けれども所属の基礎が、父系出自よりも母系出自を受けいれているということからは、母系クランに似ていると言える。

クラン形成の第四の可能性は、いまのところ、まったく仮説の段階にとどまっている。これは、成人女性を中心に父系のシブを地域化することで形成されると思われる。これは、未婚の女性が父方のオバと居を共にし、婚後はオバの家に夫を連れてくる。こういった文化規則によって達成されるであろう。(4) そして、こうした居住規則が、これからの野外調査で発見されれば、それはローウィの示唆に従って、「オバ方制」(amitalocal)と呼ばれるであろう。なおこの“amitate”ということばは、ふつう母の兄弟との関係を示す“avunculate”と並んで、父の姉妹との特別な関係を指すのに用いられる。そして父系の出自と結びついたこうした居住規則から生まれるクランは、そのタイプとしては、オバ方居住または「アミタ・クラン」(amitaclan) と呼ばれるであろう。

われわれのサンプルである二五〇の社会のうち、入手できる情報はかなり断片的であるけれども、それでも七二〔二九%〕でパトリ・クランが、一一〔四%〕でマトリ・クランが、四〔二%〕でオジ方クランの存在が示されている。一三一〔五二%〕の部族は、はっきりクランを欠いており、三二〔一三%〕の単系社会では、クランの存否を決めるデータがあまりにもとぼしい。アミタ・クランは、われわれのサンプルでは報告されていない。またひろく民族誌をあさったかぎりでも、その記述に出会ったことはない。しかしオジ方クランは、単にローカルな特異現象ではない。それがユニークな状況構成にもとづいていることは、われわれのサンプル中、四ケースの分布状態がこれを示している。すなわち二例(ハイダ族とトリンジット族 Tlingit)は北米の北西海岸、一例(ロングダ族)はアフリカの北ナイジェリア、あとの一例(トロブリアンド島民 Trobrianders)は太洋洲のメラネシアで報告されている。

折衷親族集団と血縁親族集団とを区別すること。とりわけクランとシブとを区別することは、分類学のうえからもけっして無駄ではない。それどころか、機能の点からしてきわめて重要である。というのは、この二つの親族集団は、その構成が違うだけではない。それらは、別々の機能と特徴的に結びついているからである。そしてこのことは、私のフィールド・ワークを通して知った一部族によって説明することができる。

ブリティシュ・コロンビア〔カナダ〕のハイダ族は、核家族に加えて、次の親族集団を特徴としている。すなわち居住親族集団のひとつであるオジ方拡大家族、母系のシブと母系のモイエティという二つの血縁親族集団、それに折衷親族集団のひとつであるオジ方クランがそれである。拡大家族は、それぞれ板張りの大きな家に住んでいる。オジ方クランは、それぞれ特定の村の住民からなっている。——それは、母系的につながる成人の男子とその妻たち、それに未婚あるいは結婚したばかりの娘たち、母方のオジの家に入るのだがまだ家を離れていない小さな息子たち、こうした人たちの集合である。もちろん、クランの成人男子の妻や子どもたちは、あい対する母系のモイエティに属している。シブは、オジ方クランの成人男子、その姉妹、姉妹の娘と小さな息子たちを含んでいる。そしてこれらは、みなほかの村々に住んでいる。クランとそれに対応するシブとは、こうしてその成員の半分をやや落ちる数で一致してくる。すなわち、一〇歳以上の男性成員で、やがて、オジ方への移動を始める人たちである。

ハイダ族のいくつかの親族集団をみると、その機能は、非常にはっきりしている。モイエティは、結婚を規制するが、これは厳密な外婚制である。それはまた、敵対関係の仲介をし、儀礼的な財産の交換を規制する。たとえば、ポトラッチはかならずもう一方のモイエティの成員に与えられる。拡大家族は、日常の家庭生活、一次的な経済協力、交易・蓄財の単位である。核家族は、通常の機能に加えて、ポトラッチを与える集団である。すなわち、妻はその役割分担では、主なポトラッチの贈り手となっている。けれども彼女はそのさい夫に助けられ、また子どもたちはそれによって地位が上昇する。だから彼女は、また受益者であるとも言える。クランは、地域集団であって、毎日の社会的交渉が行なわれる対面集団である。クランはそれぞれ他のクランとは独立しているので、それはまた基礎的な政治単位でもある。土地に関する財産権はみなクランに属し、その長がこれを管理する。動産は拡大家族や個人によって所有される。これらに対して、無形の財産権はシブに与えられる。すなわちシブは、個人の名前、家やカヌーの儀礼的な名称、トーテムの装飾、歌と儀礼との独占権といった財産をもっている。神話もひろくシブと結びついている。さらにシブは儀礼の〔社会的〕単位でもある。すなわちそのメンバーは、祭祀やポトラッチのときにはこぞって招待される。また、そのメンバーのだれかが主人役のときには、かれらは儀式の準備をしたり、その執行にあたったりして、おたがいに助け合う。最後に、メンバーのだれかが殺され、あるいは傷つけられたときは、血の復讐がシブに義務づけられる。けれども、戦いそのものは、それが復讐・自己防衛に発し、または戦利品・奴隷獲得欲望に発したとしても、これはみなクランの機能となる。

二つの村の男たちが争っているとき、ハイダ族の女性がどんな役割を果たすか。これはとりわけ興味深い。結婚して、ある地域社会から移ってきた彼女たちは、忠誠心が分裂して、自分の引き裂かれていることに気がつく。彼女たちは、一方の集団では(争う男たちの)妻であり、そのクランの成員である。とともにもう一方の集団では姉妹であり、シブの成員だからである。そこで関係がただ緊張しているだけのときは、女性たちは、調停者として行動して、両者のくい違いを埋めようと努力する。むろん彼女たちは、ひとつの村から、悩まされない他の村に移ることもできる。けれども事件が破局をむかえて、戦争になると、彼女たちは自分の兄弟よりも夫のほうにつく(5)。要するにギリギリの危機になると、クランの紐帯がシブ成員といううきずなを踏みこえてしまう。この点、とりわけ教えるところが大きい。なるほどハイダ族は、きわだった例に違いない。しかしこれは、血縁的基礎のうえに組織された社会では、「配偶者は付随的にだけ重要だ(6)」、というリントンの主張と矛盾してくるわけである。

いろいろ混乱はあるにしても、民族誌の文献も、多くの示唆を与えてくれる。すなわち、クランとシブとのあいだには、ハイダ族とよく似た機能の分布があることである。一般にクランは、なによりも経済、リクリエーション、政治、軍事の領域で機能している。これに対してシブは、トーテミズムと儀礼とに結びついている。そして生活の危機的状態においては、ひとつの単位として行動する。また結婚と相続とを規制する。なお、全体の状況は、これからの野外研究と既存の文献の批判的検討とによって、明らかになってくるに違いない。

相対的な大きさという点からは、クランは、大きく二つのカテゴリーに分かれてくる。大きいほうは、ハイダ族のように、地域社会と一致するものであって、だからこれは「クラン地域社会」(clan-community) ということができる。小さいほうは、地域社会の単に部分をなすものであって、すなわち地域社会が別々のクランの集合からなっている場合、村の一区画または小村をなしているのがそれである。スペイン語の「バリオ」(barrio) は、このタイプの区分にあたっているので、この集団は「クラン・バリオ」(clan-barrio) と呼ぶこともできるであろう。パトリ・クランをもつわれわれのサンプル社会〔七二〕のうち、四五〔六三%〕はクラン地域社会で、二七〔三七%〕はクラン・バリオで特徴づけられる。四つのオジ方居住制の部族は、クラン地域社会だけである。クラン地域社会の優勢は、母処の社会では姿を消すが、その理由は第八章で明らかにすることになろう。母処婚を行なうわれわれのサンプル〔一一〕中、九社会はクラン・バリオだけをもち、二つだけがクラン地域社会に組織されている。そしてこの二つ、すなわちセイロン〔＝スリランカ〕のヴェダ族（Vedda）とヴェネゼーラのヤルロ族（Yaruro）とは、定住の村というよりは、移動するバンドをなして生活している。

説明の便宜のために、本章は、次のような形で論議を進めてきた。すなわち、クランはすでに単系の血縁親族をもっている社会で生まれる。そしてこれに単処の居住規則が適用された結果、地域化が進行する。こうして既存の出自規則と両立するようになった、と。共時的な分析を通時的な考察に絡ませるのは、いたずらに専門外の読者を混乱させる。けれども〔共時的〕分析が終わったからには、起源の問題〔＝通時的考察〕に入ってもよいであろう。そしてこの作業を通して、読者は、シブがクランに先行するという暗黙の仮説が、実は軽蔑以外のなにものでもないことがわかってくるであろう。実際には、クランがさきに現われて、それからリネージやシブが生まれてくるのであって、その逆ではない。ただ、多くの証拠を提出することは、第八章までこれを延期せざるをえない。そこで、ここでは両者の継起に関する本質的な事実を、要約するにとどめたい。誤解を避けるためである。

極端に例外的な状況は無視することにして、範例的に述べるならば、次のようになるであろう。リネージとシブとは、かならずクランから生まれる。それは、単系の認知がクランの核をなす性から、結婚＝他出したもう一方の性のきょうだいへと拡大されることによって生まれる。だからシブの名称、トーテミズムあるいは継承されるタブーのように、なにかのメカニズムによって、以上のことがなされるまで、その社会は、クランはもっていてもシブはもたない。われわれのサンプルにも、おそらくそうしたケースが存在している。ただ文献では、クランとシブとの混乱がはなはだしい。だからわれわれが議論の余地のないクランの証拠をみつけても、そこにシブの存在を推定せざるをえないようなことになった。シブやリネージが現われてくると、これらは族外婚という性格を帯びてくる。こうして独立の生命力をもってくると、クランが亡びても、シブやリネージはなお生き続けられるようになってくる。たとえばわれわれのサンプル中、五六ほどの社会は、単系の血縁親族集団はもっているが、クランを欠いている。――すなわち母系が三〇例、父系が二三例、両タイプの集団が三例である。シブやリネージをもつ、ほかの三二の部族でも、クランは報告されていないし、おそらく欠けている公算が高い。言いかえると、単系社会は統計的にみると、クランをもっているのとほぼ同じくらいに、これを欠いていることになる。

いくつかの例からすると、クランは疑いもなく、単処の居住規則だけから生まれている。そしてこれにともなう結果として、一定数の単系的に関係するある性の成人とその配偶者、それにかれらの子どもたちとが、ひとつの地域に集まってくる。しかしこの場合でも、組織の原理と出自の規則の双方が発達してくるに違いない。だからクランは、もっとしばしば、親族集団から生まれてくることも考えられる。つまりそうした親族集団は、近親者の集合というだけでなく、すでに組織の原理をもっている。したがって出自の規則を発展させて、クランに転換させるだけを求めることになってくる。ところでこうした限定にマッチした親族集団には、二つのタイプが存在している。――単処の拡大家族と外婚制のディームとがそれである。というのは、拡大家族をクラン・バリオに、外婚制のディームをクラン地域社会に転換させるには、集団の核となる人たちの単系的所属を文化的に承認するだけで十分だからである。そしてこれが婚出した〔他性の〕のきょうだいにまで拡大されると、ある場合にはリネージが、他の場合にはシブが生まれる。そこで理論的な考察と民族誌の証拠の双方からして、次のことが推察される。すなわちクランは、また究極的にはリネージやシブもそうであるが、これらはほとんどの場合、拡大家族か外婚的ディームか、そのどちらかから生まれた、というのがそれである。

ところで拡大家族がクラン・バリオに進化する最初の局面は、アリゾナのハバスパイ族（Havasupai）の例によって示される。母処↓父処の居住制にもとづいて、この部族は、「キャンプ」(camps)[7] と呼ばれる集団を発展させてきた。キャンプは、実際には父処拡大家族である。このさい、スパイアー（L. Spier）は、〔いうなれば〕既存要因の漸次的な強調を指摘している。たとえば父系の相続、父方の線での親族の認知、これらの漸次的な強調がそれである。こうして純粋のクランが生まれるのであるが、スパイアーは、これをきわめて説得的に示している。ポリネシアのトンガ族は、われわれのサンプル中では、外婚の規則がまだ発達していないにしても、この段階に達している数部族のひとつである。

またインドネシアのメンタウェイ族は、母処拡大家族からクラン・バリオへと〔前者と〕並行的に発達していく、そのはじめの段階を示している。この社会の村は、内婚制ディームの特徴をもつが、それは共同の家と、周囲をとりまく一定数の家、さらに遠くにある野良仕事用の小屋、こうしたものをもつ区分に分割されている。こうした地域区分は、メンタウェイ社会の第一次の社会的・経済的・宗教的単位であるが、これは拡大家族――別々の家に住む一定数の核家族を含んだ――といろいろ似た特徴をもっている。が、それはまだ外婚制にはなっていないし、母系出自――マトリ・クランに変わるには、これだけが必要だが――に対する認知も与えられていない。

クラン地域社会は、人口の増加・分裂という過程を通して、クラン・バリオから生まれることもある。つまりこのために、以前いくつものクランのあった地域社会に、ついにひとつのクランだけが残ることになる。けれども少なくとも、ふつうクラン地域社会は、直接、外婚制のディームから発展していくことが可能である。インセスト・タブーがディームのなかに広がっていく――これはすべての血縁集団に固有の傾向であるが（第一〇章参照）――につれて、内婚の規則は、次第に地域外婚を選ぶことへと変化する。そしてこのことは、居住規則が母処のところではマトリ・ディームを、父処居住のもとではパトリ・ディームを生みだしていく。第八章でその理由を説明するが、マトリ・ディームはごく稀であって、そのほとんどは、移動式のバンドをもつ社会にかぎられている。われわれのサンプルでは、アラパホ族（Arapaho）とチェイエン族（Cheyenne）だけに、ともに初期的ではあるけれども、マトリ・ディームが現われている。そこでもしどちらかの部族が、母処居住制をともなった厳密な地域外婚制をとるようになると、バンドは、母系的につながる女性とその夫、およびその子どもからなることになろう。それからこの単系の結びつきが、母系出自の規則を通して、文化的に認められ、そして婚出していく男性が、そのバンドの成員との親族のつながりを保持していくようになると、その部族はヴェダ族やヤルロ族のように、母系のクラン地域社会と母系のシブとを特徴とすることになろう。

けれどももっと一般的なのは、パトリ・ディームからパトリ・クランや父系のシブへと移行することである。われわれのサンプルは、双系の出自と、顕著な地域外婚の傾向とをもった、すなわちパトリ・ディームをともなった一三の社会を含んでいる。これらは、ブラックフット族（Blackfoot）、エロマンガ族（Eromangans）、ヒュパ族、オナ族（Ona）、セマング族（Semang）、シャスタ族（Shasta）、タケルマ族（Takelma）、テトン族（Teton）、ワラパイ族（Walapai）、ワピシアナ族（Wapisiana）、ヤグハン族（Yaghan）、ユロク族である。なおパトリ・ディームが、結果として父系のシブの出現をともなって、父処のクラン地域社会へと転ずる過程は、北西カリフォルニアのヒュパ族の例によって示されるであろう。

父処の居住規則と地域外婚制との結果として、ヒュパ族の村または定住地の住民たちは、主に父系的につながる男性とその妻子とからなっている。なお妻は、よその土地から手に入れた女性である。けれどもこの父処居住には、ひとつ重大な例外がみられる。貧しい男たちのことで、その数はけっして少なくない。かれらはふつう花嫁代償の半分だけを払って、母処的に義理の両親と一緒に住む。そして花婿奉仕を通して、代償のバランスをとろうとする。このように「半婚」（half-marry）をした男性の子どもたちは、母親の村に住みついて、その村のメンバーとして認められる。それでこの世帯には、世帯主とその娘たち、この娘たちと半婚をしたその夫たち、かれらの息子たちとその妻子とが含まれる。したがってここには、父処拡大家族とともに、それと同じくらいの双処拡大家族があることになる。ローウィ[(8)]は、パトリ・クランを、次いで父系のシブを生むには三つの限定が必要だとはっきり指摘している。第一には、父処の居住規則が不変にならなくてはならない。つまりこれによって、パトリ・ディームの構造が明瞭となってくる。第二には、居住男性を結びつけるきずなとして、父系の出自が認められなくてはならない。つまりこれによって、純粋な父処のクラン地域社会が生みだされる。第三には、「男性成員に劣らず、女性成員の所属を固定化する方法がなくてはならない」。たとえば、その村で生まれた女性には、共通の名前をつける、といったやり方である。つまりこれによって、婚出した女性にも、以前の所属が永久に示されることになる。そしてこれらがみたされると、要件の整った父系のシブが現われる、というのである。
ところでクランからリネージやシブがほとんど普遍的に派生してくること、また単処拡大家族と外婚制のディームとからクランが派生してくること、この二点では、この問題を考察してきたアメリカ人類学者が、みな一致している。すなわちスパイアーやローウィはもちろん、もっと最近では、ティティエフ(9)(M. Titiev)も、同じ結論に達している。第八章でもみるように、この仮説を支持する証拠は、圧倒的に多い。なお通時的継起に関する事実から、「地域化された」血縁親族集団に一括して「クラン」の名前を与えるのは誤りであり、それぞれ別に呼ぶべきだという要請もなされている。そこでもし「クラン」が不満足ならば、もっと適当な名前を寄せることを読者に期待する。

原註

1 R. H. Lowie, *Primitive Society* (New York, 1920, pp. 111-85).

2 *Webster's New International Dictionary of the English Language* (rev. edit., Springfield, 1923, p. 409).

3 W. E. Lawrence, Alternating Generations in Australia (*Studies in the Science of Society*, ed. G. P. Murdock, New Haven, 1937, p. 319).

4 R. H. Lowie, in *American Anthropologist*, n. s., XXXIV, 1932, p. 534).

5 シブとクランとが一般に混乱しているために、スワントンは、この点に関する事実を間違って述べるという、かれとしては珍しいミスを犯すことになった。J. R. Swanton, Contributions to the Ethnology of the Haida (*Memoirs of the American Museum of Natural History*, VIII, 1909, p. 62).

6 R. Linton, *The Study of Man* (New York, 1936, p. 159).

7 L. Spier, A Suggested Origin for Gentile Organization (*American Anthropologist*, n. s., XXIV, 1922, p. 489).

8 R. H. Lowie, *Primitive Society* (New York, 1920, pp. 157-8).

9 M. Titiev, The Influence of Common Residence on the Unilateral Classification of Kindred (*American Anthropologist*, n. s., XLV, 1943, pp. 511-30).

第五章　地域社会

モーガンからローウィに至る人類学者たちは、地域という基盤に立っていることが明らかな社会集団の組織よりも、家族、シブ、クランの諸形態といったものに、ずっと興味を示してきた。一方、社会学者たちはこのところ、地域社会の組織に強い関心を寄せている。ところが同じような関心が、最近、人類学のほうでも広まってきた。とくにスチュワード[1]からリントン[2]に至る、注目すべき貢献がそれである。

そこでここでは、なによりも地域という基盤のうえに組織された集団を呼ぶのに、社会学の用語である「地域社会」(community)の語を採用することにしたい。なるほど、ひろくこうした集団を指すのに、「地域集団」(local group)や「バンド」(band)のように、その代わりとなることばもつかわれている。しかしこれらは、きちんと定義されていないし、また記述的でもない。地域社会は「ふつう、対面的な結びつきのなかで共住する人びとの集団であって、その最大のもの[3]」と定義されている。たしかに地域社会と核家族だけが、まったく普遍的な社会集団だと言える。この二つは、どんな人間社会にもみられ、また亜人類のレベルでも、その萌芽的な形がみいだされるからである。

地球上のどの民族も、通常、ばらばらな家族をなして生活しているのではない。他のいろいろな紐帯に支えられ、どこでも地域的に接近している。そしてこのことが、いくつかの隣り合った家族を、より大きな社会集団へと仕立てあげていく。こうしてその成員たちは、みなおたがいに対面的な関係を保つことができる。ウェイヤー(E. M. Weyer)は、エスキモーについてこの事実を証明しているが、かれは次のように指摘している。(4) すなわち地域社会という組織は、社会的な相互作用を通して、人びとにより多くの満足の機会を与える。そして協働による食物獲得の技術を通して、より豊かな物資を得ることを可能にさせる。さらに、相互扶助と分担とを通して、不時の災害や不運に対する保障が提供される。なおこうした利便には、多人数による防衛が加えられる。さらに専門化と分業とをともなう経済というものが可能となる。たしかにこうした生存のチャンスは、地域社会という組織を通して、大いに高められる。そしてこれらは、直接目にみえる利益もさることながら、地域社会そのものの普遍性を説明するものであろう。

ところで地域社会は、人びとの生活様式によって、そのタイプを異にする。生活物資が大きく採取・狩猟・放牧によるところでは、人びとは通常、季節ごとにある場所から他の場所へと移動しなくてはならない。そうした地域社会は、いつも一緒にキャンプする一定数の家族からなっている。この型の地域社会は「バンド」(band)と呼ばれる。これに対して農業は、ひとつの場所への定住を有利にする。もっとも土地が痩せてくれれば、地域社会も数年おきに別の場所に移らなくてはならない。定住はまた、漁撈経済とも両立してくる。さらに獲物が豊富で、移動しなくてもよいところでは、狩猟経済とも両立してくる。そこで多少でも定住するといった場合、その地域社会は、次のいずれかの形態をとることが考えられる。ひとつは、「村落」(village)であって、拓かれた土地の中央近くに、住居が集中する形のものである。もうひとつは、「近隣」(neighborhood)であって、ここでは家族が、半ば独立した農場に散在してくる。なお以上二つの折衷として、農家は散在しているが、中心に教会・学校・郵便局・雑貨屋などがある、ちょうどアメリカの田舎町のようなものもみられる。それから、ある季節は定住の村で、他の季節は移動式のバンドで、ということも可能である。情報の入手可能な二四一のサンプル社会のうち、三九〔一六%〕はバンドを、一三〔五%〕はさしたる核もない近隣を、そして一八九〔七九%〕は村か町かをなしている。

地域社会をその大きさの点からみると、下限はトナカイ・チュクチ族（Reindeer Chukchee）であって、これは、二ないし三の家族からなっている。上限は、どうやら「人数が非常に増えて、もうこれ以上、日常的な態度での親しい接触ができない」(5)というところに敷かれるらしい。そして、こうした理由のために、おそらく都会の大人口も分節化するのである。また地理的移動がはげしくない場合には、著しく地域社会の特徴をもった地区や区域に分かれることになる。グッドイナフ(6)（Goodenough）の研究によると、地域社会の平均人口は、最大の幅で一三人から一、〇〇〇人であるという。また移動式バンドの部族(7)では平均五〇人、近隣組織をもつ部族では平均二五〇人、定住村落では三〇〇人であるという。なおこの研究によると、地域社会のふつうの大きさは、主に食糧獲得の型に拠ることを示している。たとえば主に狩猟・採取・漁撈経済による地域社会は、平均して五〇人よりも少なく、これに対して畜産をともなう農業経済のもとでは、平均して四五〇人の人口に達している。

地域社会は、つねに一定の領域（territory）と結びついて現われる。そしてその成員は、文化の技術的レベルに従って、この領域の自然的資源を利用する。狩猟または採取経済のもとでは、地域社会の土地は、ふつう集合的に所有・利用されている(8)。もっともスペック(9)（F. G. Speck）が北アメリカ北東部の多くのアルゴンキン（Algonquin）部族について示したように、それが個々の家族に分割されている例もみられる。放牧社会でも、状況はこれに似ている。また農業のもとでは、耕地はときとして集合的に所有され、周期的に諸家族に配分される。しかしもっと多いのは、土地は封建的または私的な財産として割りあてられる。ただ、領域のうち耕地でない部分は、そのまま集合的に所有され、利用される、というものである。なお地域社会が領域という基盤をもっていることは、商業・工業経済のもとでも、生き残っている例がみられる。ただここでは生活資源としての重要性は、相対的に低下してくる。

領域を同じくし、構成諸家族が相互に依存していることのために、地域社会は、協同生活の主な焦点となってくる。成員の一人ひとりはふつう、他の成員のだれとも多少親しくつき合っており、こうした交際を通して、自分の行動を仲間のそれに適応させようとする。だからこの集団は、人間関係の複雑な網によって結ばれている。そしてこれらの関係は、多く文化的に定型化されて、ちょうど親族の関係、性・年齢にもとづく地位の関係のように、ここに標準化された関係が生まれて、社会的交渉が容易になる。またその多くは、クランや結社のような集団を形成する。つまりこれらが、共通の利害をめぐって群状に集まり、地域社会の家族を結ぶ助けとなるわけである。

個人の行動に対する仲間からの影響——動機づけられ、示唆され、報いられ、罰せられる——は、主に対面的な交渉を通じて行なわれる。この意味で、地域社会は、社会統制のまず第一の場であると言える。ここでは逸脱は罰せられ、同調は報酬を受ける。とくに地域社会からの追放は、最も恐ろしい処罰とされて、この追放の脅威が文化的同調への究極の誘因として作用している。このことは、たしかに注目にあたいする。さらに社会的制裁の作動を通じて、地域社会では、さまざまの観念と行動とが相対的にステロ化して、地域文化というものが発達する。実際、地域社会は、全体文化を支える最も典型的な社会集団としてよいであろう。なおこのことが、いわゆる「コミュニティ・スタディ」(community study)、すなわちこの数十年間、人類学者、社会学者、社会心理学者が、みな異常な関心を寄せてきたこの分野に、理論的な正当性を与えるものであろう。

相対的に孤立しているという条件のもとでは、それぞれの地域社会は、それ自身の文化を保有している。そしてこの文化が付近の地域社会と共有される程度は、相互の交通の手段と範囲とに大きく拠っている。交通と地域的移動とが容易ならば、たとえばこんにちの合衆国のように、広域的にかなりの文化的類似が生みだされる。さらに社会階級のように、地方的集合を横断する大きな社会的な割目もできてくる。けれども地球上のほとんどの民族では、地域社会は、なお社会参加の第一次の単位をなしており、独自の文化を維持する集団となっている。

相互関係によって結ばれ、共通の文化によって束ねられているので、地域社会の成員は、内部の平和・法・秩序・協働を特徴とした、いわゆる「内集団」(in-group)を形成する。[10] すなわち成員は、諸活動で協力し合って、かれらの基本的動因を充足させる。また社会生活だけが与える派生的な充足も、ここで満たされることになる。こうして、かれらのあいだには、集団への連帯と忠誠という集合的感情が発達してくる。すなわち同一精神（syngenism）、われわれ感情（we-feeling）、「団体精神」（esprit de corps）、同類意識（consciousness of kind）など、さまざまに呼ばれるものがこれである。

社会生活には、それを強化するところのいろいろな利益と報酬とがある反面、これにともなう欲求不満も含まれる。そして、仲間の協力を得ようとすれば、人は自分の衝動のいくらかは抑えなければならない。そうしないと、はげしい社会的制裁が適用されることになる。こうした欲求不満は、多くの場合、攻撃的傾向を生むが、(11)ただ、内集団の内側では、この傾向を十分に表明することができない。相互扶助を弱めたり、制裁が加えたりしてはならないからである。というわけで、攻撃的な傾向は、外側に置き換えられて、他集団に対する反撥的感情・敵対的行動といった形で吐きだされる。つまり集団間の反撥は、内集団の連帯の不可避的な随伴物・対応物ということになるわけである。

このように内集団を重視して、他集団を低くみるという傾向は、専門語では「民族中心主義」(12)（ethnocentrism）として知られる現象であるが、この傾向もおそらくはじめは、なによりも地域社会と結びついていたものと思われる。そして社会的地平線が広まるにつれて、あらゆる社会集団を特徴づけるものになっていったと考えられる。たとえばそれは、こんにち、「お国自慢」（local pride）、「大学精神」（college spirit）、経営組織の「団体精神」から、宗教的不寛容、人種的偏見、「階級闘争」（class struggle）、国際的紛争に至る全領域を蔽うようになっている。倫理的な見地からは嘆かわしいにしても、それは、社会生活それ自身と同じように、不可避なものであるとも言える。だからこれを、さして害のない水路に向けるのがオチ、こういうことになるわけである。

メンバーが対面的な協働に慣らされているので、地域社会では通常、協調的な行動が可能となる。少なくとも、なにかことが起ったときには、インフォーマル・リーダーのもととか、首長や審議機関――これらは文化的に決められた権威と機能とを備えている――のもととかで、その協調が行なわれる。さらに地域社会は、社会統制の基本的な場として、内部の秩序と、伝統的な行動規範に対する同調とを維持していく。たとえフォーマルな司法機関や手続きを経なくても、重大な逸脱に対しては世論が喚起される。したがって少なくとも集合的な制裁を適用して、これがなされることになる。それで地域社会は、基本的には地域化した内集団、対面的な文化維持の内集団であるとともに、ひとつの政治集団でもあると言える。だからその機関、手続きがどんなに単純・非形式的であっても、これには政府の萌芽を求めなければならない。

なお通文化的な視野からすれば、これに次ぐ機能のあることが指摘されなくてはならない。すなわち政府は、集合的行為と社会統制とを方向づける手段として働く――これが被統治者に対して、政府を正当化するものであるが――ばかりでなく、さらに権力者の自己拡大のために、その権利行使の機会を提供している、ということである。未開社会の酋長、封建領主、自治体の首長などには、みな特別な権利と利得の機会とが与えられている。支配者が法と秩序とを維持するかぎり、またその搾取の活動が、かれらの社会的サービスと不釣合いにならないかぎり、ふつう、人びとは、支配者の個人的な報酬を妬むということはない。もっとも、搾取の度が過ぎると、これは支配者の交替を促すことになりやすい。

社会関係は、それが完全に孤立している場合を別にすれば、おそらく地域社会に閉じこめられることはない。対面的関係の場合でも、そうである。もっとも、極地エスキモーの人たちは、ロス[13] (J. Ross) がはじめて訪れたとき、かれらが地上唯一の住民でないことを発見して、おどろいたという。しかしこれは例外である。実際、交易、通婚その他が、異なる地域社会の人のあいだに、個人的な結びつきをつくっていく。そしてこれが基礎となって、平和と秩序とが広く展開していくこともある。単純な社会の好戦性と孤立性とは、これまであまりにも誇張されてきた。しかし未開人も、近隣との平和的交渉による利益については、われわれと同じくらいに、これを見抜く能力をもっている。またこうした利益を実らせるために、民族中心的偏見をコントロールすることも心得ている。戦争の多発地帯でも、いつも戦争しているわけではない。またまわりのあらゆる集団と戦争しているわけでもない。最悪の場合でさえ、武装のままの休戦とか、一時的な同盟とかが起る。けれどもそれよりも、平和的な相互交流が広域的な規範として支配することのほうがはるかに多い。

地域社会を超えた個人関係の拡大は、いろいろな文化的手段によって促される。たとえば地域外婚制、血盟、安全通行権、平和市場などがそれである。またそれは、地域社会の境界を超える社会集団の発達によって、規則的なものとなる。たとえばシブ、宗派、社会階級などがそれである。さらにそれは、政治的統一、すなわち多くの地域集団を単一の地区、あるいは部族的・国家的政府のもとに組織することで、強固なものとなる。

そして多くの社会は、この最後のコースをたどったわけであるが、ただこれとほぼ同数の社会は、地域社会を超えた政治的統合を、まったく発展させていない。前ヨーロッパ的な政府組織については、われわれのサンプル社会中、二一二において、その証拠をみることができる。すなわち一〇八〔五一%〕では地域社会がそれぞれ政治的に独立しており、一〇四〔四九%〕でははっきりした統治の制度がいくつかの、または多くの地域社会を、より大きな――その規模はさまざまであるが――組織集団にまとめあげている〔表10とは母数が違う――訳者〕。

より広い政治組織を促す要因としては、定住がとりわけ重要なように思われる。表10によると、移動する部族のバンドは、通常、政治的に独立しているけれども、定住民の村落と居住地とは、ふつう、より大きな集合体に組織されていることがわかる。

表10　地域社会と政治的独立

地域社会の組織	バンド	近　隣	村　落	計
政治的に独立	28 (84.8)	8 (66.7)	68 (42.2)	104 (50.5)
政治的に従属	5 (15.2)	4 (33.3)	93 (57.3)	102 (49.5)
計	33 (100.0)	12 (100.0)	161 (100.0)	206 (100.0)

より大きな地域社会では、協調的な行動を行なって、法と秩序とを維持するという問題が、ふつうの地域社会よりもずっと複雑なものとなっている。合意・互酬・社会統制のインフォーマルな様式は、対面的な結びつきを欠くところでは、働いてこない。だからフォーマルな機構と手続きとによって、これを補わなくてはならない。そこでより大きな社会の成員を結ぶ個人間の関係も、いきおい具体的・対面的というよりも、相対的に抽象的・慣習的なものとなってくる。たしかにこうした〔抽象的・慣習的〕関係は、親密な関係が地域社会内で発達した

あとで、定型化されるのがふつうである。けれどもこれらは、また〔適用範囲が〕拡がるにつれて、形式的となり、ステロ化していく。たとえば村民と地域の首長とのあいだには、個人的相互作用のしきたりが大きく支配している。ところがこれが部族の長や王さまと人民との非人格的な関係に適用されるようになると、いきおい形式的なエチケット、はっきり規定された権利・義務といった形で慣習化されてくる。同じように、訴訟の手続きがインフォーマルな討議にとって代わり、租税と納貢の体系が贈答に代わり、専門の役人が専門でない地方の首長に代わって、その機能のいくつかを引き受ける、ということになる。

しかし複雑な政府組織と結びついていても、なお地域社会は、通常、たとえ下位ではあっても、ひとつの政治的単位として存続している。またその相対的な単一性と対面性も、原則として、地域社会の規制的形態を特徴づけている。(14) だから地域社会の組織を比較研究することは、政治的複合の違いによって、これが無効となることはない。となると、今度は、政府の比較研究が有効かどうか、疑問とする人が出てくるかもしれない。とくにさまざまな社会における最大の政治的集合は、いったい複数の地域社会なのか、それとも組織された部族なのか、あるいは複合国家なのか、こういった点がそれである。なるほどアルンダ族のバンドとインカ帝国などは、とても比較できる単位ではない。けれども前者とペルーの地域的単位である "ayllu"、インカの統治制度とダホメイ族(Dahomeans)の君主制との比較などは、かなり有益なものとしてよいであろう。

本書のために、私は、政治構造についての特別な分析は行なっていないし、またするつもりもない。けれども地域社会は、ひとつの社会的集合であって、それは、とくに親族用語法と性行動との回路として、大きく働いているように思われる。というわけで、これは、より大きな政治社会との関連だけでなく、これを構成する親族集団との関連からも、分析しておく必要があるように思われる。

ところで地域社会を超えた社会構造の一タイプとして、社会階級への組織化というものが挙げられる。そこで性行動と親族行動とを解釈するさい、これが有益な素材になるかと思って、私は層化に関する情報を集めてみた。ただこの希望は、完全には実現されなかったが、しかし一般の関心にこたえるものがあるかと思って、その

表11　社会階級と奴隷の有無

社会階級の層化	奴	隷		計
	あり	なし	無資料	
A．社会階級の複合的構造	16 (25.9)	14 (10.5)	2 (3.6)	32 (12.8)
B．世襲的な貴族と平民	15 (24.2)	18 (13.5)	6 (10.9)	39 (15.6)
C．直接，富にもとづく社会階級	10 (16.1)	5 (3.8)	0 (—)	15 (6.0)
D．フォーマルな階級を欠く貧富の差	7 (11.3)	16 (12.0)	3 (5.5)	26 (10.4)
E．社会階級の欠如	0 (—)	72 (54.1)	2 (3.6)	74 (29.6)
F．資料なし	14 (22.6)	8 (6.0)	42 (76.4)	64 (25.6)
計	62 (100.0) 〔24.8〕	133 (100.0) 〔53.2〕	55 (100.0) 〔22.0〕	250 (100.0) 〔100.0〕

データを表11にまとめてみた。

本表では、奴隷の有無という点が、他のタイプの階級構造とは違っている。そこで、明確な身分集団として、この奴隷をもつ社会ともたない社会とを区別して、これと一般の階級分けとをクロスさせる形で、それぞれの欄に掲げておいた。なお戦争の捕虜がほとんど違った扱いを受けずに、すぐに部族に取りいれられるときは、その社会は、真の奴隷階級を欠いているものとした。またある社会が、奴隷以外にはっきり層化された三つ、またはそれ以上の集団を含むときは、その階級構造を複合的として位置づけた（A）。世襲的・内婚的なカーストがあって、それが複雑になっているときも、これと同じである。しかし階級構造がもっぱら富によるもの（C）、特権的な地位がなによりも世襲的と報告されているもの（B）とは、そのタイプを異にするものとした。なお多くの社会では、富の違いはあるけれども、それが行動における大きな違いと結びついていない、と報告されている（D）。だからそこでの人びとの違いは、厳密な意味での地位の等級よりも、技術、勇気、信仰といった個人的差異に近いものとなる。さらに本表では、以上の四者と階級を欠く社会（E）とを区別しておいた。

表12　社会階級と地域社会

社　会　成　層	バンド	定住地域社会	計
A．社会階級の複合的構造	0 (—)	31 (21.2)	31 (17.2)
B．世襲的な貴族と平民	0 (—)	38 (26.0)	38 (21.2)
C．直接，富にもとづく社会階級	0 (—)	14 (9.6)	14 (7.8)
D．フォーマルな階級を欠く貧富の差	7 (20.6)	19 (13.0)	26 (14.4)
E．社会階級の欠如	27 (79.4)	44 (30.1)	71 (39.4)
計	34 (100.0)	146 (100.0)	180 (100.0)

予想されるところであるが、社会の層化は、とりわけ定住民において特徴的である。たとえば奴隷は、定住村落または近隣〔社会〕をもつ五五の社会には存在し、九四の社会では欠けている、と報告されている。これに対して移動式バンドの部族では、わずか三にこれがみられ、三三には欠けていることが明らかになっている。純粋の社会階級は、われわれのサンプル社会中、バンドをなすものには、まったくみられない。しかし定住の地域社会をもつ大部分のものでは、表12でも明らかなように、これが現われてくる。

社会階級は、さまざまな地域集団の成員を結びつけているだけではない。地域社会そのものを分節化して、社会構造の複雑化に働きかけてくる。こうして村落は、貴族と平民とに、あるいは多くのカーストに分かれていく。〔社会的〕参加は、こうした集団〔＝階級〕のあいだより、こうした集団〔＝階級〕のなかのほうが多くなり、有意の文化的差異も、こうして生まれてくる。たとえばウォーナー（W. L. Warner）[15]は、次のことを示している。すなわち典型的なニュー・イングランドのある都市では、全体が六つの社会階級に水平的に分割され、そのそれぞれははっきりした文化的特徴をもっている。親しい社会的参加は、まず階級内の同じ「仲間」（clique）の成員のあいだに、次いで同じ層の諸仲間集団の人びとのあいだに限られる。階級間の交渉は、主に階級を超えた、よりフォーマルな結社を通じて行なわれる、などである。

では地域社会の内部組織にみられる、最大の違いというものは、なにから出てくるであろうか。これは、その構造がいろいろなタイプの親族集団の構造に統合されているその様式から生まれてくるように思われる。第三章と第四章とでみてきたように、多くの例では、地域社会そのものがひとつの親族集団をなしている。この型の地域集団は、「親族地域社会」(kin-communities) と呼ぶことができるであろう。地域社会の組織について、十分利用できる情報のあるのは、われわれのサンプルでは二二二の社会である。そしてこのうち八一〔三六%〕は、親族地域社会をもっている。その内訳は、一五〔七%〕が内婚の双系ディーム、一三〔六%〕が外婚のパトリ・ディーム、二〔〇・九%〕がマトリ・ディーム、四五〔二〇%〕が父処のクラン地域社会、二〔〇・九%〕が母処のクラン地域社会、四〔二%〕がオジ方のクラン地域社会である。なお他のいくつかの社会では、地域社会が、ふつう、ある数のクラン・バリオに分かれている。この型の地域集団は、「分節的地域社会」(segmented communities) と呼ぶことができるであろう。われわれのサンプルでは、三六〔一六%〕の社会が、この分節的地域社会として特徴づけられるが、――このうち二七〔一二%〕は父処クラン・バリオを、九〔四%〕は母処クラン・バリオをもっている。クランにも分節されず、またそれ自身もクランやディームとして組織されていない地域集団はこれを「非分節的地域社会」(unsegmented communities) と呼ぶことができるであろう。われわれのサンプルでは、一〇五〔四七%〕の社会が非分節的地域社会をもっているが、このうち四八〔二二%〕は、クランも拡大家族も欠いており、他の一七〔八%〕は、クランは欠いているが、拡大家族については報告がない。もしクランはないけれども、拡大家族はあるといった場合、その地域社会は、完全に非分節的というよりも、ただ部分的に非分節的だとみることができる。われわれのサンプル社会のうち、四〇〔一八%〕がそれであって、――このうち七〔三%〕は双処拡大家族、一九〔八%〕は父処家族、一〇〔四%〕は母処家族、四〔二%〕はオジ方家族をもっている。

なお右のどのタイプの地域社会も、社会階級の有無という点からさらに「層化的地域社会」(stratified communities）と「非層化的地域社会」（unstratified communities）とに分類することができるであろう。たとえばわれわれの社会では、ふつう、地域社会は層化されてはいても、分節化されてはいない。

さらにバンドの組織について、スチュワード[16]の提案した分類を、〔われわれが〕うえに挙げた分類と比較することもできるであろう。すなわちかれの言う「父系バンド」（patrilineal band）は、「土地所有、政治的自治、父処居住、バンド外婚または地域外婚、父系の土地相続[17]」によって特徴づけられる、と述べているが、これはわれわれのパトリ・ディームと父処クラン地域社会の双方を含んでいる。またかれの言う「母系バンド」（matrilineal band）は、われわれのマトリ・ディームと母処クラン地域社会の双方を含み、かれの「合成バンド」（composite band）は「バンド外婚、父処居住、父系の近親による土地相続[18]」をもたないので、「父系バンド」とは違うと述べているが、これは、われわれの分類で言う内婚ディームと非分節的地域社会の双方を含み、そしておそらく分節的地域社会も含むものであろう。

地域社会の組織にしばしばみられる特徴は、その内部が派閥に、通常は二つの派閥に分かれていることである、とリントン[19]は述べている。これについては、次の例を挙げるだけで十分であろう。トダ族の有名なタルサロル（Tharthharol）とテイバリオル（Teivaliol）の分割、ティコピアという小島でのファエア（Faea）とラベンガ（Ravenga）のライバル地区、ホピ族の「敵対派」と「友愛派」、アピナエ族その他の部族にみられるモイエティの割目。なおマイナー[20]（H. M. Miner）は、フランス系カナダ人の農村教区について、かたくなまでに違う政党を支持し、これに発するはげしい二重配列のあることを述べている。

このような派閥の分裂はきわめて広くみられ、またその数は正確に二つであることがきわめて多い。そして両者はふつう、競技その他の活動で対抗し合っており、その相互の関係は、多く競争と衿持、陰にこもった攻撃で特徴づけられている。とすれば、この現象はけっして偶然ではない。いずれも民族中心主義が、その機能を発揮しているものと思われる。ところで地域社会、あるいはもっと大きな社会集団にもみられるこうした二重組織は〔見方によっては〕一種の安全弁を提供していると言うこともできる。つまりこれによって、内集団の規律から生まれる攻撃性が、外集団への敵意や戦争に翻訳されることがない。しかも社会的に規制された無害なやり方で、これが内部的に消費されるからである。そこでこの試案的な仮説がもしあたっているとすれば、対抗する派閥は、好戦的な地域社会よりも、平和的な地域社会を特徴づけているということにならなくてはならない。現代の民主主義国家が二大政党という政治の仕組をもち、またこれが基本的な社会的是認を受けているが、その理由も、まずこのへんにあるとしてよいであろう。

ところでこれまでの諸章で取りあげてきた家族、親族、地域集団の分析は、けっして人間の社会組織の全域を蔽っているのではない。たとえば経済、リクリエーション、宗教、儀礼に関する諸結社については、これらに言及したけれども、まだ議論の対象にはならなかった。年齢、性、地位にもとづく諸集合についても、同様である。人間の行動を学習し実行するという社会的状況は、個人間・集団間の関係からなっているが、ここでは正直なところ、その断面を示したにすぎない。また同じく行動に重大な影響を及ぼす環境的・技術的な要因についても、まったく省略してしまった。われわれの科学的作業は、はじめから親族と性行動とにむけられていた。したがって、これらを切り拓くのにとりわけ有効と思われる社会集団に限ってきたわけである。

原註1 J. H. Steward, The Economic and Social Basis of Primitive Bands (*Essays in Anthropology Presented to A. L. Kroeber*, Berkeley, 1936, pp. 331-50).

2 R. Linton, *The Study of Man* (New York, 1936, pp. 209-30).

3 G. P. Murdock, C. S. Ford, A. E. Hudson, R. Kennedy, L. W. Simmons, and J. W. M. Whiting, Outline of Cultural Materials (*Yale Anthropological Studies*, II, 1945, p. 29).

4 E. M. Weyer, *The Eskimos* (New Haven, 1932, pp. 141-4). なお J. H. Steward, The Economic and Social Basis of Primitive Bands (*Essays in Anthropology Presented to A. L. Kroeber*, Berkeley, 1936, pp. 332-3) も参照。

5 R. Linton, *The Study of Man* (New York, 1936, p. 218).

6 W. H. Goodenough, Basic Economy and the Community (未公刊論文、一九四一)。この研究は、W・F・オグバーン教授の示唆を受けて、「通文化サーヴェイ」のファイルにもとづいて行なわれた。信頼できる住民データを備えた四〇の部族が含まれる。

7 スチュワードの行なった別の算定でも，バンドの平均人口は五〇人となっている。さらにこの算定では，1バンドの利用する地域は，平均して約1〇〇平方マイルであるとしている。J. H. Steward, The Economic and Social Basis of Primitive Bands (*Essays in Anthropology Presented to A. L. Kroeber*, Berkeley, 1936, p. 333) をみよ。

8 J. H. Steward, The Economic and Social Basis of Primitive Bands (*Essays in Anthropology Presented to A. L. Kroeber*, Berkeley, 1936, p. 332-3) 参照。

9 F. G. Speck, The Family Hunting Band as the Basis of Algonkian Social Organization (*American Anthropologist*, n. s., XVII, 1914, pp. 289-305) ; Family Hunting Territories and Social Life of Various Algonkian Bands of the Ottawa Valley (*Memoirs of the Canada Department of Mines Geological Survey*, LXX, 1915, pp. 1-10) ; Kinship Terms and the Family Band among the Northeastern Algonkian (*American Anthropologist*, n. s., XX, 1918, pp. 143-61) ; Mistassini Hunting Territories in the Labrador Peninsula (*American Anthropologist*, n. s., XXV, 1923, pp. 452-71) ; Family Hunting Territories of the Lake St. John Montagnais (*Anthropos*, XXII, 1927, pp. 387-403) ; *Penobscot Man* (Philadelphia, 1940, pp. 203-12).

10 W. G. Sumner, *Folkways* (Boston, 1906, p. 12) (園田恭一・山本英治訳『フォークウェイズ』青木書店) 参照。

11 J. Dollard, L. W. Doob, N. E. Miller, O. H. Mowrer, and R. R. Sears, *Frustration and Aggression* (New Haven, 1939) 参照。

12 W. G. Sumner, *Folkways* (Boston, 1906, p. 13) ; G. P. Murdock, Ethnocentrism (*Encyclopaedia of the Social Sciences*, V, 1931, pp. 613-14) をみよ。

13 J. Ross, *A Voyage of Discovery* (London, 1819, p. 110).

14 われわれの社会では，ニュー・イングランドの「町の会合」を想起せよ。

15 W. L. Warner and P. S. Lunt, *The Social Life of a Modern Community* (New Haven, 1941).

16 J. H. Steward, The Economic and Social Basis of Primitive Bands (*Essays in Anthropology Presented to A. L. Kroeber*, Berkeley, 1936, p. 331).

17 *Ibid.*, p. 334.

18 *Ibid.*, p. 338.

19 R. Linton, *The Study of Man* (New York, 1936, p. 229).

20 H. M. Miner, *St. Denis* (Chicago, 1939, pp. 58-60, 68-9).

第六章　親族の分析

親族組織の科学的意義は、モーガン(1)によってはじめて評価されたが、これは人類学の歴史のうえで、最も独創的で、最も輝かしい業績のひとつである。モーガンの独得な解釈は、もうその多くが受け容れられていないが、しかしこのことは、かれの業績の放つ栄光を減少させるものではない。かれの時代以後、親族の理論と分析とは、主にリヴァース、クローバー、ローウィ、ラドクリフ＝ブラウンによって行なわれてきた。さらにアジンスキー(B. W. Aginsky)、エガン(E. Eggan)、エバンス＝プリチャード(E. E. Evans-Prichard)、ギフォード(E. W. Gifford)、キルヒホフ、ローレンス、レッサー(A. Lesser)、レヴィ＝ストロース(C. Lévy-Strauss)、マリノフスキー、オプラー、サピアー、ブレンダ・セリグマン(Brenda Z. Seligman)、スパイアー、スポエアー(A. Spoehr)、タックス(S. Tax)、トルンヴァルト(R. C. Thurnwald)、ウォーナー(W.L. Warner)、ホワイト(L. A. White)などが、この問題に重要な見解を加えている。おそらく人類学のうちで、これほど創造的努力のおかげをこうむったテーマは、ほかにはない。そこで私は、私の仕事の背景をスケッチするとなると、どうしてもこれら先学の業績に、大きく拠らざるをえない。

親族組織は、重要な一点で、これまでみてきた社会組織の諸型とは違っている。家族、シブ、クラン、地域社会の諸形態では、個人間の関係が構造化されて、個人の集合が社会集団をつくる、というようになっている。けれども親族組織は社会集団ではない。また個人の組織化された集合にも対応していない。その名前〔システム〕が意味しているように、関係の構造化された体系にすぎない。すなわち諸個人は、この体系のなかで——複雑に組み合わされ分枝していく紐帯によって——、おたがいに結びつけられていることになる。なるほど親族のきずなは、それぞれ他のものから独立して、個人を核家族やリネージといった社会集団に集めることになるかもしれない。またしばしばそうなってもいる。しかし親族組織は、全体として、社会的集合でもなければ、社会的集合を生みだすものでもない。

親族を分析するさい、その出発点は、まず核家族である。(2) 一般的に言って、発育期の子どもは、互恵的行為の習慣や個人間の関係の仕方を学んでいくが、これらをはじめて身につけるのは、この社会集団〔=核家族〕においてである。子どもは、父・母・兄弟・姉妹に対して、特定の仕方で反応することを学習する。また相手が、ある種の行動でこれに応えるのを期待するようにもなる。けれどもはじめ個人ごとに違っていたこの反応も、学習と社会化とが進むにつれて、次第に修正される。そしてその土地の文化規範に、だいたい一致するようになる。こうして子どもの行為は、はじめは一次的な家庭関係のなかで学習される。が、個人的接触の範囲が拡がるにつれて、家庭外の人びとにも拡大されていく。あるいは「一般化」(generalize) されるようになる。(3) そしてこの一般化された行為が、文化規範に合致していると、これが報いられるし、また強化されることになる。しかしそうでないと、報酬が与えられないし、または罰さえ受けることになって、この行為は消えていく。こうして識別力が生まれて、はっきりした行動様式をとるという状況がつくりだされてくる。しかしこれは、いわゆる試行錯誤か、模倣学習かを通して行なわれる。ただどちらの場合でも、なにかの基準を設けて、究極的には、社会的期待に応えるようにさせなくてはならない。そしてこのように圧力をかけるのは、やはり両親、年上のきょうだい、他の近親者たち、または近所の人たちということになる。

家庭内での関係の仕方は、ただ幼児期と少年期に学習されて、それでことが済むものではない。というのは、この仕方は、大人になっても、最も身近な関係の仕方であることをやめないからである。つまり成長し、結婚しても、かれはその子どもとの、また配偶者とのあいだに、両親が自分や自分のきょうだい、そしてその相互のあいだに示した行為を、もう一度、再現しようとする。家族関係というものは、えらく機能的な必要性をもっている。それは、これらが個人にとって最も重要な活動――経済的協働、家政、性、生殖、育児、教育――の多くを含んでいるからである。だからこれが他の親族関係すべての基準になるといっても、おどろくにはあたらないであろう。――基準と言ったのは、ほかでもない。親族関係は家族関係に準拠し、あるいは、家族関係から分化しなければならないからである。

核家族のうちには、八つの特徴的な関係をみいだすことができる。これらは、機能的には分化しているが、家族外の関係と較べて、みな高度の互恵的な協働・忠誠・連帯・愛情を特徴としている。そして文化的な差異はあっても、この八つの一次的関係のそれぞれは、あらゆる社会で、基本的には非常によく似た性格を現わしている。これは家族の基本的機能が、きわめて普遍的だからである。この関係とその典型的な特徴とは、次の通りである。

1 夫と妻――経済的な専門化と協働。性的同居。子どもの生存・養護・生育についての連帯責任。財産・離婚・権威等の諸局面に関するはっきり規定された相互的な権利。

2 父と息子――父の指導のもとに、男性の活動分野における経済的協働。物質的援助についての責任（これは息子が子どものときには父に、父が老齢になったときには息子に課せられる）。息子のしつけと訓練とに対する父の責任。なにほどかの友愛によって和らげられてはいるが、息子の側からの服従と尊敬の義務。

3 母と娘――父と息子の関係に平行した関係である。ただ子どもの世話と経済的協働とが強調されて、権威と物質的な援助とは、それほどでもない。

4 母と息子――幼児期を通じての息子の従属。初期のしつけについての母の負担。息子の少年期を通じての軽度の経済的協働。生涯のインセスト・タブーの初期の成長。母の老齢期を通しての、息子による物質的な援助。

5　父と娘――結婚するまで、娘の保護と物質的援助についての父の責任。父と息子との関係ほどではないが、経済的協働・教育・しつけ。ひろく娘の幼少期にみられる戯れ。ただふつう、強いインセスト・タブーが発達してくるので、これにともなって、かなりの制限が加えられる。

6　兄弟――遊び友だちの関係。これがのちに、仲間の関係に発達していく。兄の指導のもとでの経済的協働。弟の教育としつけとに対する兄のほどほどの責任。

7　姉妹――兄弟関係と平行した関係。ただ妹の身のまわりの世話が、より強調される。

8　兄弟姉妹――遊び友だちとしての初期の関係。ただこれは、年齢につれて変化していく。インセスト・タブーの段階的発達。これには、ふつう、ある程度の〔遊びの〕制限をともなう。ほどほどの経済的協働。親の役割の部分的な遂行。これは、とくに年長者によって行なわれる。

地域によって、その達成度には、当然、違いがあるけれども、うえに述べた関係は、少なくとも男女二人の子どもをもつ完全家族では、みなこれをみいだすことができる。どんな社会でも、典型的な男性は、ある時期、ある核家族において、夫・父・息子・兄弟の役割を果たし、また典型的な女性は、妻・母・娘・姉妹の役割を果たしている。ただインセスト・タブーのために、男性は、自分が息子や兄弟である家族では、夫であり父であることができない。また女性は、自分が娘や姉妹である家族では、妻であり母であることができない。双方とも、結婚とともに、自分の生まれた家族とは別の、新しい核家族の成員となるからである。すでにみてきたように、どんな社会でも、正常な大人はみな二つの核家族に属している。すなわち自分が生まれ、育った定位家族と、結婚によってつくった生殖家族とである。個人は、定位家族では息子または娘であり、兄弟または姉妹であり、生殖家族では夫または妻であり、父または母なのである。

ところで個人が二つの核家族に属するというこの普遍的な事実から、親族組織というものが生まれる。もし結婚が、一般に核家族のうちでなされるならば、そこでは家族の組織化だけとなって、親族も、家族の範囲内に限られることになる。けれども個人は、かならず二つの家族に属するということのために、すべての人は、定位家いに結びつくことになる。

族の成員と生殖家族の成員とを結ぶ環となって、こうした環の分枝的な連続が、親族という紐帯を通して、たがいに結びつくことになる。

「一次親族」(primary relatives) ということばは、定位家族における父・母・姉妹・兄弟、生殖家族における夫・妻・息子・娘のように、特定の個人と同じ核家族に属する人びとに適用される。ところでこれらの親族は、それぞれ自分自身の一次親族をもつであろうし、またこの一次親族のほとんどは、エゴの一次親族には含まれないであろう。エゴの観点からすれば、これら〔一次〕親族の一次親族は「二次親族」(secondary relatives) と呼ばれる。可能的には、個人は、それぞれ三三の二次親族をもっている。すなわち父の父(父方の祖父)、父の母(父方の祖母)、父の兄弟(父方のオジ)、父の姉妹(父方のオバ)、父の妻(義理〔異腹〕の母)、父の息子(異母兄弟)、父の娘(異母姉妹)、母の父、母の母、母の兄弟、母の姉妹、母の夫〔異父〕、母の息子〔異父兄弟〕、母の娘〔異父姉妹〕、兄弟の妻、兄弟の息子、兄弟の娘、姉妹の夫、姉妹の息子、姉妹の娘、妻の父(あるいは夫の父)、妻の母(あるいは夫の母)、妻の兄弟(あるいは夫の兄弟)、妻の姉妹(あるいは夫の姉妹)、妻の夫(あるいは夫の妻、すなわち共通の配偶者)、妻の息子(あるいは夫の息子)、妻の娘(あるいは夫の娘)、息子の妻、息子の息子、息子の娘、娘の夫、娘の息子、娘の娘である。それから二次親族のそれぞれは、またかれの一次親族をもっている。これらは、エゴの一次親族でも二次親族でもないので、「三次親族」(teritary relatives) と呼ぶことができる。これには、一五一種の可能性があり、八種の曽祖父母、八種のイトコ、オジ、オバ、オイ、メイの配偶者のすべて、その他おおぜいが含まれる。同じように四次親族(たとえばフタイトコ)、五次親族(たとえばフタマタイトコ)などを区別することも可能であろう。ただわれわれの目的からすれば、四次親族より遠い人たちは、まとめて「遠い親族」(distant relatives) として分類するだけで、十分であろう。

一次親族は、血のつながり、または生物学的な親族のきずなで結ばれている。例外は、夫と妻とであって、この二人は、インセスト・タブーのために、結婚のきずなでしか結ばれていない。そしてこのことが、あらゆるレベルの親族者にとって、根本的な二分法を生むことになる。一次、二次、三次、または遠い親族のどれであっても、二人の親族のつながりが、一つまたはそれ以上の結婚による結びつきを含んでいるとき、この二人は、生物学的関係をもつ必要はない。これらは、「姻族」(affinal relatives)として分類される。妻の母、娘の夫、母の兄弟の妻などがその例である。これに対して、結びつける環が、みな血のつながりである親族、またはこれが共通の祖先である親族は、「血族」(consanguineal relatives)として知られている。

遺伝学は、各階梯の血族のあいだには、共通の遺伝という蓋然性のあることを教えている。一人に対しては、平均してすべての一次親族の遺伝的要因と遺伝子とについて、正確にはその半分を分有していることが期待される。すなわち個人は、父のもつものの半分と、母によってもちこまれるものの半分とを受け継ぐ。そして息子と娘のそれぞれには、自分のもののほぼ半分を伝える。それでこの息子または娘は、きょうだいのそれぞれ(一卵性双生児を除く)と、父〔祖父〕から受けた半分のさらに五〇%と、母〔祖母〕から受けた半分のさらに五〇%を分有している公算が高い。あるいは、きょうだいの遺伝子全体の半分を分有している公算が高い。二次親族の共通遺伝子は四分の一、三次親族は、八分の一に近いものとなる。もし一対の親族者が、二つの線で血縁関係をたどるとすると、共通の遺伝子は、この二つの線にあるものの合計ということになる。たとえばある男性とその三次親族である父の姉妹の娘とは、通常、八分の一の遺伝子を共通にしている。さらに交叉イトコ婚が行なわれて、父の姉妹の娘が、同時に母の兄弟の娘となるところでは、この夫婦は、同じ生物学的特性の四分の一を分有していることになろう。もちろん、同質的で同種繁殖のはげしい人びとの場合には、親族関係にある個人間の実際の生物学的類似は、うえに挙げた比率を大きく上回ることもありうる。しかし最も異質的な社会でも、類似性がさきの比率よりも落ちることはありえない。(4)

親族組織は、人間文化の普遍的なもののひとつとみることができる。どんなに未開な、どんなに崩れた社会であっても、親族者のあいだに、文化的にパターン化された関係の体系を認めていないような社会はない。親族的紐帯の記憶は、当然のことながら、時とともに、また実際の関係が遠のくにつれて、消えていく。けれども社会的集合、とくに共通の居住や共通の出自にもとづいた社会的集合は、しばしばおどろくほどの期間にわたる親族のきずなを記憶している。またその伝統をとどめている。ある方向にむかってではあるが、三次親族を超える親族を数えないような社会を、私は知らない。事実、多くの小部族では、すべての成員は、すべての他の成員との、ある特定の親族とのきずなを認めている。オーストラリアの原住民では、親族への関心が、異常な長さにまで及んでいる。だから少なくともかれらは、理論的には、全大陸を横断することが可能である。ただかれらは、部族の境界につくたびに、立ちどまって、親族に関する〔記憶の〕ノートを調べてみる。そしてこの旅が終ると、かれらは自分たちの地域集団で、だれを祖母、義理の父、姉妹などとして話しかけるべきであるか、だれと自由につき合ってよいか、だれを避けなければならないか、だれと性関係をもってよく、またもってはならないか、こうしたことが正確にわかってくる。

またいくつかの社会では、親族間にもっと細かい区別をつくっているが、それらは、しばらく無視することにしたい。ただどんな社会のどんな個人でも、八種の一次親族、三三の二次親族、一五一の三次親族をもつことが可能である。しかも加えて、いろいろな階梯での遠い親族の数が、幾何級数的に増えていく。というわけで、それぞれの行動類型とそれぞれ可能的に区別される親族関係のカテゴリーとを結びつけるとなると、これは実行不可能であるとともに、耐えられないお荷物となってくる。だからこれを実際にやった社会は、どこにもない。そこでどの社会でも、文化的に区別されるカテゴリーの数を——集合とか合一とかの手続きによって——、処理できる数にまで整理して、この問題を解決しているわけである。そしてこの合一のいろいろな仕方から、親族構造の原則的な差異の多くが生まれてくる。ただこれらをみていくまえに、親族呼称法の問題に触れておく必要があろう。

親族者間のそれぞれの関係を特徴づける相互的行為は、その一部が言語的要素からなっている。すなわちその一人ひとりが相手をなんと呼ぶか、ということばのことである。一部の民族では、親族のあいだでも、ふつう、個人の名前がつかわれている。けれどもすべての社会では、少なくとも特別の親族呼称が、なにほどか用いられており、しかも大部分の社会では、こうした呼び方を優先させ、またはもっぱらこれだけをつかっている。なお個人名と親族呼称との中間に、興味のある慣行、しかもかなり一般的な慣行が存在しているが、これは「子ども本位の呼び方」(5)(teknonymy)と言われている。その最も代表的な型は、子どもをもつ人には、その個人名と親族呼称に代わって、子どもの名前〔個人名〕と親の呼称とを結びつけて、「だれだれの父(または母)」と呼ぶやり方である。

親族呼称は、専門的には三つの違った仕方——すなわちその使用法、言語的構造、適用の範囲の三つから分類される。(6)まず使用法については、その親族呼称が直接の呼びかけか、または間接の言及か、そのどちらかに用いられる。「呼びかけの呼称」(term of address)は、ある親族に話しかけるときに用いられる。これは言語的行為の一部であって、これによって特定の個人間の関係が特徴づけられる。「言及の呼称」(term of reference)は、ある親族のことを、第三者に話すときに用いられる。だからそれは、親族関係そのものではなくて、ある親族上の地位を占めている人を指すことばである。英語では、血族に対する呼称は、ほとんど、この双方の仕方でなされている。もっとも「オイ」と「メイ」とは、直接の呼びかけには、ほとんど用いられていない。姻族に対する呼称は、血族の呼称とか個人名とかが代用されるので、英語を話す人びとのあいだでは、呼びかけとしての姻族の呼称は、めったにつかわれない。したがってふつう、義理の母には「お母さん」、継父には「お父さん」、義理の兄弟には当人の名前、またはニックネームで話しかけることになる。また英語では、呼びかけのことばのうち、特別のものは短くなったり、話しことばになったりする。"grandpa"(おじいさん)、"granny"(おばあさん)、"auntie"(オバさん)、"dad"(お父さん)、「パパ」、「マー」、"mummy"(お母さん)、"hubby"(うちのひと)、"sis"(お姉さん)、"sonny"(坊や)などがその例である。ある民族は、呼びかけと言及の呼称について、完全に別のセットのことばをもっているが、また文法的にだけ区別して、ほかの区別をまったくしない民族もある。さらに、いろいろな組み合わせを示す民族もある。

言及の呼称は、ふつう、呼びかけの呼称よりも、その適用が限定される。たとえば言及の呼称としての英語の"mother"は、通常実際の母親だけを指すけれども、呼びかけとしては、ふつう、継母にも義理の母にも、また親族でない年配の女性にも用いられる。それから言及の呼称は、通例、呼びかけの呼称よりも完全である。なおある親族を呼ぶのに、個人名だけをつかうのが習慣になっていたり、ある親族との会話がまったくタブーになっていて、そうした特定の親族に対しては、呼びかけのことばをまったく欠いているようなものもある。さらに言うと、呼びかけのことばには、言及のことばよりも、繰りかえしや重複の傾向が示される。こうしたわけで、言及の呼称は、親族の分析にとってははるかに有益なので、本書ではもっぱらこれが利用されている。

言語的構造から分類すると、親族呼称は、基礎的・派生的・記述的の三種に区別される。(7)「基礎的呼称」(elementary term)は、英語の "father" や "nephew" のように、これ以上、他に還元することのできないことばのことである。すなわち親族の意味をともなうことばとしては、これを構成する語彙に分解できないものである。「派生的呼称」(derivative term)は、英語の "grandfather," "sister-in-law," "stepson" のように、一つの基礎的呼称と、第一義としては親族の意味をもたない、なにか別の語彙とから合成されたものである。「記述的呼称」(descriptive term)は、スウェーデン語の "farbror"(父の兄弟)のように、特定の親族を指すのに、二つまたはそれ以上の基礎的呼称を結びつけたものである。なお実際の用法としては、派生的呼称における修飾語的要素は、ことをはっきりさせる必要のないときは、たいてい省略される。たとえば英語の場合、妻が以前の結婚で生んだ子どもを、〔現在の夫が〕「私の義理の息子」と言うべきなのに、これを「私の息子」と言うようなのが、それである。また多くの社会では、母の姉妹は「母」と呼んでもいいし、あるいは派生的呼称で「小母さん」と訳されることばで示される。どんな言語でもそうであるが、もし他の呼称との関連があいまいなときには、どうしても記述的呼称によることになる。たとえば英語の場合、私が「私の義理の姉妹」と言って、さらにそれをはっきりさせるように尋ねられたとき、私は「私の兄弟の妻」とか、「私の妻の姉妹」とか、「私の兄の第二の妻」とか、そのどれかを述べることができる。このように、補足的に明らかにするという用法は別として、記述的呼称は、親族呼称法としては、突発的にしか現われない。(8)ただわれわれのデータが示しているように、中央アフリカを横切って、西から東に広がる地帯はその例外である。すなわちこの地のスーダン族(Sudanese)、ナイル河族(Nilotic)、バンツー族（Bantu）は、きわめて自由に、この記述的呼称をつかっている。

適用の範囲という点からは、親族呼称は、指示的と分類的とに区別される。「指示的呼称」（denotative term）は、世代・性・系譜上の関連によって規定された、単一のカテゴリーに属する親族だけに適用されるものである。もっともときとして、話す人によって、英語の「父」、「母」、「夫」、「妻」、「義理の父」、「義理の母」のように、この呼称がただ一人の人を指すこともありうる。(9) けれども多くは、英語の「兄弟」、「姉妹」、「息子」、「娘」、「義理の息子」、「義理の娘」のように、同一の親族的結合に属する複数の人びとに適用される。これに対して、「分類的呼称」（classificatory term）は、たとえば世代・性・系譜上の関連によるカテゴリーの二つまたはそれ以上に属する人びとに適用されるものである。たとえば英語の「祖父」は、父の父と母の父の双方を含み、「オバ」は、双方の親の姉妹、あるいは父方または母方のオジの妻を指している。また「義理の兄弟」は、妻か夫かの兄弟、または姉妹の夫にひとしく適用される。さらに「イトコ」は、エゴと同世代の傍系親族の全部と、隣接した世代のいく人かを含む。このさい、性・系譜的関連の系列、さらには遠疎の程度さえ、関係がない。そしてあらゆる社会は、なによりも分類的呼称を自在につかうことによって、理論的には数千に及ぶ親族カテゴリーを、平均して二五という、きわめて控え目な数に減らすことになった。(10) なおこの平均値は、実際の慣行でも認められているように、どこでも実行可能な数とされている。

モーガンの時代からつい最近まで、「分類式」と「記述式」の親族組織と言えば、前者は未開部族の特徴、後者は文明人種の特徴、とみるのがふつうであった。しかしこの区別は、いまでは、まったく間違っていたことが明らかにされている。「分類的」、「記述的」というのは、呼称の全体系についてではなく、特定の呼称に関係するものである。大きく記述的呼称による少数のアフリカ社会は別であるが、あらゆる既知の親族組織も、分類的呼称をひろくつかっているという意味では分類式だということができる。すなわちわれわれ自身を含めて、西欧の親族組織も、少なくとも平均的な未開部族と同じように、自由に分類的呼称をつかっている。事実、イギリスの親族組織は、アンダマン島のピグミー族（Pygmie）、チエラ・デル・フエゴ島〔南米の最南端〕のオナ族、それにとして、分類することさえできる。
エスキモーと、その組織においては同じである。そしてこれは、専門的には「エスキモー組織」[11](Eskimo system)

いくつかの一次親族のカテゴリー(父、母、兄弟、姉妹、夫、妻、息子、娘)は、大多数の社会では、それぞれ違ったことばで呼ばれている。しかしこれらは、ほとんどいつも、基礎的呼称である。ただわれわれのサンプル中、七つの社会では、姉妹のための特別なことばがあるにもかかわらず、記述的に、たとえば「父の娘」、「母の娘」のように呼んでいる。一次親族に対する呼称は、指示的なこともあるし、分類的なこともある。しかし分類的の場合、そこでは、一次親族の二つのカテゴリーよりも、一人の一次親族と一人またはそれ以上の二次親族を含むのがふつうである。ただこれには、稀ではあるが、例外も生まれてくる。たとえば「配偶者」を意味する呼称は、ときとして、夫と妻の双方に用いられる。また「子ども」を意味する呼称は、息子と娘の双方に用いられる。「きょうだい」(sibling)という呼称も、両性につかわれる。しかし「兄弟」(brother)は男性を、「姉妹」(sister)は女性を指している。けれども一般に一次親族は、みな用語的に区別されている。なお大部分の社会では、兄と弟とを、姉と妹とを、別の呼称で区別している。これは、核家族内の関係で、両者の機能がそれぞれ違っていることを反映するものである。

二次親族、三次親族、遠い親族を指すとき、新しい基礎的呼称をこれらに適用することもある。しかし派生的・記述的呼称が、ますます頻繁に現われるようになってくる。また指示的呼称は、分類的呼称に道を譲って、二次親族では、ごく稀にしか適用されない。さらに三次親族では、これが実際に消えてしまう。もちろん、これは、大きく次の二つによるものである。第一は、可能的に区別されるカテゴリーの数——二次親族では三三、三次親族では一五一——が増えていくこと、第二は、これに対応して、認知できる数にまで減少させる——これは集合化や合一化の手続きによる——必要が、実際に強くなることである。そしてこれは〔具体的には〕もとはなにか一次親族を指していた呼称を、二次やもっと遠い親族者のひとつ、またはそれ以上のカテゴリーまで拡大することで可能となってくる。あるいは二次・三次・遠い親族のいくつかのカテゴリーに、一つの呼称をあてることでも、可能となってくる。われわれの親族組織は、核家族の孤立性を反映して、あとの方法だけに従っているが、しかし通文化的な視野からすると、むしろまえの方法のほうが一般的である。

分類的呼称は、親族のあいだの一つまたはそれ以上の基本的な区別――これらは、言語的認知が十分ならば、それぞれ指示的呼称で示されるはずである――をもっぱら無視することによって生まれてくる。そしてクローバーとローウィとの先駆的研究(12)は、これに六つの主な基準を認めることにみちびいていった。すなわちこれらの基準が呼称法上の差異の基礎として、言語的に認知されると、指示的呼称が生まれる。しかしそのどれかが無視されると、分類的呼称が生まれる、というものである。この基準というのは、世代・性・姻族・傍系・分枝・極性の六つである。これらは、一次・二次・三次の可能的なカテゴリーを計算したうえで、とりあげられた基準である。さらにこの両人は、別に三つの副次的な基準を設定している。――それは、相対的年齢、話し手の性、生死の三つであるが、これらは、分類的呼称の範囲をもっと狭くし、あるいは指示的呼称をもっと限定する、そうした言語的認知にかかわるものである。というわけでこの九つの基準は、論理的であるとともに、経験的な基礎ももっている。すなわちこれらは、単独で、あるいは結びついて、人間社会が親族者の言語的分類・区別をするとき、実際につかう原則のすべてを含んでいるように思われる。そこで以下、そのそれぞれを、個別にながめてみることにしたい。

「世代の基準」(criterion of generation) は、生物学的基盤に拠るものである。すなわち生殖の事実は、人びとを自動的に異なる世代へと配列していく。エゴの世代は、兄弟・姉妹・イトコを含み、第一上昇世代は、両親とそのきょうだい、およびそのイトコを含み、第一下降世代は、息子・娘・オイ・メイを含む。第二上昇世代は祖父母の世代、第二下降世代は孫の世代、といった具合である。たいていの社会では、結婚は通例、同世代の人びとのあいだで行なわれる。そこで姻族も、同じように、世代ごとに配列される傾向がある。そしてほとんどの親族組織は、世代の差異について、ひろい認知を与えている。たとえば、われわれの場合では、一例がこれを無視しているにすぎない。それは「イトコ」であって、このことばは「一世代または二世代ずれたイトコ」(cousin once or twice removed) にも適用される。すなわちエゴの上下の一世代、または二世代〔の傍系親族〕にも適用される。また分類的呼称のうちでも、世代の違いを無視した例が現われてくる。その最も著しいのは、おそらく交叉イトコ用語における、いわゆる「クロウ」(Crow) 型と「オマハ」(Omaha) 型とであろう。すなわち前者では、父の姉妹の子どもは、父方のオジ・オバと同じことばで呼ばれ、母の兄弟の子どもは、〔エゴの〕兄弟の子ども（兄弟方のオイとメイ）と一緒に分類される。オマハの親族組織では、この状況が、だいたい反対となってくる。すなわち父の姉妹の子どもは、〔エゴの〕姉妹の子ども（姉妹方のオイとメイ）と一緒に分類され、母の兄弟の子どもは、母方のオジ・オバと一緒に分類される。(13)

「性の基準」(criterion of sex) は、もうひとつの生物学的な差異、すなわち男女の違いから生まれる。これも、親族呼称法ではひろく考慮されている点である。たとえばわれわれの親族組織では、ひとつの基礎的呼称、すなわち「イトコ」についてだけ、性を無視しているにすぎない。またいくつもの社会では、息子と娘の双方に、あるいは義理の親に対しては、性にかかわりなく、ひとつの分類的呼称を用いている。けれども親族呼称法において、性が無視される最も一般的な例は、第二下降世代と第二上昇世代とについてである。すなわち多くの社会では、ほぼ「孫」または〔無性の〕「祖父母」にあたることばをもっている。もっともこの二つの世代にあっては、エゴが親族中に性差のはっきりした人をみつけるには、〔相手が〕あまりに若すぎるか〔＝孫の場合〕、性行動を起すには〔相手が〕あまりに年取っているか〔＝祖父母の場合〕、ということも明瞭である。

「姻族の基準」(criterion of affinity) は、結婚とインセスト・タブーという普遍的な社会現象から生まれる。インセスト・タブーのために、結婚の相手方は、通常、近い血縁者であることができない。そこで一次・二次・三次・遠い親族の別はあっても、類似した階梯の親族者のあいだに、いつも二つの集団が存在していることになる。ひとつは血縁者の集団であって、その全員は、ひとしく生物学的にエゴと関係している。もうひとつは姻族の集団であって、エゴとかれらとの結びつきは、少なくともひとつの結婚によるつながりを通してたどられる。かれらは、生物学的にはエゴと無関係であるか、遠い関係でしかない。そしてこの区別は、親族呼称法では、ひろく認知されている。ただ、われわれの親族組織にあっては、「オジ」ということばは、これを無視している。すなわちこれには、両親の兄弟とともに、オバの夫も含まれる。同様に「オバ」ということばにも、両親の姉妹とともに、オジの妻が含まれる。もっとも場合によっては、接頭語の“step”や接尾語の“-in-law”を付けた派生的呼称がつかわれる。したがって部分的ではあるが、姻族を区別しており、この点では、他の多くの社会と違ってくる。というのは、これらの社会では、通常、姻族にも基礎的呼称を適用しているからである。姻族の基準を無視するために〔ひとつの〕分類的呼称が生まれてくるが、これは、結婚について選好的な規則をもつ社会で、とりわけ一般的にみられる。たとえば父の姉妹の娘との交叉イトコ婚が選好されるところでは、この娘は、妻と同じことばで呼ばれる。また父の姉妹と妻の母も、ひとつのことばで呼ばれることになろう。

「傍系の基準」(criterion of collaterality)は、同世代や同性の血族のなかでも、ある人は、他の人よりもエゴに近い、という生物学的事実に拠っている。たとえば直接の先祖は、きょうだいやイトコよりも近い関係にあり、直系の子孫は、きょうだいやイトコの子孫よりも、近い関係にあることになる。われわれの親族組織は、一貫してこの傍系の基準を認めており、「イトコ」を唯一の例外として、他は系列を異にする血族には、同じ呼称を絶対につかわない。けれどもほとんどの社会では、この傍系の基準を無視することが非常に多く、こうしてさまざまの分類的呼称が生まれてくることになる。直系親族と傍系親族、あるいは異なる系列の親族を、ひとつの分類的呼称に集める現象は、「併合」[14](merging)という専門語で知られている。親族のうち、最も併合されやすいのは、親とその同性のきょうだい、きょうだいとその平行イトコ(父の兄弟の子、あるいは母の姉妹の子)、妻とその姉妹、息子または娘とオイまたはメイである。

「分枝または分岐の基準」(criterion of bifurcation or forking)は、二次親族およびそれより遠い親族だけに適用されるが、これは、かれらがどちらの性の連結親族を通してエゴと結ばれるか、といった生物学的事実によるものである。そしてこの基準が認知されると、Aとエゴとを結びつける親族〔=連結親族〕が男性であると、このAにある呼称を適用するが、連結親族が女性であると、同じAに別の呼称を適用することになる。われわれの親族組織は、分枝の基準を完全に無視しており、このことから、多くの分類的呼称が出てくることになる。こうしてわれわれは、父の親か母の親かにかかわりなく「祖父」または「祖母」と呼ぶし、どちらの親〔＝親の性〕を通しての関係かには無頓着に「オジ」とか「オバ」とかと呼ぶ。また連結親族の性にかかわりなく「義理の兄弟」、「義理の姉妹」、「オイ」、「メイ」、「孫息子」、「孫娘」と呼ぶことになる。けれどもほとんどの社会では、これらの親族のいくらか、あるいは大部分に、用語上の区別をつけている。

「極性の基準」(15)(criterion of polarity)は、親族呼称法を分化させる六つの主な基準としては、その最後のものである。これは、社会関係をなすには二人の人が必要だという、社会学的事実にもとづいている。そしてこの基準が言語的に認められると、それぞれの親族者の関係に、二つの呼称が生まれてくることになる。すなわち、参加者の一方が他方を指す呼称である。またこの極性が無視されると、その関係は一つの単位として扱われて、参加者の双方は、同じ分類的呼称で呼び合うことになる。われわれの親族組織では、「イトコ」だけが例外であるが、他は、この極性を全面的に認めている。もっとも二人の兄弟、二人の姉妹、二人の義理の兄弟、二人の義理の姉妹が同じ呼称で呼び合っていることもみられる。しかしこの事実は、実際はたまたま別の基準が認められているということの結果にすぎない。そしてこれは、次のことからも明らかである。なるほど同一の親族に対して、同じ呼び方が、別の性の親族によっても用いられている。しかしその場合でも、相互的呼称は違ってくる、ということである。もっとも兄弟は、姉妹に対して、彼女がかれにつかうのと同じ呼び方をする。このように兄弟姉妹の関係では、ときとして、極性が無視されてくる。またオジ方居住の関係では、母方のオジとかれの姉妹の子どもとが、同じことばで呼び合っている。けれどもいちばん無視されるのは、隔世代の親族に対してである。すなわち多くの社会では、エゴと祖父母、エゴと孫とは、おたがいに同じことばで呼び合っている。

「相対的年齢の基準」(criterion of relative age)は、同世代の親族もめったに同年齢ではない、という生物学的事実を反映している。どんなペアーをとってみても、一方は、かならずといってよいほど、他方よりも年長である。ただこの基準は、われわれの親族組織では、完全に無視されているし、またわれわれの理論的分析においても、七つの基礎的基準のひとつという形では、扱われていない。けれどもこれは、親族呼称法では、ひろく考慮されている。すなわち、多くの親族組織は、同性のきょうだいについても、年長者と年少者とを、用語としても区別しており、またわれわれのサンプルにあっては、二四五のうち一〇〇の社会では、異性のきょうだいに対しても同じような区別をしている。たとえばアメリカ南西部のユマ族[16]（Yuma）をはじめいくつかの社会では、用語のうえでひろく年齢を区別しており、親のきょうだいについても、年長者と年少者とを区別し、年長・年少のきょうだいの配偶者および子どもについても、同様の区分をしている。

「話し手の性の基準」（criterion of speaker's sex）は、親族呼称で指示する親族が男性か女性かということとは別に、その呼称を用いる人がかならず男性か女性である、という生物学的事実にもとづいている。そこでこの基準を認めている親族組織では、同一人の親族に対して、二つの呼称をもっていることになる。ひとつは、男性の話し手がつかい、もうひとつは、女性の話し手がつかうことばである。たとえばハイダ族[17]のあいだでは、父親に対して、二つの指示的呼称が存在している。ひとつは、息子がつかい、もうひとつは、娘がつかう呼び名である。このハイダ族と較べると、英語の“father”は、分類的〔呼称〕のようにみえる。ところで話し手の性という基準は、しばしば〔さきの〕性の基準と結びついて働いている。そこで話し手と〔話しかける相手の〕親族とが同性であるか異性であるか、これが実際の性がどちらかよりも、たいせつとなってくる。このことは、きょうだい間の用語で、とりわけ一般的である。すなわちそこでは、ひとつの呼称（または相対的年齢を区別する対の呼称）が、男性によってその兄弟に、女性によってその姉妹に対して〔共通して〕つかわれる反面、別の呼称が、男性によってその姉妹に対して、女性によってその兄弟に対して〔共通して〕つかわれることになる。

「生死の基準」（criterion of decedence）は、以上九つの基準のうち、最後の、そして最も重要でない基準である。そしてこれは、死という生物学的事実にもとづいている。これは、分枝の基準と同様、とりわけ二次親族に対して適用される。したがって親族関係をたどるとき、カナメとなる人物によるところが大きい。ただ分枝のときには、連結親族が男であるか女であるかが、生死の基準では、〔連結〕親族が死んでいるか生きているかが重要となってくる。ごくわずかな社会であるけれども、とくにカリフォルニアとその周辺地域では、[18] いくつかの親族に対して、二つの親族呼称をもっている。ひとつは、連結親族の生涯を通じて用いられ、他は、その死後に用いられるものである。なおこの区別は、兄嫁婚や姉妹婚が選好されている場合、可能的な配偶者である人びとの呼称において、ほとんど絶対的といってよいほど起ってくる。たとえば兄の死によって、その妻の弟に対する地位には、鋭い変化が現われる。すなわち彼女は、まえは弟の妻になれなかった。しかし兄嫁婚なので、いまはその妻になるように運命づけられているからである。生死の基準は、それだけでは大きな結果を生むことはない。けれどもこれが加わることで、基準のリストが完成する。そしてこのリストの諸基準が言語的に認知される、あるいは認知されないことを通して、親族用語の、たとえ全部でなくとも、既知のバリエーションのほとんどが出てくるわけである。

しかしさきの諸基準は、分析のためには基本的に重要であっても、それ自身は、親族呼称法における差異を説明するものではない。科学的に重要なのは次のことである。違った諸民族が、可能的には何百、何千と区別できるカテゴリーのなかから、文化的に認められたカテゴリーに到達しようとする。つまり実用的なカテゴリーの数に到達しようとする。そしてそのために、いくつかのカテゴリーに属する親族を区別して、他のカテゴリーの親族を同じものとして扱おうとする。またその基礎として、ある基準を選んだり、これを拒否したりする。そのようにさせる要因をみつけだすことが重要なのである。ただこの問題を解くためには、それにさきだって、親族呼称法と親族行動との相互関係について、これを考察しなくてはならない。

すでに示したように、呼びかけの呼称は、親族者間の文化的にパターン化された関係からすれば、その不可欠の部分をなしている。もっともこの呼称は、全身的な行動というよりは、日常の言語行動の一面にすぎない。これに対して指示的呼称は、この関係に含まれる二つの地位のひとつ(極性が無視されるところでは、双方の地位)を指示する言語的シンボルとみることができる。けれどもどんな地位も、——その地位が位置する関係において——文化的に期待される行動によって規定されてくる。したがって、指示の呼称と、指示された親族者たちが相互に作用し合う関係とのあいだには、緊密な機能的調和が存在する。こう仮定することには、アプリオリな根拠があるとすべきであろう。そして本書のために分析されたデータは、この仮定を経験的に支えており、そのために多くのものを提供している。また親族の研究者たちも、ほとんど同じ結論に達している。そしてラドクリフ=ブラウン(19)は、この問題に関するこれまでの知識を、きわめて適切に要約して、次のように述べている。「ほとんどの人間社会において、キンドレッドや親族の呼称法上の分類と、かれらの社会的分類とのあいだには、かなり密接な相関のみつけだせることが期待される。前者は、親族呼称法のうちに現われ、……後者は、とりわけ親族間の態度や行動に現われる。」タックス(20)は、若干の例外はあるけれども、次のように述べている。「エゴが同じ仕方で働きかける人たちには、エゴは同じ呼び方をするだろう。……エゴが違った仕方で働きかける人たちには、エゴは別の呼び方をするだろう。」

親族呼称と行動のパターンとが適合的なことについては、その経験的普遍化が可能である。これには間違いないけれども、にもかかわらず、これは絶対的でもない。オプラー(21)が指摘しているように、〔アメリカ〕西南部のアパッチ族のあいだでは、親族間の行動の差異は、ときとして親族用語の区別とまったく一致していないし、〔逆に〕呼称法上の区別が社会的機能のうえで重要な差を欠いているときでも、現われることがある。こうした例外は、とくにラドクリフ=ブラウンとタックスも認めているが、さらに同じ結論に達したローウィ(22)は、この例外をもっと慎重に説明している。「他の者とは区別されて、親族者だけが一緒に住んでいるところでは、かれらは部族生活において同じ権利を享受し、同じ機能を果たしている。そこで土着民からすると、かれらは同じ関係のうちにある、と考えたがる。ところが、他の人たちと一緒に住んでいて、なお親族者が区別されるようなところでは、用語上の区別と社会的機能の差異とが、同一歩調をとる可能性というものがある。」

さまざまな種類の親族を、慣例上、ひとつの親族カテゴリーに収め、これらに単一の分類式呼称を適用する民族もみられる。しかしこのことは、もちろん、かれらの示すパターン化された行動が、みな同じだということではない。たとえば「母」ということばが、父の複数の妻たち、母方のオバ、父の兄弟の妻たちにまで、拡大される社会があるが、そうしたところでも、人びとはこの女性たちをおたがいに混同するようなことはない。どんな人も、自分自身の母を知っていて、この母には、とくに親密なやり方で反応する。そして必要があれば、記述的呼称によって、〔本当の〕母と「分類上の母たち」とを十分区別することもできる。なるほどこうした「母たち」にも、かれは同様に尊敬・援助・いつくしみの気持をもって、似たような行動には出る。しかし社会的距離に比例して、暖かさや反応の度合は減っていく。(23) この点は、きわめて明瞭である。したがってこのことは、初期の人類学者(24)でこれを無視し、またその後の人類学者(25)でこれをオーバーに強調したものさえいなければ、改めて述べるまでもないことであろう。

いくつかのカテゴリーにただひとつの呼称を適用するということは、ふつう、次のことを意味している。機能的にさして重要でない親族(上の例では、生母でない母たちやオバ)に対する行動は、なるほど、最も近く最も重要な親族(生母)に対するそれと一緒にすることはできない。けれども別の呼称で表現する、比較可能な他の親族(たとえば祖母、父方のオバ、義理の母)に対して示す行動よりも、より後者〔生母〕に対するものに似てくる。言語的分類の過程も、これと同じである。まったく似たところの例を、経済関係の分野から引くことができよう。「小作人」ということばは、不動産に関して、終身または年ごとに、あるいは合意または黙許の形で、借地権をもっている人たちに適用される。かれらの地主に対する関係は、それぞれの場合で違ってくるが、しかし受託者・債務者・雇用者・下僕といった、従属的ではあるが違った経済的地位にある人びとよりは、おたがいに共通性をもっている。このように相対的ではあるが、属としての類似性をもつことが、これらに共通の呼称を与えていることを説明するものであろう。

こうしたわけで、親族呼称で指示される親族に対しては、文化的にパターン化された行動というものが存在している。こうして、この行動様式と親族呼称とは、もともと適合的であるという仮定が成立する。なおこの仮定を支える、十分な根拠も存在している。けれどもこれは、けっして次のどちらを意味するものでもない。㈠それぞれの社会における行動の諸様式は、これと結びついている呼称と同じように、おたがいに鋭く分化している。

(二)結びついている行動の諸様式は、異なる社会において呼称とほぼ同程度の分化を示している。〔以上の二つである。〕明らかに少数派に属する派生的呼称と記述的呼称とは別であるが、他の親族呼称は、みな独立したことばであって、またそのかぎりでは、完全でもある。とともに、それらはおたがいにひとしく分化している。これに対して親族行動の諸パターンには、無数の中間段階があって、実際に同じものと極端に違ったものとを含んで、全領域にわたっている。したがって不完全に、またさまざまに分化している諸現象に対して、完全に分化した呼称を適用するとなると、そこでは当然、厳密な比較はできない、ということになる。

親族関係の行動様式において、これを分化させる条件は、それぞれの社会で、大きく変わってくる。たとえば単系の社会組織といっても複雑で、そこにはモイエティ、シブ、クラン、セクション、拡大家族といった社会的集合がみられる。これにひろく核家族内部の差異、性・年齢を異にする個人間の行動の差異が加わって、社会的相互作用は、えらく複雑なものとなってくる。こうして言語的に認知された親族のカテゴリーも、それぞれ高度に分化し、文化的にパターン化された反応のセットと結びついていくようになる。これに対して、その社会組織が簡単で、または無定型な双系社会の場合には、なるほど基礎的呼称の数は、この形態にほぼみあったものが観察されている。すなわち、一次親族のそれぞれには、別のことばがあてられている。また他の親族に対しても、性・世代・姻族・血族の違いといった普遍的な差異にもとづいて、呼称法上の区別もなされている。しかしここでは、はっきり行動様式として区別されるものの数は、非常に少ない。こうして呼称の数も、けっして多くなることはない。むしろ実用向きには別の呼称を導入する余裕があるとも言える。要するにこの薄暮地帯では、呼称法上の区別が、パターン化された親族行動とは、ほとんど関係なしに起ったか、あるいは無関係に続いているかしているわけである。

そこでもし以上の解釈が正しければ、親族呼称法における区別は、単系社会よりも双系社会のほうが、親族者間の機能的差異とはわりに無関係に現われる、としなくてはならない。そしてこれは、統計的にも検証することができる。男性のエゴからすれば、〔自分の〕結婚できない女性親族が年上か年下かは、もともとそう機能的に

表13　出自と姉妹に対する呼称

年長と年少の姉妹に対して男性の親族がつかう呼称	双系出自	単系出自	計
別の呼称	41（51.3）	59（35.8）	100（40.8）
同じ呼称	39（48.7）	106（64.2）	145（59.2）
計	80（100.0）	165（100.0）	245（100.0）

重要ではない。――たとえば一次親族とその他の親族のあいだ、異なる世代の人びとのあいだ、男性と女性とのあいだ、血族と姻族とのあいだ、結婚できる女性とできない女性とのあいだ、などの違いと較べて、はるかに重要ではない。兄弟の姉妹に対する呼称にみられる年長・年少の別が、その例である。そこでこの別と双系の出自とがどの程度結びついているか、これを社会組織の単純さを示す、ごくおおざっぱな指標として取りあげると、表13のようである。その結果は、予想された結びつき〔=低い結びつき〕へのかなりの傾斜を示している。すなわち、統計的には、+.33の連関係数をもって表わされる。同様な検証であるが、男性が父方のオバに対する呼びかけについて、双系の出自と父の姉、父の妹という別の呼称の頻度との相関をみると、これは+.31の指数となってくる。

比較的少数で、しかも単純な社会構造をもつ社会は、たとえ親族呼称はさまざまであっても、これらと結びつく親族行動においては、その分化が未発達である。この傾向は、たしかにあるけれども、しかし、こうした分化を欠いているとみることも、危険である。もっとキメ細かな野外調査をしなければ、おそらくこの点の発見はむずかしい。ところで著者は、著者自身の調査経験から、ひとつの啓示的な例を引くことができる。

著者は、一九三二年、はじめてハイダ族の調査に入った。そしてそのころ、すでにラドクリフ=ブラウンやマリノフスキーなどの人たちは、各地の親族行動の資料を豊富に集めていた。著者はこれらから多くの示唆を受けたが、一方、アメリカの同僚たちの業績をみると、かれらがモノグラフで報告している資料が、比較的貧しいことに、やや不満をもつようになった。そしてこの気持は、私がハイダ族から、パターン化された親族行動について、私の予想をはるかに超える大量の資料をもち帰ったとき、いよいよ動かすべからざるものとなった。しかし同僚のいく人かは、ずっと私に次のように言ってきた。われわれは、われわれのフィールド・ワークのさい、そうしたデータをみつけるチャンスを逃したわけではない。とくに草原地方、大盆地、カリフォルニアに住む双系的な部族の場合、きわめて徹底的な調査を実施した。にもかかわらず、はっきり家族関係を超えると思われる親族行動については、そのパターン化を発見することができなかったのだ、と。私は、沈黙を続けた。ところがこの問題をテストするはじめての機会がやってきた。そこで私は、この機会を利用しようと決心した。

一九三四年、私は、中央オレゴンのテニノ族という典型的な高原部族のあいだで一カ年を過ごしたが、機会はそのときにやってきた。親族について執拗な調査をした結果、核家族内で当然起る関係の分化と、性・年齢と明らかに相関する二、三の行動規範とがはっきりしてきた。けれどもこれらを超える行動のパターン化については、なにもめぼしいものがなかった。義母の回避とか、オジ方制などに関する証拠は、まったくのゼロであった。フィールド・ノートは、尊敬・冗談・特権という特徴をもつ諸関係については、はっきりこれらを否定する事柄でふくらんでしまった。そこで帰ってきてから、私の同僚との会話、教室の講義のときなどでは、私は、以前の立場から後退することになった。そして単純で、シブを欠く部族の場合、最少限のパターン化された親族行動は別としても、ほかにはなにもないらしいことを認めるようになった。

しかし一九三五年の夏、二度目のテニノ族の調査旅行は、新しい資料をもたらすことになった。今回は、親族についての直接の研究ではなくて、住居、性、しつけといった他の文化の側面に関する調査であった。しかし、親族の資料についても、その断片を手にすることができた。ただ断片なので、これで他との諸関連が明らかになるとは思っていなかった。ところがこれを分析してみると、親族のパターン化について、おどろくべき量のデータのあることがわかった。父方の祖父は、孫にいろいろ肉体的な訓練をほどこして、その根性をきたえる義務をもっている。父の姉妹の夫と、かれの妻の兄弟の子どもとのあいだには、かなり典型的な冗談関係がみられる。義理の兄弟のあいだには、財産取得の特権について、そのパターン化がみられる。性を異にする義理のきょうだいのあいだには、性的交渉が許される、等々。こうした資料が手に入ったので、私は、以前の撤回をもう一度撤回するしかなかった。

こうしたわけで、親族呼称と親族に対する文化的に規定された行動規範とは、これが密接に相関していると仮定しなくてはならない。そしてこの仮定は、アプリオリの推論とも、私の調査データによる圧倒的な証拠とも、また有能な人類学者のほとんどの経験とも、さらにかれらが宣言し、あるいは容認した見解とも一致している。そこでこの問題の今後の展開はというと、これは、なによりも、意味論における実習ということになるであろう。すなわち、ことばとその指すものとの関係の研究である。ただこれは、当面、必要ではない。本当の科学的問題は、パターン化された行動から呼称法を引きだすのでもなく、その逆でもない。親族複合の外にあって、その原因となっているものから、この二つの現象の双方を説明することだからである。そこで次章は、親族呼称法の諸バリエーションについて、こうした説明を求めていくことにしたい。また第九章と第一〇章とは、性の規制に関係して、親族行動のそうした側面について、原因となるものを分析していくことにしたい。

この双方において、決定因子は、独立変数でなければならない。すなわち親族現象の外にあって、そこから出て、この双方の原因となるところの因子である。つまりそうした因子が、行動パターンと親族呼称法の双方に影響を及ぼすことが考えられる。ある場合には、この因子が二つのものに同時に、また同程度に影響するかもしれない。またある場合には、はじめは親族行動のパターンだけを変化させ、やがて適応の過程が作動して、用語の側の修正に及ぶかもしれない。もっとも、ときとして親族呼称法が変化して、これへの調整として、行動の変化が起るかもしれない。ただこの最後の例は、おそらく稀であろう。というのは、新しいことば、あるいは古いことばの新しい意味が、これらのことばの指す事物に先行するということは、ふつう行なわれないからである。いずれにしても外部にあって、その原因となる因子が究極的に作用して、親族関係と親族呼称法の双方を変化させる。こうしていつも両者の基本的統合が維持されている。こう考えられる。

原註1　L. H. Morgan, Systems of Consanguinity and Affinity of Human Family (*Smithsonian Contributions to Knowledge*, XVII, 1870. pp.1–590).

2 B.Malinowski, Kinship (*Man*, XXX, 1930, pp.23-5) 参照。

3 E.E.Evans-Pritchard, The Nature of Kinship Extensions (*Man*, XXXII, 1932, p.13) 参照。

4 もちろん遺伝学者は、こう言うであろう。この議論は可能性を扱ったものであって、若干の染色体の現象、突然変異、一卵性双生児などとともに、遺伝子の交換のチャンスも無視したものであると。

5 E. B. Tylor, On a Method of Investigating the Development of Institutions (*Journal of the Royal Anthropological Institute*, XVIII, 1899, p.248) をみよ。

6 R. H. Lowie, A Note on Relationship Terminologies (*American Anthropologist*, n.s., XXX, 1928, p.264) 参照。

7 R. H. Lowie, Kinship (*Encyclopaedia of the Social Sciences*, VIII, 1932, p.568) ; K. Davis and W. L. Warner, Structural Analysis of Kinship (*American Anthropologist*, n. s., XXXIX, 1937, p.303) 参照。

8 R. H. Lowie, *Culture and Ethnology* (New York, 1917, pp. 105-7)参照。

9 これらは「孤立的呼称」(isolating terms) と呼ばれる。K.Davis and W. L. Warner, Structural Analysis of Kinship(*American Anthropologist*, n. s., XXXIX, 1937, pp.300-1) をみよ。

10 A. L. Kroeber, Classificatory Systems of Relationship (*Journal of the Royal Anthropological Institute*, XXXIX, 1909, p.79) 参照。

11 L. Spier, The Distribution of Kinship Systems in North America (*University of Washington Publication in Anthropology*, I, 1925, p.79).

12 とくに A. L. Kroeber, Classificatory Systems of Relationship (*Journal of the Royal Anthropological Institute*, XXXIX, 1909, pp.77-85) ; R. H. Lowie, Relationship Terms (*Encyclopaedia Britannica*, 14th edit., London, 1929, XIX, pp.84-9) をみよ。また K. Davis and W. L. Warner, Structural Analysis of Kinship (*American Anthropologist*, n. s., XXXIX, 1937, pp.291-313) 参照。

13 この合一（以下をみよ）のために、クロウ体系では、しばしば父の姉妹の息子の呼称が「父」、母の兄弟の息子のそれが「息子」、母の兄弟の娘のそれが「娘」となり、オマハ体系では、母の兄弟の娘のそれが「母」となってくる。しかしこれはたまたまそうなっただけのことであって、クロウおよびオマハ親族用語における根本的な特徴ではない。この点は、しばしば見逃されている。

14 R. H. Lowie, *Culture and Ethnology* (New York, 1917, p.109) をみよ。

15 文献では、この基準は一般に「相互性」(reciprocity) と呼ばれている。たとえば A. L. Kroeber, Classificatory Systems of Relationship(*Journal of the Royal Anthropological Institute*, XXXIX, 1909, pp.80-1);R. H. Lowie, *Culture and Ethnology* (New York, 1917, pp.165-6) をみよ。他の基準の名称は、みな差異の基礎を示唆しているのに対して、「相互性」は、同等のものを指

している。「極性」というのは、名称としての一貫性を得るために採用されたのである。なお「相互性」というのは、人類学では、もう一つの専門語としての意味をもっている。B. Malinowski, *Crime and Custom in Savage Society* (London, 1926, pp.24–7)〔B・マリノウスキー『未開社会における犯罪と慣習』青山道夫訳、新泉社、一九六七年〕をみよ。

16 L.Spier, The Distribution of Kinship Systems in North America (*University of Washington Publication in Anthropology*, I, 1925, pp.75–6) をみよ。

17 G. P. Murdock, Kinship and Social Behavior among the Haida (*American Anthropologist*, n.s., XXXVI, 1934, pp.360–2) をみよ。

18 A. L. Kroeber, Classificatory Systems of Relationship (*Journal of the Royal Anthropological Institute*, XXXIX, 1909, p.79) をみよ。なお「生死」という用語は、著者の提案したものである。

19 A. R. Radcliffe-Brown, Kinship Terminologies in California (*American Anthropologist*, n. s., XXXVII, 1935, p.531). また W. H. R. Rivers, *Kinship and Social Organization* (London, 1914, pp.11–12) 参照。

20 S. Tax, Some Problems of Social Organization (*Social Anthropology of North American Tribes*, ed. F. Eggan, Chicago, 1937, pp. 20–1).

21 M. E. Opler, Apache Data concerning the Relation of Kinship Terminology to Social Classification (*American Anthropologist*, n. s., XXXIX, 1937, pp.202–5).

22 R. H. Lowie, *Culture and Ethnology* (New York, 1917, p. 100).

23 B. Z. Seligman, Incest and Descent (*Journal of the Royal Anthropological Institute*, LIX, 1929, p.271) 参照。

24 たとえば B. Malinowski, Kinship (*Man*, XXX, 1930, p.29) をみよ。

25 G. P. Murdock, Kinship and Social Behavior among the Haida (*American Anthropologist*, n. s., XXXVI, 1934, pp.355–85) をみよ。

第七章　親族呼称法の決定因子

さて理論的な文献を分析してみると、六群の外部因子が、親族呼称法の決定因子として提起されていることがわかる。すなわち、㈠複数の歴史的影響(力)、㈡言語の形態学的差異、㈢基本的な心理過程、㈣普遍的な社会学的諸原理、㈤選好的結婚の慣行、㈥親族および地域集団の構成、がそれである。もちろん、一部の著者たちは、かれらの理論において、しばしばこれらの因子のいくつかを取りあげている。そこでこの六つのタイプの理論について、それぞれを検討してみることは、私の見解をはっきりさせることになるだろう。またそれを先学の見解と関連させることにもなるであろう。

まず親族呼称法を複数の歴史的影響に帰属させたのは、クローバーをその指導的な代表者とする人びとである。親族に関するかれのペーパーには、貴重な記述的貢献とあまり価値のない分析的な貢献とがみられるが、加えてこれには一連の論争的な論文が含まれている(1)。ところでかれは、親族呼称を進化主義的再構成に使用することに、鋭く反対する。それがかれの出発点である。そして機能的・科学的解釈の批判へと移っていった(2)。しかしかれは、社会制度が社会構造に影響を及ぼしうることを、けっして否定はしなかった(3)。またかれ自身、親族呼称法と社会構造とのあいだに、少なくともある有意の相関があることを主張している(4)。さらに最近の論争的論文(5)では、親族の研究者たちが、みな「決定因子は複数で、かつ可変的だという共通の土俵に立っている」と示唆して、その論文を結んでいる。決定因子が複数ということについては、私も、クローバーに同意するのに困難を感じない。事実、私自身、二、三の付帯的意見を除けば、クローバーの理論的発言にほとんど賛成である。

この付帯的意見とは、クローバーが、[6] その歴史的立場について、次のように発言しているのが、その一例である。すなわち「親族呼称の体系は、……内と外からの修正にさらされている。基本的なパターンを、多少でも隠してしまうような出来事が、いつもふんだんに存在しているからである。……そしてこのパターンの本質的特徴ということになると、これはおそらく最大の歴史的な深みをもっている。だから、その追求には、データを歴史的にながめる意欲と能力とが必要となってくる。こうした意欲がないと、有意のものをつまらないものから区別することが、ほとんど不可能となってしまう。……そしてその仕事は、単に社会学的なもの、つまり枠組《スキーム》の問題となってしまう」。親族呼称法は、内部の修正と外部からの借用とを含めて、歴史的事象の結果としてだけ変化する。この発言は、私も、全面的に受けいれることができる。けれどもこの発言には、次のような付随的な仮定がともなっている。すなわち歴史的な解釈以外のものは、これをみな「枠組」とする、つまり根拠のない特徴づけにみちびく、ということである。ところでローウィ[7]は、「親族呼称法の諸特徴は、他の民族誌的諸現象と同じように分布している。だからこれらと同じようにアプローチしなければならない」、こう述べて、歴史的解釈に敬意を表している。しかしそのあとで、もし似たような因果的諸要因が、歴史的に関連しない諸地域で作用している場合には、社会学的解釈と歴史的解釈とは矛盾しないと指摘して、クローバーの発言は誤っていると述べている。

人類学においては、比較法ないし「社会学的」方法が、純歴史的方法と対置されているが、[8] ではこの〔比較・社会学的〕方法がどの程度適切であるか。これを決める基準は、もっぱら可能性の限定というものにかかってくる。すなわち、人びとが特定の状況のもとでとる反応はさまざまであるが、ただこれに、実際上なんの限定もないような場合には、文化の諸形態は無限に変化していって、関連のない社会のあいだのものは、ほとんど比較できないことになってしまう。したがって、満足のいく解釈は、地方的・地域的な影響力を歴史的に調べてみるということに大きく拠らなければならない。言語がその例であって、ここでは音声と語形上の変異は膨大なものとなってくる。儀式もそうであって、ここでは、新たに考案され集められる儀礼のバラエティには、際限がない。民話もそのテーマや主題にはキリがないし、多くの芸術、技術その他の文化の側面も、そうである。そこでこうした事例のすべてにおいて、もし通文化的な類似が圧倒的であるならば、これはどうしても伝播によると考えざるをえない。しかしこれらの現象は、それぞれきわめてユニークであって、地域的な分布を示している。したがって、これらは文化の他の側面にも影響を及ぼしてくるので、そこから起る問題についても、これを地域的に、また歴史的方法にもとづいて、究明しなければならない。ところが人びとのとる多様な反応に限定のある場合には、状況がまったく違ってくる。つまりこうした条件のもとでは、文化の類似が、歴史的接触のあるなしにかかわらず、異なる多くの場所に現われてくる。またそれらが文化の他の側面に及ぼす影響も、これを比較可能なものとして扱うことができる。というわけで、比較分析というものが、歴史的な研究に対しても、その有効な補助となり、これによって、ふさわしい一般化がみちびかれることになる。そしてこうした一般化は、それ自体が貴重だというだけではなくて、歴史家にとっても、しばしば応用可能なものとなってくる。

ではこの限定可能性という基準は、親族呼称とその社会的決定因子とに適用できるであろうか。その答えは、はっきりイエスである。なるほど親族呼称そのものは、無限の可変性を示している。けれどもこれを分類する方法は、そうではない。たとえば〔前章の〕九つの分類基準について言えば、そこではそれぞれに二者択一があるにすぎない。すなわちある親族呼称を、ある特定の親族に割りあてるとき、われわれは、世代・性・姻族などを認めるか認めないか、これを選ぶだけのことである。また可能な、すなわち実行可能な結婚の形態（単婚、一妻多夫婚、一夫多妻婚）、選好的な結婚（兄嫁婚、姉妹婚、交叉イトコ婚その他二、三のもの）、出自の規則（双系、母系、父系）、居住の規則（父処、母処、オジ方、新処、双処）、家族の形態（核家族、複婚家族、拡大家族）、単系の親族集団（モイエティ、フラトリー、シブ、リネージ）なども、その数は限られている。しかもこれらの選択肢は、みな歴史的にかかわりのない諸地域に、ひろく分布している。そこでこれらが相互作用し合い、あるいは他の文化の側面と相互作用しているかぎり、これらは、平行して影響しているとみるのが妥当である。また比較研究によって、こうした影響の特徴と程度とを探究してみることを妥当としなくてはならない。

そして第八章のデータは、親族呼称法と親族・地域集団との双方が、きわめて広範囲に平行していることを証明するであろう。というのも、世界の五大陸と島嶼地域のすべてにわたって出てこない形態というのは、ごくわずかしかないからである。しかしもっとおどろくのは、各語族内部にみられる諸形態が、ひろく相違していることである。なおわれわれのサンプルには、各語族の代表として、それぞれ数部族が含まれている。言語上の関連は、あらゆる証拠のうちで最も論争の余地のないものと言ってよい。となるとわれわれは、ここで妙な逆説に踏みこむことになる。すなわち親族呼称法と社会組織の形態とは、歴史的な関連が明白なところで、はっきり相違している。逆に歴史上の関連が考えられないところで、類似しているからである。要するにそれらの分布は、人類学者が言語・民話・栽培植物・ワナの類型といった現象について、ふつう出会うものとは、まったく違ってくる。そして以上は、歴史的には限定されない決定因子というものが介在していることを示唆している。いやむしろ、この介在を要求しているわけである。もちろん、私は、このような決定因子を追求するさい、個々の事例については、その現象が特定の歴史的過程を通して展開してきたことを否定するものではない。(9)

歴史的な原因がまったくユニークであるか、またはローカルなものである場合、そのそれぞれの影響力がどのくらいの重みをもっているかは、もっぱら歴史家の判断によることになる。つまりそこでは、独立した比較の根拠というものがない。だいたい歴史家は、その判断に大きな幅がある点で、評判がよろしくない。たとえば独立戦争や南北戦争の因果関係についても、いろいろな理論があって、つまりこうした諸理論のあることが以上の事実を証明している。けれどもある歴史現象のいくつかの原因が、他の状況のもとでも作用していることがわかった場合、こうした状況を比較してみることは、別の評価の基盤を提供することになるであろう。すなわち特定の事例において、こうした状況がどの程度の影響を及ぼしているか、これを評価することである。そして比較の範囲がひろくなればなるほど、また比較分析を可能にする因果的要因の割合が大きくなればなるほど、どの程度、特定の原因に帰せられるかについての結論は、それだけ信頼度の高いものとなってくる。だから好都合な状況のもとでは、比較研究からの帰納のほうが、歴史的分析からの推論よりも、ずっと信頼できるものとなってくる。私の考えでは、親族に関する資料は、この点で、ほぼ理想的なケースを提供している。というのは、その決定因子のいくつかではなくて多くが、またはほとんどが、そして明白に最大の意味をもったものさえが、歴史的にはさまざまな社会にみいだされるからである。また独立した事例の数も、その比較から出てくる帰納に対して、十分、統計的信頼性を与えているからである。

第二群の理論は、親族呼称法の変異を、言語の形態学的差異に求めようとするものである。たとえばギフォード[10]によると、「親族組織は、なによりも言語現象であって、……二義的にだけ社会現象であるにすぎない。だから親族組織は……古制的で、また高度に頑強な核をなしており、それは、一様にではなくて、バラバラの形でだけ……社会構造から影響を受けるにすぎない」[11]。ことばとしての親族呼称は、もちろん、特定言語の形態学的原理に従わなくてはならない。しかし、親族が呼称法に従って分類される仕方というものは、言語のもつ性質とはなんの必然的な関係もない。タックス[12]が指摘しているように、分類の方法は、同一語族のあいだで違うだけでなくて、非常に密接な関連があるので、現在は同じ呼称が用いられている諸部族のあいだでも、これがしばしば大きく違ってくる。さらにローウィ[13]が正しく述べているように、「言語は現実を表明しており、……それが社会現象と結びついているかぎりでは、社会現象を映しだすことになりやすい」。

キルヒホフ[14]は、親族呼称法の分枝融合型（bifurcate merging）と世代型とを、ことばの構成原理の差異に帰している。言語の形態のあらゆる特性は、歴史的接触と移住との結果、地域的に分布している。それで親族呼称法の言語学的解釈というものは、ただ歴史的解釈の一つの部類をなすだけであって、したがって歴史的解釈と同じ仕方で答えられるところのものである。ただ本書の研究を通じて明らかになったことであるが、呼称法に対する言語の影響については、有意な一例を挙げることができる。それは、中央アフリカを帯状に横切っている諸部族であるが、すなわちこれらにあっては、前述したように、きわめて自由に記述式の呼称をつかう傾向があるということである。この現象は、明らかに歴史的起源をもっているが、この地域の諸言語に共通したなにか形態学的特徴に拠る公算も高い。

ところで言語学的諸因子についての議論には、次の観察を挿入する余地があるように思われる。それは親族呼称が、しばしば「文化遅滞」[15](cultural lag)の現象を示していることである。ローウィ[16]が正しく述べているように、「いつも考慮する必要のあるのは、ひとつは時間という要因である。最近獲得した慣習は、まだ固有の呼称法を発展させるには至っていないかもしれない。……しかし……慣習がすたれたあとでも、呼称法はなお生残るということがあろう」。けれども、こうした「残存」(survivals)は、機能的に重要な関係よりも、重要でない関係と結びついて現われるほうが、はるかに多い。このことを、強調しておかなくてはならない。というわけで、親族呼称法は社会的決定因子の変化に、やや遅れて適応していく傾向が示される。けれどもそれは、モーガンや初期の理論家たち[17]が試みたように、遠い過去の社会制度の諸形態を再構成するところの基盤を提供するものではない。クローバー[18]からラドクリフ＝ブラウン[19]に至る諸権威も、長期の歴史的推論を親族呼称法から引きだすことができないという点では一致している。けれども付録Aに示したように、短期の歴史的再構成は、親族呼称法における残存――それは新しい社会構造には統合されていない――に助けられて、可能となるのである。

第三群の理論は、親族呼称法を一定の基礎心理学的または論理的過程に帰するものである。クローバー[20]は、「〔親族〕関係の呼称は、社会学ではなくて、心理学を反映している」と主張し、続いて「心理学的要因というのは、思考様式を直接表現する」ものを意味する、と説明している。これは、言語形態のもとには論理がひそんでいる、ということのようである。ラドクリフ＝ブラウンとその門下の人たちは、論理的仮定を広汎につかっており、たとえばタックス[21]の規定するところによると、「斉一的出自」(uniform descent)、「斉一的きょうだい」(uniform sibling)、「斉一的仲間」(uniform mates)、「斉一的祖先」(uniform ascent)の「規則」(rules)というのは、次のような結びつきを意味しているという。すなわちエゴによってAという呼称で呼ばれる親族が、だれか一次親族をもっていて、この一次親族をエゴがBという呼称で呼ぶとする。ところがエゴには、やはりAと呼ぶ別の親族がいるとすると、この親族の一次親族に対しても、Bという呼称を用いることになりやすい、ということである。ところでこれは、推論と連合とによって、基礎的心理過程の性質に一定の仮定を下したことにもとづいている。実際には、これらは「般化」[22]（generalization）として知られる重要な心理的メカニズムと、実質的に一致してくるわけである。

正確につかうならば、基礎的心理過程というものは、親族現象の解釈にとって、大きな助けとなってくる。だから、私もときとして、これに拠ることにしたが、ただ基本的な注意だけは払わなくてはならない。心理学という学問は、どんな文化現象を説明するときも、単独では用いられない。それは歴史その他の影響が、特定の社会的条件のもとで、行動のパターンに読みかえられていく、そのときのメカニズムを提供するにすぎない。行動の条件に関する知識は、文化人類学だけが、これを供給している。そしてこの知識なしには、どんなに心理学的原理を理解しても、文化の形態についての説明を生みだすことはできない。しかし文化の変化に影響を与えている条件や事情がわかっているときには、起りそうな文化の修正の種類と範囲とを理解するうえで、心理学は、われわれの大きな助けとなる。例示すれば、タックスの提起したさきの「規則」であるが、たとえば、Aという呼称が最近ひろげられて、ある人にまで及ぼされたとする。では、この人の一次親族には将来どのような呼称法上の分類がなされるか、これを予見するとき、心理学は重要な基盤を提供することとなる（のちの定理1をみよ）。なお言うと、この「規則」は、長いあいだ理論家たちを惑わせていた現象に、はじめて満足のいく説明を与えてもいる。すなわちエゴのシブと世代とに属するメンバーのすべてに、「きょうだい」の呼称をあてている社会では、シブのメンバーでない平行イトコが、シブのそれと同様、ほとんどいつも同じように「きょうだい」と呼ばれているが[23]、それはなぜであるか、ということである。

親族呼称法が、普遍的な社会学的原理[24]から出たとする立場は、その主な代表者をラドクリフ＝ブラウンにみいだすことができる。たとえばサピアーは、分枝融合型[25]の呼称法はレヴィレート婚の実施から出たのではないかという仮説を展開している。ところがラドクリフ＝ブラウンはこの仮説を取りあげて、この二つの現象のあいだに相関関係のあることを認めながらも、前者を結果、後者を原因とみることを拒否している。そして両者とも「ひとつの社会学的原理……すなわち兄弟の社会的等価」の結果だと主張した。かれの門弟であるタックス(26)によると、ラドクリフ＝ブラウンは「社会的統合の要請こそ、すべての社会制度の根本原因であって、――つまり社会制度は、社会の統合を維持するという機能をもつと信じている」という。

このタイプの仮説に対して、私は共感できない。いや忍耐することもできない。第一に、以上の原理は、因果関係を見直して、これを言語化したにすぎない。第二に、「兄弟の等価性」とか「社会的統合の要請」とかの概念は、さまざまな条件のもとにある現象間の関係については、なんの叙述も含んでいない。したがって純科学的法則ということからすれば、まさに対極に位置するものである。第三に、それらは、もともと一元論的発想であるので、文化的差異を解釈するさい、その基盤を提供することがない。つまりそれらは、どんな場所でも同一の結果を生むことになってくる。たしかにたくさんの「原理」が提出されている。だから、ある原理が予想された結果を生まないときでも、他の相殺する原理が働くということも考えられる。しかしどういう条件のときに、ある原理が他の原理に道を譲ることになるのか。この検討は、少しも進められていない(27)。たださいわいなことに、ラドクリフ＝ブラウンの主張は、別の、もっと実質的な基盤のうえに立っている。この点で、親族の研究者としての卓越性が保証されているわけである。

ところで「社会学的」ということばが、親族の決定因子に用いられるとき、それはふつう(28)、普遍的原理の発動を言うのではない。実は分類式の呼称法を、特定の社会制度の影響に帰することを指している。さてそうした制度は、二つのグループに分かれてくる。――ひとつは、選好的結婚の慣習(29)であり、もうひとつは、家族、クラン、シブ、モイエティといった血縁・地域集団の構成である。リヴァースは、こうした制度の影響について、ある極端な見解を表明しているが、それはこうである。「分類式システムのさまざまな形態を相互に区別する細目《デテール》は、このシステムを使用している人びとの社会制度によって、直接的に決定される」と。ところがサピアー(30)は、これに反対の立場を表明して、次のように述べている。「親族命名法を支配する因子はきわめて複雑であって、ただ部分的にだけ、社会学的基盤から説明できるにすぎない」と。この問題については、どんな大家でも、社会学的因子がなにかの影響力をもっていることを否定しない。そして私の立場は、リヴァースとサピアーとが表明したものの中間にあると言える。——すなわち親族〔呼称〕の決定因子が、複雑、多数ということを認める点では、後者に近い。しかし社会学的決定因子に大きなウエートを置く点では、前者に近い。

さて結婚規則が次のような状況をつくりだすことがある。それはエゴについて、二つの違った仕方で、特定親族に対する続柄がたどられる、という状況である。そしてこうした場合には、結婚規則が親族呼称法に影響を及ぼしてくることが考えられる。すなわちこの場合には、他のケースでは紐帯の二つのタイプを区別するはずの基準が、無視される傾向が現われる。そこで結果として、二つのタイプの親族が、同一呼称で呼ばれるようになってくる。こうしてローウィ(31)が主張するのであるが、オーストラリア原住民のように、選好される配偶者がいつも血縁親族であるところでは、どこでも姻族に対する特別の呼称が欠ける傾向が現われる。配偶者とかれもしくは彼女の親族とは、血縁親族であり、だから、いぜんとして、血縁的呼称で呼ばれるからである。つまりそこでは、姻族という基準が無視されることになる。リヴァース(32)によると、姉妹の交換、すなわち二人の男性がそれぞれの姉妹を交換して妻を得る場合のことであるが、こうした結婚規則の一般に行なわれるところでも、姻族というものは無視される。そして親族のいくつかの組み合わせ、すなわち父の姉妹の夫と母の兄弟、母の兄弟の妻と父の姉妹、息子の妻の兄弟と娘の夫、娘の夫の姉妹と息子の妻が、呼称法のうえで、同一視されることになる。同様に交叉イトコ（父の姉妹か母の兄弟かの子ども）との選好的な結婚規則も、「妻の父、母の兄弟、父の姉妹の夫」、「妻の母、父の姉妹、母の兄弟の妻」、「交叉イトコ、配偶者、義理のきょうだい」の各グループを、同一呼称をつかう方向へとみちびいていく。(33)

サピアー(34)が示唆し、他の学者たち(35)も同意しているのであるが、選好的な兄嫁婚と姉妹婚（そして兄弟型の一妻多夫婚と姉妹型の一夫多妻婚についても、同じことが言える）とは、傍系性の基準を極小化して、いわゆる「分枝融合」(36)型の親族呼称法を生むように働くことが考えられる。言わんとするのは、次のことである。すなわちエゴの母が、父の死亡した場合、ふつう、父の兄弟と再婚するならば〔兄嫁婚〕、父と父の兄弟、兄弟と父の兄弟の息子、息子と兄弟の息子、娘と兄弟の娘という各グループに、同じ呼称を用いる傾向が出てくるであろう。これらの人たちは、エゴからすれば、似た家族的または親族的役割を果たしやすいからである。同様に姉妹婚は、母の姉妹と母、母の姉妹の息子と兄弟、母の姉妹の娘と姉妹、女性の姉妹の子どもと彼女の子どものそれぞれを同一視することになるであろう。

先行世代または後続世代の親族者との選好的な二次婚も、同じように、世代という基準を無視して、異なる世代の親族たちを単一呼称で分類することになる、と言われている。こうしてアジンスキー(37)、ギフォード(38)、レッサー(39)、ローウィ(40)、リヴァースら(41)は、はじめコーラー(42)（J. Kohler）が行なった次の示唆を受けいれている。すなわち妻の兄弟の娘、または母の兄弟の未亡人との選好的な結婚規則は、それぞれ交叉イトコにオマハ型とクロウ型の呼称法を生みだすか、または生みだす助けになるだろう、ということである。

私の意見では、選好的結婚の慣行は、それが、ある社会の結婚のすべて、またはほとんどに適用される場合には、親族呼称法に影響を与える。しかし、ときたまの〔男女〕結合か、すべての結合のごく少数だけに起る場合には、そうではないだろう、ということである。この理由から、私は、二次婚によって親族呼称法が決定されるという示唆には、疑いを抱かざるをえない。兄弟の妻、または母の兄弟の妻との結婚は、当の女性にとっては、みな二次婚となる。また妻の姉妹、妻の兄弟の娘との結婚は、当の男性にとっては、みな二次婚（あるいは後続婚）となる。しかし事柄の性格からして、こうした結婚は、すべての結合のうちではごく少数にすぎない。なにかの形の二次婚が起るには、そのまえに、つねに一次婚がなければならない。さらに兄弟または母方のオジが死んでも、その未亡人は、あとに残った兄弟たち、またはオイたちのうちの一人の妻にしかなることができない。またそうした相手のいないときには、だれか他の人と結婚しなければならない。だから兄嫁婚は、それが可能で選好される場合でも、実際には全ケースのごく一部分にしか起りえない。同様に、ある男性の妻が死んだ場合、彼女は、――夫が自分の代わりに結婚することができる――未婚の姉妹、または兄弟の娘をもっていないこともある。(43) 一夫多妻婚の行なわれている場合でも、多くの民族誌家も注意して述べているように、どの時代の男性も、そのほとんどは、またすべての男性のほとんどは、生涯を通じて、ふつう一人の妻しかもつことができない。壮年まで豊かに生きてきた男性だけが、付加的な妻をもてるというにすぎない。このように二次婚は、全人口の比較的わずかの部分を占めるにすぎない。したがって全社会の親族〔呼称〕の慣行が、こうした二次婚によって決定されるという仮定は、明らかに現実離れのしたものと言わざるをえない。

そして以上の批判は、民族誌の〔提供する〕証拠によっても支持されている。なお著者は、(44) 分枝融合の原因（のいろいろな議論）について定量テストを行なってみたが、ここではサピアーの兄嫁婚＝姉妹婚の仮説は、信頼できる統計学的確証を得ることができなかった。ところがリヴァース、ローウィ、クローバーが提起した、これに代わる説明は、だいたい確認された。なお事実にもとづく反証は、本章後半の定理二八、二九、三〇において展開されるであろう。

そこで親族呼称法の決定因子として提起されているもののうち、第六の、そして最後のものは、血縁・地域集団の構成である。まずモイエティは、タイラー(45)とリヴァース(46)とが指摘しているように、ある社会の全成員を二つの単系集団に配置して、ふつうは区別されているさまざまな親族が一緒のものにまとめられる。こうしてひとつの共通した親族名称を、かれらに割りあてることになる。というわけで、モイエティはきわめてひろく分枝融合型と結びついてくる。(47) ローウィ(48)とクローバー(49)とが指摘しているように、同様な結果は、比較的小さな外婚制血縁集団、またはシブによってももたらされる。また父処居住あるいは母処居住の規則も、血縁者をこれと似た配列にもたらすことができる。(50)

なお次のことも観察されている。(51) それは、クロウ型の交叉イトコ呼称は母系のシブをもつ部族に、オマハ型のそれは父系のシブをもつ部族にみられる傾向がある、ということである。(52) イロクォイ型の呼称法は、この二つの出自タイプをもつ部族において一般的であって、ホワイト(53)はこれについて、次のような分化の可能的基盤を示唆している。すなわち「クランの組織が若くて弱い場合には、出自の認定される性がどちらであっても、ダコタ＝

イロクォイ型となるであろう。けれどもクランの組織が発達して、部族の社会生活にますます影響を及ぼしていくにつれて、ダコタ＝イロクォイ型の呼称法は、母系社会ではクロウ型に、父系社会ではオマハ型に転換していくであろう」と。

この最後の普遍的類型の決定因子は、著者にとっては、おそらく、最も重要なもののように思われる。拡大家族、クラン、シブ、モイエティは、居住規則と出自規則とによってつくりだされたものなので、いわばアプリオリな基盤に立っている。したがって親族をこれらに配列することは、まさに、親族者の分類式の集合が最も起りやすい社会状況を提供しているように考えられる。この仮定についてのおびただしい証拠は、のちに示すことにしたい。なおこれと反対の仮説、すなわち親族〔呼称〕の分類法がまず生まれて、それからシブその他、これと似た集団が生まれたとする仮説[54]は、根拠があるようには思われない。

以上、親族命名法の決定についてのいろいろな理論を、批判的に概観してみた。ところでこの概観は、ひとつの重要な結論を強化することになってくる。すなわちある特定の状況のもとで、実際に働いている因果的因子は、つねに複数だということである。ただ一つの因子、または単純な仮説では、とうてい観察可能なすべての結果を説明することはできない。となると、このさいしばしば、異なるいろいろな決定因子が、逆の方向に圧力を及ぼしているということも考えられてくる。だから作用しているのは、諸力からなる一種の平行四辺形であって、それから出てくる現象は特定の力の結果ではない。すべての力の総合を表わしているわけである。事実、しばしば逆方向に働く因子のために、えらく拮抗した平衡状態がもたらされる。このため比較的重要でない補完的な因子が、天秤をかしがせる、ということにもなってくる。そこでオプラー[55]は、とくに起りがちな一例を記録している。すなわち一部のアパッチ部族は、母方のオバを母と一緒に分類している。ところが類似の社会制度をもつ他の部族では、別の呼称で彼女を呼んでいる。そこでオプラーは、この事実を語りながら、どちらの慣行も状況に対する機能的適応を示しているのだ、と述べている。すなわち母処制のような因子が前者の慣行に対応し、核家族による分居制のような因子が後者に対応している。けれどもアパッチ族は、ほぼ等価の機能的効用のどちらを取るか、つまり二つの選択肢のひとつを選ぶ、という問題に直面してくる。となると小さくて、あまり関係のない因子が働いて、こちらではある方法で、あちらでは別の方法で問題を決定する、ということになってくるのである、と。

このように複数の要因がほとんどいつも働いているので、特定の親族関係の決定因子と、それから生まれがちな呼称法上の特徴とのあいだに、完全な統計的相関のあることは期待すべくもない。たとえ、この〔相関〕仮説そのものは、まったく確実であっても、結果はそういうことになってくる。それに時間のズレという因子が、ふつう、原因となる影響の出現と、結果としての命名法の変化とのあいだに介入してくる。そしてこれが、統計学的係数の大きさを減小させるように働いてくる。そこでこうした事実に注目すると、ごく低いプラスの係数が、ときとして大きな意味のある純因果的な関係を反映している。このことが、読者にもわかっていただけるかと思う。

親族呼称法の決定に関する私の理論とそのテストは、いわゆる仮説設定法という科学研究法を、そのモデルとして取ることになるであろう(56)。この手続きは、科学的方法のうちで最も厳密なものであるが、ここでは最終の経験的テストにさきだって、すべての論理的・合理的な操作が行なわれる。したがって証拠の調査と、説明のもととなる仮説の形成とのあいだに、誤りにみちびきやすい心的過程というものの介在ができない。というのは、こうした心的過程が、仮説の形成を歪めたり曲げたりする。——これが社会科学の理論に多い、根本的な欠陥だからである。

もともと仮説設定法は、「公準」(postulate)と呼ばれる一般的性格をもった一組の仮説と、「定理」(theorems)と呼ばれる特殊的性格をもった一連の派生的命題との構成を必要としている。公準はふつう広汎な、または一般的なものであって、そのため、これは直接には確認することができない。公準は、それから演繹された定理を通して検証される。そしてこの定理は、一団の事実にむけて投射することができ、これは一致・不一致を算定したり、そのほか同様に簡単な操作でテストできるように構成されている。それぞれの定理は、注意深い論理的分析に服さなくてはならない。それを引きだすために必要な、別の公準や公理があるかどうか、これを明らかにするための分析である。ある公準を吟味するための定理は、できるだけ多く、また多種であって、しかも代表的なものでなくてはならない。公準と定理との全体の枠組が体系的につくりだされ、すべての術語が用心深く定義され、すべての潜在的仮定が顕在化される。こうしてはじめて、その枠組は定理を事実に投射して、これをテストする、ということになる。もしひとつの定理でも、諸事実との照合に失敗するならば、その定理の出てきた公準は無効のものとみなされ、その論理的構造は改訂されて、再テストされる、ということになるのである。

ただわれわれは、この科学的理想にはやや届かないということになろう。なるほどこの仮説設定法は、科学的用具としては経済的で正確なものではある。しかし残念ながら、提示の簡単さという点では難がある、とするほかはない。そこで読者の反撥を買わないように、ふつうは精緻なこの装置はできるだけ省いて、むしろ簡単さを求めるということにしたい。さらにこの方法をまったく厳密につかうとなると、人類学、社会学、心理学の理論——われわれはこの三つに大きく拠っている——の多くを、論理的に正確で、かつはっきり定義された一連の命題へと還元することが、われわれに求められるであろう。これは望ましい極致ではあるけれども、しかしそれは、理論社会科学者の仕事であって、私のように専門分野での貢献を目指す者の仕事ではない。というわけで、それを試みることは生意気であろうし、またおそらく早計でもあろう。そこで、ここでは折衷案を試みて、われわれは限られた分野にみずからを限定することにしたい。結局、われわれが「公準」と呼ぼうとする命題は、専門的には「第一級定理」(first-order theorems) といわれるものの性格を帯びてくる。そしてわれわれが「定理」と呼ぶものは、実際には「第二級定理」(theorems of the second order) というものになるであろう。したがってわれわれの本当の公準は、部分的にしか公式化されておらず、それはわれわれの基本的な仮定のうちに潜んでいるとしなくてはならない。なおこの仮定については、のちにその要約を示すことにしたい。

それからわれわれの公準から出てくる定理と関連して、われわれは、場合によっては、他の著者たちが展開してきた仮説をテストすることにした。またわれわれの公準からは出てこないけれども、注目すべき考察として試論的に提起された若干の仮説についても、同様である。そしてこれらは、本来の定理からは区別して、「命題」(propositions) と呼ぶことにする。しかしこれらにも、前者からの通し番号がつけられている。

定理および命題のテストは、二五〇のわれわれの標本社会のそれぞれについて、一致・不一致を単純計算することで行なわれる。一致とは、二人の親族に対して、ある場合には同じ親族呼称が、他の場合には違った呼称が適用されていることを意味する。不一致とはどちらの場合も違っていることを意味する。一対の親族の一人が、一方では他方に適用される呼称と同じ呼称、他方ではそれと違った呼称というように、二つの呼称のどちらで呼ばれてもよいような場合は、半分は一致、半分は不一致として数えられる。派生的呼称の場合も、同様に分かれてくる。たとえば母の姉妹が母と比較されて、前者への呼称が、「小さな母」というような派生的呼称になると、この二人の親族に対する呼称は、半分は同じ、半分は違っているとみなされる。同じように権威ある二人の学者が、一方は一致、他方は不一致と報告している場合にも、同じ措置が取られる。さらにまったく疑わしい、または推測的な事例には、半分だけのウエートが与えられる。なおすべてのトータルにおいては、端数はみな切りあげられている。

各算定の結果は、統計学的係数によって要約されて、これには信頼度の指標が付けられている。使われる係数は、ユール[57]の用いた連関係数Qである。Qの標本抽出分布は、確定されていないので、連関の信頼度は、スネデカー[58] (G.W.Snedecor) の公式を基礎として、連続性のために修正されたカイ自乗 (x^2) 独立性検定をつかうことで、確定されることになる。この統計表は、実数のデータとQの値とともに、x^2値ではなくて、任意抽出法だけにもとづいて、実際に得られるものと同等もしくはそれ以上のx^2値を得る確率の示度を含んでいる。したがって示度一〇〇〇は一〇〇〇に一以下、示度一〇〇は一〇〇に一以下、示度二〇は二〇に一以下、示度一〇は一〇に一以下、示度五は五に一以下、示度二は二に一以下のx^2値を得る確率を、それぞれ示している。――別の言い方をすれば、それぞれ一〇分の一%以上、一%以上、五%以上、一〇%以上、二〇%以上、五〇%以上の信頼度レベルの信頼性を示している。x^2の欄は、信頼度がきわめて低い場合、五〇%以下または二以下のときは、空欄となっている。Qがプラス一・〇〇またはマイナス一・〇〇の場合は、度数頻度が小さいので、x^2値は不正確または不適当なものとなる。その個所には*印をつけている。

連関係数は、完全な正相関を示すプラス一・〇〇から、完全な逆相関を示すマイナス一・〇〇のあいだに配列される。・〇〇という係数、または特定サンプルの偶発によって逸れたとみられる正・負双方において、・〇〇にきわめて近い係数は、完全な独立性あるいは関連のないことを示している。ある定理をテストするさい、こうした係数は、他のサンプルが終始良好な信頼性をもった正の係数を示さないかぎり、実態性の欠如ということになってくる。もちろん、すべて負の係数は、信頼性の指標が極端に低いのでなければ、定理がはっきり無効であることを指示している。これに対して、正の係数は確証を提供するものであるが、ただ信頼性の指標が一貫して低いならば、それは単に試論的なものとみなくてはならない。総じて、ある定理は、すべての算定テストが正の連関係数を与えている場合にだけ確証され、その確認の明確さは、係数の一貫性と信頼性の水準とに依存することになるわけである。

データを集めた時点では、私には、親族の決定因子を分析するつもりはなかった。そして親族呼称法は、性行動を方向づける社会構造の一側面としてだけ、つかおうと思っていた。そのため私は、私の目的に役立ちそうな親族データだけを記録することになった。こうして男性と女性との親族関係についての資料が集められた。しかし、男性親族のペアーのあいだ、女性親族のペアーのあいだにみられるパターン化された行動については、その資料を集めなかった。また親族呼称も、男性が女性親族に対してつかうものだけを記録して、男性親族に対する呼称、女性の女性親族に対するものは集めなかった。だから定理をテストするにも、男性の女性親族を呼ぶ呼称だけが利用されている。この資料は十分確実なものと思うけれども、なお完璧な証明のためには、他の親族呼称との比較分析に俟たなくてはならない。

親族呼称法を決定するために提起される仮説は、これがただひとつのきわめて一般的な公準という形をとる。そしてこの公準から、二六の異なった定理がみちびきだされ、これらのそれぞれがテストされるのである。なお公準は、親族命名法の全域をカバーすることにはむけられていない。それは一般に認められている親族問題について、そのほとんどがみられる領域に限られる。すなわちエゴの世代の二次親族と三次親族、第一先行世代と第一後続世代の二次親族と三次親族、これらに対する呼称の分類と分化とがそれである。そしてここでは、関係してくる基準——世代、性、姻族、傍系、分枝、極性——が同一なので、斉一的な処理が可能となる。なお一次親族に対しては、相対的年齢[59]や話し手の性といった副次的基準も、同様に重要なので、公準をつくるときには、これらへの配慮も必要であろう。他方、第二先行および第二後続世代、それからもっと遠い親族については、拡大と分類とがあまり一般的になるので、主な基準のほとんど、ときにはその全部が無視されよう。

仮説設定法では、公準の拠るあらゆる仮定が顕在化していることが要求される。社会科学理論の書物では、これがほとんど行なわれていない。そこでわれわれは、この科学的理想に叶うように、真面目な努力を払うことにしたい。なお公準に用いられる用語は、その基底にある諸仮定を提示するあいだに——これは、仮説設定法のもうひとつの要請でもあるが——、正確に定義されることになるであろう。

われわれの最初の仮定は、次のものである。すなわち文化的と呼ばれる行動を含めて、すべての人間行動は、心理学者たちが明らかにしている他のものと同様に、基本的な行動原理というものに従っている。文化の変動は、集合的になされる個人の行動の所産である。行動は、継続的に行なわれる。また試行錯誤的な学習と模倣[60]というメカニズムを通して、変化する存在に適応していく。特定状況におけるあらゆる文化的反応も、同じように、反応する個々人の確立した習慣、かれらの動機づけ、かれらがそのもとで行動しなければならない環境的・社会的条件によって、これを理解することができる。要するに行動についての有効な心理学的解釈と文化的解釈とのあいだには、葛藤はまったく存在していない。こうわれわれは仮定する。

第二に、すべての文化現象は歴史的であることが仮定される。とくにわれわれは、なにか進化的・周期的その他、こうした変化過程がもつ権利というものを放棄する。そうした変化過程に立つかぎり、文化の諸形態は、特定の地域的文脈における先行の現象、または現存の諸条件の所産とされることはなく、それとは違った形で解釈されるのだが、このように解釈されることの権利を放棄する。およそ行動は、それが個人的であっても集合的であっても、同じ要因——外的な刺激と条件、行動する有機体の習慣的反応の傾向と動機づけ、生得的な行動のメカニズム——の互酬的な相互作用に拠っている。したがってわれわれは、歴史学と心理学とのあいだに、どんな葛藤も認めない。ただ心理学的メカニズムは、歴史のもとでの個々人の生活史を含めて、歴史の供給する素材とともに働いている。このことを主張しなくてはならない。こうした素材を欠くとき、心理学は、どんな文化現象についても適切な解釈を提供することができない。社会科学者は、"how"という問いへの答えについては、心理学者に頼るかもしれない——いや実際に頼らなくてはならない。けれども、"what," "when," "where" さらに "why" にかかわる問題の解決には、その独立変数を歴史にみいださなくてはならない。

第三に、親族呼称法上の分類は、言語学的分類のひとつの特殊ケースにすぎない。そしてその機能は、親族タイプを社会的に有意味な共通の特徴——たとえばそれからパターン化された行動が期待される——に従って指示することにある。このように仮定される。だからある親族を個人化する必要のあるときには、いつも個人名がひろくそのための手段となる。

第四に、次のように仮定される。すなわち二人またはそれ以上の親族を、ひとつの呼称で分類することは、それらのあいだに、規則的でかつ認知しうる類似という基盤があるか、それとも規則的でかつ有意の非類似性がないか、そうした場合だけに起る、ということである。この仮定は、ハルによって確認され、述べられている[(61)]「刺激の般化」(stimulus generalization) という心理学的過程から引きだしたものである。般化とは、ある特定の刺激または刺激のパターンと結びついて学習された反応というものは、最初の刺激状況との類似性の程度に比例して、他の刺激状況においても喚起される傾向がある、というメカニズムのことである。そこでわれわれの最初の仮定からして、次のことが出てくる。すなわち、特定の刺激対象(たとえば親族たち)と結びついた反応(たとえば親族呼称)が別の刺激に転嫁されるという文化現象は、ある個人において観察されるのと同じメカニズムをもって、多くの人びとの行動のうちにも現われるであろう、ということである。けれども問題の文化現象は、ある社会の多くの人びとの複数行動ではあるが、同時に象徴的な精神過程、すなわち、言語という過程を含んでいる。したがって親族呼称の「般化」という言い方よりは、この心理学的過程の社会的対応物と派生物とを指すのに、「拡大」(extension) ということば（および「拡大する」(extend) という動詞）を用いるほうが適当であろう。

第五の仮定は、異なる親族呼称は、規則的でかつ有意の非類似性〔の存在〕、または規則的かつ認知しうる類似性の欠如、これらの現われる程度に応じて、二人もしくはそれ以上の親族に適応されるということである。この仮定は「般化」と平行した手続きとして、ハル[62]が定義した「識別」(discrimination) という心理学的過程から出てきたものである。識別は、反応の般化が、反応の喚起する刺激の類似性が減少していくにつれて、適応的でなくなる時点、および別の反応の出現に好都合な状況の創りだされる時点において、チェックされる。そうした基本的メカニズムのことである。ただ親族呼称法に関しては、この識別という心理学的過程の象徴的・社会的対応物を指すのに、「分化」(differentiation)（および「分化する」(differentiate) という動詞）ということばを採用することにしたい。

われわれの第六の仮定は、親族呼称の拡大または分化は——個々の事例のすべてにおいて——、問題の親族たちが示すあらゆる類似性・非類似性の内容の総結果に依存する、ということである。ところで類似性と非類似性とは、これを三つのグループに分類することができる。㈠遺伝生物学と家族外婚という普遍的な文化事実のために、親族構造そのものの性質に固有の差異が欠けているか、欠けていないか。㈡反復的ではあるが、普遍的ではないところの社会組織の諸特徴が欠けているか、欠けていないか。これと結びついた居住、出自、結婚に関する文化規則が欠けているか、欠けていないか。つまりこの規則が、特定の親族カテゴリーに属する親族間にみられる類似性・非類似性の程度を増減させる。㈢主な地方的・非反復的な歴史的影響を含めて、親族カテゴリー間の類似性の程度に影響を与えるところの、他の文化的・環境的な諸要因が欠けているか、欠けていないか。

第七は、次のように仮定される。すなわち二次親族と三次親族との分類にとって、基本的に重要な生得的な差異は、世代・性・姻族・傍系・分枝・極性の六つの主要基準に限られるということであるが、したがって、公準と定理とにあっても、この六つの基準は「生得的な区分」(inherent distinctions)とされることになる。相対的年齢、話し手の性および生死という副次的な基準は、それ自身稀であるか、あるいは二次・三次親族の呼称法ではたまにしか、また散発的にしか認められていない。したがってこれらは、当面の目的からすれば、生得的な区分としては分類されない。なおこの第七の仮定は、クローバーの古典的な分析(63)、すなわち呼称法上の分化の基底をなす諸因子についての分析によるものである。

そこでこのさい、公準と定理とに出てくる「親族タイプ」(kin-type)という用語を定義しておくべきであろう。親族タイプとは、六つの主要基準のそれぞれによって規定された親族の一種である。そしてこの種のうちには、他の生得的な区分は存在しない。そうした親族だけからなるものである。ある親族タイプは、同性のきょうだいだけを含むことができるが、しかし兄弟のグループのすべて、姉妹のグループのすべてが、一つの親族タイプをなすのではない。傍系という基準がこうしたグループを、しばしば二つの親族タイプ、たとえば母と母の姉妹、あるいは息子の妻と息子の妻の姉妹とを分けるからである。ラドクリフ＝ブラウンが用いた「兄弟の等価性」(64)またはきょうだいの等価性は、ある親族タイプの親族たちが分類上の類似性をもっていることに注目しているわけである。

われわれの第八の仮定は、次のものである。すなわち、六つの生得的な区分が親族呼称法の分化を生むさい、その相対的効力には違いがある、ということである。「相対的効力」(relative efficacy)ということばによって、われわれは、呼称法上の分化を生むことにおいてどれかひとつのもつ影響力が、他と較べて大きいことを意味する。相対的効力は、帰納的にだけ確定することができる。われわれのデータは、性と極性との基準はカバーしていないけれども、他の四つの生得的区分の相対的効力については、ひとつの評定を可能にしている。すなわちわれわれの標本社会二二一からのデータを、おおざっぱに集計してみると、この評定は、ほぼ世代に対しては二五級、姻族に対しては五級、分枝に対しては一級、傍系に対しては一級、と推定される。なお分枝・傍系と比較できるように、表14の姻族親族タイプと血縁親族タイプとは、同一世代に限って集計されている。(65)

表14　生得的区分の相対的効力

生得的区分	比較される親族タイプのペアー	異なる呼称		同一の呼称	
		実数	%	実数	%
世代	276	33,071	97.7	796	2.3
姻族	33	4,518	87.2	662	12.8
分枝	16	1,179	50.6	1,125	48.4
傍系	11	678	40.3	1,004	59.7

第九は、次のように仮定される。すなわち実行上の考慮が、どこでも親族呼称の総数を、六つの生得的区分の全部が十分にまた一斉に認知されたときの必然的な数（二次親族三三、プラス三次親族一五一、それに一次親族のいくつかのカテゴリーが加わる）から、あまり多くない適当な数に減らす方向へと圧力をかけている、ということである。この仮定はクローバー[66]その他の観察から出たものであるが、すなわちかれらによると、さまざまな社会で区別される親族呼称の総数はほぼ二五という平均値を前後して、比較的限られた範囲に収められる、という。ところでこの仮定からすれば、どんな親族組織にあっても、少なくとも六つの生得的区分のうちのいくつかは、二次・三次親族のいくつかでは作用していない、ということになる。また第八の仮定からは、このことは最低の相対的効力しかもたない区分、つまり傍系と分枝とで最も生じやすい、ということになる。なお、おおまかな統計によっても、この二つはともに、守られているのとほぼ同じくらいに無視されるか、または「捨て去られている」のをみることができる。

第一〇は、次のように仮定される。すなわち生得的区分は、それだけでは親族呼称法の通文化的差異を、まったく説明することができない。そしてほかのタイプの類似性・非類似性と関連してだけ、効果を発揮する。したがって後者こそ、真の決定因子だ、ということである。もっともこの仮定は、自明のことであるとも言える。普遍的に同一な諸因子〔＝生得的区分〕は、けっして差異を説明することはできないからである[67]。

第一一の仮定は、次の通りである。すなわち反復的ではあるが普遍的ではないという社会構造の特性は、そうした特性の支配している社会では、特定カテゴリーの親族間の類似性または非類似性を、有意に大きくしたり小さくしたりする。こうして特定の生得的区分の効果を、強調したり弱めたりする。したがってこれらが、親族呼称法の決定因子として作用する、ということである。この仮定は、主にリヴァースとラドクリフ=ブラウンとの親族理論から出てきたものである。すなわちそうした〔社会構造の〕特性の数と種類――結婚の形態とその選好に関する規則、家族とクラン組織の類型、居住と出自の規則、単系・双系の親族集団の種類――とが、幅広い因果的要因となる。もっともこれらの特性が、親族呼称法の決定因子として、地方的で非反復的な歴史的影響よりも大きな重要性をもっているというのは、本研究の仮定ではない。ただこれがどうすることもできない、まったく予期しない結論となっただけのことである。

特定の社会においては、異なる親族タイプに属する親族間の非類似性を大きく増大させるところの社会構造、またはこれと結びついた文化行動の側面、といったものがみられる。これらは「社会的差異因子」(social differential) と呼ぶことにしたい。逆に異なる親族タイプに属する親族間に、大きな類似性を生みだす社会構造、またはこれと結びついた文化行動の側面といったものも存在する。これらは「社会的等化因子」(social equalizer) と呼ぶことにしたい。生得的区分と同様、社会的差異因子・社会的等化因子も、その相対的効力においては異なってくるが、これは帰納的にだけ決定することができる。そのおおまかな評定は、本章の最後でなされるはずである。

社会的等化因子と社会的差異因子とは、いくつか異なる種類の類似性と非類似性とを生んで、これら因子の極小的または強調的効果を発揮するように思われる。そしてこれは、次のように区別されるであろう。

一致 (coincidence)――二つの親族タイプのあいだの類似性であるが、これは、二つの親族タイプのメンバーが同一人であるということから、社会的等化因子という結果を生む。たとえば姉妹型の一夫多妻婚は、妻の姉妹と妻とを同一視する傾向にみちびく。

近接 (proximity)――空間的関係における類似性または非類似性。たとえば母処居住制は、母と母の姉妹とを近い隣人、ときには実際の同居人としてまとめあげる。こうして母処居住は、社会的等化因子として、彼女たちをひとつの分類式の呼称で呼ぶような方向に働く。とともにこれは、父の姉妹を彼女たちの双方から、空間的に分離することになって、父の姉妹に対しては、別の親族呼称をあてる社会的差異因子として作用することになる。

参加(participation)——集団の成員性における類似性または非類似性。たとえば父系の出自は、兄弟の娘と〔自分の〕娘とを同じリネージ、シブ、またはモイエティに位置させ、姉妹の娘を別のグループに位置させる。こうして娘に対する呼称の兄弟の娘への拡大と、姉妹の娘に対する呼称の分化とが助長されることになる。

類推(analogy)——平行的関係に関する類似性。たとえば「母」という呼称を母の姉妹に拡大することが、母の姉妹の娘の場合に、社会的等化の因子として働く。こうして母の姉妹の娘を、父系出自——ここでは彼女はシブの仲間でも近隣者でもない——のもとでさえ「姉妹」と呼ぶ傾向が増してくる。

非実態性(immateriality)——二つの親族タイプに属する親族たちに、機能上の重要性のないことから出てくる消極的な類似性。そこでは、かれらを分化させるに十分な基盤が欠けている。非実態性は、主に遠い親族に関して現われる。たとえばイギリスの親族組織では、これが等化因子として働いて、重要でない遠いいろいろな親族には、性・世代・傍系に関係なく「イトコ」の呼称の拡大を助長するようになっている。

われわれの第一二の仮定は、次のようである。すなわち社会構造の諸形態は、親族のパターンや親族呼称法によって決定されない。あるいはかなり大きな度合で、これらによって影響されることはない。そうではなくて、社会組織からすれば外部の諸力、とくに経済的要因によってつくりだされる、ということである。たとえば、次のように仮定されるであろう。利用できる食糧源とこれを生産する技術とが、性による分業と両性の相対的地位とに影響を与えて、人びとを特定の居住規則へとむかわせる。そしてこれによって、拡大家族、クラン、シブの形成が可能となる、ということである。さらに次のようにも仮定される。現行の財産のタイプとその分布とは、特定の相続規則を推進させる。富またはその欠如は、結婚に影響を与える(たとえば一夫多妻制を勧めたり、禁止したりする)。それからこのように社会構造の外にある要因は、居住規則と結婚規則とに、そしてこれらの規則を通して、社会組織と親族構造の諸形態に、強い影響を与えることができる、ということである。なおこの仮定は、シブの起源についてのローウィ[68]の分析、これを支持するわれわれ自身の第八章に示した証拠、さらに文化変化における、マルクスからケラーに至る多くの理論家たちからみちびきだされたものである[69]。

そこでわれわれの第一三の、そして最後の仮定は、次のようになってくる。社会的等化および差異の因子は、特定の親族タイプに影響を与えているが、ところがこの両因子を大きく変えるような社会構造上の変化も起りうる。けれどもこの構造上の変化も、一定の時が経過して、はじめて問題の親族呼称に適応的変化を起させる、ということである。この仮定は、ローウィ[70]が「時間要素」(time element)の重要性について示唆したことから出たものであるが、〔その他としては〕とりわけサムナー[71]とオグバーン[72]とがそれぞれ提起した、文化の構成要素間の「一貫性への圧力」(strain toward consistency)および「文化遅滞」(cultural lag)という社会学的仮説から引きだしたものである。そして特定の社会から得たデータが、公準に示した理論的期待に一致しないようなときには、おそらくその多くが、この第一三の仮定によって説明されるであろう。

こうして基本的な仮定が明らかにされ、関連する用語がみな定義されたので、ここで基礎となる公準を示すことにしたい。

公準I　二つの親族タイプに属する親族たちは、(a)かれらのあいだの生得的区分の数とその相対的効力、(b)かれらに影響を与える社会的差異因子の数とその相対的効力とに逆比例して、またかれらに影響を与える社会的等化因子の数とその相対的効力とに正比例して、異なる呼称ではなくて、同一の呼称で呼ばれる傾向がある。

もっとルーズなことばに換えるならば、この公準は、次のことを述べている。特定の親族カテゴリーのあいだの類似性と非類似性の程度に大きく影響を与えるものに、生得的・文化的要因というものがある。そして親族呼称法の拡大と分化とは、こうした諸要因すべての連繫プレーの所産だ、ということである。

真面目な読者たちは、親族呼称法には、なにかとりわけ理解しがたい、または当惑させるようなものがある――これは、一部の人類学者さえ抱いている幻想である――という感じをもっているようである。けれども読者は、定理とその検証とを理解するよう、努めていただきたい。というのは、これが第八章における社会組織の進化に関する一般理論を理解するうえでも、また第九章と第一〇章とに提示されている性的特権と性的タブーの拡大とを支配する原理を理解するうえでも、その基準となってくるからである。ローレンスに従えば[73]、もし未開民族に親族組織の発明ができるならば、文明人の読者には、それを理解することができるはずなのである。

ところで、テストされる最初の定理は、やや特殊な性格をもっている。そしてこれを初めに出したのは、ほかでもない。あとに出てくる諸定理をテストするときには、これに若干の親族が含まれてくる。この定理は、いわばその基盤を準備するものだからである。それは、どんな社会にもみられる核家族間の、構造的類似を扱っている。具体的には、この構造的類似が社会的等化の因子として働き、類推による親族呼称の拡大が促されることである。あとの定理にも出てくる諸理由のために「母」の呼称が、母の姉妹、父の姉妹、父の兄弟の妻、母の兄弟の妻に拡大されるときは、いつもこうした「分類式の母」(classificatory mothers) の娘たちは、自分の母とその娘との関係の類推にもとづいて「姉妹」と同じ呼称で呼ばれる傾向がある。同じように、妻の姉妹または兄弟の妻が「妻」という呼称で呼ばれるときには、妻の姉妹の娘または兄弟の娘は「娘」と呼ばれる傾向をもつことになろう。これらの事例にあっては、すべて社会的等化の因子が、傍系性という生得的区分を無視している。また妻の姉妹の娘の場合には、姻族性という生得的区分が無視されている。なおサンプルの集計表は、同じ原理が他の場合にも働いていることを示しているが、ただわれわれの目的からすれば、ほかの親族について、この原理を確認することを、かならずしも必要としない。したがって定理とそのテストは、上記の親族たちに限ることになるであろう。

定理1　どれかの親族タイプに属する二次または三次の親族が、ある一次親族を指す呼称で呼ばれているときは、こうした二次・三次親族の娘たちは、一次親族の娘と同じ呼称で呼ばれる傾向をもつ。

表15　親族のペアーと呼称

親族のペアー	「母」と呼ばれる親		それ以外の呼称で呼ばれる親		統計的指標	
	「姉妹」と呼ばれる子供	それ以外の呼称で呼ばれる子供	「姉妹」と呼ばれる子供	それ以外の呼称で呼ばれる子供	Q	x^2
父の姉妹―父の姉妹の娘	18	22	42	156	+.50	1000
母の姉妹―母の姉妹の娘	110	16	62	34	+.58	1000
父の兄弟の妻―父の兄弟の娘	85	9	50	24	+.64	1000
母の兄弟の妻―母の兄弟の娘	17	10	29	113	+.74	1000

親族のペアー	「妻」と呼ばれる親		それ以外の呼称で呼ばれる親		統計的指標	
	「娘」と呼ばれる子供	それ以外の呼称で呼ばれる子供	「娘」と呼ばれる子供	それ以外の呼称で呼ばれる子供	Q	x^2
兄弟の妻―兄弟の娘	25	4	96	68	+.67	100
妻の姉妹―妻の姉妹の娘	10	4	44	33	+.30	2

なおこの定理、およびあとに出てくるすべての定理にあっては、当然のことながら、問題の社会的等化および差異の因子以外の要因は、みな常数として仮定されている。

定理1は、表15に示されたデータによって検証されている。すなわち一貫して高いプラスの連関係数によって、また一事例を除いた全事例において、きわめて高い信頼度によって、決定的に確証されている。

タックス[74]の定義した「斉一的出自規則」(rule of uniform descent) は、定理1にぴったり対応しており、後者の確証によって、その有効性が確認される。しかしこの〔出自〕規則も、またこの定理も、ある文化的変数〔=親族呼称法〕の最も重要な決定因子として、心理学的常数をもちだそうとするのではない。このことを、はっきり指摘しておかなくてはならない。それどころか、ある呼称が、どんな理由であっても、一人の親族(父の姉妹、母の姉妹、父の兄弟の妻 母の兄弟の妻、兄弟の妻、または妻の姉妹)に拡大されているとき、家族構造が、その親族の娘に関して、もうひとつの拡大を助長する、必然的な類似性を提供している。このことを仮定しているだけのことである。

結婚形態は、社会的等化および差異因子の、第二の主要グループをなしている。主な形態は、一夫多妻婚・一妻多夫婚および単婚である。一妻多夫婚は、わずかマーケサス島民とトダ族の二つにおいて、一般的かつ選好的な形態となっているだけなので、統計的に信頼できるテストを行なうには、その数があまりに少なすぎる。一夫多妻婚は、ひろく行なわれていることもあるし、稀なこともある。しかしたとえ許されていても、実際には多妻婚が例外的だとすれば、それが親族の配列や呼称法上の分類に、相当の影響を及ぼしているとは、期待できない。それは単婚の場合と、本質的には同じになってくるはずである。そのため、われわれは、当面、全結婚数の二〇%以下が複婚の社会は、すべて単婚として分類し、それ以上の比率を示す社会だけを、多妻婚的としている〔第二章参照〕。なおこの多妻婚には、姉妹型もあれば、非姉妹型もあるので、多妻婚社会も二つのグループに分けられる。――ひとつは、後続の妻たちが、はじめの妻の姉妹に限られるものである。もうひとつは、たとえ姉妹型の多妻婚もみられ、また事実、これがある程度、選好されていても、非姉妹型の多妻婚が一般的な社会である。なお作表のさいには、絶対的な姉妹型の報告されていない多妻婚社会は、みなこれを非姉妹型として分類している。

姉妹型の多妻婚は、一致と参加〔一四六、七頁参照〕の双方によって、社会的等化因子として作用する。すなわち母の姉妹と母、妻の姉妹と妻、母の姉妹の娘と姉妹、妻の姉妹の娘と娘といった親族たちは、事実、同じ人物であるか、少なくともエゴと同じ家族の成員、相互に同じ家族の成員である可能性を生む。こうして姉妹型の多妻婚は、それぞれ一対の組み合わせのなかで、後者から前者へと親族呼称が拡大される。このことを促すに違いない。

定理2　姉妹型の多妻婚の行なわれているところでは、一次親族に対する呼称が、同一の性および同一の世代のなかで、女性を通じて、かれらの傍系親族に拡大される傾向がある。

表16　姉妹型多妻婚と呼称(1)

親族のペアー	姉妹型多妻婚		他の結婚形態		統 計 的 指 標	
	同一呼称	異なる呼称	同一呼称	異なる呼称	Q	x^2
母の姉妹—母	11	7	117	94	+.12	—
妻の姉妹—妻	4	17	20	171	+.34	2
母の姉妹の娘—姉妹	16	2	147	54	+.49	2
妻の姉妹の娘—娘	6	2	45	35	+.40	—

表17　姉妹型多妻婚と呼称(2)

親 族 の ト リ オ	姉妹型多妻婚		その他の結婚形態		統計的指標	
	分枝融合型呼称	それ以外の呼称	分枝融合型呼称	それ以外の呼称	Q	x^2
A．父の姉妹—母の姉妹—母	9	9	81	129	+.23	2
B．妻の兄弟の娘—妻の姉妹の娘—娘	5	0	27	42	+1.00	＊

ただ表16に示したデータは、この定理を試論的に確認しているにすぎない。というのは、連関係数はすべてプラスであるけれども、信頼度の指数が、みなきわめて低いからである。しかし姉妹型の多妻婚を、もっと厳密でない形で定義すれば、〔表16の〕結果も、修正される兆しがみられる。

ところで以下の諸定理の多くをテストするにあたっては、ローウィ[75]とキルヒホフ[76]とが、それぞれ独自に提案したところの、親族の四分法を採用するのが有効であろう。この分類では、傍系性と分枝性という生得的区分を適用して、ここに四つの可能的な組み合わせが出現する。これにもとづくものである。すなわち親族者への呼びかけでは、この二つの基準の一方、または双方が認められるか、それとも双方とも無視されるか、そのいずれかである。この四つの可能性は、両親とそのきょうだいに対する呼称によって、説明することができる。分枝および傍系双方の認知は、いわゆる「分枝傍系型」(bifurcate collateral) の呼称法を生みだすが、この場合には、父方と母方のオジとオバは、呼称法上、両親からも、また相互にも、区別される。すなわち父、父の兄弟、母の兄弟、母、母の姉妹、父の姉妹には、それぞれ別の呼称を与えることになる。次に傍系を無視して、分枝を認知することから「分枝融合型」(bifurcate merging) の呼称が生みだされる。この場合、父と父の兄弟とは、ひとつの分類式の呼称で呼ばれ、母と母の姉妹とは、もうひとつの分類式の呼称で呼ばれる。しかし母の兄弟と父の姉妹とは、別の違った呼称で呼ばれる。さらに分枝ではなくて、傍系を認知することから、いわゆる「直系型」(lineal) の呼称法が生まれる。われわれの親族組織がそうであるが、父の兄弟と母の兄弟とは、ひとつの分類式の呼称のもとに集められる。父の姉妹と母の姉妹とは、別の分類式の呼称のもとに集められる。しかし両親は、それぞれ別の指示的呼称をもっている、という式のものである。最後に、二つの生得的区分をともに無視することから、いわゆる「世代型」(generation) の呼称法が引きだされる。ここでは父に対する呼称が、父方・母方双方のオジに拡大され、またしばしばもっと遠い親族にも拡大される。一方、母と双方のオバに対しては、もうひとつの分類式の呼称を用いるものである。

そこでうえに述べた四つのタイプであるが、もしBが同じ出自ラインのなかでのAの傍系親族であり、またCが――連結親族の性の違いはあっても――、Bと同じ仕方でエゴと関係づけられているならば、この四つのそれぞれは、同一世代における同性親族〔本章では女性〕のどんなトリオ〔左リスト参照〕にも適用することができ

分枝傍系型

母，母の姉妹，父の姉妹
母，父の兄弟の妻，母の兄弟の妻
姉妹，父の兄弟の娘，父の姉妹の娘
姉妹，母の姉妹の娘，母の兄弟の娘
娘，兄弟の娘，姉妹の娘
娘，妻の姉妹の娘，妻の兄弟の娘

分枝融合型

母=母の姉妹，父の姉妹
母=父の兄弟の妻，母の兄弟の妻
姉妹=父の兄弟の娘，父の姉妹の娘
姉妹=母の姉妹の娘，母の兄弟の娘
娘=兄弟の娘，姉妹の娘
娘=妻の姉妹の娘，妻の兄弟の娘

直系型

母，母の姉妹=父の姉妹
母，父の兄弟の妻=母の兄弟の妻
姉妹，父の兄弟の娘=父の姉妹の娘
姉妹，母の姉妹の娘=母の兄弟の娘
娘，兄弟の娘=姉妹の娘
娘，妻の姉妹の娘=妻の兄弟の娘

世代型

母=母の姉妹=父の姉妹
母=父の兄弟の妻=母の兄弟の妻
姉妹=父の兄弟の娘=父の姉妹の娘
姉妹=母の姉妹の娘=母の兄弟の娘
娘=兄弟の娘=姉妹の娘
娘=妻の姉妹の娘=妻の兄弟の娘

る。われわれの定理の証明では、必要な場合にはいつでも、六組のそうしたトリオを使用しているが、ただ、このうちの二組――前頁のリストの二番目〔母、父の兄弟の妻、母の兄弟の妻〕と六番目〔娘、妻の姉妹の娘、妻の兄弟の娘〕のトリオでは、もうひとつの生得的区分、すなわち姻族の基準を含んでいる。これら六組のトリオは、親族呼称をかれらのあいだに配置するそれぞれ四つの方法に応じて、前頁のように表示することができる。

理論的には可能な第五の組み合わせ、すなわち父の姉妹を母と等化し、母の姉妹をこの両者から区別するような組み合わせ、また他のトリオにおける同様なグルーピングは、まず実際には、ほとんど起らない。われわれの全標本社会では、六組のトリオのうち、偶発的な四例があるだけである。

姉妹型の多妻婚は、女性を通じての傍系親族に近接させ、したがってかれらを、男性を通じての傍系親族からは、空間的に分離させる。こうしてこの型の多妻婚は、分枝という生得的区分を強調するとともに、傍系という生得的区分を極小化する傾向をもっている。というわけで、姉妹型の多妻婚は、分枝融合型の呼称法を生むように働いてくる。こうしてその影響が最も直接に関連する二つの親族トリオ〔表17参照〕をカバーする定理がつくられる。

定理3 姉妹型の多妻婚は、結婚によってできたオバたちやメイたちに対して、分枝融合型の呼称法を結びつける傾向がある。

この定理は、表17でテストされている。しかし同表は、定理3の試論的な確証を提供しているにすぎない。というのは、一方〔同表A〕の算定数値は、完全にプラスの連関係数を与えている。にもかかわらずもう一方〔同表B〕は、信頼度x^2が低く、しかもこのほうが〔本定理にとって〕ふさわしい事例だからである。

非姉妹型の多妻婚は、社会的等化の因子としてよりは、むしろ社会的分化の因子として作用する。姉妹型の多妻婚のもとでは、母の姉妹は母と、母の姉妹の娘は姉妹と、妻の姉妹の娘は娘と、非常に近接のうちで生活している。これに対して非姉妹型の多妻婚では、これら傍系親族およびその他の傍系親族は、みな直系親族とは空間的に分離されている。この場合、母は、彼女の姉妹たちでなく、同居の妻たちに直接囲まれており、〔エゴの〕

表18　非姉妹型多妻婚と呼称(1)

親族のペアー	非姉妹型多妻婚		それ以外の結婚形態		統計的指標	
	異なる呼称	同一呼称	異なる呼称	同一呼称	Q	x^2
母の姉妹—母	53	58	48	70	+.14	2
父の兄弟の妻—母	36	46	37	45	−.02	—
父の兄弟の娘—姉妹	28	84	23	95	+.16	2
母の姉妹の娘—姉妹	30	78	23	90	+.21	2
兄弟の娘—娘	38	61	39	73	+.08	—
妻の姉妹の娘—娘	22	28	16	24	+.08	—

表19　非姉妹型多妻婚と呼称(2)

親族のペアー	非姉妹型多妻婚		それ以外の結婚形態		統計的指標	
	異なる呼称	同一呼称	異なる呼称	同一呼称	Q	x^2
母の姉妹—母	25	19	34	51	+.33	2
父の兄弟の妻—母	16	11	23	29	+.30	—
父の兄弟の娘—姉妹	12	33	18	69	+.16	—
母の姉妹の娘—姉妹	11	22	20	68	+.06	—
兄弟の娘—娘	23	17	28	50	+.41	20
妻の姉妹の娘—娘	7	9	12	16	+.02	—

姉妹および娘は、彼女たちの平行イトコたちではなくて、腹違いの姉妹たちに直接囲まれている。ことばを換えれば、この多妻婚家族のメンバーは、核家族のメンバーをオバ、メイ、イトコから分離するように干渉する。これら〔の傍系親族〕は、それ以外の場合には、核家族のメンバーとすぐ隣り合って生活する人たちである。このことは、居住規則や出自規則とは無関係に起る。そしてその結果として、傍系親族を多妻婚家族の外側へと、空間的に分離することになり、この人たちに一次親族に対する呼称を拡大することを妨げる結果となる。要するに非姉妹型の多妻婚は、融合の発生を妨げる傾向にあると言える。

定理4　非姉妹型の多妻婚が存在するところでは、この多妻婚家族の外側の傍系親族は、同性・同世代の一次親族から、呼称法上、分化される傾向をもつ。

この定理4を検証するデータは、表18に集められているが、本表は、五つの低いプラスの係数と、ただ一つのマイナスの係数とを示している。このことは、信頼性の指数がみな低いという事実とともに、この定理の検証が不確定であることを示唆するものである。けれども注意深く分析してみると、この印象は打ち消される。すなわち非姉妹型の多妻婚は、たまたま父処居住、父系出自、およびこれらの規則に拠る親族集団の諸タイプと、きわめて強く結びついている。そしてこれらの因子は、すぐあとで示すように、みな多妻婚の影響すなわち融合への〔逆〕影響とは、まったく逆の影響を及ぼしている。二五〇の社会からの証拠は、非姉妹型の多妻婚は、父処居住および父系出自と、それぞれ連関係数 +.66, $x^2$1000、連関係数 +.58, $x^2$1000 で起ることを示している。したがって表18において、正の連関へとむかう傾向と、六ケースのうち五ケースが、正のサインをみせていること——これは、真の関連がもしゼロなら、任意抽出によって、一〇回のうちほぼ一回しか起らない、ということである——が、最も強力な反対要因にもかかわらず、達成されているわけである。すなわちこうした状況のもとでの結果は、表面に現われたものよりも、ずっと有意のものとみなくてはならない。

非姉妹型多妻婚の影響は、表18に含まれる反対要因の主要グループのひとつが修正されると、もっとはっきり示される。すなわち外婚の父系リネージ、シブ、モイエティをもつ社会をみな作表から除いて、父系出自という要因について修正を行なったのが、表19である。この新しい表では、全部の係数がプラスを表示しており、その平均のマグニチュードは大幅に高まり、また一例にあっては信頼度が五％レベルの精度に達している。しかもここでは、なお父処居住という対抗要因が排除されていない。こうした事実にもかかわらず、そうなのである。任意抽出で六つのプラスの表示が出るのは、六四回中、ただの一回だけである。したがって定理4は、実質的には確証されたとみることができる。

すでに明らかとなり、また以下ではますます明らかになっていく事柄であるが、父処・父系社会における親族呼称法は、別の居住・出自の規則をもつ社会とは対照的に、ふつう二つのあい反する影響を反映している。すなわち、居住および出自の規則は融合を促進するが、一方、一般の〔非姉妹型〕多妻婚と結びつく諸現象は、直系親族から傍系親族へと呼称が拡大する傾向を阻もうとする。したがって、融合が生じるか生じないかということは、対抗的影響のどちらが、相対的に強い効力をこれまで確立してきたか、あるいは現在もっているか、この点にかかってくることになりやすい。

非姉妹型の多妻婚は、融合に対抗する社会的分化因子として作用するので、世代型または分枝融合型のどの親族呼称法に対しても逆行的に働いてくる。また分枝を助長する父処居住・父系出自と結びついているために、これは直系型の呼称法よりも分枝傍系型のそれにみちびかれやすい。ふつうの多妻婚社会にあっては、母方の傍系親族は、一般にかれらが別のクランまたは地域社会に住み、違った血縁親族集団に属しているので、父方の傍系親族とは区別されている。さらに両タイプの傍系親族は、直系親族からも区別されている。すなわちこの多妻婚家族の異母きょうだい、継父母、継子は、これら傍系親族・直系親族のあいだに介在していることになる。分枝傍系型という呼称は、こうした諸条件に対応しているわけである。事実、非姉妹型の多妻婚は、われわれが分枝傍系型の呼称法を促すことを発見した、唯一の社会的決定因子である。ふつうこれは、㈠父、父の兄弟、母の兄弟、㈡母、母の姉妹、父の姉妹、㈢またはすべての同様な親族トリオのいく人かに、別々の呼称を結びつけるものである。

定理5　非姉妹型の多妻婚は、分枝傍系型の呼称法と結びつく傾向がある。

この定理は、表20に集めたデータによって確証されている。すなわち本表によると、父処居住と父系出自とが逆行的な影響を及ぼしているにもかかわらず、連関係数はまったくプラスの記号であり、また信頼度は、六組のトリオのうち、三組について五％以上のレベルに達している。

なお定理5は、表21によっても確証されている。本表は、外婚的の単系親族集団をもつ社会を除いて、表20を修正したものである。外婚的な単系親族集団は、定理19が証明しているように、分枝融合型の呼称法を生む傾向があり、したがってこれが分枝傍系型の命名法を促す非姉妹型多妻婚の影響に対抗してくる。表21は、連関係数のマグニチュードが一貫して増大をみせており、また信頼性指数は、事例の総数が減ったために、二組のトリオでは低くなっているが、一例は一〇分の一％という最高の精度レベルに達している。

表20　非姉妹型多妻婚と分枝傍系型の呼称(1)

親族のトリオ	非姉妹型多妻婚		それ以外の結婚形態		統計的指標	
	分枝傍系型呼称	別の呼称	分枝傍系型の呼称	別の呼称	Q	x^2
父の姉妹—母の姉妹—母	45	65	32	86	+.30	20
母の兄弟の妻—父の兄弟の妻—母	23	49	19	54	+.14	—
父の姉妹の娘—父の兄弟の娘—姉妹	17	90	7	110	+.50	20
母の兄弟の娘—母の姉妹の娘—姉妹	20	83	6	100	+.60	100
姉妹の娘—兄弟の娘—娘	23	64	27	83	+.05	—
妻の兄弟の娘—妻の姉妹の娘—娘	12	32	7	28	+.20	—

表21　非姉妹型多妻婚と分枝傍系型の呼称(2)

親族のトリオ	非姉妹型多妻婚		それ以外の結婚形態		統計的指標	
	分枝傍系型呼称	別の呼称	分枝傍系型呼称	別の呼称	Q	x^2
父の姉妹—母の姉妹—母	21	9	15	39	+.54	1000
母の兄弟の妻—父の兄弟の妻—母	9	6	7	21	+.55	10
父の姉妹の娘—父の兄弟の娘—姉妹	4	27	2	54	+.60	2
母の兄弟の娘—母の姉妹の娘—姉妹	5	27	2	54	+.68	5
姉妹の娘—兄弟の娘—娘	11	16	12	38	+.35	2
妻の兄弟の娘—妻の姉妹の娘—娘	4	9	3	14	+.22	—

表22　単処居住制と親族呼称

親族のペアー	単処居住		新処または双処居住		統計的指標	
	異なる呼称	同一呼称	異なる呼称	同一呼称	Q	x^2
父の姉妹—母の姉妹	157	49	20	15	+.41	20
父の兄弟の妻—母の兄弟の妻	96	33	14	11	+.39	5
父の兄弟の娘—父の姉妹の娘	136	60	13	24	+.61	1000
母の兄弟の娘—母の姉妹の娘	129	59	11	24	+.65	1000
兄弟の娘—姉妹の娘	143	33	16	13	+.56	100
妻の兄弟の娘—妻の姉妹の娘	48	17	8	7	+.42	2

単婚は、それ自体では親族呼称法に、なんら特別の影響を及ぼさない。そしてデータの分析は、それが現行の居住規則と一致した呼称と結びつく傾向のあることを示している（定理6から12までを参照）。けれども、孤立した単婚家族は、明らかに直系型の命名法と結びついている（定理14を参照）。なお結婚形態に関する四つの定理のテストは、それらが親族呼称にかなりの影響を与えていることを示している。ただいくつかのケースでは、その証明が決定的なところまでには至っていない。

結婚したカップルの居住場所を規定する諸文化規則は、第三の、そしてきわめて重要な社会的等化および分化の因子となってくる。繰りかえすならば、既婚のカップルが、通常、妻の両親と一緒かまたは近くに住む場合、その居住規則は「母処」、夫の両親と一緒かまたは近くに住む場合は「父処」、一年ないし二年ほど母処を行ない、その後父処に移るのが一般の規則の場合には「母処↓父処」、居住が事情により、または個人の好みによって、随意に母処になったり父処になったりする場合には「双処」、夫婦が夫の母方のオジと一緒にまたは近くに住む場合には「オジ方」、そして双方の家族の場所に関係なく、新世帯を構える場合には「新処」と呼ばれる。そしてどんな居住規則も、特定の親族カテゴリーの近接に影響を与える。すなわちあるときには、二つの親族タイプの成員たちを規則正しく空間的に分離することによって、社会的分化の因子として作用する。またあるときは、かれらを相互に近接させ、あるいはかれらを同程度にエゴから分離することによって、社会的等化の因子として作用する。

父処・母処↓父処・母処・オジ方居住は、まとめて単処居住として分類されるが、これらの居住規則は、単一の出自ラインによって相互に結ばれる親族グループ、すなわち男性または女性のいずれかを通して関連づけられる親族たちを、空間的に近接させる。またかれらを、異性を通じての親族たちから分離させようとする。だからこれらの居住規則は、双処・新処居住とは対照的に、分枝の生得的区分を支持する社会的分化の因子として作用する。

定理6　父処・母処↓父処・母処・オジ方居住の存在する場合には、異性の連結親族を通してエゴと結ばれる同世代の親族には、別々の呼称を適用する傾向がある。

表22に集めたデータは、この定理を決定的に確証している。すなわち連関係数は、いずれも高いプラスを示しており、また偶然によってこの結果の起る確率は、最小である。

母処居住は、女性を通じて相互に関連づけられる女性たちのグループを作らせる。こうして傍系性という生得的区別が極小化して、親族呼称を直系親族から、かれらと一緒に住む傍系親族へと拡大させようとする。妻の姉妹の娘や〔エゴの〕娘の場合のような、いくつかの事例では、それはまた姻族という生得的区別さえ乗り越えようとする。そしてこれら予想される効果は、定理7に表明されている。またオジ方居住は、父処および母処居住から生まれる親族配置を媒介するところの配置を生みだす。ただその事例は、あまりに少ない（われわれの総サンプル中、八例）ので、独立の統計的措置には耐えない。したがって以下の定理と作表とでは、母処居住の事例に含めて分類されている。

定理7　母処またはオジ方居住が存在する場合には、一次親族に対する呼称は、同世代の内部で、女性を通じてのかれらの傍系親族に拡大される傾向がある。

表23のデータは、はっきり一貫性をもったプラスの連関指数、かなりのマグニチュード、適度の信頼性指数によって、この定理7を確認している。

なお定理6および7の系として、母処とオジ方居住とは、分枝と融合とをそれぞれ促すことを示しており、したがって同じ要因は、分枝融合型の呼称法を生みだすことになるはずである。

定理8　母処およびオジ方居住は、分枝融合型の呼称法と結びつく傾向がある。

表24に集めたデータは、この定理8をほぼ決定的に確証している。すなわち連関係数は、すべてプラスで、比較的高い。また相互にきわめて一貫しており、信頼性の程度も全般的に良好である。

父処とその変種である母処→父処とは、母処およびオジ方居住と同様に、正確には分枝融合型の呼称法を生みだすはずである。ところが定理6では、父処居住は分枝という生得的区別を支持することが示されている。これ

表23　母処およびオジ方居住制と親族呼称

親族のペアー	母処またはオジ処居住		それ以外の居住規則		統計的指標	
	同一呼称	異なる呼称	同一呼称	異なる呼称	Q	x^2
母の姉妹—母	34	12	103	92	+.46	20
妻の姉妹—妻	6	33	21	158	+.16	—
母の姉妹の娘—娘	40	5	139	48	+.47	10
妻の姉妹の娘—娘	13	4	40	35	+.47	5

表24　母処またはオジ方居住制と分枝融合型の呼称

親族のトリオ	母処居住またはオジ処居住		それ以外の居住規則		統計的指標	
	分枝融合型呼称	それ以外の呼称	分枝融合型呼称	それ以外の呼称	Q	x^2
父の姉妹—母の姉妹—母	23	23	71	121	+.26	5
母の兄弟の妻—父の兄弟の妻—母	15	13	48	77	+.30	—
父の姉妹の娘—父の兄弟の娘—姉妹	30	13	95	95	+.40	20
母の兄弟の娘—母の姉妹の娘—姉妹	31	12	83	98	+.51	100
姉妹の娘—兄弟の娘—娘	27	12	84	87	+.40	20
妻の兄弟の娘—妻の姉妹の娘—娘	8	4	25	42	+.54	5

は父の兄弟の妻と母、父の兄弟の娘と姉妹、兄弟の娘と娘といった親族たちを近接させるからであるが、しかしそれはまた、こうした親族間の傍系性という生得的区別を乗り越えて、融合を生みだすように働くはずである。父処居住が、こうした効果をもつことは、疑う余地がない。しかしこうした効果は、非姉妹型の多妻婚という因子——これが逆影響を及ぼす——と強く結びついて、あいまいになってくる。すなわち父処居住自体は、分枝融合型の呼称法を促すけれども、ふつう、父処と結びつく多妻婚は、融合を抑制して（定理4を参照）、分枝傍系型の命名法を促進する（定理5を参照）。けれども定理をつくるときには、この対立的影響を無視しなくてはならない。

定理9　父処および母処→父処居住は、分枝融合型の親族呼称法と結びつく傾向がある。

ただこの定理9の検証は、いくつかの難点を示している。母処およびオジ方居住は、すでにみたように、ともに同じ影響を及ぼしており（定理8を参照）、しかもこの影響は、非姉妹型多妻婚に

表25　父処および母処→父処居住制と分枝融合型の呼称

親族のトリオ	父処居住または母処→父処居住		新処居住または双処居住		統計的指標	
	分枝融合型呼称	それ以外の呼称	分枝融合型呼称	それ以外の呼称	Q	x^2
母の兄弟の妻—父の兄弟の妻—母	42	56	5	19	+.48	10
父の姉妹の娘—父の兄弟の娘—姉妹	87	67	9	30	+.62	1000
姉妹の娘—兄弟の娘—娘	73	64	8	36	+.67	1000

表26　父処および母処→父処居住制と分枝傍系型の呼称

親族のトリオ	父処居住あるいは母処→父処居住		それ以外の居住規則		統計的指標	
	分枝傍系型呼称	それ以外の呼称	分枝傍系型呼称	それ以外の呼称	Q	x^2
父の姉妹—母の姉妹—母	58	100	20	63	+.29	10
母の兄弟の妻—父の兄弟の妻—母	30	68	13	31	+.03	—
父の姉妹の娘—父の兄弟の娘—姉妹	19	135	6	75	+.36	2
母の兄弟の娘—母の姉妹の娘—姉妹	23	119	5	75	+.49	2
姉妹の娘—兄弟の娘—娘	37	100	14	60	+.23	2
妻の兄弟の娘—妻の姉妹の娘—娘	16	33	4	25	+.50	5

よって、これという妨害を受けていない。したがって、これらの居住規則をもつ社会がもしデータの数値に含まれていると、それらは父処居住の影響を隠すことになりやすい。そこで表25では、母処およびオジ方居住の全ケースを除いて、父処居住〔または母処↓父処居住〕を新処および双処社会とだけ比較している。三組の親族トリオだけが取られているが——これらは、第二の者が父処居住によって第三の者に近接していく、というトリオである。オバおよび母方のイトコも同じ影響を反映しているが、ただそれは派生的な形においてだけである。また妻のメイはふつう、あまりに遠縁なので、有意の影響を受けることはない。そして本表は、高い、一貫した、またきわめて信頼性のあるプラスの連関係数によって、この定理を決定的に支持している。

ところが定理5では、非姉妹型の多妻婚が分枝傍系型の呼称法を促しがちだということが示された。またわれわれは、この型の多妻婚と父処居住とのあいだに高度の結びつきのあることに注目してきた。したがって、系として次のものが出てく

表27　双処居住制と世代型の呼称

親族のトリオ	双処居住		それ以外の居住規則		統計的指標	
	世代型呼称	それ以外の呼称	世代型呼称	それ以外の呼称	Q	x^2
父の姉妹―母の姉妹―母	9	11	33	187	+.65	100
母の兄弟の妻―父の兄弟の妻―母	6	10	16	121	+.64	20
父の姉妹の娘―父の兄弟の娘―姉妹	13	7	46	168	+.75	1000
母の兄弟の娘―母の姉妹の娘―姉妹	13	7	46	158	+.73	1000
姉妹の娘―兄弟の娘―娘	7	12	16	176	+.73	1000
妻の兄弟の娘―妻の姉妹の娘―娘	4	8	6	62	+.68	10

表28　新処居住制と直系型の呼称

親族のトリオ	新処居住		それ以外の居住規則		統計的指標	
	直系型呼称	それ以外の呼称	直系型呼称	それ以外の呼称	Q	x^2
父の姉妹―母の姉妹―母	5	11	18	206	+.68	100
母の兄弟の妻―父の兄弟の妻―母	3	6	18	125	+.55	2
父の姉妹の娘―父の兄弟の娘―姉妹	7	11	19	197	+.74	1000
母の兄弟の娘―母の姉妹の娘―娘	7	9	19	188	+.84	1000
姉妹の娘―兄弟の娘―娘	6	10	19	177	+.70	100

る。すなわち父処居住は、分枝傍系型と結びつく傾向がなければならない。ただし前者を、後者の原因とみるべきではない。そして予想されるこの関係は、次の定理として型式化されるであろう。

定理10　父処および母処↓父処居住は、それらが非姉妹型と結びついているため、分枝傍系型の親族呼称法を伴う傾向がある。

表26に集めたデータは、信頼度の指数は比較的低いけれども、一貫したプラスの連関係数をもって、この定理を確証している。なおこうした結果の意味を判定するときには、読者は、これらが定理9で証明した、強い対抗的影響のうちで得られたことを忘れてはならない。

双処居住は、単処居住のどの規則から出てくる親族の配置とも、きわめて違った配置を生みだしてくる。それは男性を通じての若干の傍系親族と、女性を通じての若干の傍系親族とを、直系親族と近接させるということである。こうしてこれら三者のあいだの生得的区別を緩和することになりやすい。すなわち傍系性と分枝性の双方を踏み越えることによって、きょうだいの呼称をイトコ全部に拡大することを含めて、ここでは世代型の呼称法が生みだされてくる。

定理11　双処居住は、世代型の親族呼称法と結びつく傾向がある。

この定理は、表27で決定的に確証されている。すなわち連関係数は高い値を示し、プラスの記号できわめて一貫性をもっており、またほとんど最大級の信頼性を有している。

次にわれわれ自身の社会を特徴づけている新処居住であるが、これは、連結親族の性別にかかわらず、直系親族をすべての傍系親族から空間的に分離させる。そしてこれは、結果的には傍系性という生得的区別を強調することになる。またこれは、男性を通じての傍系親族と女性を通じての傍系親族とのあいだに、居住上の区別を生みださない。したがって分枝という生得的区分を極小化していく。こうしてこの二つの効果が結びついて、直系型の呼称法が現われる。

定理12　新処居住は、直系型の親族呼称法と結びつく傾向をもつ。

表28は、この定理をテストしているが、ただここでは妻のメイたちが除外されている。これらの親族〔＝メイたち〕は、新処居住制のもとではいわば境界的な人たちであって、またわれわれの社会がそうであるが、基礎的親族呼称がふつう彼女たちには欠けている。そしてこの定理は、高いプラスの、一貫した、そして信頼的な係数で、決定的に確証されている。

ところで家族の諸形態は、社会的等化および分化の因子として、第四のグループをなしている。しかし単婚、多夫婚、多妻婚の家族は、それぞれ単独で存在していることもあるが、より大きな拡大家族に集められていることもある。それで家族の諸形態は、結婚の諸形態とはいくぶん違ってくる。ただ多夫婚家族は、その数があまりに少ないので、統計的な扱いには耐えない。多妻婚家族の影響は、すでに定理2から5までに示しておいた。また独立の単婚家族は、定理14で別途に考察されるであろう。さらに拡大家族の諸タイプ——父処、母処、オジ方、双処――は、現行の居住規則に拠っており、これらは、すでに定理6から11で説明した親族命名法に、その影響を及ぼしている。けれども居住規則から生まれる空間的な近接または分離といった効果のほかに、拡大家族にあっては、その成員が近くに住んでいるだけではなくて、実は同じ家族集団に属している。このことから、ここに社会的参加 (social participation) という新しい因子が導入されることになる。これは、かれらの類似性を強め、共住の効果を増すことになるはずである。

けれども特定タイプの拡大家族の存在・非存在によって社会を分類する場合、同一の居住規則をもち、似た影響を及ぼしている他の社会は、これをネガティブな事例として扱わなくてはならない。そしてこのことは、参加の効果にもかかわらず、必然的に係数の低下を招くことになる。似た居住規則をもつ事例をみな除くことは、拡大家族という組織の効果をテストするよりも、その効果と新処および双処居住の効果とのあいだの対照を示すことになるであろう。これらについては、以下では、その証明を行なっていない。われわれは、この問題を処理する定理をつくり、これをテストするところの手段をみつけることができなかった。それでいろいろな算定結果を要約することで、満足しなくてはならない。すなわち母処拡大家族とオジ方拡大家族とは、分枝融合型の呼称法と、また双処拡大家族は、世代型の呼称法と強く結びついていることがみいだされた。しかし両事例とも、係数は、対応する居住規則をテストする場合よりも、平均のマグニチュードにおいて、やや低い(定理8および11を参照)。定理9と10とから予想されるように、父処拡大家族では、分枝傍系型と分枝融合型の呼称法が優勢である。要するに、結果は理論上の期待に正しく一致してくるけれども、ただ技術上の困難が、定理という形でこの期待を公式化し、検証することを妨げているわけである。

クランは、社会的等化および分化の因子として、第五のグループをなしている。居住規則は、クランの諸形態を決定するものであるが、この居住規則と同様に、クラン自体も、近接性ということを通して、親族呼称法に影響を与える。また拡大家族と同様に、参加を通して、その影響を及ぼす。さらにクランは、単処居住の認知とともに、単系出自の認知を含んでいる。したがって単系の血縁親族集団と比較される効果を、呼称法に与えること

表29　クランと分枝融合型の呼称

親族のトリオ	マトリ・クランまたはオジ方クラン		パトリ・クランまたはクランなし		統計的指標	
	分枝融合型呼称	それ以外の呼称	分枝融合型呼称	それ以外の呼称	Q	x^2
父の姉妹―母の姉妹―母	7	9	75	118	+.10	2
母の兄弟の妻―父の兄弟の妻―母	6	6	48	67	+.16	—
父の姉妹の娘―父の兄弟の娘―姉妹	15	2	90	99	+.74	100
母の兄弟の娘―母の姉妹の娘―姉妹	15	0	77	99	+1.00	*
姉妹の娘―兄弟の娘―娘	9	4	84	89	+.41	2

表30　パトリ・クランと分枝融合型の呼称

親族のトリオ	パトリ・クラン		それ以外のクランまたはクランなし		統計的指標	
	分枝融合型呼称	それ以外の呼称	分枝融合型呼称	それ以外の呼称	Q	x^2
父の姉妹―母の姉妹―母	31	38	49	88	+.18	2
母の兄弟の妻―父の兄弟の妻―母	24	23	30	50	+.27	5
父の姉妹の娘―父の兄弟の娘―姉妹	41	23	62	78	+.38	20
母の兄弟の娘―母の姉妹の娘―姉妹	33	24	59	76	+.27	5
姉妹の娘―兄弟の娘―娘	36	23	58	68	+.30	10
妻の兄弟の娘―妻の姉妹の娘―娘	12	11	18	27	+.16	2

表31　クランの有無と分枝融合型の呼称

親族のトリオ	クランあり		クランなし		統計的指標	
	分枝融合型呼称	それ以外の呼称	分枝融合型呼称	それ以外の呼称	Q	x^2
父の姉妹―母の姉妹―母	38	47	44	80	+.33	2
母の兄弟の妻―父の兄弟の妻―母	30	29	24	44	+.31	5
父の姉妹の娘―父の兄弟の娘―姉妹	56	24	49	77	+.57	1000
母の兄弟の娘―母の姉妹の娘―姉妹	48	24	44	76	+.55	1000
姉妹の娘―兄弟の娘―娘	45	27	49	66	+.39	20
妻の兄弟の娘―妻の姉妹の娘―娘	13	14	18	24	+.08	—

になるが、これについてはのちに証明することにしたい。なおこれらの影響は、みな相互に補強し合い強化し合っている。こうしてクランの成員性は、同じ出自ラインに属する直系親族と傍系親族との類似性を増加させて、その融合を促していく。なおここでは異性の媒介親族を通してエゴに関係づけられる人びとは、空間的にも社会的にも隔離されてくる。したがって分枝という生得的区別が支持されることになる。というわけでクランは、分枝融合型の親族命名法を生みだすことになりやすい。

定理13 クランは、そのタイプの父処、母処、オジ方を問わず、分枝融合型の呼称法と結びつく傾向がある。

パトリ・クランは、多妻婚という複雑な因子を含んでいるので、この定理のテストは、まずマトリ・クランとオジ方クランの影響から始めることにしたい。表29は妻のメイを除いているが、こうした部分的なテストにもかかわらず、本表はなお実質的な確証を与えている。

次にパトリ・クランの影響に関しては、われわれはここでもう一度、非姉妹型の多妻婚という対抗的な因子に出会うことになる。この結婚形態が分枝融合型よりも分枝傍系型の呼称法を助長することは、すでに述べたところである（定理5を参照）。そこで父処居住だけを問題とするときには、傍系性と分枝性という生得的区別に関連しての多妻婚の影響が、統計的には大きく加味されてくる（定理10を参照）。けれども、同じ折衷的親族集団〔＝クラン〕への参加が、父処居住を通しての近接性に加わってくると、多妻婚の効果は後退してきて、パトリ・クランは、分枝融合型の呼称法とはっきり結びついていることがみいだされる。表30は、定理13に第二の部分的テストを行なったものであるが、ここでも本表は、実質的な確認を提供している。

もちろん、表29も表30も、クランの影響を適切には反映していない。というのは、クランの諸類型が、それぞれ別に集計された場合、同じ影響を及ぼしている他の類型をもつ社会は、必然的にネガティブな事例として数えられるからである。なおこの欠陥は、表31で修正されているが、本表は、なんらかのタイプのクランをもつ部族と、これをもたない部族とを比較している。そして本表では、定理13の確認が実質的だというだけでなく、決定的なものとなっている。

拡大家族とクランとの影響が片付いたので、いよいよ、複雑でない核家族の、親族呼称法に対する関係を検討することが可能となる。もっともこれは、諸核家族が、居住型であれ、折衷型であれ、とにかくより大きな集団中に集合されているときは、はっきりしたものとはならない。ただ諸核家族が、複婚によって非姉妹型の多妻婚家族として結ばれている（定理5を参照）か、または共住によって父処拡大家族に集団化されている場合には、分枝傍系型の呼称法を結果することになりやすい。また諸核家族が姉妹型の多妻婚で結び合わされる（定理3を参照）か、共住によって、母処拡大家族あるいはオジ方拡大家族のなかに、もしくはいずれかのタイプのクラン（定理13を参照）のなかに結合されている場合には、分枝融合型が現われてくることになりやすい。さらに諸核家族が双処拡大家族のなかに集合されている場合には、世代型の呼称法が起りやすい。ところでわれわれの社会がそうであるが、核家族がより大きな家族集団のなかに複合されないで、それ自身、孤立しているのが典型的である場合では、どんな形の命名法が存在するであろうか。

この問いに対する部分的な答えは、現行の居住規則によって提供されることになる（定理6から12を参照）。にもかかわらず親族呼称法のひとつのタイプが「孤立的核家族」(isolated nuclear family)——われわれは、これでクランを欠く独立の核家族を呼ぶことにするが——に、とりわけ特徴的のように思われる。それは直系型の命名法である。すなわち核家族の孤立という、まさにそのことが社会的分化の因子として作用し、このため直系親族と傍系親族に対しては、別の呼称をあてることになる。また同時にこの孤立は、近接性が実体を備えていないか、また事実この近接性がひとしく欠けているか、そのどちらかによって、性を異にするための傍系親族間の生得的区別が、ここでは極小化される。こうしてそれが社会的等化の因子として作用してくる。

定理14 クラン、複婚家族、拡大家族を欠いているために、孤立的核家族は、直系型の親族呼称法と結びつく傾向がある。

表32は、この定理をテストしているが、本表では、妻のメイに対する呼称が除かれている。それは孤立的核家

表32　孤立的核家族と直系型の呼称

親族のトリオ	孤立的核家族		合成的家族		統計的指標	
	直系型呼称	それ以外の呼称	直系型呼称	それ以外の呼称	Q	x^2
父の姉妹—母の姉妹—母	7	23	15	177	+.56	20
母の兄弟の妻—父の兄弟の妻—母	4	11	14	110	+.41	2
父の姉妹の娘—父の兄弟の娘—姉妹	9	23	15	170	+.62	100
母の兄弟の娘—母の姉妹の娘—姉妹	9	20	15	162	+.70	100
姉妹の娘—兄弟の娘—娘	6	22	21	148	+.30	2

第33　キンドレッドと世代型の呼称

親族のトリオ	キンドレッドあり		キンドレッド報告なし		統計的指標	
	世代型呼称	それ以外の呼称	世代型呼称	それ以外の呼称	Q	x^2
父の姉妹—母の姉妹—母	10	20	32	166	+.47	20
母の兄弟の妻—父の兄弟の妻—母	4	13	19	114	+.30	—
父の姉妹の娘—父の兄弟の娘—姉妹	13	17	46	157	+.44	20
母の兄弟の娘—母の姉妹の娘—姉妹	13	17	45	146	+.42	20
姉妹の娘—兄弟の娘—娘	5	26	16	164	+.49	2
妻の兄弟の娘—妻の姉妹の娘	3	8	7	58	+.57	2

族をもつ社会では、この呼称の存在や報告がごく稀だからである。ところでこの定理は、プラスの、高い数値の、また相互に一貫した連関係数によって確証されている。さらに大多数の事例において、五%ないし一%の精度レベルの信頼度を示している。

第六の、そしてきわめて重要な社会的決定因子のグループは、いろいろなタイプの血縁親族集団——キンドレッドやディームのような双系的集団、リネージやシブやモイエティのような単系的集団、セクションのような両系的集団——を含んでいる。これらのうち、人類学者たちは、双系の親族集団には最も注意を払わなかった。たとえばキンドレッドの発見には、かれらはほとんど特別の努力を払わなかった。いやその欠如を報告したものさえ皆無であった。したがってキンドレッドに関する諸定理をテストするときには、それが存在している社会と存在していない社会とを比較することよりも、それが報告されている社会と報告されていない社会とを比較する、ということになってくる。これは、たしかに信頼性係数のマグニチュードを減少させることになる。というのは、キンドレッドが存在しているが、報告されていない部族は、おそらくネガティブの事例に含まれてくるからである。

キンドレッドは、傍系や分枝にかかわりなく、エゴの近親者たちのすべてをひとつの社会集団としてまとめあげる。だからそれは、かれらの生得的区別を無視して、世代型の親族呼称法を生みだす。そうした社会的等化因子として作用してくることが期待されるはずである。

定理15 双系的キンドレッドは、世代型の親族呼称法と結びつく傾向がある。

この定理は、表33によって確証されている。連関係数はすべて高く、一貫してプラスであり、信頼度も、こうした状況のもとでは満足できるものである。

親族呼称法に対するディームの影響は、特殊な問題を提起している。というのは、それがエゴの世代の内部でだけ、意味があるようにみえるからである。内婚的ディームをもつ社会を、他の双系的社会と較べてみると、第一先行世代と第一後続世代の全親族に対しては、世代型・直系型・分枝融合型・分枝傍系型の呼称が、実際同じ分布を示している。ただイトコについては、内婚的ディームの社会は、世代型の呼称法が著しく優勢である。なおディームと比較される他の双系社会の多くでは、ひとしくキンドレッドの影響がみられる。そしてこの傾向は、表34で行なったように、これらの社会〔＝内婚的ディームの社会〕を、他のすべての社会と比較したとき、もっとはっきりしたものとなる。しかしこの場合でも、第一先行世代または第一後続世代に関しては、どんな効果も観察することができない。すなわちこれに該当する親族についてテストしてみると、これらはプラス、マイナス双方において低い係数を表わしており、このことは、相関がまったくランダムなことを示すものである。

では内婚的ディームは、どうしてエゴの世代内部で、親族呼称法にこうした著しい影響を及ぼし、他の世代では、いっさい影響しないのであろうか。とくに他のあらゆるタイプの血縁親族集団では、すべての世代に同じ様式で、またほぼ同じ程度に、親族呼称に対する影響がみられる。このことは、統計的にも示されている。ただこの疑問には、はっきり答えることができない。しかし他の学者たちは、その検証ができるかもしれない。あるいは納得できる代わりの理論を提出できるかもしれない。こうした希望もあって、ここではひとつの試論的な示唆を提供することにしたい。

ディームは別であるが、あらゆる血縁親族集団は、それが単系であっても双系であっても、地域社会〔の人たち〕を成員と非成員とに分割している。そこで参加と非参加とが、すべての世代について、呼称法を区別するための基盤となる。けれどもディームは、地域社会と同じ広がりをもっている。だからその成員間の親族呼称に、どんな分化も生みだすことができない。そこでこうした条件のもとでは、家族の構造がとりわけ重要となる。すなわち世代間では、強い機能的な親子関係がとくにきわだっており、その結果として、オイとメイとにあたる親族は、別の親族呼称で呼ばれる傾向が出てくる。実際、内婚的ディームをもつわれわれのサンプル社会でも、オバ、メイ、オジの妻、妻のメイに対する親族呼称は、他の諸要因からひきだされる理論的期待とも符合している。けれども同一世代の内部にあっては、地域社会に分節を欠いているために、イトコからきょうだいを分化させる——最もありふれた——基盤のひとつが取り去られる。こうしてディームの組織自体が、きょうだいからイトコへと、親族呼称が拡大していく、そうした社会的等化の因子として作用することになる。さらに同世代の人たちには、だいたいどこでも、異世代の人びとと較べて、その経済的・社会的活動において、より密接に結びつく傾向がみられる。したがって家族〔単位〕の区別は、第一先行世代または第一後続世代の場合よりも、さらに容易に無視されることになる。

ところで（われわれのみいだすことができた）この高度に試論的な仮説であるが、その唯一の裏づけは、単系出自の社会で平行イトコをどう呼ぶか、この呼称法から出てきたものである。父系社会では、父の兄弟の娘は当然、エゴの親族集団の成員となるが、母の姉妹の娘は、そうでない。また母系社会では、母の姉妹の娘は、エゴの親族集団の成員となるが、父の兄弟の娘は、そうでない。ところが圧倒的多数の単系社会では、きょうだいの呼称を、父系社会では母の姉妹の娘に、母系社会では父の兄弟の娘に拡大している。これについては、定理1も部分的に説明しているが、しかし表15を検討してみると、それがけっしてすべてのケースを説明していないことがわかる。すなわち双方の平行イトコを必然的にエゴに帰属させる二重出自の事例を除くと、われわれの標本が示すところでは、外婚的父系親族集団をもつ社会における母の姉妹の娘、または母系部族における父の兄弟の娘が、姉妹と同じ呼称で呼ばれるのは、一〇〇の社会であって、別の呼称で呼ばれるのは、二九の社会である。なお後者のうち二四は、ふつうの非姉妹型の多妻婚をもっており、これは〔呼称上の〕分化を説明している（定理4を参照)。そしてこれらの事実は、アナロジーの原理によっては、完全には説明されない。ただ特別に社会的分化の因子がない場合、きょうだいの呼称は、イトコに拡大される。そういう一般的な傾向のあることを示唆するものである。ところでディームのある場合には、この傾向が明確な社会的等化の因子によって強化される。こうしてディーム社会では、すべてのイトコに世代型の呼称が支配する。これは、推論的に説明できるものであろう。ただこの仮説は、公準Iの定式化のさい明確にしなかった仮定を含んでいる。したがって定理よりも、公理と呼ばなくてはならない。

公理16　内婚的ディームをもつ社会では、きょうだいの呼称が交叉イトコと平行イトコの双方に拡大される傾向がある。

表34は、この公理をテストしているが、本表では、ディームの組織とだいたい似てはいるがなおはっきりしない九つの社会を除いている。連関係数は、プラスで一貫しているだけではない。異例なほど高い数値を示しており、信頼性も良好である。したがってこの公理は、決定的に確証されているとみなくてはならない。

パトリ・ディームとマトリ・ディームとは、その報告されている社会があまりに少ないので、信頼できる統計的分析を行なうことができない。にもかかわらず、なんら特殊な問題は提起しない。親族呼称法のタイプ分布では、パトリ・ディームをもつ社会は、内婚的ディームをもつ社会と父処クラン・コミュニティをもつ社会とのあいだに、ほとんど正確に位置している。そしてこれは、これら三タイプの組織が、発展の順序をなしているという仮説とも、対応するものである。すなわち内婚的ディームからパトリ・ディームへ、そしてパトリ・クランへ

表34　ディームと世代型の呼称

親族のトリオ	内婚ディームあり		内婚ディームなし		統計的指標	
	世代型呼称	それ以外の呼称	世代型呼称	それ以外の呼称	Q	x^2
父の姉妹の娘―父の兄弟の娘―姉妹	9	4	47	164	+.77	1000
母の兄弟の娘―母の姉妹の娘―姉妹	9	5	48	151	+.71	100

と、すべての親族に対する直系型の呼称法と、イトコに対する世代型の呼称法とは、着実に減少している。一方、すべての親族に対する分枝融合型の呼称法は、著しく増しており、分枝傍系型の呼称法は、相対的に固定したままである。

次に血縁型の単系親族集団は、社会的参加によって生まれる類似性と非類似性とを通して、親族の呼称法上の分類に影響を与える。その成員たちは、居住規則によって集められる人たちを除けば、一緒に住むことはない。だから近接性は、要因とはならない。そして親族の配列は、出自規則によっていくぶん変わってくるけれども、親族集団の大きさによって変わることはない。すなわち同じ出自規則をもつリネージ、シブ、フラトリーは、同じ親族のカテゴリーを連合させている。モイエティも、同様な効果をもっているが、ただいくつか別の類似性をつくりだしている。したがって特別の定理で証明する必要があろう。父系出自と母系出自との影響は、厳密に平行的である。すなわちこの二つは、両者がともに父の姉妹を母の姉妹から区別している場合のように、ときとしては一致している。しかしときとしては、両者は独立している。たとえば父系出自だけが兄弟の娘と〔自分の〕娘とを直接結びつけ、母系出自だけが妻の姉妹の娘と〔自分の〕娘とを直接結びつけているのがそれである。けれどもこの二つの影響は、けっして相互に対抗的に働くことはない。いやそれぞれが独立しているようにみえるときでも、両者はアナロジーその他を通して、平行イトコの場合のように、ふつう似たような結果を生んでいる。このように単系の出自規則は、間接的な仕方で、親族呼称法に影響を及ぼしてくる。もっともその影響は、〔父系・母系という〕あい対する規則によってもたらされるが、しかし両者〔の影響〕は平行的である。したがってほとんどの事例において、母系親族集団と父系親族集団は、一緒に扱うことができる。そしてこれらを双系出自の事例から区別することが可能となってくるわけである。

もっともある社会に単系の親族集団が存在していても、それが結婚を規制しないか、または結婚が内婚の場合には、その単系親族集団は、規則正しい親族の配列を生みだすことはない。そして親族呼称法に対する効果も極小化されてくる。たとえばわれわれの標本であるカバビシュ族とクルド族とを含めて、多くのイスラム民族のあいだでは、男性は、かれの父系シブの成員である父の兄弟の娘と結婚するのが慣例となっている[77]。こうした結婚から生まれた子どもたちにとって、両親を通じての親族たちは、同一のシブに属しており、また事実、しばしば同一の人たちとなってくる。このようなケースでは、分枝性のような生得的区別は、その意味を失って、社会的等化および分化の因子は、期待される親族の配列を生みだすことはない。同じような混乱は、ひろく外婚制が冒されている場合にも起る。だから単系出自に関する諸定理を定式化して、これをテストするときには、その社会の親族集団が外婚であるか、また外婚へのはっきりした傾向をもっているか、そうした場合にかぎって、これを単系社会として分類することになるであろう。また単系社会でも、その親族集団が内婚か、非外婚的のものは、双系社会と一緒に分類されることになるであろう。とともに、次のことを、おそらく指摘しておかなくてはならない。たとえこうした併合をしても、係数のマグニチュードはせいぜい数点の差が出てくるだけだ、ということである。

ところで同一の外婚的単系親族集団への所属は、社会的等化の因子として作用し、傍系性という生得的区別を乗り越えて、融合という現象を生みだす。そしてアナロジーの原理はふつう、この融合の傾向を、出自ライン内部の平行親族と同様に、外部の平行親族にも拡大させる。こうして双方〔=父系・母系〕の単系出自規則に同時に適用される定理が可能となる。

定理17　外婚的母系または父系のリネージ、シブ、フラトリーあるいはモイエティが存在するところでは、かれらと関係づけられる傍系親族に拡大される傾向がある。
直系親族に対する呼称は、同一の性および世代の内部では、いずれの単系出自規則のもとでも、かれらと関係づけられる傍系親族に拡大される傾向がある。

表35　外婚的単系親族集団と呼称(1)

親族のペアー	外婚的単系親族集団あり		外婚的単系親族集団なし		統計的指標	
	同一呼称	異なる呼称	同一呼称	異なる呼称	Q	x^2
母の姉妹—母	106	53	31	51	+.51	1000
父の兄弟の娘—姉妹	125	29	64	22	+.19	2
母の姉妹の娘—姉妹	114	31	62	23	+.15	2
兄弟の娘—娘	107	37	34	43	+.57	1000
妻の姉妹の娘—娘	38	25	15	15	+.21	2

表36　外婚的単系親族集団と呼称(2)

親族のペアー	外婚的単系親族集団あり		外婚的単系親族集団なし		統計的指標	
	異なる呼称	同一呼称	異なる呼称	同一呼称	Q	x^2
父の姉妹—母の姉妹	122	35	52	29	+.35	20
母の兄弟の妻—父の兄弟の妻	83	26	25	19	+.48	20
父の姉妹の娘—父の兄弟の娘	124	24	25	60	+.85	1000
母の兄弟の娘—母の姉妹の娘	117	22	24	61	+.86	1000
姉妹の娘—兄弟の娘	116	18	49	28	+.57	1000
妻の兄弟の娘—妻の姉妹の娘	42	10	14	13	+.59	20

表35は、この定理をテストしているが、本表では、父の兄弟の妻と母とのあいだのいつもの比較は省略している。というのも、この二人の親族は、モイエティの存在している場合を除いて、母系・父系いずれの出自のもとでも、同一の出自にはならないからである。なお平行イトコときょうだいとが低い係数値と低い信頼度とを示しているが、これは主として、次の事実によるものである。すなわちそこでは双系の親族集団が、ふつう単系の親族集団が及ぼすのと同じ仕方で、この人たちに影響を与えている、ということである（定理15と公理16を参照）。なお定理17に決定的な確証をもたらしているのは、母の姉妹と母、兄弟の娘と娘の比較において、高い正の一貫した連関係数、また最高の信頼度の出ていることとである。

ところが、異なる単系の親族集団への所属は、社会的分化の因子として作用して、そこでは分枝性という生得的区別が支持されて、異なる出自ラインの親族タイプのあいだに

表37　外婚的母系親族集団と分枝融合型の呼称

親族のトリオ	外婚的母系親族集団あり		外婚的母系親族集団なし		統計的指標	
	分枝融合型呼称	それ以外の呼称	分枝融合型呼称	それ以外の呼称	Q	x^2
父の姉妹—母の姉妹—母	37	28	58	115	+.46	100
母の兄弟の妻—父の兄弟の妻—母	24	15	39	74	+.51	100
父の姉妹の娘—父の兄弟の娘—姉妹	49	12	76	97	+.68	1000
母の兄弟の娘—母の姉妹の娘—姉妹	49	10	64	98	+.76	1000
姉妹の娘—兄弟の娘—娘	37	15	76	82	+.45	100
妻の兄弟の娘—妻の姉妹の娘—娘	12	6	22	37	+.54	10

表38　外婚的父系親族集団と分枝融合型の呼称

親族のトリオ	外婚的父系親族集団あり		外婚的父系親族集団なし		統計的指標	
	分枝融合型呼称	それ以外の呼称	分枝融合型呼称	それ以外の呼称	Q	x^2
父の姉妹—母の姉妹—母	47	55	48	88	+.22	5
母の兄弟の妻—父の兄弟の妻—母	38	39	24	49	+.33	10
父の姉妹の娘—父の兄弟の娘—姉妹	66	33	59	76	+.44	100
母の兄弟の娘—母の姉妹の娘—姉妹	54	35	59	73	+.31	20
姉妹の娘—兄弟の娘—娘	56	34	57	64	+.30	20
妻の兄弟の娘—妻の姉妹の娘—娘	20	19	13	24	+.32	2

表39　外婚的単系親族集団と分枝融合型の呼称

親族のトリオ	外婚的単系親族集団あり		外婚的単系親族集団なし		統計的指標	
	分枝融合型呼称	それ以外の呼称	分枝融合型呼称	それ以外の呼称	Q	x^2
父の姉妹—母の姉妹—母	74	79	21	64	+.48	1000
母の兄弟の妻—父の兄弟の妻—母	53	53	10	35	+.56	100
父の姉妹の娘—父の兄弟の娘—姉妹	104	43	21	66	+.77	1000
母の兄弟の娘—母の姉妹の娘—姉妹	93	44	21	64	+.73	1000
姉妹の娘—兄弟の娘—娘	86	45	27	52	+.57	1000
妻の兄弟の娘—妻の姉妹の娘—娘	25	24	9	19	+.37	5

は、親族命名法の分化が促される。

定理18 外婚的な母系または父系のリネージ、シブ、フラトリーあるいはモイエティが存在しているところでは、異性の連結親族によってエゴと結びつけられる同一世代の対応親族（comparable relatives）には、別の親族呼称が適用される傾向がある。

この定理は、表36によって決定的に確証されている。連関係数はプラスで一貫しており、またその値も信頼度も非常に高い。

なお定理17および18の系として、〔父系・母系〕いずれかの単系タイプの外婚的血縁親族集団が存在する場合には、分枝融合型の呼称法が期待されるはずである。

定理19 外婚的母系または父系のリネージ、シブ、フラトリーおよび（あるいは）モイエティは、分枝融合型の呼称法と結びつく傾向がある。

この定理は、母系親族集団については表37で、父系親族集団については表38で、また両者を合わせたものについては、表39でテストされている。そしてはじめの部分的テスト〔表37〕では、それが強く確認されている。第二の部分的テスト〔表38〕では、ややその度合を減じているが、これは、まえにもみたように、父系の出自と強く結びつく、非姉妹型の多妻婚という対抗的な影響によるものである。もちろん、この部分的なテストでは、あい対する単系規則の事例は、ネガティブのケースとして扱われている。そのため係数のマグニチュードと信頼度とは、当然減少してくる。表39は、この欠陥を修正しているが、ここではプラスの、高い、一貫した連関係数によって確証されており、六ケースのうち四ケースでは、極大精度レベル（一〇分の一%）の信頼度がみいだされる。

ところで定理19に含まれている仮説は、ローウィ[78]とクローバー[79]の二人によって、やや違った形で提起されている。すなわち分枝融合を、ローウィは外婚制に、クローバーは単系の出自に帰している。ただローウィの仮説は、外婚的単系親族集団の線に沿って、同じく外婚によって特徴づけられるパトリ・ディームとマトリ・ディー

表40　分枝融合型呼称法についての三者の見解

	単系		双系		統計的指標	
	分枝融合型呼称	それ以外の呼称	分枝融合型呼称	それ以外の呼称	Q	x^2
クローバー	447	314	94	277	+.615	1000
ローウィ	458	332	84	257	+.617	1000
マードック	435	288	108	301	+.616	1000

ムとを含んでいる点だけが、著者の仮説とは違ってくる。またクローバーの見解は、非外婚の単系親族集団を含んでいる点で違ってくる。私は本研究をカバーしている二五〇の社会のうち、二二一の社会については、予備的分析を行なって、それにもとづいて、まえにある論文を発表した[80]。この論文で、私はローウィの仮説よりも、クローバーのそれのほうが、統計的にやや優れているという結論に達したことを述べておいた。ところが本書におけるサンプルの追加と、二、三の誤謬を訂正した結果、このわずかな優位も消えることになった。表40が示すように、この仮説について三者〔クローバー、ローウィ、著者〕の示すところは、この新しい分析結果からすれば、いずれも支持されるものとしてよい。なお本表の数字は、表37、38、39に含まれている六組の親族トリオの総計である。

クロウ型の交叉イトコ呼称は、父の姉妹の息子を父の兄弟（または父）と、父の姉妹の娘を父の姉妹と同じ呼称で呼ぶとともに、母の兄弟の息子を兄弟の息子（または息子）と、母の兄弟の娘を兄弟の娘（または娘）と、呼称のうえで一緒に分類するように、世代のレベルを無視したところの呼称法である。そしてこれはしばしば、とりわけ母系社会に特徴的だと言われてきた[81]。ところでこのことは、公準Ⅰによって説明される。というのは、母系出自のもとでは、父の姉妹とその子どもたちとは、同じ血縁親族集団の成員だからである。このような参加という事実は、おそらく世代といった生得的区別を圧倒して、同じ親族集団の内部で、第一先行世代から下位の世代へと、親族呼称法の拡大をもたらす、そうした社会的等化の因子として作用するであろう。そして、一度このことが起ると、兄弟の息子と兄弟の娘とに対する互酬的な呼称が、他の交叉イトコ、つまり母の兄弟の子どもたちに拡大される。これはアナロジー

表41　外婚的母系出自と呼称

親族のペアー	外婚制をともなう排他的母系出自		父系・二重・双系出自		統計的指標	
	同一呼称	異なる呼称	同一呼称	異なる呼称	Q	x^2
父の姉妹の娘—父の姉妹	21	29	8	181	+.88	1000
母の兄弟の娘—兄弟の娘	15	33	7	181	+.84	1000

表42　外婚的父系出自と呼称

親族のペアー	外婚制をもつ排他的父系出自		父系・二重・双系出自		統計的指標	
	同一呼称	異なる呼称	同一呼称	異なる呼称	Q	x^2
母の兄弟の娘—母の姉妹	21	68	3	144	+.87	1000
父の姉妹の娘—姉妹の娘	24	66	6	143	+.79	1000

を通して、またこうした親族たちが、みなエゴの母系リネージあるいは母系シブの男性たちの子どもだという事実によって、生まれるものである。二重出自のもとでは、交叉イトコにクロウ型の呼称法を生む傾向は、父系出自というあい対立する影響によって中和されてくる（定理21を参照）。またこの傾向は、母系親族集団が外婚によって特徴づけられていない場合には、極小化されてくる。

定理20　外婚的な母系リネージ、母系シブ、または母系モイエティが存在し、しかも外婚的な父系親族集団が存在していない場合には、父の姉妹に対する親族呼称は、父の姉妹の娘に、兄弟の娘に対するそれは、母の兄弟の娘に拡大される傾向がある。

この定理は、表41において、いずれも高い、プラスの連関係数と、極大の信頼度とによって、決定的に確証されている。なお平行した推論となるけれども、これによると、交叉イトコのオマハ型の呼称法が説明されてくる。オマハ型の呼称法では、父の姉妹の子どもたちが姉妹の息子および姉妹の娘と、母の兄弟の子どもたちが母のきょうだいと一緒に分類される。オマハ式の命名法は、ふつう、父系出自をもつ社会にみいだされる。この〔出自〕規則のもとでは、母の兄弟と母の兄弟の息子とは同じ親族集団の成員であり、母の姉妹と母の兄弟の娘も同じ成員である。そこでこうした社会的参加から出てくる類似性が、世代の線を超えて、親族呼称の拡大を助長する。姉妹の息子と姉妹の娘に対する互酬的な呼称が、もう一方の交叉イトコたち、つまり父の姉妹の子どもたちに拡大される傾向がみられるが、これは一部はアナロジーによって、また一部は父方の交叉イトコと姉妹方のメイとオイとは、みなエゴの父系シブまたは父系リネージの女性たちの子どもだからである。

定理21　外婚的な父系リネージ、父系シブ、または父系モイエティが存在し、しかも外婚的な母系親族集団が存在していない場合には、母の姉妹に対する親族呼称は母の兄弟の娘に、姉妹の娘に対するそれは父の姉妹の娘に拡大される傾向がある。

この定理は、表42のデータによって、決定的に実証されている。

なお表41、42には、クロウ型・オマハ型呼称法の発生事例について、期待されるタイプ以外の社会組織と結びついているものが含まれているが、その大部分は、別の根拠にもとづいて算入された事例である。たとえばパウニー族とシリオノ族では、クロウ型の呼称が母処居住と結びついており、マヌス族とペンテコスト族では、クロウ型の呼称が二重出自と結びついている。フォックス族では、オマハ型の呼称が非外婚的の父系シブと結びついており、タケルマ族では、オマハ型の呼称が父処居住と結びついている。まったくネガティブなケースは、バチャマ族、コランコ族（Koranko）、セニアング族（Seniang）であって、これらではクロウ型の呼称が父系出自と父処居住と結びついている。

なおわれわれの標本では、まったくの母系社会の約三分の一だけが、交叉イトコに対するクロウ型の呼称法で特徴づけられ、また父系社会の約四分の一だけが、オマハ型の呼称法をもっているにすぎない。そしてこのことは、次の事実を反映している。すでに指摘したように、これらの呼称法を生みだすためには、世代という生得的区別が排除されなくてはならない。ところがこの世代は、あらゆる分化因子のなかで最も抵抗の強いものか、または相対的効力の最も強いものだ、ということである。世代という区分を乗り超えることは、おそらく時間と単系的制度の円熟、この二つをともに必要とする。そしてこのことは、ホワイト[82]の展開した次の仮説とも符合している。すなわちクロウ型またはオマハ型の呼称は、単系の親族集団というシステムが十分に発達して、「その影響が当該部族の社会生活にますます大きく及ぶようになる」場合にだけ現われる傾向がある、というのがそれである。そして第八章で示す証拠は、この理論に強い確認を与えることになるであろう。

また著者は、アミテート（amitate）がクロウ型の呼称法を、アヴァンキュレート（avunculate）がオマハ型の呼称法を発達させる重要な要因であることが、やがて証明されると思っている。〔すでに述べたように〕アミテートは父方のオバとの、アヴァンキュレートは母方のオジとの、特殊な関係のことである。私は個人的に、クロウ型の呼称法をもつ二つの母系社会、すなわちハイダ族とトラック島民とのフィールド・ワークを行なった。この二つの社会では、いずれも父方のオバとの関係が、きわめて重要性をもっている。たとえば、ハイダ族のあいだでは[83]、父親の姉妹が特別の、また非常に重要な機能を果たしているが、これは人生のあらゆる危機――誕生、結婚、ポトラッチ、病気、葬儀――のときに現われる。そしてこれを行なう女性が生きていないときは、その娘が母の代わりをつとめる。もしこの娘が一人も生きていないときは、さらにその娘〔＝孫娘〕がこの重要な役割を果たす。言いかえると、この機能は、女性の線で受け継がれるわけであるが、これはハイダ族一般の社会条件のもとでは、当然なことになっている。すなわち同じ親族集団への参加が、類似性を促すだけでなく、以上のように、数人の親族に、世代と関係のない機能的な等価性のみられることは、この類似性をさらに強化する。こうしてこれら親族にみな同じ親族呼称を適用するという傾向が強調されるであろう。

親族命名法の決定因子として、外婚的モイエティの果たす役割は、多くの権威によって、とりわけリヴァース[84]によって強調されてきた、けれどもデータの理論的分析と注意深い吟味とによると、この強調はまず認めることができない。モイエティが呼称法上に及ぼす効果は、他の単系血縁親族集団が及ぼすものと、正確には同じのように思われる。すなわち父の兄弟の娘と母の姉妹の娘とに同一の名称を適用することが、モイエティのユニークな効果だと言われている。けれどもその大部分は、モイエティが存在しない場合でも、単系の出自とアナロジーによる拡大とによって生みだすことができるし、また生みだされている（定理1を参照）。つまり、モイエティ

表43　外婚的モイエティと分枝融合型の呼称

親族のトリオ	外婚モイエティあり		外婚モイエティなし		統計的指標	
	分枝融合型呼称	それ以外の呼称	分枝融合型呼称	それ以外の呼称	Q	x^2
父の姉妹—母の姉妹—母	15	8	79	136	+.53	20
母の兄弟の妻—父の兄弟の妻—母	14	5	50	83	+.63	100
父の姉妹の娘—父の兄弟の娘—姉妹	20	3	105	105	+.74	100
母の兄弟の娘—母の姉妹の娘—姉妹	21	2	92	109	+.85	1000
姉妹の娘—兄弟の娘—娘	16	5	97	92	+.50	10
妻の兄弟の娘—妻の姉妹の娘—娘	8	4	26	43	+.54	5

は、ただこの同じ影響を、もっと直接に、もっとシャープに及ぼしているにすぎない。なるほどモイエティの存在は、直系親族と傍系親族とを融合させる傾向を強め、分枝性という生得的区別を強調する。こうして分枝融合型呼称法の発生が増大する。しかしこれらは、みな単系集団一般の特徴だということがみいだされている（定理17、18、19を参照）。そこでこうした影響は、次の定理として要約することができる。

定理22　外婚的モイエティは、分枝融合型の呼称法と結びつく傾向がある。

この定理は、表43において、決定的に確証されている。

姻族と血族とは、ふつう、シブやリネージのために区別されるが、ところで外婚的モイエティは、これらのうち、特定の人たちを集合させる効果をもっている。㈠母の兄弟の妻、妻の母、父の姉妹、㈡父の兄弟の妻、父の妻、母の姉妹、㈢妻の兄弟の娘、息子の妻、姉妹の娘、㈣妻の姉妹の娘、妻の娘、兄弟の娘、などがそれである。ただこれらのケースでは、みな交叉イトコ婚がこれと並んで影響を与えており、しかもこの影響のほうが強いので（定理26、27を参照）、モイエティの効果は、マグニチュードも信頼性もそれほど大きくない統計的係数となって現われてくる。三次親族のうちでは、平行イトコと妻の兄弟の妻との呼称法上の等化だけが、主にモイエティの影響を反映しているようである。

定理23　外婚的モイエティが存在している場合、妻の兄弟の妻に対する親族呼称は、女性の平行イトコの呼称と同じになる傾向がある。

表44　外婚的モイエティと呼称

親族のペアー	外婚モイエティあり		外婚モイエティなし		統計的指標	
	同一呼称	異なる呼称	同一呼称	異なる呼称	Q	x^2
父の兄弟の娘—妻の兄弟の妻	7	4	10	44	+.77	100
母の姉妹の娘—妻の兄弟の妻	7	5	10	41	+.70	20

表45　セクションと呼称

親族のペアー	セクションあり		セクションなし		統計的指標	
	同一呼称	異なる呼称	同一呼称	異なる呼称	Q	x^2
息子の妻—母	3	2	2	196	+.99	1000

表46　姉妹交換婚と呼称

親族のペアー	姉妹交換による結婚		他の結婚様式		統計的指標	
	同一呼称	異なる呼称	同一呼称	異なる呼称	Q	x^2
母の兄弟の妻—父の姉妹	8	2	57	99	+.75	20
妻の兄弟の妻—姉妹	6	1	13	45	+.91	100
妻の兄弟の娘—姉妹の娘	8	2	29	56	+.77	20

この定理は、表44で実質的に確証されている。

モイエティが親族構造に及ぼす唯一の、しかもまったくユニークな影響は、二重出自と結びついて現われてくる。母系モイエティと父系親族集団との共働は、第三章でみたように、セクションやサブ・セクションのような両系の親族集団を含めて、いわゆる「結婚階級」を生みだしている。そしてこれらの集団は、社会的等化の因子として作用して、リネージ、シブ、モイエティと似た仕方で、親族呼称の拡大と分化とを助長している。

定理24　両系の親族集団が存在する場合には、親族呼称は、同じセクションまたはサブ・セクションの親族に拡大される傾向がある。

ところでこの定理を全面的に確証するとなると、これはわれわれをオーストラリア原住民の社会組織についての議論にみちびくことになるであろう。メラネシアの一部の地域を除けば、問題の諸条件は、この大陸に限られるようだからである。そこで関心のある読者は、この定理を実証する証拠として、ラドクリフ＝ブラウン(85)が要約しているオーストラリアのデータを参照されたい。そこではセクションまたはサブ・セクションのうちで、親族呼称の拡大が限度まで達して、性・世代というきわめて抵抗力のある生得的区別さえ、しばしば無視されていることがわかるであろう。

ただ当面の目的のために、その証明を表45におけるひとつの集計、すなわち母と息子の妻に対する呼称について行なってみたい。この二人の親族は、世代だけではなくて、エゴと彼女たちの機能的関係も、ほとんど全面的に違っている。にもかかわらず、この定理の条件に合い、かつ情報の入手できるわれわれの標本社会の五つのうちの三つ、すなわちオーストラリアのアルンタ族、ムルンギン族、ニュー・ヘブライド諸島のラノン族では、彼女たちは同じ親族呼称で呼ばれている。そしてその説明は、この二人の親族が、同じセクションに属しているということ、ごく単純で共通した類似性に求められる。すなわちこの二人は、父系的にではなくて、母系的に近い親族だからである。カリエラ族とペンテコスト族もセクションをもっている――ただし後者の場合は疑わしい――が、ここでは息子の妻を母から区別している。一方、ニューギニアのイアトムル族と西アフリカのタレンシ族とは、呼称法においてこの二人を等化しているが、しかし二重出自または両系の親族集団をもっているとの報告はない。ところが表45のデータは、異常なマグニチュードと信頼度をもった連関係数で、定理24を支持している。

社会的等化因子の第七のグループは、結婚を支配する特殊な諸規則からなっている。単婚（定理14を参照）、姉妹型の多妻婚（定理2と3を参照）、非姉妹の多妻婚（定理4と5を参照）、外婚（定理19を参照）が親族構造に及ぼす影響については、すでにこれをみてきた。そこで姉妹の交換と選好的な結婚の慣行とが残っていることになる。

妻を得るふつうのやり方として、二人の男性が、女性を交換する、つまりそれぞれの配偶者として、他方の姉妹を得るというやり方が存在している。ところで、こうした場合には、一定の親族タイプに一致が起る。リヴァース(86)も指摘しているように、母の兄弟の妻と父の姉妹、妻の兄弟の妻と姉妹、妻の兄弟の娘と姉妹の娘という親族たちは、姉妹の交換という規則のもとでは、同じ人物となるので、これらは、同じ呼称で呼ばれることになりやすい。

定理25　ふつうの結婚の仕方が、姉妹の交換による場合は、同じ親族呼称が母の兄弟の妻と父の姉妹、妻の兄弟の妻と姉妹、妻の兄弟の娘と姉妹の娘に適用される傾向がある。

この定理は、表46のデータによって、実質的に確証されている。

次に選好的結婚という規則は、これが二つのグループに分かれてくる——すなわち一次の、またははじめの結婚を支配する規則と、二次の、または後続的結婚を支配する規則とがそれである。第一のタイプのうち、最もふつうのものは、交叉イトコ婚であって、すなわち父の姉妹の娘、または母の兄弟の娘との選好的な結婚である。交叉イトコ婚は、これら親族の双方が選ばれた配偶者である場合は対称的、一方だけが適格または選ばれたそれである場合は非対称的と呼ばれる。ある社会で、交叉イトコ間の結婚が大きな割合を占めてくると、一定の親族タイプについての一致が、したがって親族呼称の拡大がしばしば起ってくる。[87] たとえば父の姉妹の娘との結婚が選好されると、ある男性の父方のオバは、かれの義理の母となり、彼女の娘はかれの妻か、かれの妻の姉妹か、かれの兄弟の妻となってくる。またかれの姉妹方のメイは、かれの義理の娘となってくる。こうして親族呼称法は、これら等価者に順応していくことになりやすい。

定理26　父の姉妹の娘との選好的な結婚規則のもとでは、同一の呼称が父の姉妹と妻の母、父の姉妹の娘と妻、あるいは妻の姉妹および姉妹の娘と息子の妻に適用される傾向がある。

表47のデータは、高い一貫したプラスの連関係数と、例外的に高レベルの信頼度とで、この定理を確認している。

これと平行した拡大は、母の兄弟の娘との選好的な結婚のときにも起る。この規則のもとでは、ある男性の母方のオジの妻は、かれの義理の母となり、彼女の娘は、かれの妻または義理の姉妹となり、かれの妻の兄弟の娘は、かれの義理の娘となる。

表47　選好的結婚の及ぼす影響（父方交叉イトコ婚）

親族のペアー	選好される配偶者が「父の姉妹の娘」の場合		選好されない配偶者が「父の姉妹の娘」の場合		統計的指標	
	同一呼称	異なる呼称	同一呼称	異なる呼称	Q	x^2
父の姉妹—妻の母	14	20	13	139	+.76	1000
父の姉妹の娘—妻	6	28	3	159	+.84	1000
父の姉妹の娘—妻の姉妹	10	18	5	137	+.88	1000
父の姉妹の娘—兄弟の妻	9	17	5	138	+.81	1000
姉妹の娘—息子の妻	8	18	9	124	+.72	100

表48　選好的結婚の及ぼす影響（母方交叉イトコ婚）

親族のペアー	選好される配偶者が「母の兄弟の娘」の場合		選好されない配偶者が「母の兄弟の娘」の場合		統計的指標	
	同一呼称	異なる呼称	同一呼称	異なる呼称	Q	x^2
母の兄弟の妻—妻の母	21	17	10	88	+.83	1000
母の兄弟の娘—妻	7	39	3	145	+.79	100
母の兄弟の娘—妻の姉妹	14	23	7	127	+.83	1000
母の兄弟の娘—兄弟の妻	12	22	5	130	+.87	1000
妻の兄弟の娘—息子の妻	8	12	5	50	+.74	100

表49　兄嫁婚の及ぼす影響

親族のペアー	兄嫁婚あり		兄嫁婚なし		統計的指標	
	同一呼称	異なる呼称	同一呼称	異なる呼称	Q	x^2
父の兄弟の妻—母	46	32	20	26	+.30	5
父の兄弟の娘—姉妹	84	23	49	16	+.09	—
兄弟の妻—妻	20	79	6	51	+.37	5
兄弟の娘—娘	58	38	42	18	−.21	2

表50　姉妹婚の及ぼす影響

親族のペアー	姉妹婚あり		姉妹婚なし		統計的指標	
	同一呼称	異なる呼称	同一呼称	異なる呼称	Q	x^2
母の姉妹—母	38	35	35	29	−.04	—
母の姉妹の娘—姉妹	53	14	48	16	+.12	—
妻の姉妹—妻	9	59	5	54	+.24	—
妻の姉妹の娘—娘	18	16	13	10	−.07	—

定理27　母の兄弟の娘との選好的な結婚規則のもとでは、同一の親族呼称が母の兄弟の妻と妻の母、母の兄弟の娘と妻もしくは妻の姉妹または兄弟の妻、妻の兄弟の娘と息子の妻に適用される傾向がある。

この定理は、表48で決定的に確証されている。

また他の選好的な一次婚も、親族命名法に、以上と較べられる効果を及ぼしている。たとえばレス族（Lesu）のあいだでは、妻の母に対する呼称が、父の姉妹の娘と母の兄弟の娘とに拡大されているが、ここでは女性交叉イトコの娘との結婚が選好されている。またアルンタ族のあいだでは、この呼称が母の母の兄弟の娘と母の父の姉妹の娘とに拡大されているが、ここでは選好される相手は、彼女たちの娘であるフタイトコとなっている。ただこうしたケースはごく散発的なので、信頼しうる統計的テストを行なうことができない。

多くの権威は、兄嫁婚や姉妹婚といった二次婚を支配する選好的な規則も、親族呼称法の決定因子になると主張してきた。ただこうした理論には、いくつもの疑義があり、この疑義の根拠については、本章のはじめのほうで、述べておいた通りである。さらに第九章では、二次婚は、親族構造を含めて社会組織の諸形態によってほとんど決定されて、その逆の〔因果〕関係にはないことが示されるであろう。[88] 選好的二次婚の影響を主張する諸理論は、こうした異論にさらされているし、また公準1からも出てこないので、それらを定理として示すことはできない。けれどもこれらの理論をテストするため、公理として定式化するのはさしつかえないであろう。

兄嫁婚は、兄弟の妻を妻と置き換えることによって、父の兄弟の妻と母、父の兄弟の娘と姉妹、兄弟の妻と妻、兄弟の娘と娘といった親族のあいだに等化をつくり、こうして、これら親族タイプのペアーそれぞれの親族に、同じ分類式呼称を用いることが促される、とされている。この主張は、なるほど論理的ではあるけれども、しかし二次婚の頻度は、一次婚と較べて、必然的に小さくなってくる。そしてこれは、例外的な事例を除けば、二次婚が効果的な社会的等化因子として作用する確率を、大幅に減らすこととなる。公理28のテストは、これを支持している。

公理28　兄嫁婚の存在する場合には、親族呼称は、母から父の兄弟の妻へ、姉妹から父の兄弟の娘へ、妻から兄弟の妻へ、娘から兄弟の娘へと、拡大される傾向がある。

表49は、この公理をテストしているが、ただ本表では、両系の親族集団をもつ六つの社会を除いている。というのは、これらの社会では、セクションまたはサブ・セクションがこの姉妹婚を、実際上、不可避とするからである。

同様に姉妹婚も、母の姉妹と母、母の姉妹の娘と姉妹、妻の姉妹と娘、妻の姉妹の娘と娘とのあいだに、呼称法上の等化をもたらす、とされている。

公理29 姉妹婚が存在している場合には、親族呼称は母から母の姉妹へ、姉妹から母の姉妹の娘へ、妻から妻の姉妹へ、娘から妻の姉妹の娘へと、拡大される傾向がある。

表50は、この公理をテストしているが、本表では、部族社会の二グループを除いている。——ひとつは、両系の親族集団をもつものであって、ここではほとんど自動的に姉妹婚となるからである。もうひとつは、選好的な姉妹型の多妻婚をもつものである。すでに定理2で示したように、姉妹型の多妻婚は、親族呼称法に対して、ここで姉妹婚に帰属させたような効果をはじめからもっている。だからこれを姉妹婚に含めることは、姉妹婚の影響について誤った印象を与えかねないからである。

ところで表49、50の分析は、公理28と29とが、統計的な裏づけを欠いていることを示している。すなわち連関係数は低く、それに相互に一貫していない。また八つの集計のうちの三つでは、マイナスのサインが示されている。なおこれは、無修正のテストの一例を除けば、マイナスの係数を出した最初のものであった。さらに重要なのは、信頼度のレベルが低いことである。すなわちどの場合でも、信頼度の指数x^2は、一〇%の精度レベルに達しておらず、やっと五〇%に達している三係数のうちの一つは、マイナスの記号を示している。したがってこの二つの公理は、確証されていないとみなくてはならない。すなわち兄嫁婚と姉妹婚のどれかが、親族呼称法になにか固有の影響を及ぼしているとしても、それは比較的わずかであって、おそらく非常に特殊な場合に限られているからであろう。

表51　兄嫁婚の分枝融合型に及ぼす影響

親族のトリオ	兄嫁婚あり		兄嫁婚なし		統計的指標	
	分枝融合型呼称	別の呼称	分枝融合型呼称	別の呼称	Q	x^2
父の姉妹—母の姉妹—母	39	64	23	40	+.03	—
母の兄弟の妻—父の兄弟の妻—母	38	36	8	34	+.64	100
父の姉妹の娘—父の兄弟の娘—姉妹	52	51	30	32	+.04	—
母の兄弟の娘—母の姉妹の娘—姉妹	49	49	25	34	+.15	2
姉妹の娘—兄弟の娘—娘	50	39	31	28	+.05	—
妻の兄弟の娘—妻の姉妹の娘—娘	16	26	8	12	−.04	—

表52　姉妹婚の分枝融合型に及ぼす影響

親族のトリオ	姉妹婚あり		姉妹婚なし		統計的指標	
	分枝融合型呼称	別の呼称	分枝融合型呼称	別の呼称	Q	x^2
父の姉妹—母の姉妹—母	31	48	22	42	+.16	2
母の兄弟の妻—父の兄弟の妻—母	22	31	10	32	+.39	5
父の姉妹の娘—父の兄弟の娘—姉妹	38	36	31	31	+.03	—
母の兄弟の娘—母の姉妹の娘—姉妹	36	36	28	33	+.08	—
姉妹の娘—兄弟の娘—娘	35	35	28	28	+.00	—
妻の兄弟の娘—妻の姉妹の娘—娘	13	18	4	13	+.40	2

ところで兄嫁婚と姉妹婚とが融合を生みだすという仮定は、これまでのところでは確証されていなかった。けれどもこれは、サピアー[89]の次の仮説をみちびく。すなわちこうした選好的二次婚の規則は、分枝融合型呼称法という現象に対応するものかもしれない、ということである。もっともこの理論は、現在のところ、基盤が確定されていない。しかし公理として定式化して、テストしてみることはできるであろう。

公理30　兄嫁婚と姉妹婚は、分枝融合型の呼称法と結びつく傾向がある。

この公理は、表51と52でテストされている。

表51と52の連関係数では、低い数値が優勢である。すなわちゼロの係数が一つ、マイナスのサインが一つ出ている。また信頼性の指数もきわめて低い。そしてこれらは、公理30が確証されていないことを示すものである。ただひとつ、例外として指摘されるのは、オジの妻たちの場合であろう。すなわち彼女た

ちに対する分枝融合型の呼称法は、非常に強く兄嫁婚と結びついている。けれども全体として、親族現象の説明に兄嫁婚または姉妹婚をもちだすのは、明らかに危険のように思われる。

親族呼称法を他の選好的二次婚に帰する理論もいくつかみいだされる。けれどもこれらは、まず考えなくてもよい。というのも、その妥当性が、さらに疑わしいからである。たとえば交叉イトコに対するクロウ型の呼称法が、母の兄弟の妻との選好的な結婚〔＝二次婚〕の影響に帰せられている。しかしわれわれのデータでは、こうした選好的な結婚は、交叉イトコ呼称法のあらゆる主要タイプとともに起きていることを示している。また、この二次婚が、イロクォイ型の呼称法よりも、クロウ型の呼称法のほうに多くみられるということも、まったくない。

同様に、妻の兄弟の娘との選好的な二次婚は、オマハ型の呼称法に対応しているとされているが、実際には、われわれのサンプル中のオマハ型社会のうちでは、ごくわずかしかみられない。また多くの場合、こうした結婚は、はっきりと禁止されている。だからどんなタイプの選好的な二次婚でも、これを親族呼称法の重要な決定因子に含めるべきではない。この結論を避けることはできない。

公準1の証明は、これで完了した。この公準からは、二六のそれぞれ別の定理が引きだされて、これらは、一五五の別々の集計でテストされた。このうち三五の集計は、予備的または不正確のものである。そこで残った一二〇の集計について、連関係数と信頼性指数とを分析した結果は、この公準が決定的に確証されたことを示している。

一二〇の係数がみな正であるという事実は、きわめて重要である。それは、すべての定理が例外なく事実と符合しており、したがって仮説設定法の厳密な要請を、最大限に満たしているからである。さらに同じ定理のいくつものテストも一貫性を示しており、これは信頼性の重要な基準を指示している。なるほどある定理のそれぞれ別のテストについては、信頼性の指数が低い場合もあった。けれどもいずれもプラスの係数をみせており、このことは、数的分布がもっぱら偶然によったという確率を、著しく減小させるものであろう。

連関係数のマグニチュードも、同じように重要である。すなわち一二〇全体の六分の五が＋.30以上の数値を示している。そしてその算術平均は＋.54となり、係数の中間は＋.55となる。その分布は、正規の頻度曲線に似ているが、〔具体的には〕次のようである〔別表〕。

なかでも最も重要なのは、おそらくx^2指数が示すきわめて高い信頼性のレベルであろう。ただ定理2、3、4だけは、x^2の指数がそれ自身ではまったく実質的な確認を与えていない。x^2という信頼性の指数は、標本分布の関数であるとともに、標本規模の関数でもある。だから事例数が少ないときには、低い指数は、有意性をもっているとみるべきではない。表53は、この事例数と関連させて、一一九——Qが＋1.00という不適当な一例を除く——の信頼性指数の分布を示したものである。

本表の結果は、社会科学にあっては、おそらく空前のものであろう。けれどもこれは、けっして現実の可能性を正当に評価しているのではない。各事例には、複数の要因が働いてくるが、われわれの定理のほとんどは、分析のために単一の要因だけを抽出しているからである。このことに留意しなくてはならない。もしいくつかの要因を同時に考慮するならば、係数のマグニチュードは明らかに高くなり、ふつう、その信頼性も高くなってくるはずである。そしてこのことは、われわれの社会の社会体系について、これを証明することができる。われわれの社会体系では、新処居住と独立核家族とが二つの要素となっているが、〔本書では〕新処居住は定理12で、独立核家族は定理14で、別々にテストされている。そこでこの二つの要素を組み合わせ、これにわれわれの社会構造の他の二つの特性——厳密な単婚制、および外婚的単系親族集団の欠如——を加えると、表54に示したような結果に達することになる。そこで本表を表28、32と較べてみると、複数の要因の組み合わせが、どんなに係数値と

別表　連関係数の分布

係数の範囲	件数	%
＋.91～＋1.00	3	2.5
＋.81～＋.90	13	10.8
＋.71～＋.80	16	13.3
＋.61～＋.70	16	13.3
＋.51～＋.60	20	16.8
＋.41～＋.50	19	15.8
＋.31～＋.40	13	10.8
＋.21～＋.30	11	9.2
＋.11～＋.20	5	4.2
＋.01～＋.10	4	3.3
−1.00～.00	0	0.0
計	120	100.0

表53　事例数別の信頼性のレベル

信頼性のレベル	200事例以上	200〜100事例	100事例以下	計
1000 (.001)	25	12	1	38
100 (.01)	8	5	3	16
20 (.05)	10	5	3	18
10 (.10)	3	1	2	6
5 (.20)	1	2	6	9
2 (.50)	10	4	6	20
2以下	2	5	5	12

表54　アメリカ社会との比較

親族のトリオ	単婚・独立型核家族・新処居住で外婚リネージないしシブがない社会		他の社会構造の結合要素をもつ社会		統計的指標	
	直系型呼称	別の呼称	直系型呼称	別の呼称	Q	x^2
父の姉妹―母の姉妹―母	5	3	16	196	+.91	1000
母の兄弟の妻―父の兄弟の妻―母	3	1	22	167	+.90	100
父の姉妹の娘―父の兄弟の娘―姉妹	5	3	19	188	+.89	1000
母の兄弟の娘―母の姉妹の娘―姉妹	5	2	19	178	+.92	1000
姉妹の娘―兄弟の娘―娘	5	3	20	165	+.86	1000

信頼性の双方を高めているかがわかるであろう。同様な結果は、非常に多数の同様な組み合わせからも得ることができる。ただ長くなるので、ここではその詳細を略すことにしたい。

公準Ｉが確証されたので、次は、いろいろな社会的要因の相対的な影響（力）を考察して、どのタイプの親族呼称がこれらと有意に結びついているかを簡単にみていくことにしたい。ただ社会的等化と分化の因子のいくつか(のグループ)については、その相対的効果を公準から引きだすことができない。また定理の確証から、直接推論することもできない。つまり独自に決定されなくてはならない。さらに諸表の係数値と信頼性も、テストされる要因が、他の諸要因から独立していることが確定されないかぎり、この効果をはかる直接の尺度としてとることができない。独立変数として働いている要因は、ごく少ないからである。たとえばパトリ・クランは、いつも父処居住と父系出自の双方と結びついて、同じような影響を及ぼしている。だから、これらが特定の親族現象と共存していることはわかる。けれども現象の証明自体は、指摘された効果のどれだけが居住規則によるか、出自規則によるか、クランへの参加それ自身によるか、これについての指示はまったくない。なおパトリ・クランは、非姉妹型の多妻婚とも強く結びついており、後者は対抗的な影響を及ぼしている。しかし個々の定理をテストしてみても、この非姉妹型の多妻婚が、居住・出自・参加のそれぞれに、どの程度、対抗的に作用しているか、これについての指示はない。ひとつの要因が、まったくランダムな形で、他の要因すべてと結びついていることが証明される場合にだけ――これは姉妹型の多妻婚では、さらに遠くたどる条件となってくる――、係数のマグニチュードと信頼性とを、その効果の大まかな指標とすることができるだけである。

社会的等化および分化の因子がもつ相対的効果について、これを完全に分析するとなると、与えられたスペースを大きく超えるが、おそらくその必要はないであろう。したがってわれわれは、とくに影響が大きいとされる三つの要因群――結婚形態、居住規則、血縁親族集団への参加――に限って、これらに帰せられる相対的なウエートを考察してみることにしたい。

ところで結婚形態の相対的効果が、出自と親族集団への参加のそれよりも低いということは、次の事実によって示唆される。すなわち前者を扱った定理のテスト（定理2から5）の連関係数・信頼性指数と較べて、後者に関する定理のテスト（定理15から24）のそれのほうが、明らかに高いということである。さて父系の出自と非姉妹型の多妻婚とは、異なったタイプの親族呼称法、すなわちそれぞれ分枝融合型、分枝傍系型の呼称法を生みだす傾向をもっている。そこでこの二つの要因がともに存在している場合には、これらの〔呼称法の〕タイプの分布というものが、〔問題の〕相対的効果を明らかにするはずである。そこで二重出自の例を除いて、オジとオバとに対するそうした呼称の発現率を別に計算してみると、分枝融合型がほぼ五〇%以上で起っていることがわかる。そしてこれは、定理19に関する表38の結果によっても確認されている。次に姉妹型の多妻婚は、単系の出自

表55　姉妹型・非姉妹型多妻婚と分枝融合型の呼称

親族のトリオ	単系出自でかつ非姉妹型多妻婚		双系出自でかつ姉妹型多妻婚		統計的指標	
	分枝融合型呼称	別の呼称	分枝融合型呼称	別の呼称	Q	x^2
父の姉妹—母の姉妹—母	67	73	5	7	+.12	—
母の兄弟の妻—父の兄弟の妻—母	48	52	5	3	−.29	—
父の姉妹の娘—父の兄弟の娘—姉妹	93	42	2	9	+.82	100
母の兄弟の娘—母の姉妹の娘—姉妹	82	43	2	9	+.79	100
姉妹の娘—兄弟の娘—娘	77	43	7	4	+.01	—
妻の兄弟の娘—妻の姉妹の娘—娘	23	27	4	0	−1.00	*

と同じ影響を親族呼称に及ぼしている。そこでこの二つの要因の一方だけが存在している場合は、もうひとつの比較の機会が提供される。これは表55で分析されている。ここでは分枝融合型の呼称法が、双系出自の全事例の半数にやや満たない程度で、姉妹型の多妻婚と結びついており、一方、姉妹型の多妻婚をもたない全事例の半数をやや出るところで、単系の出自と結びついている。もっとも、統計的に信頼できる結果はイトコの場合だけである。しかしここでは、単系の出自が、姉妹型の多妻婚よりも、はっきり大きな効果のあることが示されている。そしてこれらの事実は、みな同じ方向、すなわち結婚形態と比較して、出自規則のほうが相対的効果においてすぐれているという同じ方向性を指しているわけである。

次に定理2から5までのテスト〔=結婚形態〕と較べて、定理6から12までのそれ〔=居住規則〕は、より高い係数値と信頼性指数とを示しており、これは居住規則の相対的効果と較べて、結婚形態のそれのほうが、やはり低いことを示唆している。けれども居住規則と出自規則とは、平行してきわめて強く結びついているので、以上の結果は、おそらく出自の支援的影響によるものと思われる。なおこれについては、ひとつのテスト・ケースが提供されている。父処居住と一般の多妻婚とをともにもつ、双系社会の親族呼称法がそれである。すなわちここでは、少なくともオバとメイに関しては、分枝傍系型の呼称法がほぼ五対一の割合で、分枝融合型の呼称よりも多い。前者は非姉妹型の多妻婚に、後者は父処居住に期待されるものである。したがって単系居住という対抗的要因が排除されている場合、前者の優勢は、居住規

表56　出自と居住との相対的効果

親族のトリオ	新処居住または双処居住の単系出自		単処居住の双系出自		統計的指標	
	分枝融合型呼称	別の呼称	分枝融合型呼称	別の呼称	Q	x^2
父の姉妹—母の姉妹—母	5	5	17	42	+.42	2
母の兄弟の妻—父の兄弟の妻—母	4	4	8	20	+.43	2
父の姉妹の娘—父の兄弟の娘—姉妹	8	3	16	45	+.76	100
母の兄弟の娘—母の姉妹の娘—姉妹	6	3	15	46	+.72	20
姉妹の娘—兄弟の娘—娘	7	2	20	34	+.71	10
妻の兄弟の娘—妻の姉妹の娘—娘	3	0	7	10	+1.00	*

則に対してより、結婚形態に対して相対的効果の高いことを示している。なお同様な解釈は、定理5に関する表20、21によっても示唆されている。ただ残念なことに、姉妹型多妻婚の影響と単処居住のそれとについては、統計的に信頼できる比較を行なうことができない。にもかかわらず、入手できるこの種の証拠からすれば、きわめて仮説的ではあるけれども、結婚形態の相対的効果が、居住規則のそれよりも大きい、という印象を否定することができない。

〔これに対して〕出自と居住との比較は比較的容易である。単系の出自と単処の居住とが、親族呼称法に平行的な影響を及ぼすことは、すでに証明されている。そこで両者がともに存在しているケース、またはともに存在していないケースを除いて、両者のうち一方だけが作用しているケースを分析すれば、それらの相対的効果についての指示が得られるはずである。これは表56で行なっている。ところが本表に集めたデータによると、単処の居住が存在していない事例のほぼ三分の二において、単系の出自は分枝融合型の呼称と結びついており、一方、単系の出自を欠いている社会の三分の一弱において、単処の居住が分枝融合型と結びついていることを示している。これは、単系の出自、すなわち外婚的単系親族集団の相対的効果が、単処居住のそれと較べて、かなり大きいことを指している。これはまた、出自が一般に、居住よりも効果的な要因であることを示唆している。そしてこれは、ふつう支持する係数と信頼性指数とにおいて、居住に関する定理（定理6から12）に較べて、出自に関する定理（定理15から24）のほうがいくぶん高いことによっても確認される。
そこでわれわれの試論的結論というのは、親族呼称の決定因子の主要グループのなかでは、出自規則とそれから出てくる親族集団とが最高にランクし、結婚形態とそれから出てくる家族形態が次に位置する、ということである。ただそれにもかかわらず、居住規則の影響も、これをあまり割引きしてはならない。たとえば、非姉妹型の多妻婚は、一般に単系出自よりも単処居住と結びついている。この事実からすれば、出自の優先も部分的にはあいまいとなってくる。さらに時間という因子（仮定13を参照）も、おそらく居住に不利に働いてくる。第八章で示すように、社会体系は、ひとつの比較的安定した均衡状態から、別の均衡状態へと変化していく。そして居住規則は、この過程で最初に修正を受ける側面、親族呼称法は、最後に変化する側面ということになる。またそうした推移過程にある社会体系には、大規模でランダムな人間社会のサンプルというものが、相当数含まれてくる。というわけで親族呼称は、前進的な居住規則よりも、しばしば停滞的な出自規則と一致してくることになるであろう。

本来の興味からすれば、親族呼称法は、結婚、家族、地域社会の組織などと較べるべくもない。それで読者は、本章では、仮説設定法の進行とともに、親族の無味・単調な統計的事実を追っていくことになった。にもかかわらずなお関心と忍耐とを示してこられた。とすればこれは、ある褒賞にあたいする。そして読者は、著者とともに、おそらくこの褒賞を次のものにみいだすであろう。すなわち文化と社会生活とに関するデータも、物理学や生物学の事実と同様に、厳密な科学的措置に耐えるものであり、本章はそれを実現した、ということである。社会組織の諸要素も、それ自体の自然法則に合致している。それらの置換や配合は、化学における原子、生物学における遺伝子の置換・配合を特徴づけている自然法則と、ほとんど劣らない正確さをもっている。以上は、きわめて明白であろう。

原註1 A. L. Kroeber, Classificatory Systems of Relationship (*Journal of the Royal Anthropological Institute*, XXXIX, 1909. pp. 82-4) ; California Kinship Systems (*University of California Publications in American Archaeology and Ethno* *logy*, XII, 1917, pp. 389-90).

2 A. L. Kroeber, Yurok and Neighboring Kin Term Systems (*University of California Publications in American Archaeology and Ethnology*, XXXV, 1934, pp. 15-22); Kinship and History (*American Anthropologist*, n.s., XXXVIII, 1936, pp. 338-41).

3 A. L. Kroeber, California Kinship Systems (*University of California Publications in American Archaeology and Ethnology*, XII, 1917, p. 389); Yurok and Neighboring Kin Term Systems (*University of California Publications in American Archaeology and Ethnology*, XXXV, 1934, p. 22).

4 A. L. Kroeber, Zuñi Kin and Clan (*Anthropological Papers of the American Museum of Natural History*, XVIII, 1917, pp. 86-7) をみよ。ローウィの解釈では，分枝融合型の呼称は，外婚制よりもむしろ単系出自の影響によるとしているが，クローバーは，これに異議をとなえている。

5 A. L. Kroeber, Kinship and History (*American Anthropologist*, n. s., XXXVIII, 1936, p. 340).

6 A. L. Kroeber, Yurok and Neighboring Kin Term Systems (*University of California Publications in American Archaeology and Ethnology*, XXXV, 1934, pp. 21-12).

7 R. H. Lowie, Historical and Sociological Interpretations of Kinship Terminologies (*Holmes Anniversary Volume*, Washington, 1916, pp. 298-300).

8 G. P. Murdock, The Common Denominator of Cultures (*The Science of Man in the World Crisis*, ed. R. Linton, New York, 1945, pp. 138-41).〔斎田隆訳「文化の公分母」，R・リントン編『世界危機に於ける人間科学』昭和五十年，一七五―二〇三頁，新泉社〕

9 文化過程だけが歴史的である。ホワイトは，進化は別々の文化過程だとしているが，著者はこの主張を受け入れることはできない。L. A. White, Kroeber's Configurations of Culture Growth (*American Anthropologist*, n. s., LXVII, 1946, p. 82) をみよ。

10 E. W. Gifford, A Problem in Kinship Terminology (*American Anthropologist*, n.s., XLII, 1940, pp. 193-4). なお A. L. Kroeber, Classificatory Systems of Relationship (*Journal of the Royal Anthropological Institute*, XXXIX, 1909, p. 83) もみよ。

11 R. H. Lowie, Kinship (*Encyclopaedia of the Social Sciences*, VIII, 1932, p. 569) をみよ。

12 S. Tax, Some Problems of the Social Organization (*Social Anthropology of North American Tribes*, ed. F. Eggan, Chicago, 1937, p.6).

13 R. H. Lowie, Relationship Terms (*Encyclopaedia Britannica*, 14th edit., London, 1929, XIX, p. 89).

14 P. Kirchhoff, Verwandtschaftsbezeichnungen und Verwandtenheirat (*Zeitschrift für Ethnologie*, LXIV, 1932, p. 51).

15 W. F. Ogburn, *Social Change* (New York, 1922, pp.200–80) 参照。

16 R. H. Lowie, *Culture and Ethnology* (New York, 1917, p.173).

17 一九一四年のような最近になってさえ、リヴァースは「結婚形態の古代のあり方は、親族呼称法に結果している残存から、確信的に推論できる」と主張している。W. H. R. Rivers, *Kinship and Social Organization* (London, 1914, pp. 58–9).

18 A. L. Kroeber, Classificatory Systems of Relationship (*Journal of the Royal Anthropological Institute*, XXXIX, 1909, p. 82).

19 A. R. Radcliffe-Brown, The Social Organization of Australian Tribes (*Oceania*, I, 1931, p. 427).

20 A. L. Kroeber, Classificatory Systems of Relationship (*Journal of the Royal Anthropological Institute*, XXXIX, 1909, p. 84); California Kinship Systems (*University of California Publications in American Archaeology and Ethnology*, XII, 1917, p. 389).

21 S. Tax, Some Problems of Social Organization (*Social Anthropology of North American Tribes*, ed. F. Eggan, Chicago, 1937, pp. 19–20).

22 C. L. Hull, *Principles of Behavior* (New York, 1943, pp. 183–203).

23 タイラーとリヴァースとは、この慣行がなにかモイエティ以前の組織から発したものとしているが、この仮説は明らかに欠陥のあるものである。にもかかわらず、たとえばローウィは、これに代わるものを考えることができないとしている。R. H. Lowie, Family and Sib (*American Anthropologist*, n.s., XXI, 1919, p. 33) をみよ。

24 E. Sapir, Terms of Relationship and the Levirate (*American Anthropologist*, n.s., XVIII, 1916, pp. 327–37).

25 A. R. Radcliffe-Brown, Social Organization of Australian Tribes (*Oceania*, I, 1931, p. 429).

26 S. Tax, Some Problems of Social Organization (*Social Anthropology of North American Tribes*, ed. F. Eggan, Chicago, 1937, p. 16).

27 ラドクリフ=ブラウンの普遍的「法則」に対する同様な批判については、R. H. Lowie, *The History of Ethnological Theory*, New York, 1937, pp. 224–5) をみよ。

28 S. Tax, Some Problems of Social Organization (*Social Anthropology of North American Tribes*, ed. F. Eggan, Chicago, 1937, p. 10).

29 W. H. R. Rivers, *Kinship and Social Organization* (London, 1914, p. 19).

30 E. Sapir, Terms of Relationship and the Levirate (*American Anthropologist*, n.s., XVIII, 1916, p. 327 n).

31 R. H. Lowie, Kinship (*Encyclopaedia of the Social Sciences*, VIII, 1932, p.570).

32 W. H. R. Rivers, *Kinship and Social Organization* (London, 1914, pp.44-5).

33 *Ibid.*, pp.21-25.

34 E. Sapir, Terms of Relationship and the Levirate (*American Anthropologist*, n. s., XVIII, 1916, pp.327-37).

35 P. Kirchhoff, Verwandtschaftbezeichnungen und Verwandtenheirat (*Zeitschrift für Ethnologie*, LXIV, 1932, p.53); B. W. Aginsky, The Mechanics of Kinship (*American Anthropologist*, n. s., XXXVII, 1935, pp.450-1). 批判については、R. H. Lowie, *Culture and Ethnology* (New York, 1917, pp. 144-50) をみよ。

36 分枝融合型では、母の兄弟と父の姉妹には別の呼称が用いられるが、父の兄弟は「父」、母の姉妹は「母」と呼ばれる。R. H. Lowie, A Note on Relationship Terminologies (*American Anthropologist*, n.s., XXX, 1928, pp.265-6) をみよ。

37 B. W. Aginsky, The Mechanics of Kinship (*American Anthropologist*, n. s., XXXVII, 1935, pp. 450-1); Kinship Systems and the Forms of Marriage (*Memoirs of the American Anthropological Association*, XLV, 1935, pp.34-5).

38 E. W. Gifford, Miwok Moieties (*University of California Publications in American Archaeology and Ethnology*, XII, 1916, pp.186-8).

39 A. Lesser, Some Aspects of Siouan Kinship (*Proceedings of the International Congress of Americanists*, XXIII, 1928, p.571); Kinship in the Light of Some Distributions (*American Anthropologist*, n.s., XXXI, 1929, pp.722-5).

40 R. H. Lowie, The Omaha and Crow Kinship Terminologies (*Proceedings of the International Congress of Americanists*, XXIV, 1930, pp.102-8); Kinship (*Encyclopaedia of the Social Sciences*, VIII, 1932, p.571).

41 W. H. R. Rivers, *Kinship and Social Organization* (London, 1914, pp. 29-42).

42 S. Tax, Some Problems of Social Organization (*Social Anthropology of North American Tribes*, ed. F. Eggan, Chicago, 1937, pp. 12-13).

43 L. H. Morgan, Systems of Consanguinity and Affinity of the Human Family (*Smithsonian Contributions to Knowledge*, XVII, 1870, pp.478-9) 参照。

44 G. P. Murdock, Bifurcate Merging (*American Anthropologist*, n. s., XLIX, 1947, pp.60-2).

45 E. B. Tylor, On a Method of Investigating the Development of Institutions (*Journal of the Royal Anthropological Institute*, XVIII, 1889, p.264).

46 W. H. R. Rivers, *Kinship and Social Organization* (London, 1914, pp. 72-3).

47 R. H. Lowie, *Culture and Ethnology* (New York, 1917, pp. 136-8); G. P. Murdock, Bifurcate Merging (*American

Anthropologist, n. s., XLIX, 1947, pp. 57-8).

48 R. H. Lowie, Exogamy and the Classificatory System of Relationship (*American Anthropologist*, n. s., XVII, 1915, pp. 223-39) ; *Culture and Ethnology* (New York, 1917, pp. 140-60). しかし Family and Sib (*American Anthropologist*, n. s., XXI, 1919, p. 33)を参照せよ。ここではローウィは、かれの立場を変えている。

49 A. L. Kroeber, Zuñi Kin and Clan (*Anthropological Papers of the American Museum of Natural History*, XVIII, 1917, pp. 86-7).

50 A. Lesser, Kinship Origins in the Light of Some Distributions (*American Anthropologist*, n. s., XXXI, 1929, pp. 722-5)参照。

51 R. H. Lowie, *Culture and Ethnology* (New York, 1917, pp. 151-4).

52 これは、両タイプの交叉イトコに、同じ呼称をあてるのが特徴である。

53 L. A. White, A Problem in Kinship Terminology (*American Anthropologist*, n. s., XLI, 1939. pp. 569-70). なお以下の定理20、21を参照。

54 たとえば E. W. Gifford, A Problem in Kinship Terminology (*American Anthropologist*, n. s., XLII, 1940, p. 193) ; A. Lesser, Kinship Origins in the Light of Some Distributions (*American Anthropologist*, n. s., XXXI, 1929, p. 728) をみよ。

55 M. E. Opler, Apache Data concerning the Relation of Kinship Terminology to Social Classification (*American Anthropologist*, n. s., XXXIX, 1937, p. 208).

56 E. V. Huntington, The Method of Postulates (*Philosophy of Science*, IV, 1937, pp. 482-95) ; G. P. Murdock, The Cross-Cultural Survey (*American Sociological Review*, V, 1940, pp. 369-70)

57 G. U. Yule and M. G. Kendall, *An Introduction to the Theory of Statistics* (11 th edit., London, 1937, pp. 44-5).

58 G. W. Snedecor, *Statistical Methods* (Ames, 1946, p. 199).

59 二二一のわれわれのサンプル社会の分析からは、四三%が姉と妹とに別の呼称をあてていることがわかった(男性が話し手の場合)。しかしきょうだいの呼称の拡大を別にすれば、年齢の分化が占める比率は、次のようにわずかなものであった。兄弟の妻一九%、妻の姉妹一五%、母の姉妹一三%、父の兄弟の妻と母の姉妹の娘九%、父の兄弟の娘八%、兄弟の娘七%、父の姉妹の娘五%、父の姉妹と母の兄弟の娘四%、姉妹の娘二%、二次・三次親族に属するその他のカテゴリーのすべて一%弱。

60 N. E. Miller and J. Dollard, *Social Learning and Imitation* (New Haven, 1941) 参照。

61 C. L. Hull, *Principles of Behavior* (New York, 1943, pp. 183-203). また E. R. Hilgard and D. G. Marquis, *Conditioning and Learning* (New York, 1940, pp. 176-85) も参照。

62 C.L. Hull, *Principles of Bihavior* (New York, 1943, p.266).
63 A.L. Kroeber, Classificatory Systems of Relationship (*Journal of the Royal Anthropological Institute*, XXXIX, 1909, pp.78-81).
64 A.R. Radcliffe-Brown, The Social Organization of Australian Tribes (*Oceania*, I, 1931, p.429) 参照。
65 すべての世代のあいだで比較した場合には、同じ呼称の比率は、三一・八%から四%そこそこに下落した。
66 A.L. Kroeber, Classificatory Systems of Relationship (*Journal of the Royal Anthropological Institute*, XXXIX, 1909, p.79).
67 ただそれにもかかわらず、この論理的公理を認めないことが、社会理論に無数の誤りを引きおこすことになった。そしてこれには、因果関係の要因として主張される普遍的社会学的原理の起用とともに、本能主義その他、文化現象の心理学的説明のほとんどが含まれる。
68 R.H. Lowie, *Primitive Society* (New York, 1920, pp.157-62).
69 けれども社会構造の決定因子をみな経済的なものと思ってはならない。たとえばイスラム教もキリスト教も、明らかに多くの場所で、結婚制度の変化を生んできており、その結果、社会的配列と親族呼称法とに修正をもたらしている。
70 R.H. Lowie, *Culture and Ethnology* (New York, 1917, p.173).
71 W.G. Sumner, *Folkways* (Boston, 1906, pp.5-6). 〔青柳・園田・山本訳『フォークウェイズ』青木書店、昭和五〇年〕
72 W.F. Ogburn, *Social Change* (New York, 1922, pp.200-80).
73 W.E. Lawrence, Alternating Generations in Australia (*Studies in the Science of Society*, ed. G.P. Murdock, New Haven, 1937, p.327).
74 S. Tax, Some Problems of Social Organization (*Social Anthropology of North American Tribes*, ed. F. Eggan, Chicago, 1937, pp.19-20).
75 R.H. Lowie, A Note on Relationship Terminologies (*American Anthropologist*, n.s., XXX, 1928, pp.265-6); Relationship Terms (*Encyclopaedia Britannica*, 14th edit., London, 1929, XIX, pp.84-6).
76 P. Kirchhoff, Verwandtschaftsbezeichnungen und Verwandtenheirat (*Zeitschrift für Ethnologie*, LXIV, 1932, pp.46-9).
77 B.Z. Seligman, Studies in Semitic Kinship (*Bulletins of the School of Oriental Studies*, Ⅲ, 1923, i, pp.51-68, 263-79).
78 R.H. Lowie, Exogamy and the Classificatory System of Relationship (*American Anthropologist*, n.s., XVII, 1915, pp.223-39).
79 A.L. Kroeber, Zuni Kin and Clan (*Anthropological Papers of the American Museum of Natural History*, XVIII, 1917, pp.86-7).

80 G.P. Murdock, Bifurcate Merging (*American Anthropologist*, n.s., XLIX, 1947, pp.59–60).

81 R.H. Lowie, *Culture and Ethnology* (New York, 1917, pp. 151–2) 参照。

82 L.A. White, A Problem of Kinship Terminology (*American Anthropologist*, n.s., XLI, 1939, pp.569–70).

83 G.P. Murdock, Kinship and Social Behavior amo g the Haida (*American Anthropologist*, n.s., XXXVI, 1934, pp.363–5)をみよ。

84 W.H.R. Rivers, *Kinship and Social Organization* (London, 1914, pp.72–3).

85 A.R. Radcliffe-Brown, The Social Organization of Australian Tribes (*Occania*, I, 1930–31, pp.34–63, 206–46, 322–41, 426–56).

86 W.H.R. Rivers, *Kinship and Social Organization* (London, 1914, pp. 44–5).

87 *Ibid.*, pp. 21–5.

88 同様な結論には、セリグマンも達している。B.Z. Seligman, Asymmetry in Descent (*Journal of the Royal Anthropological Institute*, LVIII, 1928, pp.534–5).

89 E. Sapir, Terms of Relationship and the Levirate (*American Anthropologist*, n.s., XVIII, 1916, pp.327–37).

第八章　社会組織の進化

第六章までで、われわれは家族集団・親族集団・地域集団の諸形態について分析し、また第七章では、それらの相互依存についての証明を行なった。こうして社会組織が時系列的にどう変化してきたか、その様式を考察する基礎ができたということになる。他の文化〔領域〕でもそうであるが、ここでも変化は適応過程であるので、われわれはこれに「進化」(evolution) ということばをつかうのに、なんのためらいもない。というのは、他の諸科学でも、この語は秩序ある適応的変化の過程を指すのに用いられているからである。といって、べつにこれを生物学における有機的進化の過程、または天文学における宇宙的進化の過程と同一視しようとするのではない。さらに一九世紀の進化主義人類学者たちの意味で、このことばを用いるわけでもない。社会組織の進化と言うとき、われわれは、文化変化の通常の過程が社会構造の領域で特殊な適応をみいだす、その限りでこのことばをつかうにすぎない。

社会組織の進化という問題に、はじめて重大な関心を寄せたのは、初期の進化主義者たちであった。一九世紀の後半、これらの人類学者たちは、母系のシブが人間の社会組織の最初の形態であったこと、この形態は、男性が次第に支配的な地位を得ていくにつれて、父系的・父権的な制度に道を譲っていったこと、双系出自や独立核家族の出現は、社会進化の比較的新しい局面を特徴づけていること、以上のような理論を発展させてきた。とくに母系制が先行するという仮説は、えらくもっともらしい、たくさんの議論によって支えられていた。——原始時代には生物的父性に無知だったと推定されること、母子の結びつきは生物学的に避けられないこと、初期の遊牧民の家族は父を含まなかったこと、父系社会にははっきり母系的慣行の残存がみいだされるが、母系的民族ではこれに匹敵する父系制の特徴が稀であること、父系社会と較べて、母系社会のほうが相対的に文化の遅れていること、父系制から母系制への移行を証明する歴史上の事例がまったく欠けていること、などがそれである。

この仮説は、きわめて論理的で、また厳密に理由づけられ、しかも既知のあらゆる事実とも明らかに一致していた。それでこれは、一八六一年、バフォーフェン(1)の先駆的な定式化からだいたい一九世紀の終りまで、社会科学者たちによって、例外なく受けいれられることになった(2)。そしてこの初期人類学の素晴らしい知的業績は、数十年を経て、はじめて重大な批判に出会うのであるが(3)、それでも最初の定式化の後、六〇年間から七〇年間にわたって、強力な支持者を得てきたわけである(4)。

進化主義の理論的基礎は、ごくゆっくりと崩れていった。父性の無知は、たとえそういうことがあったにしても、この問題には無関係なことがわかってきた。ただこれは、リヴァースが出自は親族の認知ではなくて、集団所属にかかわることを証明するまで待たなければならなかった(5)。オーストラリアのいくつかの部族は、生理的父性をまったく知っていないにもかかわらず、父系の出自を認めている。この事実は、まったく決定的であると言える(6)。本書の第一章で証明したように、人間の家族が普遍的に父を成員としていることは、ごく最近ではあるけれども、まったく明らかとなってきた。なお父系社会における母系的なものの残存も、他の根拠からして、合理的に説明されるようになっている(7)。

母系社会が相対的に文化が遅れているという〔進化主義者の〕主張も、世界の民族誌的事実に照らしてみると、たちまちチェックされる。いくつかの出自の様式が、さまざまの文化レベルでみいだされるが、これを知るには二五〇のわれわれのサンプル社会だけで十分であろう。サンプル中、最も未開もしくは文化的に遅れている部族のうち、アンダマンのピグミー族、グレート・ベースン〔北アメリカ〕のパイウト族（Paiute）、ティエラ・デル・フエゴのヤグハン族は双系出自、セイロンのヴェダ族、中央ブラジル東部のラムコカメクラ族（Ramkokamekra）、北カナダのクチン族（Kutchin）は母系出自、アマゾニアのウィトト族（Witoto）、シベリアのギリヤーク族（Gilyak）、カリフォルニアのミウォク族（Miwok）は父系出自、これらに対してオーストラリア原住部族のいくつかは二重出自によって特徴づけられている。農耕民族および発達した遊牧民のあいだでも、あらゆる出自規則が文化の中間レベルにひとしく現われてくる。比較的複雑な文明をもつ有文字民族にあっても、われわれのサンプルは双系制のヤンキーとシリアのキリスト教徒、父系制の中国人と満州人、母系制のスマトラのミナンカバウ・マレー人（Minangkabau Malay）とインドのナヤール族を含んでいる。平均すれば母系社会は、父系社会よりも文化的にいくぶん古いようにみえるが、(8) しかしそのズレは比較的わずかであって、重なりのほうが非常に大きい。そして両者の差異は、むしろこの数世紀のあいだ、ユーラシア大陸の双系および父系民族による世界的な支配的影響を主としているとみることができよう。全体として民族誌の証拠は、母系的なものは未開文明に、父系的なものは中間段階の文明に、双系の出自は高度の文明に結びつくという進化主義者の意図を、ほとんど支持していないのである。

このように初期の進化主義的理論は、まったく崩壊したのであるが、ところが最近、多くの人類学者、とくにレッサーとホワイトとは、進化的原理のいくつかを回復させようとしている。かれらは、たとえば狩猟と採取とは放牧と農耕よりも早いこと、石器時代はどこでも金属の使用にさきだっていること、地域社会の組織はどんな複雑な政治国家の形成にも先行していることを指摘している。そして同じような進化の連続を、社会組織の領域でも確定できると主張している。そこで私は、こうしたたくさんの示唆を、サンプル社会のデータと対照させて考えてみた。けれども民族誌的事実に適合するものは、なにひとつみいだすことができなかった。

母系制が政治的統合と矛盾するものでないことは、イロクォイ族の同盟やクリーク族（Creek）の連盟によって証明される。また母系制が強度の所有権の発達と社会階級の精緻な構造とともにありうることは、〔北アメリカ〕

北西海岸のハイダ族、トリンジット族、チムシアン族（Tsimshian）によって、またミクロネシアのマーシャル島民その他の民族によって示される。シブが国家の発展とともになくなるということも、中国人や満州人によって否定される。封建的土地所有に基礎づけられた国々においても、父系制の西アフリカや母系制のミクロネシアのように、単系親族集団の強いことがある。事実、社会組織の諸形態は、技術・経済・所有権・階級構造、あるいは政治的統合のレベルや類型との相関を大きく欠いているようにみえる。あとでみるように、社会構造の類似ということからする諸社会の客観的分類は、ニュー・イングランドのヤンキーとアンダマン島の森に住むネグリト、ペルーのインカ帝国の民とティエラ・デル・フエゴの文化的に遅れたヤグハン族、中国人とニューギニアのヴァニモ・パプア族（Vanimo Papuans）、ユカタン〔半島〕のマヤ系チェルタル族（Mayan Tzeltal）とカリフォルニアの未開のミウォク族、インドの文明化されたナヤール族とセイロン内陸部の未開遊牧民であるヴェダ族などのように、異なる民族を同じ特定の類型と下部類型とにまとめあげている。どこをみても、改訂版の進化主義は、支持の一片もみつけることができない。

もっとも、社会組織に関する進化主義を否定する民族誌の証拠も、以前から存在していた。そしてうえに挙げた批判的な議論は、その筋においてボアスの影響を受けたアメリカの歴史主義人類学者たちの理論的指向ともよく一致している(9)。というよりもかれらは、文化のあらゆる局面において、進化主義を否認することを主な科学的任務と考えた。けれども、これにあまり熱心だったために、かれらは別の道を選んで、行き過ぎを犯してしまった。かれらは、母系社会が、全体的にはけっして父系社会より文化的に遅れていないことを証明するだけで満足しなかった。進んで父系部族のほうがもっと未開であることを証拠立てようとした。また双系の出自は、高次の文化だけでなく、低次・中位の文化的特徴でもあることを示すにとどまらなかった。それはとりわけ最も単純な民族の特徴であり、歴史的には他の二つの単系出自にさきだつことを証明しようとした。要するにかれらが実際にしたことは、進化主義者の母系→父系→双系という継起をくつがえして、かれらが破壊したドラゴンからすれば、まさにその逆さまのイメージをつくりだすことであった。

この奇妙な結果は、われわれの基本的な立場とは相違するものである。もっともこうした結果は、おそらく意図的というよりも、弁証法的にそうなったものと思われる。ところが以上のような見解は、若い情熱家ではなくて、実はアメリカの人類学者のうち、最も穏健、最も創造的な人たちによっても提起された。それはスワントンから始まったが[10]、かれは北アメリカ原住民のうちで、父系の部族が一般に母系社会よりも文化的に遅れていることを証明しようとした。そしてかれの証明は、南北部・東南部・北西部のより進歩した母系の部族を強調する反面、北西アサパスカン族（northwestern Athapaskans）のような遅れた母系民族を無視し、平原インディアンのクロウ族とマンダン族（Mandan）とが実際には母系であることを否定し、北アメリカ原住民のうちでは最高の文明をもつメキシコの父系部族をまったく排除するということによって、まことにうまく進められた。スワントンはまた、北アメリカの双系部族が相対的に文化の劣っていることを確定しようとした。けれども文化的に進んだ地域では、どこでも類似した文化をもちながら、双系の民族と単系の民族とがみいだされる。たとえば北西海岸では母系のハイダ族とシブをもたないクワキウトル族とが、南東部では母系のクリーク族と双系のカタウバ族（Catawba）とが、南北部では母系のプエブロであるズーニ族と双系のプエブロであるタオス族とが、それぞれ対応しているとみることができる。

ところがローウィは、次のように言って、スワントンの結論を無批判に受けいれている[11]。「私は、この領域で、かれの立場を受けいれなかったような学者を知らない。」そしてかれは、全世界にその普遍化を拡大しようとしている。すなわち地球上で最も文化の後れている諸民族を調べて、これらのほとんどが単系の親族集団を欠いていることを証明しようとするのであるが、ただこの場合、かれはまるで諸事実を公平に扱おうとはしていない。たとえば二重出自をとるオーストラリア原住民は、これを特殊な事例として放棄しているし、セイロンの母系のヴェダ族と、アマゾン流域および東中央ブラジルの多くの低文化の父系・母系社会も無視している。また古シベリア狩猟民の代表として、双系のチュクチ族とコリヤーク族とについては語るけれども、父系のギリヤーク族については言及しない。さらに南アフリカの父系のホッテントット族とアメリカ北部のアサパスカン族に対しても、シブを否定している。アサパスカン族については、われわれのサンプルでは、四部族のうちの三部族が、母系の親族集団をもっているのである。(12)

こうして社会組織の形態においては、双系から父系へ、父系から母系への継起という、進化主義を逆さまにした図式が、アメリカ人類学での確固たるドグマになっていた。ローウィだけではなくて、それはゴールデンワイザーによっても受けいれられた。(13) すなわち「もとのアメリカ人〔＝原住民〕は、非族外婚・非トーテム的であって、シブや出自の単系的跡づけをもたなかった。族外婚集団の最初の制度は、男系の出自を基礎として、中央アメリカもしくはその近くで起った。そして大陸のきわめて周辺部や遠隔地まではいかなかったが、そこから外に広がっていった。それにいくらか後れるけれども、おそらくまた中央アメリカで、たぶん同じところで、制度に変化が生じた。つまり出自が母系となった。この新しいタイプの組織が伝播していったが、ただその歴史が短かったので、遠くにまではいかずに、中央アメリカと文化的に最も強く結びついていた諸部族に限られることになった。しかしこの理論は、信念だけに拠っている。純歴史的な証拠の断片でさえ、これを支持していないからである。

母系制の先行という進化主義最大の支柱、これはのちの人類学者たちがその除去に最大の困難を感じたものである。ところがこの先行については、父系出自から母系出自に直接に移行したことを歴史的に証明した事例、いやこれが推定される事例さえ、まったく欠けている。(15) こうした事例は、われわれのサンプルでも、ひとつも出会わなかったし、私の読んだ民族誌の本でも出会うことがなかった。すぐあとで証明するように、説明は至極簡単である。そうしたことは起りえないから、そうした推移を記録した事例がなかったのである。これに対してそれ以外の出自の主な推移――双系から父系へ、父系から双系へ、双系から母系へ、母系から双系へ、母系から父系へ――はみな可能であり、だからそれを証明する歴史的な事例も、かなりの数をあげることができる。ただ父系出自から母系出自への直接の推移だけは不可能である。そして以上の事実が確定すれば、進化主義理論の最後の壁も破られる。というのは、これに反する事例がないということも、すでに母系制先行の証拠ではなくなるからである。

ところがその不可能なことに気づかないままに、アメリカ歴史主義の人類学者たちは、進化主義理論への最後の反証として、父系制から母系制への移行を裏づける事例を、躍起になって捜し求めた。その探索はうまくいかなかった。しかし確信にはゆるぎなく、その情熱がもう一度、かれらの科学的判断をゆがめることになった。すなわち調査のなしえないものを、想像力が発見した。ボアスは、ブリティッシュ・コロンビアのクワキウトル族のなかに、必要な証拠と思われるものをみいだした。そしてかれの発見は、その後の多くの研究のうちに誇示されることになった。[16] かれは、父系のクワキウトル族は、北に住む母系の隣人から母系相続の特徴を借りてきた、というのである。

事実は簡単である。クワキウトル族のあいだでは、「ヌマイン」(numayn) と呼ばれる双系集団への所属は、いくつかの特権とともに、親から最年長の男子か女子に伝えられる。しかしのちのち息子に譲るという約束で、これらを娘の夫のものにすることもできる。この例外的な相続の仕方が、娘の線に沿う夫たちを通して行なわれることもあって、その場合には、ある意味で母系的ということもできる。けれども二つの重要な点が、都合のいいように見落されている。第一に、クワキウトル族はいくつか初期的な父系的特徴を示しているが、その社会構造は本質的に双系である。第二に、これは周知のところであるけれども、ある男性の母系の相続人にはかれの兄弟姉妹とかれの姉妹の子どもたちを含むが、かれ自身の子どもや孫を含むことは絶対にない。こうして非父系民族が非母系的特徴を借用したということが、合理化の魔術にかかって歪められることになる。そして父系から母系への移行という、長く求めていたナマの事例が現われてきたのである!

このように逆立ちの進化主義にとりつかれたことは、アメリカの人類学者たちが社会組織を純歴史的に解釈していこうとすることの阻害になったように思われる。[17] きわだった例外は、オルソン (R. L. Olson) であるが、かれは南北アメリカのあらゆる単系の制度を、ただひとつの起源から引きだそうとして、新大陸に最初に住みついたところまで遡ってみた。オルソンは、次のように主張している。[18]「単系の制度は、どこでみられるものでも、期待されるものからの逸脱を示し、社会構造における偏倚を表わしている。」それらは「それ自身、変則的であり、作為的である」。だからそれらがきわめて規則的にトーテミズム、外婚制、対応するシブの名称、交叉イトコ婚、互酬的機能のような現象と結びついてみいだされるという事実は、〔かえって〕それらの共通の起源を推定させる証拠だ、とオルソンは考える。本書の第三章その他で、われわれは単系の出自が「変則的で作為的である」よりは、むしろ正常であり、そして関連する諸現象も偶然のものでなく、期待され、しばしば不可避的なものであることを論証してきた。そしてその通りだとすれば、オルソンの議論は、その基盤の全部が地に堕ちることになる。

またイギリスの伝播主義者たちは、母系制を古代エジプトという単一の起源から引きだしている。しかしその立つところの証拠はきわめて不満足なものなので、この理論はこんにちでは一般に信じられていない。[19] ところがこれよりずっと堅実な学風をもつドイツとオーストリアの歴史主義人類学者たちは、単系の制度を複数の大きな複合体すなわち「文化圏」(Kulturkreise)に結びつけようとする。そしてこれがひろく世界中に伝播したというのであって、たとえば「父系・世帯複合」(patrilineal-household)、「外婚・父系複合」(exogamic-patrilineal)、「外婚・母系複合」(exogamic-matrilineal)、「自由・母系複合」(free matrilineal)、「トーテム・母系複合」(totemic-matrilineal)、「自由・父系複合」(free patrilineal) などがそれである。[20] 歴史主義派のいくつかの方法については批判されるべきであるが、ただここでは社会組織の諸形態がすべて歴史的分析方法に委せられるか、という一般的な問題を考察するだけで十分であろう。

歴史派の注意深い分布の研究によると、文化の特徴とこの特徴の複合とは、隣接する、あるいは関連ある民族のあいだにみいだされやすいことを示している。文化の特徴またはその複合は、通常、単一の文化領域、もしくは隣接したいくつかの文化領域に住む一群の部族によって表示されていて、けっして世界中に勝手にばらまかれているのではない。もし二つ以上の大陸や島嶼地域にみいだされるならば、以前の移民、その他接触の歴史・地理・言語上の証拠のある場合には、それらは伝播に帰せられる。また以前の接触を仮定する説得的な基礎が欠けている場合には、それは独立の発明、あるいは二つまたはそれ以上の中心から伝播したものとみなされる。このような歴史的仮説に従うところの分布は、複合的な工作物（たとえば織機、舷外張りだしのカヌー、槍投げ機、撒水器、車輪）について、農作物（たとえばトウモロコシ、マニオク、小麦、米、タロ芋）について、儀式（たとえば割礼、擬娩、繁殖儀礼、ポトラッチ、太陽ダンス）について、その他多くの文化の側面について、確かめられている。そしてこれらが、文化史において正常であることは、もう疑うことができない。

ところで、本書の最も意表に出る結論のひとつはこうである。すなわち社会組織の諸特徴というものは、このタイプの分布を生む傾向を少しも示していない、ということである。部族間の類似は、たしかに非常に限られた地域ではみいだされる。そこでは、歴史的な接触を疑うことができない。しかしそうした類似が、ある文化の全領域に広がるとか、ある語族中の少数の部族以上に広がるとかは、稀にしか起らない。いわんや隣接しない地域では、わずかの地域にも分布していない。それはほとんどの例で、まるで独立の発明を特徴づけるかのようにみえる。ところが反対に、地球上至るところで、その出現がまったく偶然というほどに、接触のない多くの地域にこうした類似性が現われてくる。分布のこの非常な分散性は、表57に示される。すなわち世界の五大陸または島嶼地域のどこでも、最も重要な諸特徴が示されている。

データを文化領域にしたがって分析しても、これと比較できる分散が観察される。ただこのためには、私がサンプルの選択で用いた基準とは別の地域基準をつかうのが賢明であろう。そこで、私は、アメリカの文化地域に関する最近の分類を採用することにした。(22) もっともクローバーは、私と違って、たとえば東部の平原、北東部、南東部を単一の下位領域にまとめている。表58は、出自規則と居住規則とイトコ呼称の類型とを示したものである。すなわちこれらは、南アメリカの文化領域のどれにも、また北アメリカの下位文化領域のどれにも出てくる。

二つの部族間に、その昔、歴史的接触があったという、最もはっきりした証拠は、かれらが明らかにつながりのあることばを話すということである。けれどもわれわれの調査では、同じ語族に属す諸社会が、関係のないこ

表57—1　結婚形態の世界的分布

結婚形態	アフリカ	ユーラシア	北アメリカ	オセアニア	南アメリカ	計
単婚	1 (1.6)	16 (47.1)	13 (19.4)	8 (14.8)	5 (23.8)	43 (18.1)
制限された多妻婚	5 (8.1)	7 (20.6)	18 (26.9)	21 (39.0)	10 (47.6)	61 (25.6)
選好的な多妻婚	11 (17.7)	4 (11.8)	23 (34.3)	13 (24.1)	5 (23.8)	56 (23.5)
非姉妹型多妻婚	45 (72.6)	6 (17.6)	13 (19.4)	11 (20.3)	1 (4.8)	76 (32.0)
多夫婚	0 (−)	1 (2.9)	0 (−)	1 (1.8)	0 (−)	2 (0.8)
計	62 (100.0)	34 (100.0)	67 (100.0)	54 (100.0)	21 (100.0)	238 (100.0)

表57—2　家族形態の世界的分布

家族形態	アフリカ	ユーラシア	北アメリカ	オセアニア	南アメリカ	計
独立核家族	1 (2.5)	12 (38.7)	16 (27.1)	13 (31.0)	5 (25.0)	47 (24.5)
独立多妻婚家族	14 (35.0)	4 (12.9)	16 (27.1)	13 (31.0)	4 (20.0)	51 (26.6)
独立多夫婚家族	0 (−)	1 (3.2)	0 (−)	1 (2.4)	0 (−)	2 (1.0)
双処拡大家族	1 (2.5)	1 (3.2)	3 (5.1)	3 (7.1)	1 (5.0)	9 (4.7)
母処拡大家族	1 (2.5)	2 (6.5)	8 (13.6)	4 (9.5)	8 (40.0)	23 (12.0)
オジ方拡大家族	2 (5.0)	0 (−)	4 (6.8)	1 (2.4)	0 (−)	7 (3.6)
父処拡大家族	21 (52.5)	11 (35.5)	12 (20.3)	7 (16.6)	2 (10.0)	53 (27.6)
計	40 (100.0)	31 (100.0)	59 (100.0)	42 (100.0)	20 (100.0)	192 (100.0)

表57—3　クラン類型の世界的分布

クラン類型	アフリカ	ユーラシア	北アメリカ	オセアニア	南アメリカ	計
マトリ・クラン	0 (−)	1 (7.7)	3 (42.8)	6 (19.4)	1 (33.3)	11 (12.6)
オジ方クラン	1 (3.0)	0 (−)	2 (28.6)	1 (3.2)	0 (−)	4 (4.6)
パトリ・クラン	32 (97.0)	12 (92.3)	2 (28.6)	24 (77.4)	2 (66.6)	72 (82.8)
計	33 (100.0)	13 (100.0)	7 (100.0)	31 (100.0)	3 (100.0)	87 (100.0)

表57—4　双系親族集団諸類型の世界的分布

双系親族集団の類型	アフリカ	ユーラシア	北アメリカ	オセアニア	南アメリカ	計
キンドレッド	5 (83.3)	3 (60.0)	12 (40.0)	13 (86.6)	0 (−)	33 (52.4)
内婚ディーム	1 (16.6)	1 (20.0)	8 (26.7)	1 (6.7)	4 (57.1)	15 (23.8)
マトリ・ディーム	0 (−)	0 (−)	2 (6.6)	0 (−)	0 (−)	2 (3.2)
パトリ・ディーム	0 (−)	1 (20.0)	8 (26.7)	1 (6.7)	3 (42.9)	13 (20.6)
計	6 (100.0)	5 (100.0)	30 (100.0)	15 (100.0)	7 (100.0)	63 (100.0)

表57—5　モイエティ類型の世界的分布

モイエティの類型	アフリカ	ユーラシア	北アメリカ	オセアニア	南アメリカ	計
母系のモイエティ	1 (100.0)	0 (−)	9 (60.0)	12 (57.1)	2 (66.6)	24 (58.5)
父系のモイエティ	0 (−)	1 (100.0)	6 (40.0)	9 (42.9)	1 (33.3)	17 (41.5)
計	1 (100.0)	1 (100.0)	15 (100.0)	21 (100.0)	3 (100.0)	41 (100.0)

表57—6　居住規則の世界的分布

居住規則	アフリカ	ユーラシア	北アメリカ	オセアニア	南アメリカ	計
双処	2 (3.1)	1 (3.0)	6 (8.6)	8 (13.3)	2 (9.5)	19 (7.6)
新処	0 (−)	3 (8.8)	12 (17.2)	1 (1.8)	1 (4.8)	17 (6.8)
母処	3 (4.6)	2 (5.9)	16 (22.8)	8 (13.3)	9 (42.9)	38 (15.2)
オジ方	2 (3.1)	0 (−)	4 (5.8)	2 (3.3)	0 (−)	8 (3.2)
母処→父処	5 (7.7)	4 (11.8)	9 (12.8)	2 (3.3)	2 (9.5)	22 (8.8)
父処	53 (81.5)	24 (70.5)	23 (32.8)	39 (65.0)	7 (33.3)	146 (58.4)
計	65 (100.0)	34 (100.0)	70 (100.0)	60 (100.0)	21 (100.0)	250 (100.0)

表57―7　出自規則の世界的分布

出自規則	アフリカ	ユーラシア	北アメリカ	オセアニア	南アメリカ	計
双系	4 (6.2)	8 (23.6)	36 (51.4)	13 (21.7)	14 (66.6)	75 (30.0)
母系	11 (16.9)	2 (5.9)	20 (28.6)	15 (25.0)	3 (14.4)	51 (20.4)
父系	45 (69.2)	23 (67.6)	13 (18.6)	21 (35.0)	4 (19.0)	106 (42.4)
二重	5 (7.7)	1 (2.9)	1 (1.4)	11 (18.3)	0 (―)	18 (7.2)
計	65 (100.0)	34 (100.0)	70 (100.0)	60 (100.0)	21 (100.0)	250 (100.0)

表57―8　イトコ呼称法の世界的分布　註21

イトコの呼称の類型	アフリカ	ユーラシア	北アメリカ	オセアニア	南アメリカ	計
エスキモー型	6 (9.5)	9 (28.0)	6 (8.6)	2 (3.4)	4 (20.0)	27 (11.1)
ハワイ型	10 (15.9)	5 (15.6)	26 (37.1)	14 (24.1)	5 (25.0)	60 (24.8)
イロクォイ型	20 (31.7)	10 (31.3)	18 (25.7)	27 (46.6)	6 (30.0)	81 (33.3)
スーダン型	10 (15.9)	2 (6.3)	0 (―)	4 (6.9)	1 (5.0)	17 (7.0)
オマハ型	10 (15.9)	6 (18.8)	8 (11.4)	4 (6.9)	1 (5.0)	29 (11.9)
クロウ型	7 (11.1)	0 (―)	12 (17.2)	7 (12.1)	3 (15.0)	29 (11.9)
計	63 (100.0)	32 (100.0)	70 (100.0)	58 (100.0)	20 (100.0)	243 (100.0)

表58　文化領域による族制の分布

文化領域および下位領域		部族数	出自規則	居住規則	イトコの呼称の類型
北極海岸		2	双系	新処・父処	エスキモー
北東部	北部	8	双系・母系・父系	オジ方・双処・父処・母処→父処	クロウ・ハワイ・イロクォイ
	東部	14	双系・二重・母系・父系	母処・新処・父処・母処→父処	クロウ・ハワイ・イロクォイ・オマハ
	平原	7	双系・母系	双処・母処・新処・父処	クロウ・ハワイ
北西海岸		10	双系・母系・父系	オジ方・父処	クロウ・エスキモー・ハワイ・イロクォイ・オマハ
中間地域	山間部	6	双系	双処・母処・新処・父処	エスキモー・ハワイ
	カリフォルニア	7	双系・父系	新処・父処・母処→父処	ハワイ・イロクォイ・オマハ
南西部	アナザシ領域	9	双系・母系・父系	双処・母処・新処	クロウ・エスキモー・ハワイ・イロクォイ
	ホホカム領域	6	双系・父系	双処・新処・父処・母処→父処	ハワイ・イロクォイ
中米		1	父系	母処→父処	オマハ
カリブ諸島周域		3	双系・母系	母処	クロウ・ハワイ・イロクォイ
熱帯樹林		8	双系・父系	双処・母処・父処・母処→父処	クロウ・エスキモー・ハワイ・イロクォイ
アンデス地域		4	双系・父系	双処・父処	エスキモー・ハワイ・オマハ
周辺地域		6	双系・母系・父系	母処・新処・父処・母処→父処	クロウ・エスキモー・ハワイ・スーダン
計		91			

表59　マラヨ・ポリネシア諸民族における親族呼称法と出自規則との相関

親族呼称法の類型	双系出自	母系出自	父系出自	二重出自
クロウ型	………	トロブリアンド	セニアング	ペンテコスト
エスキモー型	バリー	………	………	プカプカ
ハワイ型	サモア	テテカンチ	ティコピア	オントン・ジャワ
イロクォイ型	エロマンガ	マーシャル	フィジー	………
オマハ・スーダン型	トケラウ	………	バタク	ラノン

とばを話す諸社会と同じくらいに、その社会組織において違っていることを示している。二、三の事例がこの点をはっきりさせてくれるだろう。平原〔インディアン〕地域に住むマンダン族、オマハ族（Omaha）、テトン族は、みなシュー語（Siouan）を話し、それにかれらは、地理的にもほとんど接しているけれども三つの違った出自規則（母系、父系、双系）を示しており、また親族組織でもまったく別の型（クロウ型、オマハ型、イロクォイ型）を表わしている。北部ナイジェリアのほとんど隣接している三つのスーダン部族のうち、バチャマ族は父系で父処婚であるが、ジュクン族（Jukun）は双系で双処婚、ロングダ族は母系でオジ方婚である。われわれのサンプルは、スマトラ地区の三つのマラヨ・ポリネシア（語）族を含むが、それは父系のバタク族（Batak）、双系のメンタウェイ族、母系のミナンカバウ族である。同じ歴史的背景をもつ諸民族のあいだでも、その社会形態がほとんど無限の多様性をもっていることは、マラヨ・ポリネシア語族の場合に、実によく証明されている。この語族は、ニューギニアとオーストラリアを除く太平洋のほとんどを占めているが、われわれのサンプルに出てくるこの語族は、居住規則についてのあらゆる可能性を表わしており、また表59にみるように、出自規則と親族呼称法の組み合わせについても、あらゆる可能性のほとんどを示している。

このように社会組織の諸特徴の散在とほとんどランダムな分布とは、遠隔で無縁の民族のあいだでも、また隣接して関連のある民族のあいだでも、ひとしく現われてくる。このことは、伝播の仮定にもとづく歴史主義的解釈を、みな無効にするものである。すなわち文化の類似が、歴史的理論に従えば予期されないところに現われ、またその差異が、まったく予期されないところにはっきり現われる。事実、社会組織の諸形態は、そう簡単に伝播に侵されるとは思われない。類似がある限られた地域の諸社会に起る場合、この類似は〔人口の〕分裂や移住の結果であるか、それとも似たような諸条件にそれぞれが適応した結果かであって、通常の意味での伝播の結果ではない。このことは分析が明らかにしている。社会構造の諸特徴は、借用されたようにみえても、それは、一般に同じ特徴が文化の接触がなくても独自に工夫されていく、そうした条件のもとにあるとすべきであろう。

このように歴史主義と進化主義との解釈が、ともに社会組織の諸現象をそうよく説明しないとするならば、ではその解決は人類学理論の第三の区分、すなわちその提唱者たちの言う「機能主義」(functionalism)にみいだされるであろうか。残念ながらそうではない。なるほど機能主義の人類学者たちは、社会組織の諸要素が相互に関連していることの理解には、大きく貢献した。けれども文化変動のダイナミックスを明らかにすることには、まったくなすところがない。事実かれらは、社会体系の内的統合を強調した。したがって、変動のための理論的装備はほとんどつくられなかった。もし完全な統合が社会構造の普遍的な特徴ならば、ここでは付加的な変動だけが可能となる。新しい諸要素は、それが借物であっても、発明したものであっても、既存の仕組に適応できるだけであって、基本的なパターンの根本的な変更や革命的な修正は、できないことになる。けれども文化にこうした徹底的な変動が起ることについては、歴史上の証拠がふんだんに存在している。にもかかわらずそのメカニズムについては、歴史主義人類学よりも、機能主義者たちの提供するものは、明らかに少ない。

そこで、以上三つの人類学理論が、どれも、実質的にわれわれの問題解決に貢献していないということになると、われわれはなにかほかに示唆を求めなければならない。ところが文化変動に含まれる諸因子や諸プロセスに関しては、最近の人類学者たちが、すぐれた多くの仕事を行なっている(23)。そしてわれわれの立場も、実質的にはかれらのそれと一致してくるけれども、ただ変化する社会構造という特殊な問題は、文化変動の一般理論では明らかにされないものをもっている。ところでこれらを理解するには、社会学と言語学の理論がとくに有益である。

まず社会学者のうち、ケラー(24)は、文化変動はひとつの適応過程、すなわちその社会の民衆が行なう盲目的な試行錯誤によって達成される、としている。またサムナー(25)は、この過程のうちに「斉一性にむかうひき締め《ストレーン》」、すなわち文化の諸要素が統合へとむかう方向性のあることに注目している。しかしサムナーは、機能主義の人類学者とは違って、この統合をなにかが規則的に達成されるものとはみていない。そこには均衡にむかう傾向があるだけである。しかもこの傾向は通常、歴史上の事件によって妨げられて、こうした事件がさらに新しい均衡への方向を開始させる。またオグバーン(26)は、適応的過程の開始とその達成とのギャップを分析するさい、「文化遅滞」

(cultural lag) という有益な仮説を推し進めた。さらにダラード[27]は、この過程に伝播がどのように作用するかを示した。すなわち文化の問題は、試行錯誤による進化よりも、はるかにてっとりばやく、借用によって解決される。だがそれは環境の似た別の社会ですでにテストされ、満足のいく結果を得ているので、他の解決策よりも成功のチャンスに恵まれているからだ、というのである。そしてこれらの理論は、とりわけ社会組織の進化についても適用可能である。というのはこの進化は、通常、ひとつのだいたいの均衡から、次のだいたいの均衡へと進むからである。またこの進化は、それがすでに進行中の内部の再組織にとっての近道となる場合を除けば、文化の借用を含むことがごく稀だからである。

　言語の変化を研究するとき、言語学者たちは、ふつう「ドリフト」(drift) と呼ばれる現象に注目してきた。その理由はまだ明らかでないけれども、ひとつのことばの話し手が、たとえば閉鎖子音の調音を変えたとする。すると新しい均衡が達成されるまで、他の子音に、これと比較される代償的な変化が起る。しかもこうした変化は、通常、接触によるよりも、明らかに別々に、そしてかなりの地域にわたって起ってくる。有名なグリムの法則[28] (Grimm's Law) がその好例を提供している。原《プロト》ドイツ語は、初期印欧語の規範——これはギリシア・ラテン語にはなお示される——から、一連の閉鎖子音の調音を変化させた。その結果、後者の無声の閉鎖音が多くの配置において、摩擦音に変えられた。有声閉鎖音は無声閉鎖音に、そして摩擦音は有声閉鎖音に変わった。これに続いて高ドイツ語 (High German) が、同じ方向で第二の変化をとげた。すなわち有声閉鎖音が無声閉鎖音に、摩擦音が有声閉鎖音に、無声閉鎖音が摩擦音になった。ラテン語・英語・ドイツ語における二と三という数字の呼び方を例にとると、はじめの子音を較べてみれば、なにが起ったかがはっきりしてくる。すなわち duo, two, zwei と tres, three, drei がそれである。

　言語のドリフト現象は、社会組織における進化と、親密な対応関係を多く示している。たとえば変化の可能性の限定、斉一性へのひき締め、ある相対的に安定した均衡から他のそれへの移行、代償的な内部の再調整、ドリフトに従わないところの伝播的影響への抵抗、とりわけ技術・経済・財産・支配にともなう文化規範との相関が明らかに欠けていること、などがそれである。言語の形態と構造とは、全体文化のうちでは、相対的に独立した領域をなすとされている。そしてこれらは、原因となる因子に反応しながらも、それ自身の力学に従って変化する。しかもこの原因となる因子は、これを社会的出来事やとりまく文化などに結びつけることが非常にむずかしい。そこで本書では、社会組織は多くの点で、言語に比較される半独立のシステムをなしており、また言語と同様に、それ自身の内的力学を特徴としている、という結論に達することになった。けれどもまったくの閉じたシステムとするのではない。明らかに外部の出来事に反応し、しかも識別しうる仕方で変化しているからである。にもかかわらず社会組織の構造は、これに影響を与えるものに対しては、ちょうどフィルターのように作用していると考えられる。

機能主義の方法と歴史主義の方法とを見事に組み合わせて、またフィールド調査の技術と文献調査の技術とを見事に組み合わせて、スポエアー[29]は、多くのムスコジ族（Muskoge）部族について、その親族構造の変化を分析した。この部族は、〔アメリカ〕東南部に住んで、ヨーロッパ文明との接触という刺激のもとで生活している。ところでわれわれの結論は、出自の規則、家族・親族集団の形態、親族組織といったものは、他の文化との接触という条件のもとでも、通常、直接の伝播によっては変化しない。むしろ生活条件の変化に対する内的再調整によって変化する、という趣旨のものである。ところがスポエアーの研究は、まさにわれわれの結論を裏づけていると言える。まずこの諸部族は、クロウ型の親族組織との接触の時期に入った。ところが生活条件が変わるにつれて、これが家族組織に影響して、親族呼称法があいついで規則的に変化するということになった。しかも同じ一連の変化が、広く分散している部族や部族の部分にも、まったく個々別々に起った。このことがたいせつである。さらにほとんどのケースで、最終の結果は、ハワイ型のシステムとなって、エスキモー型ではなかった。このことのほうが、もっとたいせつであろう。エスキモー型は、双系制との調整として主要なもののひとつであって、文明化された白人は、このエスキモー型のシステムをもっている。そしてかれらとの接触によって変化が開始するのであるが、しかしインディアンの文化変容は、直接の借用といった反応ではなかった。別の文化的解決につながるところの、内的な再組織という反応だったわけである。

社会構造を変化させる外的因子は、この構造の諸形態が空間的に特殊な分布をしていることを説明するものでなければならない。すなわちこの諸形態は、地理的に隣接し、言語的に類縁関係にある諸民族のあいだで差異を示している。逆にそれらは、地球上にひろく散在し、著しく異なった文化型を特徴としている民族のあいだでは類似している。そして外的因子は、この双方を説明できるものでなければならない。ところでわれわれの二五〇のサンプル社会が提供している証拠は、進化主義に反対して、次の点では、アメリカ歴史主義の主張を支持している。すなわち社会形態には不可避的な継起というものはない。また特定の居住規則や出自規則、あるいは特定タイプの親族集団や親族呼称、これらと文化の諸レベル、経済の型、政治の形態、階級の構造などのあいだには、必然的な結びつきはないという点である。しかし他方、われわれのサンプルは、歴史主義のいくつかの学派に反対して、次の点では進化主義を支持している。すなわち社会組織の領域では、並行的出現《パラレリズム》あるいは別々の発明というものが、比較的容易であるとともに、これが一般的でもあるという点、そしてどんな構造的形態も、条件さえ整えば、どこでも発展しうるという点である。もっともここでの説明も、前章で言及した限定された可能性という原則のもとで行なわれることになるであろう。言語、技術、民俗、儀礼といった文化のカテゴリーでは、革新の可能性がほとんど無限であるが、社会組織の諸面は、これとは違ってくる。そこではごくわずかの、しかしかなり明白な代替的変異が許されるにすぎないからである。(30)

私は、地理的に遠く、またさまざまな地域に住み、文化的にも対照的なレベルにある諸民族に類似した結果を生みだすものとして、単一の外的因子もしくは因子群というものを考えることはできない。また他方、密接な歴史的接触が明白にある部族のあいだに、広般な差異を許すところの外的因子もしくは因子群を考えることもできない。そこでただひとつの正しい解決策としては、まったく異なる外的な影響も社会組織には同一の結果を生みだすことが可能だということ、それから異なる結果を生みだすことのできる多くの因子についても、これにはいくつかの系列が存在すること、この二つを認めることである。もしそうだとすれば、そしてわれわれの証拠はこの仮説を強く支持しているのであるが、変化の源泉についての探求は、外的な因子から社会構造そのものへと移されなくてはならない。フィルターとして作用する、社会組織のなにかの局面を捜さなくてはならない。すなわち限られた数の反応の仕方でしかないけれども、そうしたフィルターのために、この仕方のそれぞれによって、まったく多様な外的刺激の変異に対しての反応が可能となってくる。なおこうした構造上の特徴は、外部の影響にはとくに敏感でなければならないが、同時にそれ自体としては、システムの他の部分で補正的な再調整を生むことのできるものでなくてはならない。

　社会構造のいくつかの側面のうち、親族呼称法は外部の影響に対しては、たとえあるとしても、ごくわずかの反応しか示さない。前章で述べたように、それはなによりも家族的・親族的集合の形態によって決定される。出自の規則とそれから生まれる親族集団も、社会組織外の力に対しては、相対的な免疫性をもっている。それらは、それらを生みだした影響よりも、長く存続する傾向をもっている。このことは、多くの証拠が示すところである。たとえば父処居住のもとでも、しばしば母系の出自が残っている。血縁親族集団も、おそらくこれを生んだと思われる家族やクラン組織の形態が消滅したあとでも、なお持続している。ところが拡大家族とクランとは、明らかに居住規則に拠っている。すなわちこれらは、それにふさわしい居住規則のもとでだけ現われて、居住規則が変わると、たちまち消えてしまう。他方、結婚の諸形態は、外的原因に直接反応して変化することがある。たとえばそれは、宗教の影響を受けやすい。こうして回教徒は、好んで父の兄弟の娘と結婚することになって、アフリカのカバビシュ族とアジアのクルド族とでは、父系のシブにもとづく外婚制がなくなってしまった。われわれのサンプル社会の多くでは、キリスト教のために、多妻婚が単婚によってとって代わられた。けれども結婚の変化が社会構造の他の部分に及ぼすインパクトは、通常、他の内的諸変化に較べて、比較的わずかにとどまっている。あとで示すように、結婚の規則は、他の社会組織の特徴を強く反映する傾きがあって、けっしてその逆ではない。

　外部の影響をとくに受けやすい社会構造のひとつは、居住規則である。すでに初期の諸権威も、[31] また少なくとも最近の理論家の一人も、(32)居住規則の変更が、社会組織におけるほとんど重要な変化の出発点であることを示唆している。しかしこの点を明確にして、居住規則の変化が相対的に安定した社会体系の均衡を、どのように攪拌させるか、そして究極的に新しい均衡を生みだす一連の内部調整が、どのように開始されるか、これらの究明については、なによりもローウィに拠るところが大きい。(33)事実、これは、社会組織の進化について、現代人類学者が行なった最大の貢献だと言ってよい。

経済・技術・所有・政治・宗教における変化が、まず相互に関係し合っている諸個人の構造的な関係を変化させる。続いて家族の形態、血縁親族集団と折衷的親族集団、そして親族呼称法を修正する動因が与えられる。ところがこうしたことは、実は居住と大きく関係している。すなわち父処居住は、一人の男性が生涯、父の父系親族の近くに住み、これら親族〔集団〕への社会的参加を行なうことを予定している。母処居住は、かれが結婚するまでは、かれを母の母系親族と結びつけ、結婚したのちは、かれの妻の母系親族と結びつける。双処居住は、かれを双系親族のうちどちらか一方と、または姻族のうちから選ばれた親族の集団と接触させる。新処居住は、かれを結婚まえは定位家族に置くが、結婚後はかれの生殖家族へと移らせる。オジ方居住は、かれをその母系親族とこの親族の家族に——空間的にも社会的にも——属させる。両親、子ども、その他の親族との関係も、こうしたさまざまな配列によって、根本的に違ってくる。それればかりではない。妻との関係も違ってくる。妻と夫のどちらが親族から離れるにしても、もう一方は気心の知れた親族に囲まれて、かれらから援助を受ける。あるいは双方とも離れてしまって、もっぱら二人の暮らしに頼ることになる。さらに特殊なケースとしては、二人とも親しい親族のあいだで暮らすような場合もある。こうしたいくつもの配列に従って、個人の生活環境が著しく異なってくる。だから社会が新しい居住規則を採用すると、これによって大がかりな内部的再調整が促されるが、これは、別におどろくにはあたらないであろう。

どんな社会でもその生存条件は、たとえば飢饉や伝染病といった自然の出来事、戦争や革命といった社会的な出来事、人口密度の高まりといった生物学的な力、技術の発明といった内部的な適応、文化の借用を刺激するような外部との接触、こうしたものによって——あるときは早く、あるときは遅く——、いつも変化を経験している。ところで基本的な生活条件がいろいろ変わってくると、既存の居住規則を修正するという方向で、その圧力がかかってくる。ところで、社会変動を引き起す要因はさまざまであっても、居住規則の選択肢というものは、まことに少ない。それでほとんどの社会には、特定な環境条件というものがあって、それに出くわすことが考えられる。すなわちその文化レベルと社会組織の形態のいかんを問わず、居住規則のどれかひとつを選択して、これを発展させるところの環境である。というわけでここでは、あらゆるレベルの社会をある居住慣行へと傾斜させると思われる条件について、そのいくつかを検討してみることにしたい。

まず他の居住規則に従っている社会の場合、個人や核家族を分離したり強調したりするなにかの影響があると、そこでは新処居住の発達が促されるように思われる。なお核家族は、なにほどが多妻制のもとに姿を隠している。だから単婚を促す要因も、同じく新処居住を助長することになるであろう。単婚を促す要因には、性的分業が挙げられる。そこでは男女それぞれの活動の所産が、ほぼ等しいというバランスを保っている。また妻を買うことの広がりを抑える広域的な貧困、それからキリスト教のように、多妻婚を原則的に禁ずる宗教ないし倫理の導入なども、この例であろう。なお核家族は、部分的には拡大家族もしくはクランのうちにも潜んでいる。そこで親族の大きな地域的集合を破壊し、禁止するところの力も、新処居住を促す条件となるであろう。たとえば政治的進化によって、国家が部族的形態から領土的形態に進んだために、アフリカ、アジア、ヨーロッパでは、しばしばクランの解体と単系的紐帯の弱体化とが現われてきた。また個人主義は、その現われ方は、私有財産、経済界における個人企業、配偶者の選択における個人の自由など、さまざまであるけれども、これも結婚したカップルに独立の世帯をつくることを促してくる。同様な結果は、移住を刺激するところの人口過剰によっても、その他、新しい土地を占拠してそこで開拓生活を送ること、商工業の拡大、都市化の発展によっても生みだされる。また相続制の変更、たとえば長子〔単独〕制に代わって複数の相続人による財産分割制となったことも、同様に新処居住を促したとみることができる。さらに建築上の変化も、影響を及ぼして、たとえば大きな共同家屋が、単一家族が住むのに適した住居の形に変わった、というのがそれである。

同じように実にさまざまな要因が、双処居住への移行を促す。まず相対的に文化水準の低い場合、非定住のバンドによる移動生活をとりいれたことは、とくに双処居住の規則を導入することになったと思われる。ある家族があるキャンプ地で、父の親族の近くでテントを張ったり、小屋を建てたりする。けれども次には、母の親族の近くで、こうしたことをする。あるいは両親族が別のバンドに属している場合には、どちらか一方と住むか、または一方から他方に移ることになる。なおより高い文化水準となると、そこでは定住という生活条件に置かれることになる。ここで双処居住を促す重要な要因は、ひとつは両性の地位がほぼ平等ということである。とりわけ財産と権利の所有・相続についての平等が、それである。女性が男性と平等に財産を所有・相続するところでは、新婚のカップルは、ふつう、より大きな富、より高い社会的地位をもつ配偶者のほうに住む(34)。出生順による子どもの地位の分化、それから性別に関わりのない長子制は、とくに双処居住に導くように思われる。たとえばポリネシアでは、とりわけこうした慣行が一般的であるが、ここではどちらかの性の初生子は、通常結婚後も、定位家族にとどまっている。そこで居住の変化は、弟妹の結婚の場合に起る。一般に親族の紐帯を弱めないかぎりで、単系結合の強さを低くするものが現われてくると、双処の居住が促される。もっともこの場合にも、新処居住を妨げる要因が、存在していなければならない。たとえば大きな家屋、多数家族の住む建物、仕事が個別的でなくて共同的であったりするのが、それである。つまりこれらによって、双系的に結ばれた複数の核家族がともに維持されていくことになる。

ところで母処居住を促す要因は、これとはまた異なる。そしてリッペルト(35)は、これについて啓発的な示唆を行なっているが、かれによると母処居住は、その民族の生活手段が、その性的分業においてなによりも女性の活動に依存している場合に現われるという。もっとも女性の経済的貢献を男性のそれ以上の水準に引きあげるには、その条件となるものがあって、これはほとんどの場合、狩猟と採集とに拠っていた社会に、農業が導入されたということである。農業は、通常女性の仕事なので、低次の農耕民族では、ここで母処居住と母系出自とがとくに一般化していく。[36] なおトルンバルト[37]は、この点を非常にはっきりさせている。すなわち双系の狩猟・採集民族にあっては、「息子は父親から罠と狩猟の用具とを相続する。娘は母親から台所用品と食物を採集する道具とを承け継ぐ。ところが女性が採集から農耕へと進んだときには、彼女たちの財産は増えていった。そのために、母系の相続がより大きなものとなっていった。農耕の結果、女性は、男性よりも安定して、またしばしばより豊富な食物を供給することができるようになった。そこで女性の重要さが、さらに増していった。このように財についての優越が、子どもについての〔母の〕優越を含めて、母系出自の認知をひろく進めることになった」。こう言うのである。

このように女性の相対的に高い地位は、双処居住を促すとともに、母処居住にもみちびいていく。ところで双処居住を促すのは、所有その他の権利で、女性が男性に劣らない平等性をもっていることである。これに対して母処居住を促すのは、女性が男性よりも勝れていること、とりわけ生産とその主要な手段——土地——の所有において、優越していることである。なお家畜、奴隷その他の動産を欠いていることも、母処居住に味方する要因とすることができる。もしこれらが男性の手にあったならば、これによって、女性の不動産における優越に挑戦してくる。あげくは多妻婚という破壊的因子の導入になったことも考えられるからである。相対的に平和だったことも、おそらく母処居住に好都合にはたらいたもうひとつの要因である。戦争は男性の重要性を増して、しばしば奴隷の妻、女性を買うための分捕品をもたらすことになるからである。さらにもうひとつ注目される先行条件としては、政治的な統合が相対的に低い水準にあったことが挙げられるであろう。とくにメラネシアにおいて、またプエブロ・インディアンのあいだでもそうであるが、これらにあっては政治的な統合が地域社会を出ることはない。政治的権威が広まっていくと、これはその権威の所有者——ほとんどかならず男性であるが——に対して、権力・財産・威信の増大をもたらしてくる。こうして、母処居住の原則が終末を告げることになるからである。

これに対して父処居住は、文化や生活条件におけるなんらかの変化によって促された。すなわち女性と較べて男性の地位・重要性・影響力を著しく高めるような変化によって促された。とりわけ基礎経済が変わったことが大きい。すなわちこれによって、性的分業では、男性の活動が主要な生存手段を生みだすことになっていった。「経済活動の性質が結果を生みだすのではない。それをだれがやるかだけが問題である。」(38)こうして遊牧経済の導入は、ほとんどどこでも、父処居住を結果した。(39)また土地の耕作者としても、男性が女性にとって代わることになった。家畜に犂をつけるようになったからである。(40)狩猟民や採集民でさえ、その部族が獲物の豊富で有望な地域に移ったときには、同じような結果を生むことになった。かれらの生活に、女性の採取活動よりも、狩猟に大きく依存するようになったからである。オーストラリアの原住民に父処居住が支配的であることも、おそらくこのように説明されるであろう。クロウ・インディアンは、先史時代の後期、農耕的・母処婚的なヒダッァ族(Hidatsa)から離れて、平原における野牛狩猟経済を採りいれたが、これとともに母系のシブをとどめながらも、父処居住に移行することになった。このことの意味は大きい。

ところで多妻婚は、新処居住制のもとの個人主義とも、また双処居住制のもとでの女性の高い独立した地位とも両立しにくい。またそれは、姉妹婚の場合を除けば、母処居住制のもとでも、実際には不可能である。そして、とりわけ父処居住に適している。この居住制では、妻は親族から離れ、また経済的・社会的にも、男性に劣っているからである。だから多妻婚を促す条件は、同時に父処居住をも促す。というわけでイスラムのように、多妻婚を認める宗教体系をとりいれることも、父処居住という結果をみちびくことになる。

このさい男性の蓄積する動産や富が——それがどんな形のものであっても——、量的に増えていく。このことがとりわけたいせつである。というのは、家畜、奴隷、貨幣その他なんでもよいが、こうした財産をもつ裕福な男性は、娘の親に花嫁代償を提供する。そこで親は、娘を手放すことになるからである。また男性の手に財産が集中してくると、それまでは母系の相続制に従っていた民族も、父系の相続に移行するようになってくる。男性は、いまや自分の生まれつきの好みを実現させるだけの権力と手段とをもつようになった。すなわち財産は、これを姉妹の生んだオイにではなくて、自分の息子に渡すことができるようになる。戦争、奴隷制、政治的統合も、みな父処居住制を促すものである。まず戦争は、男性の力を高めて、妻たちを捕えてくること(したがって父処)を可能にさせる。またひろく女性を買うための略奪財産をもたらす。奴隷制も、女性を買うためのメカニズムと化して、いよいよ父処の居住制が強められる。政治的拡大も、男性の権力と威信とを増加させる。これは一般に父系継承の規則を固めることになるが、とにかくこの双方によって、父処居住が促される。

母処↓父処居住は、父処居住の変形にすぎないけれども、これも同じ要因によって促される。ところでこの慣行では、父処居住規則の実行にさきだって、母処居住の期間が存在する。そしてこの期間は、たいてい次の要因のどれかから出てくるように思われる。ひとつは花婿奉仕であって、これは妻代金(wife-purchase)の追加分として、またはその一部として行なわれる。第二は花嫁代償(bride-price)の支払い計画が、分割払いの形をとるものである。つまり最後の支払いがすむまで、夫は妻の両親と住むといったものである。

オジ方居住制はとりわけ興味深い。圧倒的な証拠からすると、これはけっして新処・双処・父処居住から発展することはなく、母処居住に代わるものとしてのみ可能である。すなわち前述の諸要因によって、以前母処居住だった社会に、父処居住がみちびかれる。ところがこれと同じ要因が、またオジ方居住を生みだしていく。そしてこうした状況のもとでは、父処居住規則とオジ方居住規則とは、完全に相互転換できるものとなってくる。すなわち前者が通常、父系出自の規則、後者が母系出自の規則となる点を除けば、すべての点でおたがいに等価的な社会体系のうちに置かれている。どちらの社会体系にあっても、男性は単系の男性親族とともに住む。けれどもその妻は、他の地域からやってきて、彼女の親族からは離れることになる。そこで男性が父処居住のもとで手にする利益——多妻婚、奴隷、富、政治権力、軍事的威信を、かれはオジ方居住のもとでも、みな同様に獲得することができるわけである。

母処居住のもとで男性の力が増していくと、そこで問題が生まれてくる。オジ方居住は、こうした問題のひとつの解決策のように考えられる。ところがこの居住制は、父処居住に較べて、その頻度が落ちてくる。なぜそうなるか。唯一の理由は、この慣行では男性はその結婚時、または結婚にさきだって、居所を変更する。このやや異常なやり方にあるように思われる。すなわち少年または若者は、親の家を離れて、母の兄弟と住むことが求められる。こうした居所の変更は、ブリティッシュ・コロンビアのハイダ族、ナイジェリアのロングダ族、メラネシアのトロブリアンド島民の慣行となっているが、ここでは、もしそうでなければ父処居住にみちびいたと思われる影響力が、夫の両親の家ではなくて、夫が住む母方のオジの家にみなもたらされることになる。

新しい居住規則は、それがひとたび確立されると、結果はどういうことになるだろうか。まず前章の公準Iの定理6から12で確定した原理に従って、親族呼称法に影響しはじめる。けれども、この点での居住規則の効果は、とくに高いものではない。それで親族命名法について期待される変化は、新しい出自規則の確立するまで現われないことが多い。そして居住規則が最も大きな影響を及ぼすのは、親族の単系的な集団形成に対してである。

新処居住から双処居住への移行、またはその逆の移行には、ほとんど問題がない。双方とも一般に双系の出自と結びついており、一方から他方への変化は、ただ違ったタイプの双系組織を生みだすだけだからである。すなわち新処居住への移行は、独立した核家族を出現させ、双処居住への移行は、双系親族集団と双処拡大家族の発達を容易にするのである。

ところが単処居住——それが母処・父処・オジ方のどれであっても——から新処居住への変化は、現存の単系的な集団構成に破壊的な結果を及ぼす。クランはとりわけ危機にさらされる。もっとも支配的な単処居住規則にすっかりとって代わるのでなく、新処居住の例がごくわずか現われるということがある。しかしその場合でも、クランは急速に消滅してゆき、あとには地域性を欠いたリネージとシブとが残るだけとなる。単処拡大家族も、たちまち破壊されて、独立の多妻婚または単婚家族に道を譲ることになる。もっともリネージ、シブ、モイエティは、クラン以上の抵抗力があって、もし機能的に重要ならば、かなりの期間残存している。しかし不可避的に弱まってゆき、ついにはまったく姿を消してしまう。こうして新処居住の最終結果は、いつも双系の出自ということになる。近代のヨーロッパ社会は、このタイプの移行について、多くの歴史的事例を提供しているわけである。

双処居住も、単系制度に対して、これと比較される影響を与えるものである。しかしそれは破壊的でなくて、漸次的にである。すなわちクランは、なお修正された双処という形態で、一定期間存続する。そしてキンドレッドに転換する。単処居住をとる拡大家族は、少しずつ双処拡大家族に変形していくが、ひき続いてきわめて似た機能を果たすことがある。けれどもリネージ、シブ、モイエティは、居住という支えがなくなるにつれて、次第に消えていく。これは、新処居住の与えるインパクトと同じである。そしていずれの場合でも、実際に起る結果は、双系の出自ということになる。われわれのサンプルに出てくるアフリカ社会のひとつであるが、北ナイジェリアのジュクン族は、こうした移行のはっきりした歴史上の証拠である。これまで母系出自で母処居住だったジュクン族は、父処居住をとるフラニ族(Fulani)からの強い影響を受けて、あい対する力の折衷として、双処居住と双系出自とを採るようになったからである。

新処居住と双処居住とは、どちらも究極的には、単系出自の喪失を結果する。そしてこれがこの喪失の通常たどる、唯一の道のように思われる。これに対して双系社会が単処居住を取りいれることは、なるほどこれに対応する単系の出自規則の発達を促す。しかしこの規則をけっして不可避的に生みだすのではない。のちにわれわれのデータを表示するけれども、これが示しているように、父処居住と母処居住の双方を、双系組織の主な二つの型のそれぞれに、きわめて一般的にみることができる。このように単処居住は、かならずしも単系の出自をみちびくものではない。にもかかわらずローウィ(41)とは反対に、単系の出自は、単処居住以外の通路からは起りえないことを主張しなくてはならない。ローウィは、もうひとつの要因として性にもとづく分業を挙げているが、しかしこれはその影響を直接、出自規則に及ぼすことはない。性的分業は、単系の親族を居住的に配置するということを通して、間接的に影響を与えるにすぎない。要するに進化主義者の提起した直接の影響力、とくに未開家族における生理的父性の無知と父の非成員とを斥けるならば、母系と父系という親族集団を生みだす条件としては、単処居住が唯一の要因となってくるであろう。

もっとも単処居住は、直接にリネージやシブを生みだすのではない。それは親族者の単系的配置を特徴とした拡大家族と外婚的ディームとの発達を促すだけである。そしてこの二つのどれかが、今度は非地域的な親族集団の認知へとみちびく。母処・父処の居住がなすところのものは、一方の性の単系親族集団を、その配偶者とともに空間的に近い場所へと集合させることである。ただ地域的条件が、こうした集団の成員のあいだに特殊な社会的結合を促して、それが拡大家族または地域化した親族集団を構成させることもあるし、そうさせないこともある。なおこうした結合がなされて、拡大家族または他の居住親族集団が現われてくると、その社会は次の時代には、単系の出自を発達させる公算がきわめて高い。第四章でみたように、ハバスパイ族とヒュパ族とは、父処居住の影響を受けて、双系の出自から父系の出自を発展させていく、ちょうどその移行段階を例証している。前者の父処居住の拡大家族、後者のパトリ・ディームがそれである。

母系のシブも、母処居住から発達していく。具体的には母処の拡大家族としてか、またときとしてマトリ・ディームとしてであるが、正確には似たようなやり方である。この点、ボルネオは、その好例を提供している。というのはここではこの変化が、外部文化との接触がなく、まったく独立して起ったばかりではない。母処居住をとりいれたばかりに、この変化が不可避的に起ったのでもない。この二点によるものである。ボルネオでは、母処居住制がほとんど一般的であるが、ただひとつの例外を別にすれば、この島の部族はみな双系の出自である。例外とはマーニヤン族（Maanyan）の分派であるシオン族（Siong）であるが、この部族は、島の南の中央部に住んでいる。そしてシブを欠く諸部族に囲まれているが、ただ他の文化は、みな同じようなものである。ところがこのシオン族だけが、単系の出自を発達させた。母処居住から文字通りの母系シブの体系を発達させたわけであって、それぞれのシブは、共通の祖先の墓をかれらの儀式の中心に置いている。(42)

十分に発達した母系親族集団をもった母処型の社会が、父処居住を促す一連の強い影響に出会って、居住規則が変わるといった場合、ここでは三つの解決策のいずれかが可能である。これは、われわれのサンプル諸部族によって説明することができる。もし地域環境が、少年たちに母方のオジと住むことを許すならば、父処居住よりも《ﾏﾄﾘ》オジ方居住が採用される。この場合、その部族のもつ母系のリネージ、シブ、モイエティは維持されるが、母処拡大家族とマトリ・クランとは、たとえそれがあっても、失われるか、またはオジ方拡大家族とオジ方クランへと転換される。われわれのサンプルでは、八つの社会——二つはアフリカ、四つは北アメリカ、二つはオセアニア——が、この移行を経験したようにみえる。

もし地域環境がオジ方居住を促さないならば、強い父処居住型文化の圧力のもとにある母系社会は、その母系のリネージ、シブ、モイエティを棄てることなく、父処居住を採用しようとする。マトリ・クランと母処拡大家族とは、ほとんどすぐに姿を消すが、非地域型または血縁型の母系血縁集団は、その機能が居住の変化によって破壊されないならば、長期間存続することが可能である。父処居住は、母系のシブ成員をかなり広い地域に分散させるので、特定の地域と結びついている諸機能は、必然的に失われる。居住規則が変わっても、最もよく残るのは、結婚規制の機能、または外婚制の機能である。もしこれが失われると、母系の出自はたちまち消えていき、部族は父処婚ではあるけれども、双系の出自となる。けれども外婚制が残るならば、母系の出自は、これと矛盾する居住規則にもかかわらず、なお維持される。これはサンプル中、一四の社会——アフリカ五、北アメリカ四、オセアニア五——でみられる例である。なおこれらのうちには、たとえばモンタナ州のクロウ・インディアンのように、移行の歴史的証拠としても耐えるものが存在している。

この型の社会は、もしその母系親族集団が外婚制で、しかもそれが強く機能しているならば、それからは、双系社会に父処居住制が導入されたあとと同じような変化を経験することになる。しかしその後も母系出自の規則は維持される。たとえば父処拡大家族を発達させるとか、地域外婚制を採用するとかが、それである。そしてこの基礎のうえに、ついには純粋の父系のリネージまたは父系のシブが獲得される。このようにはじめの母系親族集団を失うことなく、父系の出自を獲得するのが、二重出自の生まれてくる、まず正常な過程である。われわれのサンプル社会のうち、二重出自をとる一四の社会——オセアニア九、アフリカ四、ユーラシア一——は、明らかに、この移行を経験している。他の三つの例でも、確実ではないにしても、これが可能である。もし母系的遺産に母系のモイエティが含まれるならば、ニュー・ヘブライドのラノン族や多くのオーストラリアの部族のように、両系の親族集団あるいは「結婚階級」が現われてくるのがふつうである。

なおついでながら、これはいつもというのではないが、二重出自の起源については、もうひとつのものを指摘することができる。すなわち財産の二つのタイプにそれぞれの相続規則をもつ双系社会では、所有のそれぞれのタイプを基礎として、リネージが展開される。たとえばオントン・ジャワ人は、土地を所有する父系のリネージと、家屋を所有する母系のリネージとをもっている。プカプカ族の二重出自も、どうやらこれと似たような起源をもつらしい。ただこうした事例は、単系の親族集団がシブよりもむしろリネージであること、またそれらが非外婚的になりやすいことによって、普通のタイプの二重出自とはっきり区別したほうがよいであろう。

母処・母系の社会が、オジ方居住になったり、母系的でときには二重出自をともなう父処居住になったりしないで、強い父処居住文化の圧力のために、そのまま父処・父系の社会に移行する場合もある。出自規則は、居住規則と並行して、またはそれから少し遅れて、変化していく。とくに父系の近隣部族との接触は、この第三の選択肢をとるのに必要な先行条件のようである。借用できるモデルのあることだけが、新しい出自規則が急に発達したことを説明するものだからである。もっともこうした好条件のもとでも、母系の規則を放棄して父系の規則を採用するまでには、おそらく推移期間というものが介在する。すなわちたとえ短期間でも、双系出自の期間のあるのがふつうのようである。

おそらく比較的稀ではあろうが、このタイプの移行は、われわれのサンプルのうち、アフリカの二社会については、信頼できる歴史的証拠によってたしかめることができる。ニアサランド〔共和国〕のヘンガ族（Henga）は、つい最近まで母系・母処であったが、父系のヌゴニ族（Ngoni）が侵入すると、これとほとんど同時に、父処居住と父系出自とを採用したことで知られている。また同様な圧力によって、ウベナのベナ族は、はじめは父処居住を採り、次いでかれらの母系のシブを父系のシブに変えた。ただこの変化は、ここ数年のうちにやっと完全なものとなった。けれどもこの例では、双系のキンドレッドが存在していることで、少なくとも短期間の双系出自の介在したことが示唆されている。なおわれわれの多くのサンプル社会でも、これと似た移行が、次のような構造的証拠によって示されている。すなわち、他の点ではまったく父系・父処の文脈にありながら、相続は母系、居住はオジ方といった、言うなれば特殊ケースが残存していることである。

ところで、こうした移行の力学は、母系組織と父系組織とのあいだに存在する、根本的な差異に言及しなくては、これを十分に理解することができない。そしてこの差異は、性による分業という普遍的な特徴に依存している。(43) 世界中に散在する二二四の部族について、両性間の経済活動の配分を調べてみると、次のことが明らかとなる。すなわち適切な情報の得られる七五％以上の社会では、女性に割り当てられる仕事は、製粉、水運び、料理、燃料および野菜の採集、衣服の仕立および修理、肉・魚の貯蔵、陶器づくり、織物、敷物および篭の製造である。これらの仕事は、そのほとんどが家または家のすぐ近くでなされること、またどの仕事も部族の領域《テリトリー》についての詳しい知識を要しないことが注目されるであろう。これに対して同じサンプル社会の七五％以上では、男性に割り当てられる仕事には、次のものが含まれる。放牧（八四％）、漁撈（八六％）、木挽（九二％）、わな猟（九二％）、採鉱・採石（九五％）、狩猟（九八％）、海棲動物の捕獲（九九％）。これらの活動は、すぐれて男性的な戦争への参加と同様、みな男性を居住地から遠くにつれだしていく。とともに、地域社会の周辺とそこにある有用な資源の所在について、完全な知識をもつことを要求している。

さて性によるこうした分業の特徴からして、次のことが出てくる。すなわち結婚によって居を変えることは、この移動がある地域社会から別の地域社会へのそれを含むとすれば、これは女性よりも男性にずっと大きなハンディキャップとなってくる。女性は、別の地域社会にいる男性と一緒になっても、彼女が子どものころから習得してきた技能は、ハンディキャップなしに、これを続けて発揮することができる。けれども母処婚のために新しい地域社会に行く男性は、まったく新しい環境を捉えていかなければならない。けもの道と土地の標識、鉱床のあり場所、良い材木のあり場所、獲物の生息地、最上の牧草地や釣り場の所在、これらについて少年期・青年期に得た知識は、そのほとんどが無駄になってしまう。そして忍耐強く新しいテリトリーに、順応していかなくてはならない。この事実からして、男性にとっては、地域社会を変わることは好ましくない。しかし女性の場合には、こうした結果が現われない。もっともこれは母処居住そのものを妨げるのではない。しかしそれに制限が加えられる。なおこの制限は、父処居住の場合には存在していない。

それで居住制が母処であっても、結婚した男性はめったに新しい地域社会に住むことはない。かれは両親の家からかれの持ち物を受けとって、いわば道を横切って、同じ村のはしにあるかれの妻とその親族とがいる場所に移っていくにすぎない。われわれのサンプルでは、二五の母処・母系の社会のうち、ふつう男性が結婚したとき、地域社会を変えるという確証のあるのは、わずか三つだけである。そのひとつは、ドブ族であるが、ここでも男性は、かれの時間の半分を自分の村で、あとの半分を妻の村で過ごすにすぎない。セイロンのヴェダ族とベネゼーラのヤルロ族とが、あと二つの例外であるが、ただここでは地域社会が移住式バンドなので、こうした状況のもとでは、ふつう男性の転居を妨げる事由が当てはまらない。さらに二つの双系社会であるアラパホ族とチェイエン族では、母処居住と地域外婚への傾向とが結びついているが、ここでも移住式のバンドが組織されている。これに対して定住の地域社会では、母処居住と地域内婚とのあいだに、ほとんど普遍的な結びつきが認められる。さらに女性が新しい地域社会に移っても、これを妨げるような特段の原理はほとんどない。それでわれわれのサンプルでは、父処・父系社会のほとんど大部分で、女性の移るのがルールになっている（第一章の表2をみよ）。しかし母処・地域内婚の社会では、移動する男性には、こうした事由がほとんどないことになる。

結婚によって地域社会を変えることについては、両性のあいだに、以上のような差異が存在している。ところでこれから出てくるひとつの結果は、地域社会の全体がパトリ・クランへと転向するということが、容易でまたふつうだということである。たとえばヒュパ族の例は、パトリ・ディームがどうして父処のクラン地域社会に発展できたかを示している。けれども地域社会全体がマトリ・クランに形を変えることは、明らかに移住式という条件のもとでだけ起る。もっと重要な結果は、母系または父系の出自と外婚制とが確立した後、いくつものクランを含む地域社会というものは、それぞれ違う歴史をたどるということである。

すなわち、いくつかのパトリ・クランをもつ地域社会では、それが成長し繁栄していくにつれて、利用できる生活手段以上に増えた人口の一部は、新しい居住地を求めて、移住させることになる。地域社会のこの分裂は、すでにあるクラン間の割目に沿ってなされることが多いが、ところでこうして去っていく人たちも、それ自身、ひとつまたはそれ以上の全体クランをつくることになる。そしてこうした分裂を何回か繰りかえすと、もとの村とそれから派生した地域社会とは、そのどちらも単一のクランを構成することになる。このことは、父系のクランをもつわれわれのサンプル社会七二のうち、なぜ四五がクラン地域社会をもち、これに対してわずか二七がクラン・バリオをもつかを証明している。なお、この分布は、マトリ・クランの場合と鋭い対照をなすものである。

ところが母系・母処の社会では、分裂が地域社会を単一のマトリ・クランに還元させることができない。こうなると、男性はみな結婚によって、自分の地域社会を去ることが要求されるからである。したがって二つのマトリ・クランが、還元できない最小のものとなって、分裂のプロセスは、それ以上に進むことはできない。それから移動するにしても、この集団は二つの親族集団の成員からなっていなくてはならない。こうしてもとの地域社会の男性も、派生した地域社会の男性も、ともに外婚の規則を守ることができ、また村を去ることなしに母処的に結婚することができる。言うまでもなくその村は、かれらがこれまでなじんできたテリトリーと資源とをもつ村のことである。

なおこれは、母系のモイエティが形成される、ふつうの手続きでもあると言える。分裂の結果、最終的には二つのシブがいまの地域社会を去って、双方の母系親族を移住でできた新しい地域社会に連れていくことになる。そしてもし外婚の規則が保持されているならば、もとのシブは自動的に母系のシブに転換していく。なおこのことは、父系出自のきわめて高い頻度にもかかわらず、父系のモイエティよりも母系のモイエティのほうがずっとふつうだということを説明するものである。たとえばわれわれのサンプルでは、父系の出自をもつ一二四の社会のうち、わずか一七だけが父系のモイエティを所有しているが、これに対して母系の出自をもつ六九の社会のうちでは、二四に母系のモイエティが現われている。そしてこの隔たりは、少なくとも外婚への傾向を示すモイエティだけをとりあげると、もっと大きなものとなってくる。すなわち、外婚制をとる母系のモイエティは、一九の社会でみいだされる。ところが外婚制の父系のモイエティは、わずか九の社会でみられ、しかもこのうちの四は、二重出自をもつ部族であって、そこではおそらく初期の母系のモイエティがモデルとなって、その後、父系のモイエティが形成されたものと思われる。

こうしてわれわれは、父系制への移行がどのようにして母処・母系の地域社会で起るようになったか、その力学を検討する順序となった。証明のために、たとえば小さな村のような地域社会を考えてみたい。そこには二つの母系のクランが住んでおり、それぞれは村のメイン・ストリートの片側を占めている。〔父系制への〕移行の起るまえは、男性は結婚しても、通りを横切って移り、妻に属する小屋に住むだけである。かれは結婚前と同じ付近のテリトリーで、経済的活動をいとなんでいる。かれの近親者たちは、ちょうど道の向こう側に住んでいて、かれはいつでもそこを訪れることができる。独身のときに身につけたやり方で、かれらと一緒に働くこともできる。

そこで父処居住を促す、なにかの要因が現われたと仮定してみよう。——おそらく家畜・奴隷・貝貨などの導入がそれであろうが、これには個人の威信が多妻婚で高められるという考え方がともなう。富を手にした男は、次々と別の男たちを説得して、花嫁代償は支払うが、その代わり結婚したときには、娘たちを自分の家に移るようにさせる。それから男たちは、自分の財産全部を姉妹の息子たちに譲ることをやめて、いくらかを自分の息子たちに残しはじめる。だんだん父系親族との結びつきが強くなる反面、母系親族との結びつきは、ウエートが減じていく。そして個人間の関係も、次第にまた自然に、そして緊張もなく再調整されていくことになる。

村の人たちは、なにかとりわけ重要なことが起っていることをさとる。しかしそのまえに、道の片側の家々では、すでに父系につながる男性たちがその妻子とともに住み、そして同じような集団が、道の向こう側にも住んでいることを発見する。父処居住が確立されるようになり、父系相続が受けいれられるようになる。以前のマトリ・クランは、初期のパトリ・クランにその姿を変える。父系出自を発展させる状況が熟して、もしモデルとして役だつ父系社会が近くにあると、父系の出自が急速に起ってくる。母系の出自は、次第に失われていくとともに、完全な父系制が、こうして自然に、目立たない移行の段階を踏んで、母系制から進化してくるのである。

これと鋭い対照をなす例は、典型的な父処・父系の地域社会で、しかも母処居住への誘因を経験している村によって示される。説明のために、父処のクラン地域社会を考えてみたい。そしてこのコミュニティに一番近い村としては、六マイルから八マイル離れたところに、似たような二つの村が存在している。ひとつは、同じ川の下流の対岸にあり、もうひとつは、山を越えた次の谿谷にある。対象の村の男性からすると、その母や妻は、この二つの村のどちらからかやってきた。さてこうした舞台装置では、母処居住を促す要因が現われても、これにたやすく、しかも漸次的に移行することは、不可能とするほかはない。何マイルも離れていては、その男性は母系親族との紐帯をそう強めることはできない。また毎日生活している父系親族とのそれを、弱めることもできない。またもっともらしい動機をつくって、別の村に住む姉妹の息子に財産を譲ったり、家に住む自分の息子に相続させないようにすることもできない。もし妻の親族と一緒に暮らそうと思えば、その村に移らなくてはならない。つまりこれまで得た知識がまるで役に立たないという自然環境に入らなくてはならない。それに多妻婚もやめなくてはならない。要するに母処居住のための障害が、ほとんど克服できないわけである。

それでもなお母処居住を促す力が不可抗的の場合には、二つの、ただ二つだけの解決策が可能となってくる。第一は、苦労をいとわない男性が増えてきて、実際に別の村に移って、妻と一緒に住むようになることである。しかしこれは単に双処居住を制度化していくだけのことである。つまりすでに述べた一連の変化、すなわち父系制が双系の出自に道を譲っていく、そうした変化を始めるだけのことにすぎない。第二の選択肢は、外婚という規則に反抗して、自分の村の女性と結婚して、そこに住み込むことである。なお、これがすっかり一般的になると、いろいろな関係は混乱して、シブは居住制と外婚制という支えを失って、解体することになる。そして村は、双処居住、おそらく実際には母処居住にもとづく内婚ディームへと転換していく。というわけで、母系制への直接の移行は、典型的な父系社会、すなわちクラン地域社会を発展させた父系社会では、まったく不可能である。

父処・父系の社会で、父処拡大家族だけを、あるいはクラン・バリオだけをもっている社会は少ない。またなにかの理由で、地域化した親族の集合がみられなくなったという社会も少ない。ところでこうした父処・父系の社会に母処居住規則を導入することは、多妻婚によって妨害される。この場合、母処居住と両立する結婚形態は、単婚と多夫婚、そして絶対的には姉妹型の多妻婚だけである。しかしこうした形のものは、われわれのサンプルにあっては、九七の父処・父系の社会のうち、一八にしか起っていない。六四は非姉妹型あるいは混合型のふつうの多妻婚であって、残りの一五では、多妻を認めているものの、ひろく行なわれてはいない。こうした社会が母処居住となるためには、男性は、姉妹型の多妻婚を除いて、すべての複婚を放棄しなければならない。またかれらは、ほかの不利益も我慢しなくてはならない。たとえばもとの家族よりも義理の親族と住むことになるので、享受できる自由も、そのために減ってくる。こうして、少数の男性を除けば――たとえクラン地域社会が欠けていても、また母処居住規則を促す圧力が強くても――、すぐに住所を妻の家に移すことにはならない。もっともこの場合、すべての男性がそうしなくても、居住は母処よりも双処となり、単系の諸制度は解体しはじめ、そして出自も、母系であるよりは双系となってくる。

このように母処居住の圧力のもとにある父系社会では、双系となり、それから結局は母系になることが考えられる。けれども父系社会は、その組織までが直接、母系形態に移行することはできない。なるほどありそうもない環境の組み合わせによって、こうした例外も理論的には可能である。しかし――さらに証明しなければならないけれども――これははなはだ稀であって、社会組織の発達に関する一般的仮説としては、無視してよいであろう。

ところで観察は、しばしば次のことを明らかにしている。すなわち世界の多くで父系民族と母系民族とが、ごく限られた地域で隣り合ってみいだされる。そしてその文化は、たしかに歴史的つながりのある証拠を示している、ということである。[44] こうした状況のところでは、次のことが明らかだとしなくてはならない。すなわちもしこの二つの構造が、実際に発生的な関係にあるならば、父系の部族は母系の組織から進化したに違いない。けっしてその逆ではない。同様に次のことも真実としなくてはならない。すなわち十分に成熟した二重出自をもつ社会では、みなはじめに母系の親族集団の進化をみた。そして父系の出自規則は、その後の発展を示している、ということである。[45] もちろんこうした一般化は、母系がどこでも先行するという進化主義理論を支持するという意味で、採りあげているのではない。そうではなくて、こんにちまで生きてきたほとんどの集団は、その長い歴史の過程で、社会組織においても、いろいろな変化を経てきた。そしてこうした個別的経過における最終の移行が、母系出自から父系または双系の出自への移行であったとするのであって、すべての経過において、けっして母系が最初に位置していたとするものではない。

本章で進めている社会組織の進化に関する仮説は、いくつもの型の社会構造のあいだに、どれが究極の起源だとか、全体としてどれが先行するかについては、なんの仮定も行なっていない。ただどの場合でも、変化の可能性は限られている、ということを仮定するだけである。どの型からも、若干の型だけが直接に移行することができる。そしてそれ以外の型は、十分な数の継続的な段階を経て、これに達することができる。たとえば父系社会は、双系という媒介形態を経て、母系制を発展させることができる。なおこの仮説は、最も重要な諸点では、ボアスおよびその門下の基本的立場と一致するものである。だからかれらが、進化主義の仮説を逆転させるという誤った方向をとらなかったならば、これはかれらによって十分に発展させられたものとしてよいであろう。

母系制が普遍的に先行するという進化主義の仮定と関連して、双系の出自が普遍的に単系の出自に先行するというローウィの見解[46]も、これを否定しておく必要があるであろう。もちろん家族というものが、始源的な存在、すなわち人類以前から、また文化以前から存在していたことは、認めなければならない。けれどもこのことから、双系の出自が単系の出自よりも古いということにはけっしてならない。どの形態の出自もみな文化的であって、文化の夜明け以前に存在していたはずがない。リヴァースが証明しているように、出自の形態は、みなひとつの原則を集合的に認知することからなっている。すなわち、個人は特定の親族集団に帰属するという原則である。ただ私の知る限りでは、文化を手にした最初の人間社会が、生まれた子どもの属する集団をつくるさい、父か母かの親族を選んで、他の集団を捨てるという規則を採用せずに、両親の遠い親族を捨てるという規則を採用した、ということを示す証拠は存在していない。もっともこれは事実の問題となってくる、したがってこの点の証拠が出てくるまでは、アプリオリな推論は別として、ひとつの決定に達したとすることはできない。

ところで社会組織について提起した仮説は、二五〇のサンプル社会を、一一の主な社会構造の型に分類することによって証明されるであろう。なおこの一一の型は、それぞれいくつかのサブタイプに分かれてくる。もっともある型から他の型への移行の諸可能性に関して、この分類と結論とが妥当であるかどうかは、私の統計的方法による証明からはただちに出てこない。仮説のなかには、共時的原理と通時的原理とが、ときほぐせないほどに織りなされているからである。けれども関連データは、いくつかの型ごとに表の形で要約されている。だから仮説の妥当性は、表示された実際のデータが、どの程度理論的期待に対応しているか、この点にかかるとしなくてはならない。表に出てくるデータには、ほぼ二、五〇〇の個別の項目が盛られているが、このうち理論によって合理的に説明できないものは、一ダースほどもない。もちろん読者は、この点は自分で判断しなくてはならない。

なお参照した民族誌の報告は、個々の点については、いつも明快なものではなかった。そこで私は、しばしば特徴の分類を決めるにあたって、部分的には推論に頼らざるをえなかった。このさい私は、私の理論上の立場が分類に影響するのをなるべく避けようとした。二五〇の社会のうち二二〇については、私の理論が固まるまえに、特徴の分類が行なわれた。そして推論は、データ・ソースにある別の証拠からして、正しいと思われる場合にかぎって、これを行なった。そうでない場合は、項目をブランクのままで残しておいた。なされた推論タイプの一例としては、アラスカのエヤク族（Eyak）の居住をオジ方としたことを挙げてよいであろう。研究者たちは、オジ方居住というカテゴリーをあまりよく知っていないので、居住規則が母処か父処かについて、いろいろな報告者が矛盾した報告をしていることに、かなりのスペースを割いていた。この事実から、私はこれをオジ方居住と推論した。同様な混乱は、はっきりしたオジ方の社会でも当たりまえのことだし、それにオジ方居住は、たとえばトリンジト族がそうであるように、この地域には一般にみることができる。だからエヤク族も同じ規則に従っている、と考えたわけである。もっとも今後の民族誌の報告、または高次の分析が、われわれのリストの個々の項目に加わることは、たしかに予想される。けれどもそうした修正が、われわれのデータの理論的含意に著しく影響を与えることは、まずありえない。

それからわれわれの仮説は、あくまで動態的な仮説であることを強調しておかなくてはならない。それはもっぱら進化または文化変動に関係していて、機能を扱っているのではない。ひとつの組織類型のサブタイプが、そこに住む諸個人の社会生活に、まったく違った条件をつくりだしてくる。ところが異なる類型のサブタイプが、これに参加する諸個人の社会的条件において、機能的には区別できないこともある。これらの例は、有能な批判者がすでに指摘しているところである。そこで分類のために要求されるのは、次のことに尽きるであろう。すなわちできるかぎり、社会構造の変化の主な可能性のすべてを、こうした変化の順序と継起を、そしてこれに加えられる主な制限のすべてを表示するということである。だからここでの分類は、ひとつの迷路とみることもできる。そこではある社会がある点からスタートして、ある点に着くことはできる。ただそれは、ある限られた数の可能的な道を通ってのことである。したがって次のことが力説されなくてはならない。すなわちこれは、人類の全史にわたる正常な発展コースとして、なにか単一の継起を樹てることではない。それどころか、選択的な継起の体系を樹てるものでもない、ということである。

データを類型に分類して、作表結果を示すまえに、一般的な仮説としているものを、簡潔に要約しておいたほうがよいであろう。さて本章で提起した居住と出自との関係、親族呼称法がこの居住と出自とに依拠していること——これは前章の公準Ⅰを裏づける諸定理によって証明された——、この二つを前提とするならば、社会組織の主な諸要素の正常な変化の順序は、次のように一般化することができる。

1、相対的に安定した均衡に達している社会体系が、変化を経験しはじめたとき、ふつう、こうした変化は、かならず居住規則の変更から開始される。

2、拡大家族やクランといったものが発達したり、消滅したり、変化したりするのは、ふつう順序として、居住規則が変わったのちに行なわれる。そしてこれは、いつも新しい居住規則と整合している。

3、血縁親族集団、とくにキンドレッド、リネージ、シブといったものの発達・消滅・変化は、ふつう親族者の地域的集合に変化が起ったのちに現われ、それはいつも後者の新しい状態と整合している。

4、親族呼称法における適応的変化は、公準Ｉの諸定理に従って、第一および第二段階ののちに開始する。しかしこれは、しばしば新しい出自規則が固まるまで完成しないし、ときにはそれからかなりのあいだ、完成しないままのこともある。したがって親族呼称法は、ある期間、まえの社会組織の形態を反映したまま続くことがある。

5、こうした継起の期間中、またはそのあとの期間中に、社会組織の体系外に生じた歴史的・文化的影響が、新しい居住規則の採用を促す圧力として働くことがある。こうして新しい継起が開始される。なお急に文化の変わるような状態のもとでは、二つの継起がときとして重複することもある。

ところで以上の仮説には、選好的な結婚慣行のような要因の影響に、その場所の割りあてのないことが注目されるであろう。これらの生む効果は、前章で証明した程度では認められるけれども、これらは明らかに二次的なものであって、仮説に採られている諸要素の相互作用に対しては、有意の効果を与えているとは思われない。

さて分類の仕方そのものは、理論から引きだされる。変化のどんな継起でも、親族呼称法における適応的変更が達成されたときに終ると考えられる。そこで親族呼称法の類型を、分類のまず第一の基礎とすることにした。それからどんな継起も、居住制の変化とともに開始すると推定されるので、いくつかの居住規則をサブタイプの主な基準として採ることにした。さらに出自規則は、その変化がどんな継起にあっても、媒介的に働いてくるだけである。が、機能的には問題全体の核心となっているので、主な三つの規則——双系、父系、母系——は、これを親族呼称法と関連させて、主な社会構造の一次類型を確定するために用いることにした。

親族呼称の適当な類型化は困難であった。ただ直系型（lineal）、世代型（generation）、分枝融合型（bifurcate merging）、分枝傍系型（bifurcate collateral）という分類は、ローウィによって提唱されて、それはすでに諸定理のテストでも有効性が認められている。なお以下の表でも、オバとメイに対する呼称も採りあげられている。けれどもそれはエゴの世代に関しては、平行イトコの呼称を不当に強調する反面、父方と母方の交叉イトコがはたして同じ名で呼ばれるか、それとも違った名で呼ばれるのか、またそのどちらがオジ方の親族に分類され、どちらがオイ方の親族に分類されるかについては、指示するところがない。ところがこの二つが、事態をさぐるのにたいせつなことは、経験的にも知られている。

交叉イトコに対する呼称は、それがきょうだい、平行イトコ、オジ方およびオイ方親族に対する呼称と関係しているので、結局、これを親族呼称法の類型を確定する基礎として選ぶことになった。これらは、エゴの世代の親族をより十分に選びだせるという利点をもっている。どんな社会にあっても、個人は、エゴの世代の親族と最も強く最も永続的な関係をもつ傾向がある。それからもうひとつの利点は、ほとんどの社会が性と配偶者という点から、あるいは最も強くタブーとし、あるいは最も強く選好しようとする女性親族が選びだせるということである。さらに交叉イトコの呼称法は、スパイヤー[47]が類型化の基準として用いて大きな成功を収めることができた。事実、それはこれまで提起された親族命名法の分類としては、最も満足のいくものである。

採りあげた親族呼称法の類型は六つである。このうちの四つ――クロウ型（Crow）、エスキモー型（Eskimo）、イロクォイ型（Iroquoi）、オマハ型（Omaha）――は、文献においても十分に確認されており、またスパイヤーが同じ名前で呼ぶものとも、密接に対応している。五番目のタイプは、スポエアーの言うサリシュ型（Salish）、アコマ型（Acoma）、マッケンジー盆地型（Mackenzie Basin）を含み、また部分的にはかれの言うユーマ型（Yuman）も含んでいるが、われわれはこれを「ハワイ型」（Hawaiian）と名づけることにした。もっとも文献のうえでは、これにいくぶんさきだつものもみうけられる。六番目、つまり最後のタイプであるが、これはそれが最も広がっている地域に因んで「スーダン型」(Sudanese)」と呼ぶことにした。なおこのタイプは、スポエアーの親族体系には現われてこないし、また事実、われわれのサンプルにおける北アメリカ七〇部族のどれにもみられない。それからこの六つのタイプは、もっぱら男性が女性の親族を呼ぶ場合の呼称にもとづいている。これは、すでに述べたように、われわれの調査の限定から出たものである。さてこの六タイプは、次のように定義される。

エスキモー型——父の姉妹の娘と母の兄弟の娘とが、平行イトコと同じ呼称で呼ばれるが、呼称法からすれば、姉妹とは区別される。なおここでは二人の交叉イトコに対する呼称は、常にそうだというのではないが、ふつうは同じである。

ハワイ型——すべての交叉イトコと平行イトコとは、姉妹につかうのと同じ呼称で呼ばれる。

イロクォイ型——父の姉妹の娘と母の兄弟の娘とは、同じ呼称で呼ばれるが、呼称法からすれば、姉妹とも平行イトコとも区別される。ここでは平行イトコは、常にそうだというのではないが、ふつうは姉妹と一緒に分類される。

スーダン型——父の姉妹の娘と母の兄弟の娘とは、違った呼称で呼ばれるが、呼称法からすれば、姉妹・平行イトコ・オバ・メイとも区別される。ここでは常にというのではないが、記述式の呼称法と結びついてくる。

オマハ型——父の姉妹の娘と母の兄弟の娘とは違った呼称で呼ばれるが、呼称法からすれば、姉妹と平行イトコからも区別される。しかし父の姉妹の娘は、呼称法からすれば、姉妹の娘と一緒に分類され、母の兄弟の娘は、母の姉妹と一緒に分類される。

クロウ型——父の姉妹の娘と母の兄弟の娘とは違った呼称で呼ばれるが、呼称法からすれば、姉妹と平行イトコとからも区別される。しかし父の姉姉の娘は、呼称法からすれば、父の姉妹と一緒に分類され、母の兄弟の娘は、兄弟の娘と一緒に分類される。

主な社会組織については、一一のタイプが設定された。このうち六つには、ふつうそれらが結びついている親

表60　社会組織の基礎類型

主要な社会組織	結びつく出自規則	結びつくイトコの呼称
1 エスキモー	双系	エスキモー
2 ハワイ	双系	ハワイ
3 ユーマ	双系	イロクォイ
4 フォックス	双系・父系	クロウ・オマハ・スーダン
5 ギネア	父系	エスキモー・ハワイ
6 ダコタ	父系	イロクォイ
7 スーダン	父系	スーダン
8 オマハ	父系	オマハ
9 ナンカン	母系・二重	エスキモー・ハワイ
10 イロクォイ	母系・二重	イロクォイ
11 クロウ	母系・二重	クロウ・オハマ・スーダン

族呼称法のタイプの名がついている。他の五つは、親族呼称では似た特徴をもつけれども、出自に関してはさきのものと違ってくるので、違った名称が与えられている。ダコタ（Dakota）、フォックス（Fox）、ギネア（Ginea）、ナンカン（Nankanese）、ユーマ（Yuman）がそれである。ダコタの名称は、この地の慣行と一致している。ユーマは、スパイヤーが同じ名称を親族の類型につかっているので、単系出自の事例と非イロクォイ型のイトコ呼称法を除いて、これを援用することにした。その他の名称は新しいものであって、それぞれのタイプを代表する部族または地域から借りてきた。表60は、一一の主な社会構造の類型を、これらを規定した出自規則ならびにイトコ呼称法のタイプとともに示したものである。

エスキモー型とハワイ型の二つは、双系組織として一般的でかつ安定したタイプである。ユーマ型とフォックス型とは、移行タイプであって、ふつう双系の出自をもっている。ギネア型とナンカン型とは、初期単系の構造を示しており、前者は父系、後者は母系である。ダコタ型とオマハ型とは、安定した父系タイプであって、構造的にこれに対応するのが、母系または二重出自のイロクォイ型とクロウ型とである。スーダン型は、特殊な父系タイプであって、記述式の親族呼称またはダコタ型とオマハ型との中間の移行を特徴としている。

各基礎類型のもとに、居住の規則または出自のバリエーションに対応して、それぞれのサブタイプが設定される。ふつうそれから諸サブタイプが出てくると思われるサブタイプ――これはユーマ型とフォックス型とで最もよくみられる――は、これを標準的サブタイプ（normal sub-type）と呼ぶことにする。これに対して他のサブタイプは、偏倚した居住規則を示す接頭語によって表わされる。たとえば父処エスキモー型、母処ハワイ型、双処ダコタ型、新処オマハ型、オジ方クロウ型がそれである。さもなければ、非定型的な出自規則によって示される。たとえば父系フォックス型、二重出自イロクォイ型がそれである。移行的なユーマ型とフォックス型のサブタイプは、記述的な意味で関係しているにすぎない。しかし他のタイプのサブタイプは、通時的または進化的な意味で結合している。けれども異なる基礎類型のもつサブタイプも、それが似た居住と出自の規則をもつ場合には、その機能的な類似性のために、同じ基礎類型のもつサブタイプよりも結びついている。

きわめて大量の有効資料をできるだけコンパクトな形で提示するために、表60から表71まででは、基本となるシンボル・システムを採用することにした。各欄にあるシンボルの意味は、次の通りである。

出自

B	双系
Bd	外婚の親族集団をもたない二重出自
Bm	外婚の親族集団をもたない母系出自
Bp	外婚の親族集団をもたない父系出自
D	外婚の母系または父系の親族集団をもつ二重出自
M	外婚制をもつ母系出自
P	外婚制をもつ父系出自

イトコの呼称

C	クロウ型
E	エスキモー型
H	ハワイ型
I	イロクォイ型
O	オマハ型
S	スーダン型

（シンボルのダブっているのは、二者択一的な慣行または競合状態を示す。）

居住制

A　オジ方制
B　双処制
M　母処制
N　新処制
P　父処制
T　母処↓父処制
（小文字は一般に二者択一的な慣行のなされていることを示す。）

クランとディーム

A　オジ方クラン
C　父処クラン地域社会
D　内婚ディーム
E　外婚のパトリ・ディーム
F　外婚のマトリ・ディーム
M　母系クラン
O　クランもディームもないか、または未報告
P　クラン地域社会以外のパトリ・クラン
U　クランは未報告で、ディームを欠くもの

他の親族集団

K　双系のキンドレッドが存在する
L　最大の単系親族集団としてのリネージが存在する
M　外婚の母系モイエティが存在する
N　非外婚の母系モイエティが存在する
O　モイエティを欠き、キンドレッドは未報告
P　外婚の父系モイエティが存在する
Q　非外婚の父系モイエティが存在する

外婚制および他のインセスト・タブーの拡大

B　インセスト・タブーの双系的拡大（双系出自のもとでは、一次イトコはみな結婚できない。単系出自のもとでは、二次イトコはみな結婚できない）
M　インセスト・タブーの母系的拡大（母系外婚を含む）
O　インセスト・タブーの単系的または双系的拡大が二次親族を超えることがない
P　インセスト・タブーの父系的拡大（父系外婚を含む）——もっと広い理論的な分析とより精緻な定義については第一〇章を参照。

結婚

M　単婚のみ

Mp　多妻は許容されているが、その発現率は二〇％以下

Ms　姉妹型の多妻は許容されているが、その発現は二〇％以下

P　一般に多妻婚（非姉妹的・非特殊的）

Ps　一般に多妻婚であるが、いくぶん姉妹型が好まれる

S　一般に多妻婚（姉妹型）

Y　一般に多夫婚

家族

A　オジ方拡大家族

B　双処拡大家族

C　独立多妻婚家族

M　母処拡大家族

N　独立核家族

P　父処拡大家族

Y　独立多夫家族

（小文字は一般に二者択一的形態を示す。）

オバの呼称

C　分枝傍系型（母・母の姉妹・父の姉妹が区別される）

G　世代型（母・母の姉妹・父の姉妹が同一）

L　直系型（母の呼称と母の姉妹・父の姉妹の呼称が区別される）

M　分枝融合型（母・母の姉妹の呼称と父の姉妹の呼称が区別される）

（シンボルのダブっているのは、二者択一的な慣行、派生的呼称、または競合状態を示す。）

メイの呼称

（C、G、L、Mはオバに対する呼称であるが、ここでは母・母の姉妹・父の姉妹につかう代わりに娘・兄弟の娘・姉妹の娘に適用される。）

類型一　エスキモー型の社会組織

他民族の社会組織に不案内な読者のために、われわれの社会で支配的な構造タイプから、分類を始めることにしたい。もっともこのタイプは、未開社会と対照される、文明社会だけの特徴ではけっしてない。このことをまず強調しておかなくてはならない。というのは、これには高度の産業化されたニュー・イングランドのヤンキーに加えて、東ヨーロッパのルテニア農民、〔アメリカ〕南西部のタオス・プエブロのような単純な農耕民族、極北で狩猟や漁撈をしているコッパー・エスキモー、熱帯の森林に住むアンダマン島のピグミーのように、文化的にさまざまな社会が含まれるからである。とくにアンダマン島のピグミーは、文化の非常に遅れた部族であって、発見された当時、かれらは火をおこすことを知らなかった。

定義としては、このエスキモー型には、エスキモー型のイトコ呼称法はもつが、外婚の単系親族集団をもたないすべての社会が含まれる。なお理論的に期待されるところでは、この型は単婚、独立核家族、オバとメイに対する直系型の呼称、インセスト・タブーの双系的拡大によって、またキンドレッドやディームといった双系親族集団がしばしばみられることが、その特徴となっている。しかしこれらについては、まだ報告がないものもある。さまざまなサブタイプは、標準的新処居住以外の居住規則で特徴づけられてくるが、これらのサブタイプにあっても、理論的には多妻婚の出現、拡大家族の発展、双系の親族集団とインセスト・タブーの双系的拡大の欠落、オバやメイに対する別の呼称の出現（とくに父処居住と結びついた分枝傍系型の呼称）が考えられる。それから標準型から他のタイプの展開に向かう最初の段階として、規範からの逸脱を表わすところのいろいろな変化が考えられる。要するにさまざまなサブタイプからは、標準的エスキモー型の特性と、〔究極的には〕居住制の変更がみちびいた諸タイプの特性、この二つのいろいろな組み合わせの出現が期待される。表61は、われわれのサンプルのうち、エスキモー型構造をもつ一八の社会について、当面のデータを要約したものである。〔本表から表71までの部族名・民族名の原語は、巻末文献目録を参照。〕

さて本表を検討してみると、理論的期待と矛盾する特性は、ひとつもないことがわかる。標準的エスキモー、

表61　エスキモー型の社会組織

サブタイプと部族名	出自	イトコ呼称	居住	クラン・ディーム	親族集団	外婚	結婚	家族	オバ呼称	メイ呼称
I.　標準的エスキモー										
アンダマン島民	B	E	N	O	O	B	M	N	L	L
コッパー・エスキモー族	B	E	Np	O	O	B	Mp	N	·	C
ルテニア人	B	E	N	D	K	B	M	N	CL	CL
タオス族	Bp	E	N	D	O	B	M	N	LM	L
テワ族	B	E	N	O	Q	B	M	N	L	CL
ヤンキー	B	E	N	O	K	B	M	N	L	L
IB.　双処エスキモー										
カヤパ族	B	EH	Bn	O	O	B	M	Nb	L	GM
IM.　母処エスキモー										
トピナンバ族	B	E	M	O	O	O	Mp	M	L	L
IP.　父処エスキモー										
アングマサリク族	B	E	Pn	O	K	B	Mp	N	·	·
バリー島民	Bp	EH	P	O	L	O	Mp	P	G	·
チュクチ族	B	E	T	O	O	O	P	P	L	L
エド族	B	E	P	O	O	P	P	·	C	L
コリヤーク族	B	E	P	O	O	B	Mp	P	L	L
クテナイ族	B	EH	P	O	O	B	P	·	C	C
ラップ族	B	E	Tn	O	O	B	M	N	C	C
オナ族	B	E	T	E	O	B	Ps	G	C	C
キナウルト族	B	EH	P	E	K	B	Ms	P	L	L
セマング族	B	EH	Pb	E	O	B	Mp	N	L	·

タイプの派生　2Nから，3Nから，4Nから，5Nから，9Nから，9Pから1Pへ。

変化の可能性　1Bから2へ，1Mから3M，4Mまたは9へ，1Pから3，4または9へ。

すなわち新処居住のエスキモー社会に、ときおり分枝傍系型の呼称法が出現するのは、おそらくそれ以前の多妻婚と父処居住制とを反映するものであろう。これはルテニア人の場合、実際の歴史的証拠によっても確かめられる。テワ族の非外婚的父系のシブと父系のモイエティとは、明らかに以前の父系組織の残存である。バリー島民がかつてハワイ型の構造をもっていたことは、オバに対する世代型の呼称とイトコに対する任意的なハワイ型の呼称とによって示唆される。他の偏倚もみな、理論的に予想される方向をむいている。

類型二　ハワイ型の社会組織

双系民族のあいだでは、エスキモー型よりもっと一般的なのが、ハワイ型の社会構造である。この型がより頻繁に現われるのは、おそらく第七章の公準16で論議されたような理由を含んでいる。定義としては、この構造的タイプには、ハワイ型のイトコ呼称をもつが、外婚の単系親族集団を欠くすべての社会が含まれる。なおこれは制限された多妻婚、双処拡大家族、オバとメイに対する世代型の呼称、インセスト・タブーの双系的拡大、双系のキンドレッドまたはディームがよく現われてくることを特徴としている。理論的に期待されるところは、これから出てくるサブタイプにあっては、その諸特性がエスキモー型で注目されたのと同じ方向で修正される、ということである。表62は、われわれのサンプル中、ハワイ型の構造を示す四五社会について、そのデータを示している。父処ハワイ型のサブタイプは、その数の多いことからしても、標準的サブタイプすなわち双処のサブタイプと同様、それ自身安定したもののように思われる。また〔現在〕他のさまざまなサブタイプに属している諸部族は、明らかにこの型から派生してきた。

表62のデータは、みな理論的期待と一致している。そしてはっきり偏倚とされるものは、みな次の二つに帰着してくる。まず初期の発達が、居住規則に従って別のタイプに向かったことである。たとえばクワキウトル族とトンガ族との非外婚的父系のリネージや父系のクランがそれである。他は以前の組織タイプの残存と考えられるものである。後者の例としては、インガサナ族（Ingassana）の分枝融合型のオバ・メイ呼称法と二者択一的なオ

表62　ハワイ型の社会組織

サブタイプと部族名	出自	イトコ呼称	居住	クラン・ディーム	親族集団	外婚	結婚	家族	オバ呼称	メイ呼称
2.　標準的ハワイ										
エディストーン族	B	H	B	O	K	B	Mp	·	G	G
イファゴ族	B	H	B	O	K	B	M	N	G	G
インガサナ族	B	H	Ba	O	K	B	Mp	·	M	M
ジュクン族	B	H	Bp	O	K	B	P	B	G	G
カインガング族	B	H	B	O	O	O	Mp	B	G	G
マオリ族	B	EH	B	O	K	B	Mp	B	GL	L
オントン・ジャワ族	Bd	H	B	O	KL	B	Mp	B	G	M
サモア人	B	H	B	O	K	B	Mp	B	GM	G
ショショーン族	B	H	B	D	O	B	Ps	B	M	M
シンカイエトク族	B	H	Bn	D	O	B	Ps	Bg	C	L
テニノ族	B	H	Bp	O	K	B	P	G	C	C
2 N. 新処ハワイ										
コマンチェ族	B	H	Np	D	O	B	S	G	M	M
マーケサス島民	B	H	N	O	O	O	Y	Y	·	·
マタコ族	B	H	Np	O	O	B	Mp	N	L	L
パイウト族	B	H	N	O	O	B	S	G	C	C
タラフマラ族	B	H	N	O	O	B	M	N	C	C
2 M. 母処ハワイ										
アラパホ族	B	H	M	F	O	B	S	M	M	M
チェイエン族	B	H	M	F	K	B	S	M	M	M
チリカフア族	B	H	M	D	O	B	Ms	M	C	C
クナ族	B	H	M	D	O	B	Ms	M	L	L
キオワ・アパッチ族	B	H	Mb	D	O	B	S	M	CM	M
ワショ族	B	H	M	O	O	B	P	·	C	C
ウィチタ族	B	H	M	D	O	B	S	G	L	M
2 P. 父処ハワイ										
アツジェウィ族	B	EH	T	O	O	B	S	P	C	CL
アイマラ族	B	·	P	D	O	B	Mp	P	M	·
ブラックフット族	B	HS	P	E	O	B	Ps	P	M	L
フラットヘッド族	B	H	P	O	K	B	Ps	G	C	C
フトナ族	B	EH	Pb	O	K	B	Mp	N	M	GM
ハワイ族	B	H	P	O	O	B	Mp	·	G	G
ヒュパ族	B	H	Pb	E	O	B	P	P	C	C
インカ族	B	H	P	D	O	O	Mp	P	M	M
クラム族	B	H	P	O	O	B	S	G	CL	L
クラマス族	B	H	P	O	O	B	Ms	P	C	C
クワキウトル族	Bp	H	P	C	KL	B	P	P	L	L

サブタイプと部族名	出自	イトコ呼称	居住	クラン・ディーム	親族集団	外婚	結婚	家族	オバ呼称	メイ呼称
マンガレヴァン族	B	H	Pb	O	O	B	P	P	GL	L
ミクマク族	B	H	T	O	O	B	·	·	CM	CL
ヌバ族	B	H	Ta	D	K	B	Mp	N	G	M
セカニ族	B	H	T	O	O	B	Ps	G	C	M
シリア系キリスト教徒	B	H	Pn	O	O	B	M	N	C	M
トンガ族	Bp	H	P	P	KL	B	Ms	N	M	M
トバトラバル族	B	H	P	O	O	B	M	N	CM	M
ウラワン族	B	H	P	O	K	B	Mp	·	G	M
ウィシラム族	B	H	P	O	O	B	Ps	P	C	C
ヤグハン族	B	H	P	E	O	B	S	G	C	C
ユロク族	B	H	Pb	E	O	B	P	P	L	L

タイプの派生　1Bから，3Bから，4Bから，5Bから，9Bから。9Pから2Pへ。
変化の可能性　2Mから3M，4Mまたは9へ。2Nから1へ。2Pから3，4または5へ。

ジ方居住規則とを挙げることができよう。そしてこれはある母系タイプからの偏倚を示唆している。オバとメイに対する直系型の呼称法は散在しているが、これはかならずしも以前のエスキモー型の構造を示すものではない。というのは、直系型の呼称法は、新処居住制とともに、ときとして、双処居住制とも両立してくる。そしてその証拠があるからである。

表62には、マラヨ・ポリネシア語族に属する一一の部族が現われてくる。ところが同じ語族であるが別タイプの社会構造をもつ部族では、オバとメイに対する世代型呼称の残存が、実によく出てくる。そこでこの二つからすると、ハワイ型のシステムが原マラヨ・ポリネシア人に特徴的だったことが示唆される(付論Aを参照)。もしそうだとすれば、歴史的に関係のある諸民族のあいだでも、その社会構造には変異がみられる。これはわれわれのサンプル中のマラヨ・ポリネシア部族が、こんにち一一の主要社会組織の一〇にまで出てくることで、はっきりと証明される。

類型三　ユーマ型の社会組織

イロクォイ型のイトコ呼称法は、分枝融合的傾向のひとつの現われであるが、これは公準1の定理8、9で証明したように、単系出自の出現するまえでも、単処居住という基礎のうえに発達することが可能である。だからそれは、父処居住または母処居住を通して、双系社会が単系の社会組織に移行していくとき、そのいくらかで期待される。ユーマ型の社会構造は、その標準的サブタイプである父処型、および母処のサブタイプのうちに、そうした事例を提供している。前者はまた、イロクォイ型のイトコ呼称法をもつ、次のような社会にも適応している。すなわち父処居住へと移行した結果、母系の親族集団はなくなったけれども、まだ外婚の父系親族集団が進化するに至っていない社会が、それである。

双処のサブタイプと新処のサブタイプとは、以前は単系であったが、双処居住または新処居住を採ったために、その親族集団もしくは外婚制をなくしたいくつもの社会でみることができる。こうした社会では、イロクォイ型のイトコ呼称法が、その特徴となっている。しかしふつうは、親族呼称がエスキモー型かハワイ型かのどれかに適応的な変化をとげるまえに、その出自は双系になると考えられる。ときとしてこうした社会は、このようなことの起るまえ、居住の変化を受けることもあって、ここではユーマ型の別のサブタイプのひとつに変わっていく。またときとして、イロクォイ型のイトコ呼称法をもつ父系または母系の部族が、居住制の変化以外の他の理由から外婚の規則をなくして、ユーマ型のカテゴリーに入ってくることもある。

ただこのタイプは、安定したものではない。そのサブタイプは、みな出自においてまだ完全な移行をしていないからである。それで事例も少なくて――全部で一六にすぎない。またその移行的性格からして、このタイプはなんら機能的な一貫性をもっていない。なお定義が確かめたところの基準、すなわちイロクォイ型のイトコ呼称法があること、外婚の単系親族集団を欠いていること、この二つを除けば、なんの基準もない。理論的に期待される特性は、どの場合でも、進行中のそれぞれの移行に現われてくる、媒介的な特徴ということになる。表63に要約しているように、ピマ族に例外の可能性のあることを除けば、データはなんの矛盾も示していない。この部族の非外婚の父系シブと父系モイエティとは、双処ユーマ型または新処ユーマ型を通してか、あるいは、これとは別に外婚制の欠落によってか、ある父系タイプからの派生を明らかにしている。

表63　ユーマ型の社会組織

サブタイプと部族名	出自	イトコ称呼	居住	クラン・ディーム	親族集団	外婚	結婚	家族	オバ呼称	メイ呼称
3．標準的ユーマン										
ブイン族	B	I	P	O	O	O	P	P	C	M
エロマンガ族	B	I	P	E	O	BP	P	G	・	L
ハバスパイ族	B	I	T	O	O	B	Mp	P	C	C
ナンビクアラ族	B	I	Pb	O	O	O	Mp	N	M	M
ナスカピ族	B	I	Pb	O	O	O	P	G	C	・
ピマ族	Bp	I	P	O	KQ	B	P	G	C	C
シャスタ族	B	I	P	E	O	B	Mp	P	C	C
テトン族	B	I	Pb	E	O	B	S	P	M	M
ツワナ族	Bp	I	P	P	KL	O	Ps	P	CM	CM
ワラパイ族	B	I	T	E	O	O	Mp	N	C	C
ワピシアナ族	B	I	T	E	O	P	P	・	CM	・
3B．双処ユーマ										
事例なし	—	—	—	—	—	—	—	—	—	
3N．新処ユーマ										
ウィント族	B	I	N	O	O	B	Ms	N	C	C
3M．母処ユーマ										
カリブ族	B	I	Mn	O	O	O	Ps	G	CM	M
カリナゴ族	Bm	I	M	O	L	O	Ms	M	M	M
マクシ族	B	I	Mn	O	O	O	Mp	M	M	・
メンタウェイ族	B	I	M	D	O	O	M	N	C	C

タイプの派生　1Pから，1Mから3Mへ，2Pから，2Mから3Mへ，6Bから3Bへ，6Nから3Nへ，10Bから3Bへ，10Nから3Nへ，10Pから。

変化の可能性　**3から6へ，3Bから2へ，3Mから10へ，3Nから1へ。**

類型四　フォックス型の社会組織

フォックス型は、われわれのサンプルでは一〇例だけであって、ユーマ型よりもさらに少ない。ユーマ型と同様に、ある出自規則から他のそれへの移行の事例を提供するものである。しかしユーマ型の構造が、対称的な交叉イトコの呼称法にその特徴があるのに対して、フォックス型のそれは、非対称的な交叉イトコの呼称を示している。たとえばクロウ型、オマハ型、スーダン型がそれである。標準的である父処のサブタイプには、次のような社会が含まれる。すなわち父系構造へ移行中の母系社会、居住規則の変化以外の原因で、親族集団をなくした父系社会、父系出自を発展させるまえに、特殊な理由から、父処居住にもとづいて、オマハ型またはスーダン型の親族呼称が発達した双系社会である。母処フォックス型というサブタイプには、母系出自から双系出自への移行、またはその逆の移行が含まれる。双処フォックス型および新処のフォックス型というサブタイプは、非対称的な交叉イトコ呼称法をもつ次のような社会に現われる。すなわち以前は単系であったが、双処居住または新処居住を採ったために、その親族集団あるいは外婚制を喪失した。しかしまだエスキモー型あるいはハワイ型の典型的な双系組織を発達させるに至っていない、そうした社会である。

父処フォックス型は、標準とした父処フォックス型とは区別して、特殊なサブタイプとしても設定されている。このサブタイプは、クロウ型の母系構造から、オマハ型もしくはスーダン型の父系構造への移行に対応するものである。そこでは父系の出自が発達したのちでも、交叉イトコに対するもとのクロウ型の呼称法が残される。クロウ型の部族が父処居住を採ったため、その母系親族集団または外婚制を失ったときには、これは標準的フォックス型となる。この場合には、二つの内部調整が考えられる。すなわち、㈠父系出自の達成、㈡非対称的な交叉イトコ呼称法の父系タイプ、つまりオマハ型またはスーダン型の獲得、がこれである。もし、㈡がはじめに起れば、㈠が起るまでは、分類は変わらない。そしてそのときには、構造は標準的オマハ型または標準的スーダン型となる。けれども父系出自が、イトコ呼称法が変わるまえに発展してくると、フォックス型からオマハ型またはスーダン型への移行は、媒介となる父処フォックス型の段階を経て達成される。

表64　フォックス型の社会組織

サブタイプと部族名	出自	イトコ呼称	居住	クラン・ディーム	親族集団	外婚	結婚	家族	オバ呼称	メイ呼称
4．標準的フォックス										
カバビシュ族	Bp	S	P	C	O	O	P	P	C	·
クルド族	Bp	S	P	C	O	O	P	P	L	C
タケルマ族	B	O	P	E	O	B	P	·	C	C
4B．双処フォックス										
トケラウ族	B	O	B	O	K	B	M	N	GM	M
4N．新処フォックス										
フォックス族	Bp	O	N	O	K	B	Ps	G	C	M
4M．母処フォックス										
パウニー族	B	C	Mn	D	K	B	S	G	G	M
シリオノ族	B	C	M	D	O	O	Ps	M	M	GL
4P．父処フォックス										
バチャマ族	P	C	P	C	O	P	·	P	GL	LM
コランコ族	P	C	P	U	O	P	P	·	C	M
セニアング族	P	C	P	C	O	Bp	Ps	G	M	M

タイプの派生　1Pから4へ，1Mから4Mへ，2Pから4へ，2Mから4Mへ，7Bから4Bへ，7Nから4Nへ，7から4Pへ，8Bから4Bへ，8Nから4Nへ，8から4Pへ，11Pから4へ，11Bから4Bへ，11Nから4Nへ，11Dから4Pへ。

変化の可能性　4から4P，7また8へ，4Bから2へ，4Mから11へ，4Nから1へ，4Pから6，7または8へ。

ユーマ型の場合と同じように、フォックス型のサブタイプは、みな短期のものであって、構造的一貫性か機能的一貫性かのどちらかを欠いている。この型は、非対称的なイトコ呼称法によって定義されるが、出自の規則はふつう特殊なタイプのイトコ呼称とは結びついてこない。言いかえると、フォックス型には、クロウ・オマハ・スーダン型として分類できない、非対称的なイトコ呼称法をもつあらゆる構造が含まれる。表64からも明らかなように、フォックス型の社会にみられる諸特性は、むしろ多様であると言ったほうがよい。けれども一般的には、特殊な移行を例示するという意味で、理論的期待に一致してくる。

なおフォックス型の諸部族は多様なので、個々のコメントが必要となる。カバビシュ族とクルド族とは、明らかに標準的スーダン型から派生している。かれらはイスラム教徒となって、父の兄弟の娘との結婚を選好するイスラムの慣行を採ったので、以前のシブ外婚制をなくしてしまった。また分布上の証拠とインセスト・タブーの双系的拡大が残存していることとは、タケルマ族が以前は父処ハワイ型だったこと、そして父処居住にもとづいてオマハ型の呼称法を獲得したことを示している。トケラウ族も、同じような変化をとげたが、ただそれは居住制が変わったからではなくて、そのキンドレッドがある特殊な父系的特性をもっていたためである。すなわちこのキンドレッドは、実際にはリネージをなす具体的な集団であって、これへの所属は、主長の長男と一般の長女の全員に対してはいつも父系的である。ところが他の子どもたちは、両親の居住にもとづくといった式のものである。パウニー族とシリオノ族とは、おそらく以前は母処ハワイ型であったが、居住規則にもとづいてクロウ型の呼称法を手にするようになった。フォックス族の非外婚的の父系シブは、以前はオマハ型の構造だったことを指示している。バチャマ族、コランコ族、セニアング族は、たしかに父処のクロウ型から標準的フォックス型を経由して進化してきた。これらでは、イトコの呼称法が適応的な変化を終らないうちに、父系の出自が発達してきた。そして以上の説明で、はっきりしたくい違いは、みな解消されるわけである。

類型五　ギネア型の社会組織

このタイプは、西アフリカに多いことから、こう名づけられたのであるが、これはさきの二つのタイプと同様に、移行型とすることができる。しかしそのどちらよりもひろくみられ、また、より安定しているように思われる。定義としては、この型には外婚の父系親族集団と、エスキモー型かハワイ型かのイトコ呼称法をもつすべての社会が含まれる。なおこの型は、次のような部族を指すのにふさわしいものとして考案された。すなわちこれらの部族は、以前は安定した双系タイプ、したがってエスキモー型かハワイ型かに属していた。しかし父処居住にもとづいて父系の出自を発展させた。ただもっと典型的な父系の構造を完成するには、それに必要なイトコの呼称に、まだ適応的な修正がなされていない。そうした部族のことである。双処ギニアと新処ギネアという二つのサブタイプでは、双処または新処の居住が安定した双系の構造に戻る道を固めてしまった。そのために、この

表65　ギネア型の社会組織

サブタイプと部族	出自	イトコ呼称	居住	クラン・ディーム	親族集団	外婚	結婚	家族	オバ呼称	メイ呼称
5．標準的ギネア										
アルバニア人	P	E	P	U	O	P	M	P	C	L
ボレワ族	P	HI	P	U	L	P	P	G	GM	G
チャワイ族	P	H	P	O	O	P	P	P	G	G
ホ族	P	HI	P	O	O	P	Ps	P	C	C
カタブ族	P	H	P	C	O	BP	P	P	G	M
キルバ族	P	H	Pb	P	O	P	P	P	G	M
ラケル族	P	H	P	O	O	P	M	N	M	M
レプチャ族	P	H	P	O	O	BP	Mp	P	L	L
マラブ族	P	H	P	C	O	P	P	·	LM	·
マリコパ族	P	H	Pn	O	O	BP	Mp	N	C	C
メンディ族	P	E	P	U	O	P	P	·	G	L
ジジム族	P	H	P	C	O	P	P	·	G	M
オセット族	P	E	P	C	O	P	S	P	C	C
ティコピア族	P	H	P	P	K	BP	Ps	G	M	M
ティムネ族	P	E	P	P	O	P	P	·	L	C
ヴァイ族	P	E	P	U	O	P	P	·	G	M
ゾサ族	P	E	P	C	O	BP	Ps	P	CM	CM
5 B.　双系ギネア										
マブィアグ族	P	H	B	O	Q	BP	Ps	G	GM	M
5 N.　新処ギネア										
事例なし	—	—	—	—	—	—	—	—	—	—

タイプの派生　1 Pから，2 Pから，9 Dから。
変化の可能性　5から6，7または8へ，5 Bから2へ，5 Nから1へ。

〔父系への〕移行が中途で逆もどりすることになった。そうした偶然的な事例を提供している。

理論的な期待と一致して、ギネア型の諸部族は、多妻制、父系のクランまたは父処の拡大家族、父系にひろがるインセスト・タブー、これらの発達を特徴としている。分枝傍系型または分枝融合型の呼称への適応的な変化は、いくつかの事例では出てくるけれども、オバとメイとに対する呼称法は通常、交叉イトコに対するそれと同じように、言うなれば保守主義を示している。双系の親族集団は、ほとんど全事例でなくなっているが、インセスト・タブーの双系的なひろがりは、ときとしてその残存がみられる。表65は、われわれのサンプルのうち、一八のギネア型部族のデータをまとめたものであるが、理論的な期待からまったく逸脱した例は、ひとつも出てこない。

類型六　ダコタ型の社会組織

この安定した型は、父系組織のうちでは最も広く行き渡っており、かつ典型的な形態である。ダコタ型という名称は、文献のうえでは不動のものとなっている。けれども実は誤った呼び方である。というのは、しばしば反対の報告もあるが、北アメリカのシュー語族についてはどの部族も実際には父系の出自とイロクォイ型のイトコ呼称法とを特徴としているようにはみえないからである。この語族のうち父系の部族は、オマハ族やウィネバゴ族（Winnebago）のように、オマハ型の構造をもっている。そしてテトン族のように、その双系の部族だけがイロクォイ型の親族システムすなわち「ダコタ」型の親族システムをもつにすぎない。

定義としては、ダコタ型の社会組織には、イロクォイ型のイトコ呼称法をもつあらゆる父系の社会が含まれる。なおそれは、ひろく非姉妹型の多妻婚、独立的多妻型か父処拡大家族といった家族または組織、父系クラン、インセスト・タブーの父系的拡大、オバとメイに対する分枝傍系型または分枝融合型の呼称を特徴としている。そしてこれらの特徴は、みなわれわれの理論から予測されるところのものである。ただ双処ダコタと新処ダコタという二つのサブタイプでは、こうした諸特性が双系的特徴の方向に変わることも期待される。たとえばオジブア族は、双処居住を採ったために、おそらくキンドレッドと性禁忌の双系的な拡大とを手にしたものと思われる。表66は、サンプルのうち、ダコタ型の構造をもつ三七のデータをまとめたものである。母処あるいはオジ方のサブタイプが出てこないが、これらは、父処・父系の組織からは発達することができないためである。

また本表は、理論的期待からの偏倚がひとつもないことを示している。ときとして単婚と独立核家族とが現われてくるが、これはさきにわれわれが認めたように、結婚形態は居住規則と同様、社会組織外の要因に直接反応しうることと符合するものである。また少数の事例では、クランが消滅しているが、これは、居住規則が根本的な修正を受けなくても、父系のシブが発達したあとならいつでも可能である。オバとメイに対する世代型または

表66　ダコタ型の社会組織

サブタイプと部族名	出自	イトコ呼称	居住	クラン・ディーム	親族集団	外婚	結婚	家族	オバ呼称	メイ呼称
6．標準的ダコタ										
アベラム族	P	I	P	P	O	P	Mp	N	M	M
バイガ族	P	I	P	C	O	P	P	G	C	C
バナロ族	P	I	P	P	O	P	Mp	·	GM	M
ベナ族	P	I	T	O	K	MP	Ps	G	M	M
ブーイヤ族	P	·	P	C	O	P	M	N	C	C
中国人	P	HI	P	O	O	P	M	Pn	CM	C
クールグ族	P	I	P	U	O	P	M	P	C	M
エピ族	P	I	P	C	P	P	·	·	M	M
フィジー島民	P	I	T	P	O	P	Ps	P	CM	CM
ガンダ族	P	I	Pn	C	O	P	P	P	CM	M
ゴンド族	P	I	P	C	O	P	Ps	P	C	M
ヘンガ族	P	I	P	U	O	P	P	·	M	M
ホッテントット族	P	I	T	C	O	P	Mp	P	M	M
イボ族	P	I	P	P	L	BP	P	P	L	CM
ケラキ族	P	I	P	C	P	P	P	G	C	CM
キワイ族	P	·	P	P	O	P	Mp	P	GL	M
クトブ族	P	I	P	U	O	P	P	·	C	G
キイガ族	P	I	P	C	O	P	P	·	CM	C
ルイセノ族	P	I	P	P	O	P	·	·	C	C
満州族	P	I	P	C	O	P	M	P	C	CM
マサイ族	P	I	P	O	O	BP	P	·	GM	GM
ミキル族	P	·	P	U	O	P	Mp	·	·	C
ミリアム族	P	I	P	C	O	P	Mp	·	G	M
オロカイヴァ族	P	I	P	C	O	P	Mp	N	M	M
ペディ族	P	I	T	U	O	P	P	G	CM	·
レディ族	P	I	Pb	O	O	P	Mp	Np	CL	·
スス族	P	I	P	U	O	P	P	·	M	M
スワジ族	P	I	P	C	O	P	Ps	P	M	GM
タレンシ族	P	·	P	C	O	P	P	G	·	M
タナラ族	P	I	P	P	O	MP	P	P	C	G
タニース族	P	I	P	U	O	P	P	G	M	M
ヴァニモ族	P	I	P	P	O	P	M	N	C	C
ウィトト族	P	I	P	C	O	P	M	N	·	C
ズル族	P	I	P	C	O	BP	Ps	P	M	GM
6B．双処ダコタ										
チェンチュ族	P	I	B	O	O	P	M	B	CM	M
オジブア族	P	I	Bn	O	K	BP	Ps	G	C	C
ユマ族	P	I	B	O	O	P	Mp	·	C	C

サブタイプと部族名	出自	イトコ呼称	居住	クラン・ディーム	親族集団	外婚	結婚	家族	オバ呼称	メイ呼称
6 N. 新処ダコタ										
事例なし	—	—	—	—	—	—	—	—	—	—

タイプの派生　3から，4 Pから，5から，10Pから，10Dから。
変化の可能性　6から7へ，6から8へ，6 Bから3 Bへ，6 Nから3 Nへ。

直系型の呼称が散見されるが、これはおそらく以前のギネア型の段階からの残存であろう。イボ族、マサイ族、ズル族のあいだにみられるインセスト・タブーの双系的拡大は、明らかに以前の双系組織を反映している。またベナ族、タナラ族（Tanala）におけるこうしたタブーの母系的拡大は、以前の母系的な構造を示唆している。そしてこのことは、ベナ族についてははっきり歴史的証拠によっても確認されている。またこの部族がキンドレッドをもっていることは、おそらく双系のユーマ型の段階が、たとえ短期でも、母系出自の喪失と父系シブの獲得とのあいだに介在したことを示している。

類型七　スーダン型の社会組織

このタイプの例は、父系社会の二つの群によって提供されている。第一群は、その親族呼称法がなによりも記述式であり、したがって一次イトコについては四つのクラスがつくられて、これによってかれらは〔エゴの〕兄弟姉妹から区別されるとともに、かれら自身も相互に区別される。他でも指摘したように、この四分法は、バンツー族とスーダン語族地域との境界に沿って、中央アフリカを西から東に横断する地帯でみることができる。もっとも同じ地帯に住む多くの部族では、この記述式呼称法を過度に用いるという傾向はない。けれどもその分布からすると、なにか歴史的または言語的原因の働いたことが示唆される。第二群は、スーダン型のカテゴリーに含まれるものではあるが、これは非対称的な交叉イトコ呼称法の発達した父系社会からなっている。しかしここではより特徴的なオマハ的なパターンには達していない。

スーダン型に対する基準は、イトコ呼称法の違いを除けば、ダコタ型に対するそれと同じである。われわれのサンプル中、スーダン型構造をもつ一三社会のデータは、表67のよ

表67　スーダン型の社会組織

サブタイプと部族名	出自	イトコ呼称	居住	クラン・ディーム	親族集団	外婚	結婚	家族	オバ呼称	メイ呼称
7．標準的スーダン										
アウナ族	P	S	P	P	O	P	P	・	C	CG
アザンデ族	P	S	P	U	O	BP	P	G	M	・
バタク族	P	S	P	C	O	P	P	・	M	M
チェレンテ族	P	S	P	P	P	P	Ms	N	M	C
ダホメイ族	P	S	P	P	O	P	P	G	C	・
ディンカ族	P	S	P	P	O	BP	P	・	CM	・
ゲス族	P	ES	P	C	O	P	P	・	C	M
ギリヤーク族	P	S	P	O	O	P	S	G	M	M
リンバ族	P	S	P	U	O	P	P	・	CG	GL
マイル族	P	S	P	P	O	P	M	P	M	G
サベイ族	P	S	P	C	O	P	P	・	C	M
シルク族	P	S	P	P	O	MP	Ps	G	C	・
ヤクート族	P	HS	T	C	O	P	P	G	CL	・
7B．双処スーダン										
事例なし	—	—	—	—	—	—	—	—	—	—
7N．新処スーダン										
事例なし	—	—	—	—	—	—	—	—	—	—

タイプの移行　4から，4Pから，5から，6から。
変化の可能性　7から8へ，7Bから4Bへ，7Nから4Nへ。

うであるが、ここでも理論的な期待からの逸脱はひとつも現われない。ただ双処と新処という二つのサブタイプは、まだ具体的な事例が発見されていないので、まったく理論的なものにとどまっている。

類型八　オマハ型の社会組織

定義としては、オマハ型のイトコ呼称法をもつ父系社会が、オマハ型社会構造の社会ということになる。このタイプと種々の居住規則をもつそのサブタイプとに対する基準は、交叉イトコ呼称の点を除けば、ダコタ型とスーダン型とに対するそれと同じである。有効なデータは、表68に集めておいたが、理論的期待から逸脱した項目は、ひとつも出てこない。

われわれのサンプルとなった二五の社会は、世界のほとんど全地域を代表している。そしてこれらがオマハ型の構造をもっているということは、この形態の社会組織が、一部の学者の言うような変則的なもの

表68　オマハ型の社会組織

サブタイプと部族名	出自	イトコ呼称	居住	クラン・ディーム	親族集団	外婚	結婚	家族	オバ呼称	メイ呼称
8．標準的オマハ										
アチョリ族	P	O	P	U	O	P	P	・	・	・
アンガミ族	P	O	P	P	Q	P	M	N	M	C
アオ族	P	O	P	P	O	P	M	N	CM	M
アラペシュ族	P	O	P	P	Q	P	P	・	C	CM
アラウカン族	P	O	P	U	L	P	Ps	G	M	・
バリ族	P	O	P	O	O	BP	P	G	M	M
ドロボ族	P	O	P	C	O	P	・	P	C	M
イアトムル族	P	O	P	U	P	P	P	P	・	M
キタラ族	P	O	P	U	O	P	Mp	P	CM	M
クオマ族	P	O	P	C	O	P	P	G	C	M
ランゴ族	P	O	P	C	O	P	P	G	M	M
レンジ族	P	O	P	C	O	P	P	・	M	M
ロータ族	P	O	T	U	O	P	P	G	CM	M
ミウォク族	P	O	P	U	P	P	Ps	・	C	M
ナンディ族	P	O	P	U	O	P	P	・	M	M
レングマ族	P	O	P	P	O	P	M	・	M	M
セマ族	P	O	P	C	O	P	Mp	N	M	M
ショナ族	P	O	P	C	O	BP	Ps	P	M	M
ソガ族	P	O	P	U	O	BP	Ps	G	C	MC
サド族	P	O	P	U	O	P	P	・	C	・
ソンガ族	P	O	P	C	O	P	Ps	P	M	・
チェルタル族	P	O	T	O	O	P	M	・	CM	CM
ウィネバゴ族	P	O	T	O	P	P	Ms	P	CM	M
8 B．双処オマハ										
事例なし	—	—	—	—	—	—	—	—	—	—
8 N．新処オマハ										
キカプー族	P	O	Np	O	O	BP	P	G	CM	M
オマハ族	P	O	Nt	O	Q	BP	Ms	N	M	M

タイプの移行　4から，4Pから，5から，6から，7から。
変化の可能性　8Bから4Bへ，8Nから4Nへ。

ではないことを証明している。ホワイトは、この型が父系制の最も高度に発達した形態で、その典型だとしているが、これはおそらく、真実にきわめて近いものであろう。そしてわれわれのデータも、ホワイトの仮説を検証することを可能にしている。なおこれが本質的に正しいとすれば、オマハ型の社会のほとんどは、先行するダコタ型またはスーダン型の段階を経てきたことになるし、したがって他のタイプの父系社会と較べて、平均して長いあいだ、父系の出自を保持してきたことにもなるであろう。しかしそのためにこれらは、はじめに父系の規則、とりわけ父系のクランと父系の家族を生んだ諸要因を失う機会も、全般的にまた多かったものと思われる。われわれのデータも、この期待を裏づけている。すなわち父処のクランと拡大家族とは、サンプルとなった標準的オマハ型部族の三六％において欠けているか未報告となっている。標準的ダコタ型とスーダン型の社会では、二六％だけである。

またホワイトの理論によれば、非父系的構造は、オマハ型の社会よりも、ダコタ型とスーダン型の社会に、より多く残存していなければならない。この期待通りに、われわれの表は、次のことを示している。すなわち父処ダコタ型とスーダン型の一五の部族は、オバとメイの呼称において、少なくとも世代型か直系型かのどちらかをもっている。これは双系組織の特徴であって、こうした残存はわれわれの標準的オマハ型の社会では、ひとつも現われてこない。それからモイエティは、おそらく単系親族集団としては最後に発達したものと思われる。そこでホワイトの仮説によれば、父系のモイエティはダコタ型またはスーダン型の社会よりも、オマハ型の社会によくみられることが期待される。事実、それは二八のオマハ型のうちの六にみられるのに対して、ダコタ型またはスーダン型の組織では、これが五〇のうちの三にすぎない。こうしてオマハ型構造が父系制の成熟した形態だという見解は、実質的にも確かめられたわけである。

類型九　ナンカン型の社会組織

これは母系組織の初期的かつ一時的タイプであって、父系構造のギネア型にまさに対応するものである。この

表69　ナンカン型の社会組織

サブタイプと部族名	出自	イトコ呼称	居住	クラン・ディーム	親族集団	外婚	結婚	家族	オバ呼称	メイ呼称
9．標準的ナンカン										
アピナエ族	M	E	M	O	N	M	M	M	CM	M
9A．オジ方ナンカン										
事例なし	—	—	—	—	—	—	—	—	—	—
9B．双処ナンカン										
事例なし	—	—	—	—	—	—	—	—	—	—
9N．新処ナンカン										
事例なし	—	—	—	—	—	—	—	—	—	—
9P．父処ナンカン										
シェルブロ族	M	EH	P	O	O	BM	P	·	G	L
テテカンチ族	M	H	Pa	O	M	M	·	·	G	M
9D．二重出自ナンカン										
ナンカン族	D	H	Pa	C	O	MP	P	P	CM	CG
プカプカ族	D	E	P	P	KN	BM	M	N	G	G

タイプの派生　1Mから，2Mから。
変化の可能性　9Bから2へ，9Dから5へ，9Nから1へ，9Pから1P，2Pまたは9Dへ。

型は、母系または二重出自、それにエスキモー型またはハワイ型のイトコ呼称法の存在によって定義される。そして一般に安定した双系的構造と母系組織のより成熟した形態とのあいだの移行を示している。われわれのサンプルでは、五社会だけがこのナンカン型のカテゴリーに入ることになるが、これは明らかにこの数世紀の世界状況が、母系制の出現を促さなかったことの結果である。またそうであるので、〔現在では〕初期の形態よりも成熟したタイプの方が多くみいだされる。

基本的に母系タイプの社会組織がみなそうであるように、ここでは通常の双処・新処・父処のサブタイプだけではなくて、オジ方居住や二重出自のサブタイプも考慮しなくてはならない。オジ方居住は、これにさきだつ母処居住規則だけから発達してくるし、また二重出自は、次のような母系出自をもつ社会だけに現われてくるからである。それは母系出自でありながら、父処居住を採用した社会である。つまりこれらは、こうした基礎に立って、父系親族集団が以前の母系の親族集団を失うことなしに進化してきたわけである。なおオジ方ナンカンというサブタイプは、双処ナンカン、新処ナンカンのそれとともに、われわれのサンプルには現われてこない。しかしそれがかつて存在していたことは、五部族のうちの二部族で、二者択一的なオジ方居住のみられることからも、明らかである。二つの二重出自ナンカン型部族のひとつであるプカプカ族は、その分布上からして、この構造がハワイ型の先行形態から派生してきたことを示している。

ところで理論的考察からは、ナンカン型の構造が次の特徴を示すという期待が導かれる。すなわち母系的な容相、双系的特徴の残存、それからと土地の居住規則と結びついたいくつかの特性、がそれである。表69は、とぼしい証拠を要約したにすぎないが、なおはっきりとした矛盾は、少しも露呈していない。

ただ本表のアピナエ族の分類は疑問だということを指摘しておかなくてはならない。というのも、この部族について報告している民族誌家は、多くの問題に答えないままに、その出自は男性に対しては父系、女性に対しては母系だと言っている。また結婚は、四つのシブを通して巡回（cycling）するという。だとすると、ここではシブの単一セットがあるだけで、異なる出自規則をもつ二つのセットがあるようには思われない。したがってこの事実からは、二重出自は明らかに排除されることになる。また巡回という現象は、結婚を自分の親族集団以外の単一親族集団に限定するということにもとづいている。したがってそれは通常、二重出自をもつ構造だけに特徴的である。そこでこうした規則は、双系の親族集団と結びついて、かつてのアピナエ族のあいだでは支配的だったが、その後、退化してしまった。こう考えられないでもない。なおこのことは、今では外婚の単位となっていないが、母系のモイエティが現存していることとも一致するように思われる。要するに二五〇のわれわれの総サンプルのうち、現在までの報告にもとづくかぎり、アピナエ族の社会組織は、まったく変則的な唯一のものである。こうした状況をはっきりさせるために、さらに現地調査を進める必要があるであろう。そこでさしあたって、この部族は父系よりは母系として分類しておいたが、その理由は、㈠居住が母処であること、㈡モイエティが母系であること、㈢本研究がもっぱら関心を寄せている女性親族が、父系的というよりは母系的に集合していることと、この三つである。

類型一〇　イロクォイ型の社会組織

ダコタ型の組織を母系にしたのが、イロクォイ型の社会構造である。定義としては、これにはイロクォイ型のイトコ呼称法をもつすべての社会が含まれる。また父系出自をもつ社会も含まれる。標準的サブタイプすなわち母処のサブタイプは、次のような特徴をもっている。すなわち単婚または姉妹型の複婚、母系クランまたは母系家族、インセスト・タブーの母系的拡大、分枝融合型のオバ・メイの呼称、がそれである。そしてこれらの特性は、みなわれわれの理論から予想されるものである。なおさまざまの居住規則をもつ諸サブタイプにあっては、次のことが期待される。すなわち非姉妹的複婚と分枝傍系型のイトコ呼称法とは、オジ方居住または父処にともなって、世代型の呼称法と双系的な特性とは双処居住にともなって、クランと拡大家族との消滅は、オジ方居住制への変化を除くすべての居住の変化にともなっている、ということである。

二重出自のイロクォイというサブタイプは、イロクォイ型のイトコ呼称法と二重出自とをもった社会に対応している。そしてその居住が全ケースとも父処であることは、われわれの仮説を裏づけるものである。なおローレンス(49)によると、こうした構造は、父処居住となったので、父系親族集団を獲得するけれども、しかし以前の母系親族集団を失わない、そうした母系社会にだけ生まれるとしている。そしてこのサブタイプの居住が父処だということは、このローレンスの仮説を裏づけるものである。なお母系のモイエティがあれば、そこではオーストラリア原住民のように、「結婚階級」(marriage classes) の現象も現われてくるであろう。しかしそうでなくても、その構造は、母系出自の加わる点を別にすれば、ダコタ型のそれと類似している。表70は、われわれのサンプルのうち、イロクォイ型の組織をもつ三三社会のデータを示している。

ところで本表でも、重大なくい違いはみられない。しばしばオバとイトコに対する世代型の呼称が現われるけれども、これはおそらく先行の双系組織が比較的新しいことを反映するものであろう。またいくつかの事例では、キンドレッドが生まれているが、これも同じように解釈することができるであろう。イロクォイ族やナヤー

表70　イロクォイ型の社会組織

サブタイプと部族名	出自	イトコ呼称	居住	クラン・ディーム	親族集団	外婚	結婚	家族	オバ呼称	メイ呼称
10. 標準的イロクォイ										
アロシ族	M	I	M	M	O	M	Ps	·	G	M
チェワ族	M	I	M	U	O	M	P	·	CM	·
コチティ族	M	HI	M	U	O	M	M	·	G	GM
ドブ族	M	CI	Ma	O	O	M	M	M	M	M
イロクォイ族	M	I	M	M	KM	M	M	M	GM	M
レス族	M	I	M	M	M	M	P	G	M	M
マーシャル島民	M	I	Mn	M	O	M	Mp	N	G	G
ミナンカバウ族	M	·	M	M	O	M	Mp	M	G	·
ナウルア族	M	I	M	O	K	M	Ps	M	G	M
ナバホ族	M	I	M	M	O	M	S	Mn	CM	CM
ナヤール族	M	I	M	O	KL	M	Ms	M	CM	·
ヴェダ族	M	I	M	M	O	M	M	M	C	M
ヤオ族	M	I	M	U	O	M	P	·	M	M
10A. オジ方イロクォイ										
エヤク族	M	I	A	O	M	M	P	A	C	CM
チムシアン族	M	I	A	O	O	M	Ps	A	M	M
10B. 双処イロクォイ										
クルタッチ族	M	I	Bm	M	K	BM	S	G	G	M
10N. 新処イロクォイ										
ジェメズ族	M	I	N	O	O	M	M	N	M	·
10P. 父処イロクォイ										
カリエル族	M	I	T	O	O	M	P	·	C	C
ゲトマッタ族	M	I	P	O	O	M	Mp	·	G	M
イラ族	M	I	P	O	O	M	P	G	GM	M
クチン族	M	I	Pb	O	O	M	Mp	N	C	C
ラムバ族	M	I	Tb	O	O	M	Mp	·	M	C
ムブンド族	M	I	P	O	O	M	P	G	M	C
サンタ・クルス島民	M	I	P	O	O	M	·	·	M	M
ティスムル族	M	I	P	O	O	M	·	·	M	M
10D. 二重出自イロクォイ										
アルンタ族	D	I	P	C	MP	MP	Ps	G	M	M
ディエリ族	D	I	P	C	M	MP	S	·	M	M
ヘレロ族	D	I	P	C	O	MP	P	·	·	C
カミラロイ族	D	I	P	C	MP	MP	MP	·	M	M
カリエラ族	D	I	P	C	MP	MP	Ps	G	M	M
トダ族	D	I	P	C	O	MP	Y	Y	M	M
ヴェンダ族	D	I	P	C	O	P	Ps	P	CM	M

サブタイプと部族名	出自	イトコ呼称	居住	クラン・ディーム	親族集団	外婚	結婚	家族	オバ呼称	メイ呼称
ウォジェオ族	D	I	P	P	M	MP	Ps	G	GM	・

タイプの移行　3Mから，9から，9Aから10Aへ，9Dから10Dへ，9Pから10Pへ。
変化の可能性　10から11へ，10Aから11Aへ，10Bから3Bへ，10Nから3Nへ，10Dから6へ，10Pから10Dまたは3へ。

ル族のように、長いあいだ、高度の双系的文明と接触してきた社会では、どうしても最近の文化変容を反映することになる。チュワ族（Chewa）、レス族、ヤオ族（Yao）については、非姉妹型の複婚が報告されており、これは母処居住と矛盾する。しかしこれは居住制がどちらかについて報告のないことによるか、あるいは民族誌家がその複婚が姉妹型であるのに、これを記録するさい誤ったためかと思われる。ドブ族における二者択一的なクロウ型のイトコ呼称法とオジ方居住とは、オジ方クロウ型の構造に向かっての初期の移行を示唆している。ヴェンダ族（Venda）は、おそらくダコタ型の構造を発展させる過程中のものと思われる。ここでは母系の外婚制は、すでになくなっているし、母系のシブも、単なる宗教的機能を果たしているにすぎないからである。

類型一一　クロウ型の社会組織

このタイプの社会組織は、母系社会のものであるが、父系部族のオハマ型に対応する存在である。定義としては、母系出自または二重出自と非対称的な交叉イトコ呼称法とを特徴としている。イトコ呼称は、二重出自を除けば、一般にクロウ型であって、ただ父処居住と父系親族集団の影響のもとでは、オマハ型とスーダン型との呼称が現われる。クロウ型の構造に結びついてくる他の特性は、典型的にはイロクォイ型社会のそれと同じである。二重出自クロウ型というサブタイプの部族が、その母系親族集団を失うと、非対称的なイトコ呼称法の種類によって、父処フォックス型か標準的スーダン型か、あるいは標準的オマハ型か、そのどちらかのカテゴリーに入る。表71は、われわれのサンプル中、クロウ型構造をもつ三〇社会のデータを要約したものである。

クロウ型の社会がその数も多く、また広く分布していることは、これが偶発的・変則的

表71　クロウ型の社会組織

サブタイプと部族名	出自	イトコ呼称	居住	クラン・ディーム	親族集団	外婚	結婚	家族	オバ呼称	メイ呼称
11. 標準的クロウ										
チェロキー族	M	C	M	U	N	M	M	N	M	M
チョクタウ族	M	C	M	U	M	BM	Ms	·	M	M
クリーク族	M	C	M	M	M	BM	Ms	M	CM	M
ダカ族	M	C	M	O	O	M	M	M	G	M
ホピ族	M	C	M	O	K	BM	M	N	M	M
カスカ族	M	C	M	O	M	M	M	N	M	G
ラムコカメクラ族	M	C	M	O	O	M	M	M	M	M
トラック島民	M	C	M	M	O	M	M	M	G	G
ヤルロ族	M	CS	M	M	M	M	M	M	M	·
ズーニ族	M	C	M	O	O	M	M	M	M	M
11A. オジ方クロウ										
ハイダ族	M	C	A	A	M	M	Mp	A	M	C
ロングダ族	M	C	A	A	N	M	P	A	GM	M
モタ族	M	C	Ap	U	M	M	Ps	A	G	M
ドロ族	M	C	A	U	O	M	·	A	G	M
トリンジト族	M	C	A	A	M	M	·	A	CM	M
トロブリアンド島民	M	C	A	A	O	M	Mp	N	M	M
11B. 双処クロウ										
アコマ族	M	CH	Bn	O	O	M	M	B	GM	M
11N. 新処クロウ										
マンダン族	M	C	N	O	N	M	S	G	M	M
11P. 父処クロウ										
クロウ族	M	C	P	O	O	M	S	G	M	M
コンゴ族	M	C	P	O	O	M	Ps	G	M	·
ナチェズ族	M	C	T	O	O	M	Ms	N	C	M
ロセル族	M	C	P	O	O	M	Mp	N	CM	·
トウィ族	M	CS	P	O	O	M	P	G	M	M
11D. 二重出自クロウ										
アシャンティ族	D	S	P	O	O	MP	P	P	M	C
マヌス族	D	C	P	P	O	MP	Mp	N	CM	M
ムルンギン族	D	S	T	C	MP	MP	Ps	G	M	M
ペンテコスト族	D	C	P	U	M	MP	·	·	GM	M
ラノン族	D	S	P	U	M	MP	·	·	M	C
ヤコ族	D	·	P	P	O	MP	P	P	G	·
ユチ族	D	O	P	O	Q	M	P	G	CM	CM

タイプの移行　4Mから，9から，9Aから11Aへ，9Dから11Dへ，9Pから11Pへ，10から，10Aから11Aへ，10Dから11Dへ，10Pから11Pへ。
変化の可能性　11Bから4Bへ，11Nから4Nへ，11Pから4へ，11Dから4P，7または8へ。

な現象でないことを示している。またホワイトは、これが最も高度に発達した母系組織の形態であることを示唆している。ところでわれわれのサンプルについて、クロウ型とイロクォイ型の社会を較べてみると、次のことがわかる。すなわち前者が後者に比してマトリ・クランと母処家族とを欠いており、これは、前者がはじめの母系出自のころから、平均して多くの時を経過していることを示しているとみることができる。また前者は、後者よりもオバとメイとに対する世代型の呼称をもつ社会が少なくなっているが、これらはおそらく、先行する双系組織の残存と思われる。また、後者よりも多くの社会が、母系のモイエティをもっており、これはおそらく、最近に発達したものと考えられる。そしてこれらの事実は、クロウ型の組織が相対的に成熟しているというホワイト(50)の理論を、大きく支持するものであろう。なお、オジ方居住がより多く現われていることも、さらにその証拠とみてよいであろう。

表71のデータは、全体としてわれわれの理論的期待と一致している。ホピ族におけるキンドレッドとインセスト・タブーの双系的拡大とは、この部族の組織が以前は双系だったという推論を裏づけるものであり、これは、分布の研究とも一致している。(51)またサンプル中の他のショショーン族社会のほとんどが、ハワイ型の双系構造をもっていることとも一致するものである。けれどもチョクタウ族(Choctaw)とクリーク族との場合には、同様な解釈はおそらく成立しない。なるほどこの二部族でも、インセスト・タブーの双系的な拡大がみられる。しかしこれはかれらの出会った強い文化変容の影響によると思われるからである。

なお二重出自クロウ型社会のいくつかについては、別のコメントが必要となってくる。とくにペンテコスト族は六つのセクションをもつと報告され、かれらはひとつのセクションを除いて、他のセクションとの通婚は禁じられている。というわけでラノン族と似ているけれども、ただ有力な証拠がきわめてとぼしいので、かれらをこのサブタイプに分類するのは、暫定的なものとしなくてはならない。ヤコ族(Yako)にはイトコ呼称法が欠けているので、これを二重出自クロウ型に入れるのは、もっぱら分布上の可能性にもとづいている。実際には、二重出自ナンカン型または二重出自イロクォイ型の構造かもしれない。ユチ族が二重出自とされてきたのは、それが外婚の母系シブに加えて、明らかに父系のモイエティをもつ、と報告されているからである。もっともこのモイエティの機能は、まったく政治的・儀礼的なものであって、結婚の規制にはなんらあずかっていない。あるいは、父処クロウ型のサブタイプに入るかもしれない。なお歴史的証拠は、かれらがシャウニー族(52)(Shawnee)と接触した結果、コロンブス以後にクロウ型からオマハ型のイトコ呼称法に変わったことを示している。そしてこのことは、伝播がどのように適応的変化の過程を促すことができるか、その好例を提供している。ここでは、父処居住と父系のモイエティとが、非対称的イトコ呼称法、とりわけその父系的タイプを採る道を開いたからである。そうであるにしても伝播は、全体の動向をくつがえしたり、あるいは勝手な変動を生んだりすることはできない。

ところで社会構造についての伝播主義の解釈が不適当なことは、一一の社会組織の主要タイプの分布を分析することで、きわめて明らかとなってくる。われわれの二五〇のサンプル社会のうち、一一のタイプのすべてが出てくるのは、アフリカとオセアニアの二つである。北アメリカはスーダン型とナンカン型とを、南アメリカはギネア型とイロクォイ型とを、ユーラシアはユーマ型とナンカン型とクロウ型とを欠いている。ただこうした欠落は、もともとタイプ数の少ないことか、あるいは特定地域におけるわれわれのサンプル数の少ないことか、そのどちらかによって説明することができる。表72は、一一の社会組織のタイプが、島嶼を含む世界の五大陸にどのように分布しているかを示している。

さまざまなタイプの社会組織は、そのサブタイプも含めて、諸特性の非常に多くの結びつきを認めている。さらに過去の構造タイプの残存と将来予想される構造的タイプまでを考慮すると、とくにそういうことになる。そこで読者は、どんな結びつきも可能だという印象をもつかもしれないけれども、絶対にそうではない。われわれの理論からは期待されない結びつきも、非常にたくさんになるけれども、しかしこれらは二五〇の社会のどれにもみられない。たとえば母処拡大家族は、けっして父系出自または二重出自とは結びつかない。外婚的モイエティは、双処または新処居住とは結びつかない。双系のキンドレッドは、オジ方居住とは結びつかない。インセス

表72　社会組織の構造タイプの世界的分布

構造のタイプ	アフリカ	ユーラシア	北アメリカ	オセアニア	南アメリカ	計
エスキモー型	1 (1.5)	7 (20.6)	6 (8.5)	1 (1.7)	3 (14.2)	18 (7.2)
ハワイ型	3 (4.6)	1 (2.9)	24 (34.4)	11 (18.4)	6 (28.5)	45 (18.0)
ユーマ型	1 (1.5)	— (—)	7 (10.0)	3 (5.0)	5 (23.5)	16 (6.4)
フォックス型	3 (4.6)	1 (2.9)	3 (4.3)	2 (3.3)	1 (4.8)	10 (4.0)
ギネア型	10 (15.4)	5 (14.6)	1 (1.4)	2 (3.3)	— (—)	18 (7.2)
ダコタ型	13 (20.0)	9 (26.8)	3 (4.3)	11 (18.4)	1 (4.8)	37 (14.8)
スーダン型	8 (12.3)	2 (5.8)	— (—)	2 (3.3)	1 (4.8)	13 (5.2)
オマハ型	10 (15.4)	6 (17.6)	5 (7.1)	3 (5.0)	1 (4.8)	25 (10.0)
ナンカン型	2 (3.1)	— (—)	— (—)	2 (3.3)	1 (4.8)	5 (2.0)
イロクォイ型	7 (10.8)	3 (8.8)	8 (11.4)	15 (25.0)	— (—)	33 (13.2)
クロウ型	7 (10.8)	— (—)	13 (18.6)	8 (13.3)	2 (9.5)	30 (12.0)
計	65 (100.0)	34 (100.0)	70 (100.0)	60 (100.0)	21 (100.0)	250 (100.0)

ト・タブーの父系的拡大は、絶対に母系の出自とは結びつかない。オバとメイに対する直系型の呼称は、二重出自とは結びつかない。オジ方居住は、イトコに対するエスキモー型・ハワイ型・オマハ型・スーダン型の呼称とは結びつかない。母処居住は、父系出自もしくは二重出自とは結びつかない。単婚は、オジ方居住とは結びつかない。オマハ型またはスーダン型のイトコ呼称法は、母系クランまたは母処拡大家族とは結びつかない。父系のリネージ、父系のシブまたは父系のモイエティは、母処居住またはオジ方居住とは結びつかない。そしてこうした結びつきの欠けていることは、「歴史的偶然」(historical accident)によって、どんな特性の集結も可能だとする理論と矛盾するものである。

またある機能主義者たちの主張する同時的統合は、実は競合しない諸特性の結びつきだけを認めるものであって、これも同じく証拠と一致するものではない。たとえば、二五〇のわれわれの社会のうち、まったくの母系出自と父処または母処→父処の居住とが結びついているのは一五、単処居住と双系出自とが結びついているのは五二、単系出自とイトコに対する典型的な双系の呼称（たとえばエスキモー型やハワイ型）とが結びついているのは二二においてみられる。これらはおそらく論理的には両立しないものであろうが、ただこうした結びつきは、われわれの理論とは一致するし、また予想されるものである。われわれの理論は、ある相対的に安定した構造的均衡から他のそれへと移行するあいだに、特定の不調和な結びつきのあることを認めているからである。しかし矛盾的な結びつきも、けっしてアトランダムに起るのではない。それは理論的に予想される場合だけのことである。

社会構造の主要タイプからの主な派生と、ある社会構造から他のそれへの移行にみられる最も一般的な段階については、諸表〔の末尾〕に註記しておいた。ところでこれらを合わせると、社会組織の進化にともなう諸変化についての可能性と限界との全体像が浮かんでくる。これらは表73に掲げておいた。本表は移行をリストしたものであるが、掲げられた移行は、みな内部的な証拠があるか、実際のまたは推論される歴史的な裏づけがあるか、あるいは理論的根拠にもとづく十分な可能性があるか、そうしたものばかりである。なお星印（＊）は、おそらく稀な変化または例外的な変化を示している。それから若干の居住変化は、直接には起りえないけれども、ただなにか媒介的な規則を通してだけ起ることが推定される。これには新処から双処へ、父処から母処へ、オジ方から双処または母処へ、母処以外のなにかのタイプからオジ方へ、といった変化が挙げられる。

また本表によると、移行は、ある時点におけるある特性の修正から起ることが推定される。だから父処ハワイ型からダコタ型への進化には、二つの段階が必要となってくる。それは標準的ユーマ型か標準的ギネア型かを経由しての推移であって、この経由の差異は、父処居住制への最初の適応的調整がイロクォイ型のイトコ呼称法の発達によるか、それとも父系出自の発達によるかに依拠している。もちろん、ときとして二つの変化が同時にまたはほとんど同時に起ることもありうる。そうした場合には、二重の推移がひとつの段階で完成するということになる。

これまでの分析から出てくる主な結論は、社会組織の進化はいつも既存構造の諸特性によって方向づけられるということである。すなわち、これらの諸特性が、一般に変化の可能性を限定し、またいくつかの場合には、変化の方向を先取りしてしまう。なおときとして、その選択肢は、非常に少なくなってくる。たとえば、ごく稀な場合を除けば、オジ方の構造は父処だけに、オマハ型の構造は双処だけにしかなることができない。また、他の場合には、可能性の範囲が広くなって、たとえば父処ナンカン型の構造は、それがほとんど等しい容易さをもってくると、双系・父系・母系・二重のどれかの出自を特徴とした、別のサブタイプに直接変形することが可能である。

二つのタイプの社会組織がただ似ているということは、その類似が構造的であっても機能的であっても、これはともにいずれかの方向への移行が容易であるとか、ともに直接的であるとかを意味するものではない。二重出自イロクォイ型と標準的ダコタ型という二つのサブタイプは、その好例を提供している。この両者は、とくにモイエティがなければ、機能的には非常によく似ており、また構造的にも、前者が父系親族集団とともに母系のそれをもつ点が違うだけである。さて二重出自イロクォイ型の社会は、母系の出自を失うことによって、直接、標準的ダコタ型の構造を手にすることができる。これは父処居住のもとでは困難ではない。ところが標準的ダコタ型の社会は、一連の長い迂回段階を経なければ、二重出自イロクォイ型の構造に変わることができない。その典型的なステップは、次の通りである。

1、居住が双処ダコタ型に移る。
2、父系出自を失って、双処ユーマ型の構造が生ずる。
3、イトコ呼称法の調整によって、標準的ハワイ型の構造が生ずる。
4、居住が母処ハワイ型に移る。
5、母系出自が発達して、標準的ナンカン型の組織が生まれる。
6、イトコ呼称法の調整によって、標準的イロクォイ型の構造が生ずる。

7、居住が父処イロクォイ型に移る。

8、母系出自を失うことなしに、父系出自を獲得する。

なお表73を分析してみれば、これと似た多くの例が明らかになるであろう。

ところで、社会組織の変化の可能性に構造的な制限があるということは、歴史人類学に対して重要な意味をもつ。それはどんな社会体制も、きわめて少数の可能的形態のひとつから出てきたということである。そこでは考えられるおびただしい先行の諸形態が排除されて、ごくわずかの純粋な選択肢への集中が行なわれる。こうしてしばしばはっきり先行する諸形態についての推論が可能となってくる。文化遅滞の結果として、社会体制は、それにさきだつ段階で発達した諸要素を含んでいる。いやむしろそのほうが普通である。しかもこれらは、新しい均衡に統合されるのに必要な適応的修正をまだ終えていない。そこでこうした諸要素の派生してきたと考えられる構造タイプが、非常に限られた数のものになってくると、これは過去を診断するのに非常に良い材料となる。たとえばある残存している特性が、ふつう四タイプの社会組織にともなうものだとする。しかもそれは問題の社会体制に先行することの可能な三つに含まれる唯一の特性だとする。こうした場合には、その体制が派生したものとして、特定タイプを指摘することができる。そしていくつかのこうした推論が一致してくると、歴史的に先行する構造については、ほとんど疑問が残らないわけである。

表73　社会組織の移行

類型とサブタイプ	居住変化による移行	出自変化による移行	イトコ呼称変化による移行
1、エスキモー			
標準的エスキモー	母処エスキモー 父処エスキモー	不可能	おそらくありえない
双処エスキモー	標準的エスキモー	不可能	標準的ハワイ

母処エスキモー	母処エスキモー 父処エスキモー *標準的エスキモー 双処エスキモー	標準的ナンカン	母処ユーマ *母処フォックス
父処エスキモー	父処エスキモー 標準的エスキモー 双処エスキモー	標準的ギネア	標準的ユーマ *標準的フォックス
2、ハワイ			
標準的ハワイ	新処ハワイ 母処ハワイ 父処ハワイ	不可能	おそらくありえない
新処ハワイ	母処ハワイ 父処ハワイ	不可能	標準的ハワイ
母処ハワイ	標準的ハワイ *新処ハワイ 父処ハワイ	標準的ナンカン	母処ユーマン *母処フォックス
父処ハワイ	標準的ハワイ 新処ハワイ	標準的ギネア	標準的ユーマン *標準的フォックス
3、ユーマ			
標準的ユーマ	*双処ユーマ *新処ユーマ	標準的ダコタ	*標準的フォックス
双処ユーマ	標準的ユーマ *新処ユーマ 母処ユーマ	不可能	標準的ハワイ
新処ユーマ	標準的ユーマ	不可能	標準的エスキモー

母処ユーマ	*母処ユーマ *標準的ユーマ *双処ユーマ *新処ユーマ	標準的イロクォイ	*母処フォックス
4、フォックス			
標準的フォックス	*双処フォックス *新処フォックス	父処フォックス 標準的スーダン 標準的オマハ	*標準的ユーマ
双処フォックス	標準的フォックス *新処フォックス 母処フォックス	不可能	標準的ハワイ
新処フォックス	標準的フォックス *母処フォックス	不可能	標準的エスキモー
母処フォックス	*標準的フォックス *双処フォックス	標準的クロウ	*母処ユーマ
父処フォックス	*新処フォックス *双処フォックス *新処フォックス	*標準的フォックス	*標準的ダコタ 標準的スーダン 標準的オマハ
5、ギネア			
標準的ギネア	*双処ギネア *新処ギネア	*父処エスキモー *父処ハワイ	標準的ダコタ 標準的スーダン 標準的オマハ
双処ギネア	*標準的ギネア *新処ギネア	標準的ハワイ	おそらくありえない

新処ギネア	*標準的ギネア	標準的エスキモー	おそらくありえない
6、ダコタ			
標準的ダコタ	双処ダコタ	*標準的ユーマ	標準的スーダン
	新処ダコタ		標準的オマハ
双処ダコタ	*標準的ダコタ	双処ユーマ	双処ギネア
	*新処ダコタ		
新処ダコタ	*標準的ダコタ	新処ユーマ	新処ギネア
7、スーダン			
標準的スーダン	双処スーダン	*標準的フォックス	*標準的ダコタ
	新処スーダン		標準的オマハ
双処スーダン	*標準的スーダン	双処フォックス	双処ギネア
	*新処スーダン		
新処スーダン	*標準的スーダン	新処フォックス	新処ギネア
8、オマハ			
標準的オマハ	双処オマハ	*標準的フォックス	*標準的ダコタ
	新処オマハ		*標準的スーダン
双処オマハ	*標準的オマハ	双処フォックス	双処ギネア
	*新処オマハ		
新処オマハ	*標準的オマハ	新処フォックス	新処ギネア
9、ナンカン			
標準的ナンカン	オジ方ナンカン	*母処エスキモー	標準的イロクォイ
	双処ナンカン	*母処ハワイ	標準的クロウ
	新処ナンカン		
	父処ナンカン		
オジ方ナンカン	新処ナンカン	不可能	オジ方イロクォイ
	父処ナンカン		オジ方クロウ

双処ナンカン	*標準的ナンカン *新処ナンカン	標準的ハワイ	おそらくありえない
新処ナンカン	父処ナンカン *標準的ナンカン 父処ナンカン	標準的エスキモー	おそらくありえない
父処ナンカン	*双処ナンカン *新処ナンカン	父処エスキモー 父処ハワイ 標準的ギネア 二重出自ナンカン	父処イロクォイ
二重出自ナンカン	*双処ナンカン *新処ナンカン	標準的ギネア	二重出自イロクォイ *二重出自クロウ
10、イロクォイ			
標準的イロクォイ	オジ方イロクォイ 双処イロクォイ 新処イロクォイ 父処イロクォイ	*母処ユーマ	標準的クロウ
オジ方イロクォイ	新処イロクォイ 父処イロクォイ	不可能	
双処イロクォイ	*標準的イロクォイ *新処イロクォイ 父処イロクォイ	双処ユーマ	双処ナンカン
新処イロクォイ	*標準的イロクォイ 父処イロクォイ	新処ユーマ	新処ナンカン
父処イロクォイ	*双処イロクォイ *新処イロクォイ	標準的ユーマ 標準的ダコタ	*父処クロウ

二重出自イロクォイ	＊双処イロクォイ ＊新処イロクォイ	二重出自イロクォイ 標準的ダコタ	
11、クロウ			
標準的クロウ	オジ方クロウ 双処クロウ 新処クロウ 父処クロウ	＊母処フォックス	＊標準的イロクォイ
オジ方クロウ	新処クロウ 父処クロウ	不可能	＊オジ方イロクォイ
双処クロウ	＊標準的クロウ ＊新処クロウ 父処クロウ	双処フォックス	双処ナンカン
新処クロウ	＊標準的クロウ 父処クロウ	新処フォックス	新処ナンカン
父処クロウ	＊双処クロウ ＊新処クロウ	標準的フォックス 父処フォックス 二重出自クロウ	＊父処イロクォイ
二重出自クロウ	＊双処クロウ ＊新処クロウ	父処フォックス 標準的スーダン 標準的オマハ	二重出自イロクォイ

そこで私は、そうした推論のために、サンプル社会の全体について分析してみた。その結果、次のことを発見した。㈠ある社会構造にまだ統合されていない諸特徴のある場合、これについて推論をくだしている別の原資料が二つ以上あっても、これらはほとんどいつも同じ方向を指している。㈡民族誌家が先行する構造について歴

史的証拠を提示している場合でも、これはほとんどいつも内的構造からの推論を支持している。㈢一定の人類学的方法にもとづいて、合理的な推論が民族誌的・言語学的分布から引きだされた場合でも、そうした推論は、ほとんどいつも社会構造そのものからの推論と一致している。このように社会組織の内的分析からの推論が、こうした推論相互のあいだだけでなく、有効な歴史的証拠のすべてとも、広く合致してくる。こうして私は、歴史的再構成のための特殊な技法という形で、分析結果を組織化することになった〔付論A参照〕。

ただこの技法は、当然のことながら、完全に統合された社会体制については、その利用価値がない。すなわち結婚、家族組織、親族集団、外婚制、親族呼称法、居住規則、相続、出自等が、ひとつのより安定した構造タイプのもとで、相互に完全な一貫性を保っているような社会体制については、なんの効用もない。けれども完全な統合というものは、例外にすぎない。事実、残存物というものは、しばしば民族誌家の述べる構造タイプのすぐ直前のそれを、高度の確実性をもって推論させるばかりではない。二つ、三つあるいはもっと以前の段階と、その継起の順序さえも推論させてくれる。二重出自ナンカン型というサブタイプに入るナンカン族は、その例とすることができるだろう。この部族の先行構造は、母処ナンカン型であった。その理由は、二重出自はそれにさきだって母系を必要としており、他に選択肢はないからである。さらにそれにさきだつ構造は、オジ方ナンカン型であった。その理由は、オジ方居住という残存物がみられるからである。なおこの選択肢は、他に起源をもつことができなかった。第三の先行構造は、標準的ナンカン型であったが、その理由はこれだけがオジ方ナンカン型の唯一可能な源だからである。第四の先行構造は、母処ハワイ型であった。というのは他のどんな派生も、ハワイ型のイトコ呼称法とメイに対する世代型の呼称とは両立しないからである。第五の先行構造は、おそらく標準的ハワイ型であった。この型は通例、母処ハワイ型というサブタイプから派生したものだからである。そしてこの推論の連続は、すべての点で、西アフリカの社会組織の分布についての証拠と一致してくる。なおその他の例については、読者は付論Aを参照されたい。そこでは歴史的再構成のために提案された技法が十分に記述され、また例証されているからである。

本章で提起された社会変動の理論、これに付随した類型論、またそれから引きだされた歴史的再構成の技法、これらは本研究のまったく予期していなかった産物を提示することとなった。もともとわれわれの研究は、社会構造の形態がパターン化された性行動の方向づけに作用しているかどうか、これを決定するために行なわれた。けれども大量の事例を繰りかえし扱っているうちに、社会組織の諸形態のうちには、著しい並行関係が頻繁に現われてくることに気がついた。そこで可能な形相《コンヒグレーション》の数というものは有限かどうか、これを発見してみようということになった。そこでは二、三の試行錯誤的な分類も行なってみたが、これは大きくローレンスとローウィとの示唆によるものである。ところがこうした努力が上述の結論にまで連続するという、まことに頼もしい結果となった。そしてこれは、本研究の他の部分からの印象に、次の確言を加えるものであろう。すなわち社会組織の分野における文化の諸形態も、これが規則性と科学的法則とに合致してくる程度において、自然科学におけるものと較べて、著しく劣るものではない、ということである。

原註1　J. J. Bachofen, *Das Mutterrecht* (Stuttgart, 1861).

2　とくに次の諸書をみよ。A. Bastian, *Rechtsverhältnisse der Verschiedenen Völker der Erde* (Berlin, 1872) ; A. Giraud-Teulon, *Les origines du mariage et de la famille* (Genève, Paris, 1884) ; L. Gumplowicz, *Grundriss der Soziologie* (Wien, 1885) ; J. Kohler, Zur Urgeschichte der Ehe (*Zeitschrift für vergleichende Rechtswissenschaft*, XII,1897, p.62) ; J. Lippert, *Kurturgeschichte der Menschheit in ihrem organischen Aufbau* (2 vols., Stuttgart, 1886-87) ; J. Lubbock, *The Origin of Civilization and the Primitive Condition of Man* (London, 1873) ; J.F. McLennan, *Studies in Ancient History* (London, 1876) ; L. H. Morgan, *Ancient Society* (New York, 1877) ; H. Spencer, *Principles of Sociology* (3rd edit., New York, 1899) ; E.B. Tylor, On a Method of Investigating the Development of Institutions, applied to Laws of Marriage and Descent (*Journal of the Royal Anthropological Institute*, XVIII, 1889, pp.245-69).

3　E. Westermarck, *The History of Human Marriage* (London, New York,1891) ; G.E. Howard, *A History of Matrimonial Institutions* (3 vols., Chicago, 1904) をみよ。

4　たとえば R. Briffault, *The Mothers* (3 vols., New York, 1927) ; W.G. Sumner and A.G. Keller, *The Science of Society* (4 vols., New Haven, 1927) ; P. Vinogradoff, *Outlines of Historical Jurisprudence*, Vol. I (New York,1920) をみよ。

5 W. H. R. Rivers, *Social Organization* (New York, 1924, pp. 85-90) 参照。

6 B. Spencer, *Native Tribes of the Northern Territory of Australia* (London, 1914, p.25) 参照。

7 たくさんの事例については E. Westermarck, *The History of Human Marriage* (5 th edit., 3 vols., New York, 1922) をみよ。

8 統計的証明については G.P.Murdock, Correlations of Matrilineal and Patrilineal Institutions (*Studies in the Science of Society*, ed. G.P. Murdock, New Haven, 1937, pp. 463-9) をみよ。

9 F. Boas, *The Mind of Primitive Man* (New York, 1911, p. 185) 参照。

10 J. R. Swanton, The Social Organization of American Tribes (*American Anthropologist*,n.s., VI,1905, pp. 663-73). また J.R. Swanton, A Reconstruction of the Theory of Social Organization (*Boas Anniversary Volume*, New York, 1906, pp. 166-78) 参照。

11 R. H. Lowie, *Primitive Society* (New York, 1920, pp. 150-5).

12 事実に対する科学者の敬意をもって，ローウィは *Primitive Society* の再版 (New York, 1947) ではこうした誤りの幾つかを訂正した。

13 A. A. Goldenweiser, The Social Organization of the Indians of North America (*Journal of American Folk-Lore*, XXVII, 1914, p.436).

14 A. L. Kroeber, *Anthropology* (New York, 1923, pp. 355-8). 図式に対するクローバーの努力は，J. E. Thompson, *Mexico before Cortez* (New York, 1933, p. 105) で受けいれられている。

15 J. Kohler, Zur Urgeschichte der Ehe (*Zeitschrift für vergleichende Rechtswissenschaft*, XII, 1897, p.62); R. L. Olson, Clan and Moiety in Native America (*University of California Publications in American Archaeology and Ethnology*, XXXIII, 1933, pp. 410-11) 参照。

16 たとえば F.Boas *et al, General Anthropology* (Boston, etc., 1938), p. 425 をみよ。

17 R. L. Olson, Clan and Moiety in Native America (*University of California Publications in American Archaeology and Ethnology*, XXXIII, 1933, pp. 351-422).

18 *Ibid.*, p. 411, 409.

19 W. J. Perry, *The Children of the Sun* (New York, 1923, pp. 252, 406, 428) 参照。

20 W. Schmidt and W. Koppers, *Völker und Kulturen* (Regensburg, 1924, pp. 194-351); W. Schmidt, *The Origin and Growth of Religion* (London, 1931, pp. 240-1) をみよ。

21 イトコ呼称法のいくつかのタイプについては，本章のあとのほうで正確に規定されている。

22 A. L. Kroeber, *Anthropology* (rev. edit., New York, 1948, pp. 788-91).

23 とくに次をみよ。H. G. Barnett, Culture Processes (*American Anthropologist*, n.s., XLII, 1940, pp.21-48)；H.G. Barnett, Invention and Cultural Change (*American Anthropologist*, n. s., XLIV, 1942, pp. 14-30)；H. G. Barnett, Personal Conflicts and Cultural Change (*Social Forces*, XX, 1941, pp.160-71)；J.Gillin, *The Ways of Men* (New York,1948, pp.532-69)；A. I. Hallowell, Sociopsychological Aspects of Acculturation (*The Science of Man in the World Crisis*, ed. R. Linton, pp. 171-200)；A. L. Kroeber, *Anthropology* (rev. edit., New York, 1948, pp. 344-444)；R. Linton, *The Study of Man* (New York, 1936, pp. 324-66)；M. E. Opler, Three Types of Variation and Their Relation to Cultural Change(*Language, Culture and Personality*, ed. L. Spier and others, Menasha, 1941, pp. 146-57).

24 A. G. Keller, *Societal Evolution* (rev. edit., New York, 1931, pp.78-251).

25 W. G. Sumner, *Folkways* (Boston, 1906, pp.5-6).

26 W. F. Ogburn, *Social Change* (New York, 1922, pp. 200-80). また W. F. Ogburn and M.F. Nimkoff, *Sociology* (Boston, 1940, pp. 775-808) も参照。

27 N. E. Miller and J. Dollard, *Social Learning and Imitation* (New Haven, 1941, pp. 253-73).

28 L. Bloomfield, *Language* (New York, 1933, pp. 347-50) 参照。

29 A. Spoehr, Changing Kinship Systems (*Field Museum of Natural History Anthropological Series*, XXXIII, 1947, pp. 176-8, 197).

30 G. P. Murdock, The Common Denominator of Cultures (*The Science of Man in the World Crisis*, ed. R. Linton, New York, 1946, pp. 138-41).

31 次を参照。E.B.Tylor, On a Method of Investigating the Development of Institutions (*Journal of the Royal Anthropological Institute*, XVIII, 1889, pp. 245-69)；P. Vinogradoff, *Outlines of Historical Jurisprudence*, I (New York,1920, p. 195)；E. Westermarck, *The History of Human Marriage* (5 th edit., New York, 1922, I, pp.296-7).

32 M. Titiev, The Influence of Common Residence on the Unilateral Classification of Kindred (*American Anthropologist*, n. s., XLV, 1943, pp. 511-30).

33 R. H. Lowie, *Primitive Society* (New York, 1920, pp. 70-6, 122-37, 157-62, 166-85).

34 J.G. Frazer, *Totemism and Exogamy* (London, 1910, I, p.72)；P. Vinogradoff, *Outlines of Historical Jurisprudence*, I(New York, 1920, p. 195) 参照。

35 J. Lippert, *The Evolution of Culture* (New York, 1931, p. 237).

36 R. H. Lowie, *Primitive Society* (New York, 1920, p.160) 参照。

37 R. C. Thurnwald, *Die menschlichte Gesellschaft in ihren ethnosoziologischen Grundlagen*, II (Berlin, Leipzig, 1932, pp. 193-4),

38 J. Lippert, *The Evolution of Culture* (New York, 1931, p. 237).

39 L. T. Hobhouse, G. C. Wheeler, and M.Ginsberg, *The Material Culture and Social Institutions of the Simpler Peoples* (London, 1915, pp. 150-4) をみよ。

40 R.H. Lowie, *Primitive Society* (New York, 1920, p. 194) 参照。

41 *Ibid.*, 159-60.

42 J. Mallinckrodt, De stamindeeling van de Maanjan-Sioeng-Dajaks (*Bijdragen tot de Taal-, Land-, en Volkenkunde van Nederlandisch Indië*, LXXXIII, 1927, pp. 561-4) をみよ。私がこの事例に注目するに至ったことについては，私の同輩のレイモンド・ケネディ (Raymond Kennedy) 教授に負うところが大きい。

43 G. P. Murdock, Comparative Data on the Division of Labor by Sex (*Social Forces*, XV, 1937, pp.551-3).

44 A. L. Kroeber, The Societies of Primitive Man (*Levels of Integration in Biological and Social Systems*, ed. R. Redfield, Lancaster, 1942, p. 210) 参照。

45 したがってエメノー (Emeneau) が，トダ族に関してこの順序を逆転させているのは，おそらく誤りであろう。M. B. Emeneau, Language and Social Forms : A Study of Toda Kinship (*Language, Culture and Personality*, ed. L. Spier and others, Menasha, 1941, pp. 173-5) をみよ。

46 R. H. Lowie, *Primitive Society* (New York, 1920, pp. 146-57).

47 L. Spier, The Distribution of Kinship Systems in North America (*University of Washington Publications in Anthropology*, I, 1925, pp. 69-88).

48 L. A. White, A Problem in Kinship Terminology (*American Anthropologist*, n. s., XLI, 1939, pp. 569-70).

49 W. E. Lawrence, Alternating Generations in Australia (*Studies in the Science of Society*, ed. G. P. Murdock, New Haven, 1937, pp. 345-6).

50 L. A. White, A Problem in Kinship Terminology (*American Anthropologist*, n. s., XLI, 1939, pp. 569-70).

51 W. D. Strong, An Analysis of Southwestern Society (*American Anthropologist*, n. s., XXIX, 1917, pp. 1-61) 参照。

52 F. Eggan, Historical Changes in the Choctaw Kinship System (*American Anthropologist*, n. s., XXXIX,1937, pp. 46-7) をみよ。

第九章　性の規制

性のはげしい衝動は、社会生活の拠って立つ協働関係を危険にし、破壊させる行動に、人びとを駆りたてていく。しかも当人は、そのとりことなっているあいだは、このことに気がつかない。人間結合をつくりだす無数の個人間の紐帯は、複雑であるが、多くは微妙なバランスを保っている。けれども性の好みが無考えな競争状態になってくると、どうしても欲求不満と攻撃という緊張が生まれてくる。だから社会は、性とは無関係でいることができずに、むしろこれを統制することになる。おそらく長い人類の歴史にあっては、性的衝動の規制に失敗した民族もあったと思われる。そうした民族は、おそらく生き残れなかったであろう。性の社会統制は、こんにちでも、通文化的に普遍だからである。(1) 事実、われわれのサンプル社会も、〔この点では〕ひとつの例外も示していない。

しかしこの規制も、行き過ぎになってはならない。どんな社会も、生き残ろうと思えば、少なくとも〔種の〕再生産を維持して、人口減少を防ぐに十分なほどに、性的衝動の表現を個人に認めなければならない。いやもっと譲歩する必要があろう。なるほど性的動因は、飢えや渇きとは違って、その代用となる表現形態すなわち昇華に向けさせることができるかもしれない。(2) しかし臨床的データによると、過度の性的欠乏は、満足な社会生活を営むことを妨げて、パースナリティの不調整が生まれてくることを強く示唆している。だから社会は、その成員の数《ナンバー》だけでなくて、成員《メンバー》そのものの精神衛生と能率とを維持するためにも、性的充足を許さなくてはならない。

このようにあらゆる社会は、性を統制する必要と性に適切な表現を与える必要とをどう調和させるか、この問題に直面してきた。そして文化的なタブー・認可・義務を組み合わせて、この問題を解決してきた。(3) 禁止の規制は、性的競争による社会的にもっとはげしい破壊の形態を、他にそらそうとする。許可の規制は、少なくとも個人の福祉のために、最小限、性の衝動に充足を与えようとする。それからきわめて一般的には、性行動が直接、社会の利益に役立つとされるときには、とくに義務の規制によって、これを充足させようとする。

しかし性の規制を理解するには、性行動の分析がその前提となってくる。ただわれわれの目的からすれば、次のようなものを考察する必要はないであろう。すなわち自慰や同性愛のような、いわゆる「不自然な行為」(unnatural practices)、ダンスや猥談のような性的昇華、その他さまざまな性行動の側面が、それである。そこでわれわれは、結婚の内と外にみられる、はっきりした異性関係にもっぱら注目していくことにしたい。社会的に考えてみると、あらゆる性交という行為は、次の七つのカテゴリーのどれかに入る、と言うことができる。それが夫婦によって、あらゆる社会的礼節を遵守したうえで営まれるときには、「夫婦間の性交」(marital sexuality) と名付けられる。それが結婚外において、少なくとも当事者の一方が既婚者である二人のあいだで行なわれるときには、「姦通」(adultery) と呼ばれる。現実的、仮定的または人為的な親族紐帯があって、それが性関係に対する文化的柵となっているとき、参加者〔＝当人たち〕がこれを越えて関係をもつ場合には、「近親相姦」(incest) として分類される。もし社会階級、カースト、民族または人種、国民のような集団があって、その間で性関係をもつことが文化的に禁止されているとき、そうした人びとの行為は「誤交」(mismating) と呼ばれる。もし一方が永遠の純潔を求められるような社会的地位にあるとき、たとえば、われわれの社会での聖職者、他の社会での未亡人であるようなとき、この人たちの性交は「破戒交」(status unchastity) と名付けられる。もしどちらか一方または双方が、社会的礼節や文化的禁忌を犯しているとき、たとえば儀礼としての断食、女性の月経中・妊娠中などの一時的禁

表74　性の規制

規制の枠組	禁止の規制	許可の規制	義務の規制
性一般	私通禁止	乱婚許可	性的供応
結婚上の地位	姦通禁止	婚前放縦	夫婦の義務
親族	近親相姦と族外婚	特権的関係	選好的な求配
社会成層	カースト・階級および種族的内婚	許可的な種族混合	上昇婚
特殊な地位	地位的純潔と独身	性的特権	特殊な性的義務
特別な環境	儀礼的清浄と再生産的性禁忌	儀式的放縦	義務的性儀礼

欲を犯しているとき、これは「不浄結合」(incontinence) と呼ばれる。おわりに「私通」(fornication) というカテゴリーであるが、これには以上の夫婦間性交、姦通、近親相姦、誤交、破戒交、不浄結合以外のすべての性関係のケースが含まれる。すなわち当事者たちが結婚しないということを除けば、あらゆる点で、社会的慣習に従った性交が、これである。

以上の分類は性規制の主な焦点、すなわち結婚上の地位、親族、社会成層(民族的差異を含む)、特殊な社会的地位、特別な出来事と環境、それに性一般を示唆している。そして、これらすべてに関して、規制は禁止的であったり、許可的であったり、義務的であったりする。すなわち性行動が禁じられるか、許されるか、求められるか、ということになってくる。なお、親族と社会成層とは、結婚の規制に重要な役割を果たしており、近親相姦と誤交とは、性結合とともに結婚結合にも適用されることになる。表74は、性規制のとくに重要なタイプを要約したものである。

われわれの文化は、私通に対しては全面的な禁忌を表明している。すなわち結婚以外のあらゆる性交に対する、広般な禁止である。したがって、この社会の成員にとっては、性そのものが性規制の明らかな焦点となっている。というわけで街の人たちばかりではなく、われわれのようなまじめな学者でさえ、そのほとんどは無意識的に他の社会の性規制も、これと同じ基礎に立っていると思っている。またこの問題を扱った文献も、多くこの観点から書かれている。ところが実際には、この仮定は、明らかな間違いである。地球上の圧倒的多数の人たちにとっては、性規制の出発点は、性そのものではな

表75　性的禁忌の情報

性的禁忌についての情報	社会の数
一般的な性禁忌がおそらく存在しているという指摘	3 (1.2)
一般的な性禁忌がないという明白な証拠のある社会	
婚前の不純が許される	49 (19.6)
完全なまたは条件づきの姦通が許される	3 (1.2)
特権的な関係	23 (9.2)
以上の2つまたは3つをもつ社会	40 (16.0)
小計	115 (46.0)
不十分な情報	
婚前不純に関するデータなし	7 (2.8)
婚前または婚後の関係に関するデータなし	35 (14.0)
小計	42 (16.8)
関連データまったくなし	90 (36.0)
計	250 (100.0)

い。性がポイントとなっているひとつまたはそれ以上の他の社会現象がそれであって、とくに結婚・親族・社会的地位・出生・儀礼などがそれである。そして民族誌家や歴史家がふつう出会うのも、一般的な性禁忌ではなくて、こうした他の諸現象と関連した一連の性の制限・許可・義務なのである。では結婚以外の性関係に対しては、ひろく禁忌が行なわれているか。表75は、二五〇のサンプル社会の証拠をまとめたものである。

ニュー・イングランドのヤンキーのほか、おそらく全面的な性禁忌をもつ社会は、西アフリカのアシャンティ族とティムネ族（Timne）とであろう。ただ後者については、情報が不完全である。なお不十分な情報をもつ四二社会のうち、インドのシリア系キリスト教徒とエジプトのタラフマラ族（Tarahumara）では、全面的な性禁忌が理論的に考えられるし、他の少数の事例でも、これが可能である。けれども入手できる証拠からは、結婚以外の性関係の全面的禁止は、地球上の民族の五％ほどにも行なわれているようにはみえない。

われわれ自身は、伝統的な性モーレスをもっているが、しかしこれはきわめて例外的なものにすぎない。したがってこの偏見が、性的制限の分析をゆがめたばかりではない。われわれと同世代の人びとにむかっては、かつての人たちまたは未開民族には「紊乱生殖」(hetairism)、「原始乱婚」(primitive promiscuity) または「性的共同」(sexual communism) などと呼ばれる全面的な性的許可があった、こう思わせることにもなった。[4] この全面的許可とは、われわれ自身の規制タイプとはまさに反対の主張であるが、ただこの仮説を実際に支えているものは、その反対を支えているものと同様に、なんら実体を備えているのではない。われわれのサンプル社会のうちでは、わずか二つだけが、すなわちブラジルのカインガング族と南インドのトダ族とが、乱婚と呼ぶにふさわしいほど、性的制限の全面的欠如を表現している。けれどもどちらも完全な無規制というのではない。たとえばトダ族は、姦通には無関心であるが、近親相姦の禁止、シブの外婚、モイエティの内婚は守られている。

妻の貸与と性的供応のような義務規制が一般化しているのも、またきわめて稀である。われわれのサンプルには、一二例だけが出てくるが、そのほとんどにあっても、この慣行は非常に制限されている。こうして結論としては、性の規制は、性という事実そのものには拠っていない、と言わざるをえない。少数の民族にとっては、性は必要悪かもしれない。けれども再生産の責任をひとつの社会関係〔=結婚〕に限っている民族も、ほとんどないわけである。[5]

こうして結婚関係が規制の主な焦点となってくる。ところでこの関係の内部では、性交は、ただ許されているばかりではない。義務的でもある。姦通に対する禁忌は、非常に広くみられるけれども、しかしときとしてこれを守るよりも破るほうが名誉とされる場合もある。なおこの禁忌は、入手可能なデータを含む一四八のサンプル社会のうち、一二〇に現われてくる。残りの二八社会のうちの四では、姦通は厳重に禁止されてはいないけれども、社会的には是認されていない。また一九の社会では、条件によっては認められており、五の社会だけで自由に許されている。けれどもこれらの数字は、血縁関係がないか遠い関係の人との性関係だけを指していることを指摘しておかなくてはならない。なお総サンプルのうち、大多数の社会では、のちに示すように若干の姻族との婚外関係を許している。

ところで婚前の性的自由は、性規制の結婚的基盤と両立しないものではない。情報の入手できるサンプル社会のうち、近親相姦とならない婚前関係は、六五の事例で完全に許され、四三の社会では条件つきで是認され、六の社会ではゆるやかに否認されている。これに対して、禁止されているのは、四四の社会だけである。言いかえると、婚前の放縦は、われわれの事例の七〇％で行なわれていることになる。なお残りの社会でも、禁忌はなによりも女性側の問題であって、したがって道徳的な要請というよりは、むしろ婚外児を生むことへの配慮のように思われる。(6)

人種的差異と社会成層も、しばしば性規制のひとつの基盤をなしている。たいていの社会は、内婚という規則を通して、性規制と通婚とを、ある特定の社会的限界のうちに限っている。ときとして内婚は地域社会にも適用されるし、またときとして部族や国民にも、またときとして同種族の成員にも適用されている。ワシントン州西海岸のキナウルト族（Quinault）は、他部族と実際、選好的通婚をしている点で、われわれのサンプル社会のうちでは、ユニークな存在である。ほかの点ではまったく放縦な性慣行をもつ未開民族も、ヨーロッパ人との性関係については、強い禁忌を課しているものが多い。白人の民族中心的傾向は、より黒い人種との交婚を禁止し、不法な関係を否認しようとするが、未開民族の態度も、まさにこれと並行しているわけである。事実、ごくわずかの人間社会しか、雑婚を完全には認めていないようである。

一般に文化的差異とか「社会的距離」(7)(social distance)とかは、地理的に離れた集団の特徴とされているが、ところがこれが社会的に上下に区別されているだけの集団でも、ひろく現われる。こうして内婚への選好が、カーストや社会層と結びつく。われわれのサンプルでも、複雑な社会成層をなす社会のほとんどにおいて、カースト的内婚と階級的内婚についてのきびしい規則か、また著しい選好かを示している。ただいくつかの事例では、異なる社会層のあいだの性的・結婚的結合は誤交とはされていないし、さらにごくわずかの事例では、実際にカースト的・階級的外婚、つまり上昇婚を命ずる規則も現われている。たとえば低ミシシッピーのナチェズ族(Natchez)

のあいだでは、三つの貴族階級――サン（Suns）、ノーブル（Nobles）、オナード（Honored）の人びと――のどれでも、その女性は平民すなわちスティンカード（Stinkard）階級の男性と結婚することが要求されている。

性の規制は一般の社会的地位ばかりでなく、特殊な地位とも結びつく。この型の最もふつうの制約的規制は、聖職者その他宗教的職務者に対する独身または純潔の要請である。(8)なお若干の社会では、同様な禁忌が未亡人にも課せられている。特殊な社会的地位は、また許可の規制とも結びついている。最もよく知られているのは「初夜権」(9)（jus primae noctis）であって、すなわち結婚式の晩、夫が花嫁に近づくことのできるまえ、封建領主、聖職者その他、権威的地位の男性が彼女と性交するという権利である。もうひとつは、通常のインセスト・タブーを犯してもよいという特権であって、これは若干の社会で、例外的に高い地位の人びとに与えられている。最も有名な例として、インカ・ペルーとプトレミー朝エジプトとの王室では、兄弟姉妹婚が許されていたばかりでなくて、むしろこれが好まれていた。われわれのサンプルでも、こうした一次親族のインセスト・タブーを無視した三つの例がみられる。すなわち高地アザンデ族の若干の貴族は、自分の娘と結婚する権利をもっているし、土着ハワイとインカとの貴族では、兄弟姉妹間の結婚が選好されている。ただこうした地位にともなう特権は、いつのまにか特殊な性的義務に変わっていることも否定できない。それは「初夜権」が特権というよりも、わずらわしい義務になったのと同じである。

再生産の期間中の出来事も、性の制限とひろく結びついている。ほとんどの社会は、月経中の女性、少なくとも妊娠末期の数カ月間、出産直後の性交には、禁忌を課している。(10)なお出産直後のタブーを、授乳期間のほとんど、あるいは全期間にまで拡大している社会も多い。(11)そしてこうした禁止は、たしかに女性の不浄という観念を広めることになった。(12)しかし性交は、ときとして再生産のためという信念から義務的に行なわれる。たとえばアザンデ族とキワイ族（Kiwai）とでは、胎児の発育を促すというので、妊娠期間中でも交渉することが求められている。

性の規制はまた、他の社会的・儀礼的意味をもった出来事とも結びついている。われわれのサンプル中の社会では、軍事のための遠征、収穫、狩・漁撈、採取のための旅行、特殊な工程への従事、こうしたことの前またはその期間中、ときにはその直後には、きびしい禁欲が要求される。[13] 食物と労働とを控えるのと同様に、性を控えることも、儀礼的断食や特殊な宗教儀礼にともなうのがふつうである。[14] 多くの社会は、新婚夫婦に式のあとの一晩、またはもう少しのあいだ、禁欲することを要求している。しかし儀礼的な性規制は、許可〔の規制〕にもなる。たとえば結婚式・葬儀・祭・宗教儀礼のときに、全面的な性的放縦を認めたり、ふだんの制限をゆるめたりする社会も多い。[15] なお儀礼的性格を帯びた義務的性規制は、乱痴気騒ぎ (orgiastic) の豊穣儀礼の例によって示される。

さてうえに述べた禁止・許可・義務の多くを通して、まったく普遍的な性規制のタイプということになると、これは親族と結びついた規制である。ところでこのタイプの禁止規制は、大きく二つのカテゴリーに分かれる。インセスト・タブーと外婚という制限がそれである。インセスト・タブーは、密接な近親者と信じている人たち、それは実際に近親であっても、慣習的な親族紐帯であってもかまわないが、とにかくこれらの人びとの性交または結婚を妨げる。なおほとんどの社会は、養親と養子、継親と継子、宗教上の親と子、血盟によってきょうだいとなった人びと、こうした人為的親族のあいだにも、インセスト・タブーを課していることは、注目してよいであろう。外婚という制限は、インセスト・タブーの拡大にすぎないように思われる[16]——すなわち通常は、全リネージ、シブあるいは他の血縁集団への拡大であるが、ときにはこれが地域社会やその他の地域集団に拡大されることもある。どちらの場合でもタブーの基礎となるのは、成員の全体がおたがいにあまり密接なので、交渉や結婚を許すことができない、そうした信念またはフィクションである。なおインセスト・タブーとその拡大については、第一〇章で説明することにしたい。

次に親族にもとづく義務規制は、そのほとんどが性交よりも結婚だけに関係している。その最もよくみられるタイプは「選好的配偶」[17] (preferential mating) である。すなわち交叉イトコや義理のきょうだいのように、特定の親族関係の人びとの結婚を文化的に選好する、ということである。次に親族に関する許可規制は、主に「特権関係」(privileged relationships) というカテゴリーに入る。この関係のなかでは、性交は婚前にも、またしばしば婚後にも許される。特権関係は、一般に選好的配偶と密接に結びついていることを示している。たとえば情報の入手できるわれわれのサンプル中、一一の部族が父の姉妹の娘との、一四の部族が母の兄弟の娘との婚前交渉を許している。逆にこれを禁止しているのは、前者の三八部族、後者の三七部族である。

けれども最もきわだった特権関係は、義理のきょうだいのあいだのそれである。もちろん兄嫁婚《レヴィレート》や姉妹婚《ソロレート》のもとでは、かれらはしばしば潜在的な配偶者ということになる。データの入手可能なわれわれのサンプル社会中、ほとんど三分の二は義理の兄弟または義理の姉妹との性交を、結婚後でも許している。

この種の事実は、これまではしばしば集団婚や一妻多夫婚の証拠として誤解されてきた(第二章をみよ)。けれども実際には、これらは次のことの反映にすぎない。それは大部分の人間社会が、全面的な性の禁忌を通じて、性交を結婚だけに限ろうとはしていない、ということである。婚前の性的放縦や特権関係は、けっしてそれだけが唯一のものではないけれども、この二つは夫婦関係外に性的権利を拡大する文化的用意として、最も一般的なものである。一夫多妻と同様に、特権関係は、妊娠や育児中に長い禁欲を課す社会にあっては、そうすることで男性の性的欠乏がやわらげられることになる。さらにこれは、明らかに女性の利益という形でも作用している。それは性的バラエティと気晴しとを提供するだけではない。性的能力の個人差を相殺することにも役立つことになる[18]。しかも結婚のきずなを断ち切る心配もなく、こうした結果が実現されるわけである。

特権関係と兄嫁婚・姉妹婚型の選好的結婚とは、これを結婚関係の拡大として説明することができる。あらゆる人間社会では、別の性的捌け口が——婚前または婚後に——制限されまた拡大されるけれども、ただ夫と妻だけは、性的に同居する特権をもっている。なおインセスト・タブーは、この結婚の特権が核家族内の他の関係にまで拡大することを防いでいる[19]。そしてこの拡大については、般化という心理学の原理からして、次のことが予想される。すなわち核家族外の人たちに拡大するけれども、ただこの拡大は、主な特徴で配偶者と最もよく似た人たちにむけられる。とともにこの類似が、第二の配偶者の選択に影響することが期待される、という点である。

表76　婚外性関係および結婚の許可・禁止（姻族の場合）

親族	婚外の性関係		結婚	
	自由または条件づきの許可	禁止または否認	自由または条件づきの許可	禁止または否認
兄弟の妻	34（60.7）	22（39.3）	153（82.7）	32（17.1）
妻の姉妹	28（65.1）	15（34.9）	133（83.1）	27（16.9）
妻の兄弟の妻	1（6.6）	14（93.3）	2（6.2）	30（93.8）
父の妻	3（10.4）	26（89.6）	29（40.3）	43（59.7）
父の兄弟の妻	3（14.3）	18（85.7）	17（30.9）	38（69.1）
母の兄弟の妻	6（31.6）	13（68.4）	33（49.3）	34（50.7）
妻の母	2（6.5）	29（93.5）	1（1.8）	54（98.2）
息子の妻	3（9.4）	29（90.6）	5（10.0）	45（90.0）
妻の娘	1（9.1）	10（90.9）	10（28.6）	25（71.4）
妻の姉妹の娘	1（7.7）	12（92.3）	5（16.1）	26（83.9）
妻の兄弟の娘	1（9.1）	10（90.9）	20（39.2）	31（60.8）
計	83（31.0）	184（69.0）	410（51.6）	385（48.4）

一般に、配偶者と最も多くの点、または最も細かい点まで似ているのは、配偶者と同性のきょうだいである。こうしたきょうだいは、同世代のだれよりも、生物学的に配偶者と密接に結びついている。だからよく似た身体的特徴をもつことになりやすい。さらにかれらは必然的に同じ血縁集団——定位家族、キンドレッド、シブなど——に属しているので、ほとんど同じ社会的地位を保持している。そしてこうした類似は、性的反応を含めて、行動パターンの普遍化をすすめる必要条件を提供している。また、普遍化された反応を、さらに増強し、定着化する条件を提供することにもなっている。だからわれわれは、性関係が配偶者と同性のきょうだいに拡大して、第二の結婚のときには、こうした人びとを選好する傾向が拡大していくことを期待しなければならない。

ところでわれわれのサンプル社会のデータは、この理論的期待をふんだんに支持している。妻の姉妹は最も妻と似ており、夫の兄弟（女性はこの兄弟の妻である）は最も夫と似ている。それで選好的な二次婚の場合、文字通りの姉妹婚と兄嫁婚とが最も一般的な形態であることがわかる。また男性からすると、最も多い特権関係は、妻の姉妹との、兄弟の妻とのそれであることがわかる。われわれの二五〇の社会のうち、いろいろな姻族との婚外の性関係および結婚の許可・禁止の頻度は、表76の通りである。なお兄弟の妻、父の妻、父の兄弟の妻、母の兄弟の妻との婚前関係の許される頻度は、婚外交渉の頻度よりもわずかに高い。

婚外関係について、兄弟の妻および妻の姉妹と、他のすべての姻族とを比較してみると、許可の平均は後者のわずか一二%に対して、前者の六三%であり、また結婚については、後者の二七%に対して、前者の八三%である。兄弟の妻は、許可の頻度において、妻の姉妹よりも低い。しかし表中の他の親族のうち、最高の許可頻度を示す母の兄弟の妻と比較してみると、前二者の落差はその姿を消してしまう。なお許可が兄弟の妻と結びつき、禁止が母の兄弟の妻と結びつく程度は、統計的には婚外関係については +.54 の連関係数で、結婚については +.66 の係数で表わされる。[20] なおその他すべての比較は、明らかにこれより高い係数を示すものと思われる。また兄弟の妻との婚前関係の許可頻度は、親族関係にない未婚女性との関係の頻度と、ほとんど同じである――それぞれ六〇%および六二%――。一方、婚外関係許可の頻度は、親族でない女性との頻度(許可二四、禁止一二四)よりもはるかに高い。

二次婚は、親族者の単系的集合によって方向づけられる傾向がある。たとえば父系出自のところでは、未亡人は、もう一人の妻の生んだ彼女の夫の息子か、または彼女の夫の兄弟の息子と結婚しようとする。また母系出自のもとでは、彼女の夫の姉妹の息子と結婚しようとする。同様にある男性が自分より下の世代から第二の妻を娶るとすると、その妻は第一の妻と親密な単系の親族であることが多い。たとえば父系出自のもとでの妻の兄弟の娘、母系出自のもとでの妻の姉妹の娘がそれである。その証拠は、表77の通りであるが、なおここでの統計的指標は、第七章のものと同じである。いずれも高いまた一貫したプラスの連関指数で理論的期待を支持しており、またサンプル数の少ないことを考慮しても、おどろくほど高い信頼度が示されている。

なお将来の結婚は、すでにそのまえに影を投げかけていると言える。すなわち結婚する資格のある親族は、結婚にさきだって許された性的対象者であることが多い。これに対して結婚の禁止されている親族は、婚前の関係

表77　出自と二次婚との相関

	結婚許可		結婚禁止		統計的指標	
親族	父系出自	他の出自規則	父系出自	他の出自規則	Q	x^2
父の妻	22	7	15	29	+.72	100
父の兄弟の妻	10	7	10	28	+.60	20
妻の兄弟の娘	11	9	9	23	+.51	10
	（母系出自）		（母系出自）			
母の兄弟の妻	15	18	7	27	+.53	10
妻の姉妹の娘	2	3	2	24	+.78	2

表78　交叉イトコ婚と婚前交渉

親族	交叉イトコ婚許可		交叉イトコ婚禁止		統計的指標	
	婚前交渉許可	婚前交渉禁止	婚前交渉許可	婚前交渉禁止	Q	x^2
父の姉妹の娘	11	2	0	37	+.100	*
母の兄弟の娘	13	3	0	35	+.100	*

についても、資格のないことが多い。表78に掲げた交叉イトコに関するデータは、x^2の指標は不適当であるけれども、非常に高い信頼度を持つ最大のプラスの連関係数をもって、この点を支持している。

　性的特権が結婚関係から他の親族関係へと拡大されるのは、原則的には、インセスト・タブーが核家族の成員から他の親族者へと拡大されるのと、まったく同じである。なおこれについては、第一〇章で十分に説明され、ひろく実証されるので、ここで考察する必要はないであろう。ただもっと適切な証拠があったので、うえにそのいくつかを示したようなわけである。

　ところで性規制の特殊な側面は、異性親族者のあいだにひろくみられる、フォーマルなパターン化された行動にも現われる。こうしたパターンの一方の極は、会話や身体的接触を完全に避けるものであるが、もう一方の極は、極度の放縦や義務的冗談やバカ騒ぎをするものである。そしてその間にひとつの連続体を形成していることが観察されてきた(21)。なおこの連続体は、便宜的に次の五つの節に分けることができるであろう。

1、完全な回避から著しい抑制まで。

2、尊敬から適度の控え目まで。

3、非公式性から親密さまで。

4、なれなれしさから特権的な冗談まで。

5、義務的な冗談から極度の放縦まで。

同性の親族間にみられるパターン化された行動も、また同じカテゴリーに収められる。しかし男性親族と女性親族との相互的行動には、例外的な非公式的関係の介在を含めて、性という要因が、なんらかの仕方で含まれてくる。

パターン化された回避の行動は、しばしばインセスト・タブーを防衛したり強化したりする機能をもつ。[22] そこでもしこれが十分な説明だとすれば、回避はインセスト・タブーのふつう最も強い関係、すなわち母・姉妹・娘との関係ととりわけ結びついてこなくてはならない。ところが実際には、このタブーは二次親族・三次親族、すなわち妻の母、息子の妻、妻の兄弟の妻ともっと多く結びついてくる。といって、以上の指摘がまったく無益だというのではない。著者は民族誌の文献から、社会はそのもつタブーがインセスト・タブーであるか、それとも別の性的タブーであるかによって、二つのグループに分かれるという印象をもつようになった。ひとつは、社会化の過程を通して、性的禁止を強く内面化しようとしているグループである。ここではタブーは、教えと制裁とによって完全に吹きこまれるので、いわば「第二の自然」(second nature) となってくる。したがってこれらを犯すという考えそのものが、社会化された個人に罪の意識を起させる。だから社会は、逸脱を防ぐのに、主にその成員の良心によることができるようになる。もうひとつのグループは、このように性的禁止を内面化することに成功していない。したがってタブーを励行させるのに、個人の良心に頼ることができない。やむをえず回避の規則という外的予防装置でタブーを衛る、ということになってくる。

われわれの社会は、明らかに前者の部類に属している。そこでは性的モーレスが完全に人びとの良心に浸透しているので、内面的な制裁を信じていれば、まったく安全だと思っている。われわれは、兄弟と姉妹とが自由につき合うことを許している。いやこうした性的刺激を与えるような状態が、インセスト・タブーを破ることを心配しないで、兄弟と姉妹とが一緒に住み、なれなれしい身体的接触をすることも許している。ところがもうひとつのタイプの社会では、ふつう兄弟と姉妹とを分離して、性的な刺激を避けようとする。つまりそうした回避という規制によって、近親相姦を禁止しようとする。また未婚の少女は隔離して、あるいは彼女らの外出のときには、付添いの女性や付け人をつけて、婚前の純潔を守ろうとする。あるいはベールをつけたり、婦人部屋に隔離したりして、いつも監視する。つまり工夫をこらして、姦通をチェックしようとする。

そこで以上の仮説が正しいとすれば、すべての社会がタブー視している一次親族に対しても、同じ行動が要求されなくてはならない。なるほど母・姉妹・娘に対してはある程度、非公式的な関係が許されている。あるいは回避とか著しい尊敬とかが求められる。それにしても、性という要因が働いていなくてはならない。ただ母親との関係は、他の二つの関係と、いくぶん違ってくる。息子は、保育される期間を通じて母親と親しい身体的接触をする。その後の少年期にも食物の提供や家庭でのサービスが行なわれる。したがって母子の関係は必然的に密接となり、最少限の控え目というマークが貼られることになる。というわけでわれわれのサンプル社会では、非常に強い尊敬か抑制かが、姉妹と娘の双方よりも、母親のほうに示されるといった事例は、ひとつもない。ただ姉妹と娘のどちらかが勝っているというのが、四例あるだけである。したがって父と娘、兄弟と姉妹の関係のほうが、これらのどちらかと母と息子との関係よりも、比較しやすいものとなってくる。もっともわれわれの証拠は、後者がいつも前二者と矛盾していないことを示している。そこでテストのケースとしては、まえの二つの関係だけをつかってみることにしたい。

ところで姉妹と娘とに対する行動は、われわれのサンプル社会の一七にあっては、回避または著しい尊敬によって特徴づけられる。すなわちアオ族、バタク族、チリカフア族、フィジー島民、フォックス族、ハイダ族、ジユクン族、キオワ・アパッチ族、ミナンカバウ族、ナバホ族、オジブア族、ロセル族、シリア系キリスト教徒、トダ族、トンガ族、トラック島民、ウィント族（Wintu）がそれである。また八つの社会にあっては、姉妹と娘の双方に対して非公式の、またはおだやかな尊敬の行為が支配している。すなわちアシャンティ族、カバビシュ族、クオマ族（Kwoma）、ラムバ族（Lamba）、マヌス族、シルク族（Shilluk）、ティコピア族、ヤンキーがそれである。また六つの事例では、姉妹に対する尊敬と娘に対する非公式性とが結びついている。すなわちアラパホ族、チェイエン族、クルタッチ族（Kurtatchi）、レプチャ族、レス族、シンカイエトク族がそれである。しかし姉妹には非公式的であるが、娘には尊敬というのが、チェロキー族とダホメイ族の二つの社会でみいだされる。そしてこれらの発見は、＋.84 の連関指数と一〇％レベルの信頼度をもって、われわれの仮説を確証している。すなわちある社会は、一般に性禁忌の内面化によっているが、別の社会では、制度化された制限によって禁忌を補強する必要がある、ということである。けれどもこの確証をもっと完全なものにするには、なお多くの情報を集め、これをテストしなければならない。

ローウィは、回避という慣行が近親相姦の防止となにか関係があるということを否定している。かれは言うのであるが、あらゆる文化は異性の人びとを二つのグループに分ける。すなわち性的接近のできるグループと、できないグループとである。そしてこの二分性から「前者の場合には放縦への堕落が、後者の場合には回避という奇妙な慎しみ深さが考えられる」(23)、つまり態度における違いが発展してくるという。ところでもしその通りだとすれば、異なる親族間の行動パターンの分布は、まったくランダムになってこなくてはならない。われわれの調べた結果は、のちに簡単な表として掲げるけれども、これによると、事実はまったく違うことが証明される。とくにローウィの仮説は、いくつかの場合には、適用することができない。たとえば性の対象としていつもタブー視されている母親が、なぜ回避されないのか。祖母と孫娘とは、女性親族のなかでは「性的対象として」ほとんど欲しくもなく(24)、利用価値をもっていない。それなのにほかの者と較べてなぜ冗談行動と結びついてくるのか。

またエガンによると、親族者のあいだには、深刻な潜在的葛藤というものが存在する。そして、回避と放縦とは、これを解きほぐすことに対する二者択一的な解決法だとしている。回避は、とくに世代を異にする親族に特徴的であり、放縦は同世代レベルの親族に特徴的である。またかれは、葛藤の可能性が少ないときは、回避に代わって尊敬となり、放縦に代わっておだやかな冗談となる、という。ところでこの解釈は、次のような利点をもっていると言える。それはパターン化された行動にも、両義性という心理学的要因を導入することである。著者は、精神分析の理論は正確さを欠いていると思うが、ただ社会組織の一面には重要な貢献をしていると信じている。しかし他方、エガンの仮説は、多くの不都合ももっている。もっとも極度に単純化してしまえば、はなしは別であるが、しかしこの仮説を客観的に適用するとなると、これはたしかにむずかしい。それにラドクリフ＝ブラウン流の用語法にあまりに拠りすぎる。この場合についていえば、「世帯の組織が適度に機能するならば、葛藤を回避しまたは少なくするところの社会的必然」［が生まれる］ということになるからである。

さらに多くの権威たち[25]が、もうひとつの仮説を発展させているが、ブラント[26]（C.S. Brant）もこれに実質的な支持を与えて、「冗談関係というものは、潜在的な性関係にある親族のあいだで行なわれる傾向がある」としている。この理論は、不完全ではあるけれども、われわれ自身の証拠によって確証されている。しかしより広い解釈をするまえに、このさい、二五〇のわれわれのサンプル社会のデータを要約しておいたほうがよいであろう。表79は、その証拠を少なくとも一〇の部族から得たものであるが、男性のエゴとすべての女性親族とのあいだのパターン化された行動について、その分布を示している。なお記入は、だいたい回避の少なくなる順序に従ったものである。

本表をみれば明らかなように、異なる親族間の行動型の分布は、幅広い変異を示している。簡単な仮説で、その全事例を適切に説明するなどといったことはとてもできない。違った説明を違った親族に与えることができるほどである。そこで著者は、行動規範の点で異なる親族は、これを異なる親族カテゴリーに分けて考察することにしたい。解釈についても、おそらくそうなるであろう。このさい、もちろん、結論を支持する証拠は提出する。けれども分析は、率直に言って、決定的というよりは、かなり探索的なものである。

表79　パターン化された親族行動の分布

親　　族	回避または著しい抑制	尊敬または慎しみ	非公式的または親密さ	冗談あるいは慣れなれしさ	放縦または極端な冗談	計
妻の母	78 (56.9)	33 (24.1)	26 (19.0)	— (—)	— (—)	137 (100.0)
妻の兄弟の妻	12 (63.1)	5 (26.3)	1 (5.3)	1 (5.3)	— (—)	19 (100.0)
息子の妻	35 (39.8)	29 (33.0)	22 (25.0)	2 (2.2)	— (—)	88 (100.0)
母の娘	10 (40.0)	11 (44.0)	3 (12.0)	1 (4.0)	— (—)	25 (100.0)
父の娘	10 (35.7)	11 (39.3)	4 (14.3)	3 (10.7)	— (—)	28 (100.0)
姉妹	30 (38.0)	29 (36.7)	17 (21.5)	3 (3.8)	— (—)	79 (100.0)
母の姉妹の娘	17 (32.1)	24 (45.3)	9 (17.0)	3 (5.6)	— (—)	53 (100.0)
父の兄弟の娘	15 (27.8)	24 (44.4)	11 (20.4)	4 (7.4)	— (—)	54 (100.0)
娘	2 (4.8)	28 (68.3)	11 (26.9)	— (—)	— (—)	41 (100.0)
兄弟の娘	2 (8.0)	15 (60.0)	6 (24.0)	2 (8.0)	— (—)	25 (100.0)
妻の姉妹の娘	1 (10.0)	4 (40.0)	5 (50.0)	— (—)	— (—)	10 (100.0)
父の姉妹	6 (12.0)	30 (60.0)	5 (10.0)	9 (18.0)	— (—)	50 (100.0)
母の兄弟の妻	7 (25.0)	8 (28.6)	7 (25.0)	5 (17.9)	1 (3.5)	28 (100.0)
母の兄弟の娘	11 (20.7)	19 (35.8)	9 (17.0)	13 (24.5)	1 (2.0)	53 (100.0)
父の姉妹の娘	13 (24.1)	17 (31.5)	7 (13.0)	15 (27.8)	2 (3.6)	54 (100.0)
母の姉妹	1 (3.8)	13 (48.1)	13 (48.1)	— (—)	— (—)	27 (100.0)
母	— (—)	22 (52.4)	20 (47.6)	— (—)	— (—)	42 (100.0)
父の兄弟の妻	2 (12.5)	4 (25.0)	10 (62.5)	— (—)	— (—)	16 (100.0)
父の妻	— (—)	4 (40.0)	6 (60.0)	— (—)	— (—)	10 (100.0)
弟の妻	18 (25.4)	16 (22.5)	16 (22.5)	13 (18.3)	8 (11.3)	71 (100.0)
妻の姉	14 (19.5)	17 (23.6)	16 (22.2)	16 (22.2)	9 (12.5)	72 (100.0)
姉妹の娘	2 (5.1)	14 (35.9)	13 (33.3)	10 (25.7)	— (—)	39 (100.0)
妻	— (—)	5 (23.8)	16 (76.2)	— (—)	— (—)	21 (100.0)
母の母	— (—)	16 (36.4)	14 (31.8)	14 (31.8)	— (—)	44 (100.0)
父の母	— (—)	16 (36.4)	13 (29.5)	15 (34.1)	— (—)	44 (100.0)
兄の妻	10 (14.5)	15 (21.7)	16 (23.2)	20 (29.0)	8 (11.6)	69 (100.0)
妻の妹	8 (11.4)	14 (20.0)	19 (27.1)	20 (28.6)	9 (12.9)	70 (100.0)
妻の兄弟の妻	2 (13.3)	1 (6.7)	7 (46.7)	4 (26.6)	1 (6.7)	15 (100.0)
息子の娘	1 (3.2)	6 (18.7)	12 (37.5)	13 (40.6)	— (—)	32 (100.0)
娘の娘	— (—)	7 (20.6)	13 (38.2)	14 (41.2)	— (—)	34 (100.0)
計	307 (22.7)	457 (33.9)	347 (25.7)	200 (14.8)	39 (2.9)	1,350 (100.0)

これは次章で説明することになろうが、家族内のインセスト・タブーが普遍的なことからして、母・姉妹・娘について報告されているパターン化された行動は、すでに述べた次の仮説と一致してくる。すなわち近親相姦の禁止は、ある社会では、回避規則や誇張された尊敬で、外部からの補強を必要としている。しかし他の社会では、この禁止が強く内面化され、個人の良心に深く浸透しているので、その必要がない、ということである。ところで、回避と尊敬との度合は、姉妹・娘・母の順で減少していくが、これは通常、この三つの親族に影響する社会条件が違うということによって説明されるであろう。すなわち父の娘、母の娘、父の兄弟の娘、母の姉妹の娘に対するパターン化された行動の分布は、姉妹に対するそれに似ている。兄弟の娘、妻の姉妹の娘に対するそれは、娘に対するそれに似ている。母の姉妹、父の妻、父の兄弟の妻に対するそれは、母に対するそれとほとんど同じである。つまりこれらの例では、みな上述の二次・三次親族の社会的特徴と分類とが、ふつう一次親族のそれらと非常によく似ている。こうして一次親族と結びついている親族呼称とインセスト・タブーとが、二次・三次親族に規則正しく般化され拡大されていくように、他のパターン化された行動規範もそうなっていくのである。

ところで妻は、タブー視されない特殊な関係に立っている。われわれの社会にあっても、回避、冗談、放縦は、そのどれもが配偶者とは結びついていない。そしてこのことは、経済的協働・性的共住・育児における伴侶が、この関係の普遍的特徴だということを反映している。事実、こうした機能と両立する行動タイプとなると、これは親密さ、非公式性、適当な相互的尊敬だけとなってくる。

父の母、母の母、息子の娘、娘の娘の四つについてみると、はじめの二つとあとの二つは対をなしているが、さきに表示した証拠によると、この四つはみなよく似ている。したがってこの四つに示されるパターン化された行動も、これをまとめて考察してよいであろう。主な違いは、祖母に対する尊敬的行動（の頻度）が相対的に高い点であるが、これは年齢上の優位と一致してくる。なおこれら四つの関係では、放縦と回避——一例を除いて——という両極端の行動を欠いている点が著しい。とともにこれらを特徴づけているのは、許される冗談が高率だという点である。これはあいだに世代のあることによって、エゴと祖父母とエゴと孫とが離れてくることに関係しているとエゴとのあいだには、祖父母からすれば子であり、孫からすれば親である男性と女性とが介在している。つまりかれらとエゴとのあいだには、祖父母からすれば子であり、孫からすれば親である男性と女性とが介在している。精神分析が示しているように、親子の相互的な態度は、必然的に両義的なものとなる。親は子に食べ物その他の楽しみを与えて、喜ばせるだけではない。社会化の過程を通じて、子どもを欲求不満にさせたり、罰したりする。ところが祖父母と孫となると、かれらはおたがいに引きつけ合う。かれらは介在する親族に対して、それぞれ不満をいだいている。こうして無意識的に共感をもつようになってくる。というわけでかれらのあいだは、両義的というよりも、積極的な関係になりやすい。祖父母の孫に対する慈愛、孫の祖父母に対する純粋な喜び、これはわれわれの社会では非常にお馴染みのものである。しかしこれは明らかにもっと広範囲にみられるものである。

こうした暖かさと親しさのために、それがおだやかな冗談関係に容易に移行していく。われわれの事例では、このふざけがセックスのトピックスをとりまいているのをみることができる。それぞれ相手を自分の夫とか妻とか呼んでみたり、色気づいたと相手をからかってみたり、遊びの形でエロチックな申しこみをしてみたりする。これは明らかに双方になにか代替的な満足を与えている。ただ年齢が隔たっているので、その行動はなんのことはない、単に「好ましく清潔なたわむれ」となっているだけである。あとでみていくように、他の異性親族との冗談関係は、これとはまったく異質の情緒的なものになる。

これまでの文献では、あまりはっきりと気づいていなかったが、妻の兄弟の妻を回避することがやや異常な頻度を示している。これにはとくに注意を要する。なるほど交叉イトコ婚がかなり一般的なところでは、エゴの妻の兄弟の妻は、自分の姉妹であることも起る。しかし以上は、この事実では説明することができない。というのはこの行動が、ふつう姉妹に対する場合よりも、かなり極端だからである。そしてこれは、義理の兄弟間にみられる特別な関係と、おそらく同系列のものと思われる。ただ著者は、残念ながら男性親族間の社会行動については、そのデータを集めていなかった。けれども一般のリーディングスによると、義理の兄弟関係は、尊敬とか控え目とか、とくに性的意味のことを言うのを避ける傾向が特徴的だとされている。著者はこれらから強い印象を得たが、しかしこのことは、次の事実からしても不自然ではない。すなわち一人の女性に対して、二人の男性の一人は、無制限の性的自由を享受している。ところがもう一人は、最も厳しいインセスト・タブーを守らなければならない、ということである。前者による性的なほのめかしは、後者には無意識的な不安を呼び起しやすい。また後者による性的なほのめかしは、前者には、二人を結ぶ女性に対する尊敬が欠けていることを意味する。あるいは彼女と許しがたい近親相姦的関係のあることを示唆することになる。というわけで、前者にとっては、後者の妻と関係をもつことが、ことばのうえのざれごとではなくなってくる。後者を目の前にして、〔彼女との〕性的事実を誇示するということにもなる。要するに、妻の兄弟の妻に対するパターン化された回避というものは、こうした無礼な出来事が起らないようにという、ひとつの社会的メカニズムを提供していると言えるであろう。

しかし古典的な回避関係は、妻の母とのそれである。事実、証拠の利用できる一三七社会では、その一九%だけが、義理の母に対する行動を非公式的に認めているにすぎない。そして冗談や放縦がなされるとしている例は、まったくない。反対に尊敬は二四%、文字通りの回避が五七%を占めている。家庭内の協働がとりわけ破壊的となってくると、妻との性交も拒否される。そして義理の母がタブーとなっているのは、そうしたことをなくす機能を果たしていると言われる。私には、この平凡な主張を疑う理由はなにもない。事実、ごくわずかな一夫多妻制の社会しか、母とその娘との双方と結婚することを許していない。以上の解釈は、これによっても支持されるであろう。義理の母と性的交渉をもつ男性は、妻の定位核家族に一種の性的競争を注入することになる。だから、あらゆる社会は、インセスト・タブーを通じて、これを防ごうとしてきた。というのは、義理の母にとっては、かれはかれ自身の姉妹と関係している息子、かれ自身の娘を誘惑した夫、これと同じようなものに映ることになる。妻からすれば、かれは彼女と彼女の母との双方と近親相姦的な関係を同時にもつ彼女の兄弟、象徴的には(27)そういう人物のように映ることになる。要するに家庭内にはインセスト・タブーを生みだすなにかの力がある(第一〇章をみよ)。そして男性と義理の母との性的タブーは、これと同じ力が誇張されたところから起ったものと考えられる。したがってひろく義理の母を回避することは、インセスト・タブーへの違背を防ぐ社会的な工夫として、理解することができるであろう。なお義理の父と息子の妻との回避や制限も、おそらく同じように説明されるであろう。ただこれらは、義母の禁忌と較べては、ややその普及度が低い。

われわれは、これまでいくつかの親族集団をながめてきた。その結果、世界中に共通した親族行動のパターンがみいだされた。ところでこれは、まことに簡単な説明だけで十分に了解される。それはこれらを決定している本質的条件が、実際、どこでも同じだということである。具体的には、核家族をなしているという普遍的条件がそれである。こうしてフロイトは、この条件をかれの心理学の基礎として取りあげることになった。というわけで、次は、別の親族関係を扱うことにしたい。つまり親族行動を規定する条件が社会ごとに著しく違う、そうした親族関係についてである。もっともそれらの大部分にあっても報告されているかぎり、パターン化された規範は回避から放縦までの全域にわたっている。このことに注目しなければならない。ではこうした変異がどうしてつくられることになったか。ということになると、どうしても社会的状況についての識別が必要となる。

ところでこの点では、父の姉妹との関係が適例であろう。すなわち父の姉妹を回避する六例のうちの五例とこれを尊敬する八例とは、父の姉妹の娘との交叉イトコ婚を許している部族のものである。こうした社会では、父方のオバは義理の母と同一人物であることが多く、したがって彼女は義理の母のように扱われる。さらに父の姉妹との冗談関係の九例中の六例は、結婚不可能な父の姉妹の娘にも冗談関係を規定している。なおこのうちの五例は、母系の社会である。そしてこのことは、このタイプの行動が父の母系出自の線に沿った女性たちとの相互作用の結果として、母系的に受け継がれていったことを示唆している。なおこれら一九例をわれわれのリストから除くと、父の姉妹に対するパターン化された反応の分布は、母の姉妹に対する反応にかなり接近するが、これもおそらく同じ原因によるものと思われる。

同様に母の兄弟の妻の場合には、これを回避する七例中の少なくとも四例、おそらく六例と、これを尊敬する三例とは、母の兄弟の娘との交叉イトコ婚と結びついている。ここでは母の兄弟の妻と妻の母とがイコールとなるので、同様な〔回避・尊敬〕行動が生みだされる。さらに冗談関係の五例中の三例では、母方のオジの妻は、自分の兄弟の妻と同様に、兄嫁婚の潜在的な配偶者なので、同じような扱いを受ける。そしてこれらの特例を除くと、行動の分布は、父の兄弟の妻のそれに接近している。

しかし姉妹の娘と妻の兄弟の娘については、データの分析はパターン化された行動の広い分散に対する十分な説明を示唆していない。この二つの親族タイプは、同じような分布を示しており、おそらく一緒にまとめてよいものであろう。事実、この二つは、交叉イトコ婚のもとでは、息子の妻と同じものになっている。そしてこのことは、回避と尊敬の行動のいくつかの例を説明するものであるが、しかしこれは兄弟の娘と妻の姉妹の娘とから、この二つの親族をさらに区別するにすぎない。なおこのあとの二例では、冗談関係がなみはずれて広がっているけれども、ただこれは社会構造の点で非常に多様な諸部族にみられるので、ひとつの解釈にむかうはっきりした手がかりを提供するものではない。事実による支持を欠いているので、ここでは、その理論化を控えることにしよう。(28)

義理の姉妹に対するパターン化された行動は、こうした親族との選好的配偶が規定されているかどうかに、ほとんど拠っている。妻の姉妹および兄弟の妻との放縦の全事例と、冗談を言い合う関係のうち、平均して三例を除けば、他はそれぞれ、姉妹婚・兄嫁婚の慣行が選好されているところにみられる。(29) だから妻の妹、兄の妻との冗談関係がよく行なわれるのも、ジュニアー・ソロレートまたはジュニアー・レヴィレートの好まれることを反映しているにすぎない。なおこうした義理の姉妹との選好的配偶をわれわれのリストから除くと、残りの行動パターンの分布は、姉妹と平行イトコに対するそれとほとんど同じである。

文字通りの放縦は、潜在的な第二の配偶者である義理の姉妹にほとんど限られている。なお言えば、これら親族と結びついた冗談関係は、一般により無作法、より強制的であって、祖母や孫娘に対して示すものと、質的に違っている。冗談も放縦も、ある程度、身体的接触と粗野または性的ユーモアを含んでおり、これらは他の異性親族とのあいだでは、いつも非常にみだらなこととされている。冗談を言い合い、とっ組み合いをし、バカ騒ぎをする親族というのは、単に潜在的な配偶者ばかりではない。たいていはまた、実際にも性的対象者として接近できる人たちである。妻の姉妹または兄弟の妻に対する冗談や放縦を規定している部族のうちで、婚前・婚外の関係についての証拠は、そのほぼ半数において入手することができる。そしてソンガ族の兄弟の妻、ジジム族(Ngizim)の兄の妻を除くと、全事例が婚前・婚外の双方において、義理の姉妹との完全なあるいは条件づきの関係を許している。

こうした状況にあっては、いくつかの要因が過度のなれなれしさと粗野なおどけとを助長することとなる。義理の姉妹は、許された性的対象者なので、こうした行動が社会的制裁によって禁止されることはない。こうした行動は、それ自身が欲求充足の代用となるばかりではない。また実際にエロチックな交渉の開始やあいびきの約束の機会ともなる。なるほど性交は、ペアーのあいだでは公認されている。にしても、はじめの性的対象者が、ある場合にはその男性自身の妻であり、また他の場合にはその女性自身の夫であったりするにすぎない。この事実を見落してはならない。かれらの関係は、半ば認可されているか、あるいは諸事情に依っているか、または言うなればやや高い優先権に従っているにすぎない。いずれにしても、身体的表出は欲求不満をさそって、このため攻撃は、少なくとも無意識には、第一次の障害物、すなわちあいだに立つ配偶者にむけられることになりやすい。こうして、公認された冗談と放縦とは、性的衝動に沿ったこの攻撃を外らす、社会的に是認された回路ということになる。とともにこれは、そうした行動がもともと野卑で強制的であることを、説明するものでもあろう。

交叉イトコ婚が選好される状況にあっては、エゴが結婚しないすべての父の姉妹の娘、または母の兄弟の娘は、義理の姉妹であるか義理の姉妹となりやすい。そこで冗談や放縦といった行動が妻の姉妹または兄弟の妻に対して示されるところでは、自分と結婚しない父の姉妹の娘、母の兄弟の娘との関係も、冗談や放縦ということになる。しかし交叉イトコ婚の行なわれている事例を、われわれのリストから除くと、父の姉妹の娘、母の兄弟の娘との冗談や放縦は、あらかた消えてしまう。そして残った事例にみられるパターン化された行動の分布は、平行イトコについて報告されているものと、きわめてパラレルな分布となってくる。これもおそらく同様な根拠から説明されるものであろう。

そこでこれまで述べてきたパターン化された親族行動の分析が、もし正しいとするならば、これは態度や反応傾向というものも、社会組織の構造化された形態と同様に、たやすく科学的研究に服しているということを説明するものであろう。ここでも秩序と法則への同調が、自然科学の扱うデータがそうであるのと同様、文化現象の特徴だということを示している。そしてわれわれの発見したものは、高度の正確性と予測可能性とが社会科学においても可能であり、不確定という主張、複雑すぎるという苦情、直観的方法に対する特別の弁明などは、これが物理学・化学・生物学に許されないように、人類学・心理学・社会学でもそうだということを示唆しているわけである。

原註

1 B. Z. Seligman, Incest and Descent (*Journal of the Royal Anthropological Institute*, LIX, 1929, p.239) 参照。

2 この広く受けいれられている見解でさえも、A. C. Kinsey, W.B.Pomeroy, and C.E. Martin, *Sexual Behavior in Human Male* (Philadelphia, 1948, pp. 205–13) では、1連の印象的な証拠による挑戦を受けている。

3 マートンは結婚の規制について、「命令、禁止、選好、許可」の四つを区別している。R. K. Merton, Intermarriage and the Social Structure : Fact and Theory (*Psychiatry*, IV, 1941, p.364) をみよ。

4 J. J. Bachofen, *Das Mutterrecht* (Stuttgart, 1861) ; L. H. Morgan, *Ancient Society* (New York, 1877, p. 416) ; J. Kohler, Studien über Frauengemeinschaft, Frauenraub und Frauenkauf (*Zeitschrift für vergleichende Rechtsweissenschaft*, V, 1884, p.336) ; J. Lubbock, *The Origin of Civilization and the Primitive Condition of Man* (5th edit., New York, 1892, pp. 86–98) ; J. G. Frazer, *Totemism and Esogamy* (London, 1910, IV, p.151) ; L.F.Ward, *Pure Sociology* (2nd edit., New York, 1921, pp. 340–1) ; W. H. R. Rivers, *Social Organization* (New York, 1924, p. 80) ; R.Briffault, *The Mothers* (New York, 1927, I, pp.614–781) ; W. G. Sumner and A.G. Keller, *The Science of Society* (New Haven, 1927, Ⅲ, p.1547) 参照。

5 例示的なケースについては、E. Westermarck, *The History of Human Marriage* (5th edit., New York, 1922, I. pp. 225–30) ; R.Briffault, *The Mothers* (New York, 1927, I, pp. 635–40) をみよ。

6 H. Webster, *Taboo* (Stanford University, 1942. pp. 146–8) 参照。

7 この適切な用語は，社会学者のボガーダス（E. S. Bogardus）から借りた。

8 J. Main (E. C. Parsons), *Religious Chastity* (New York, 1913) をみよ。

9 K. Schmidt, *Jus Primae noctis* (Freiburg, 1881) ; E. Westermarck, *The History of Human Marriage* (5th edit.. New York, 1922, I. pp. 166-96) 参照。

10 C. S. Ford, A Comparative Study of Human Reproduction (*Yale University Publications in Anthropology*, XXXII. 1945, pp. 12, 48-9, 67) 参照。

11 *Ibid.*, pp.80-1.

12 H. Webster, *Taboo* (Stanford University, 1942, pp. 110-21) 参照。

13 なお C. S. Ford, A Comparative Study of Human Reproduction (*Yale University Publications in Anthropology*, XXXII, 1945, pp. 28-9) をみよ。

14 H. Webster, *Taboo* (Stanford University, 1942, pp. 155-7) 参照。

15 W. G. Sumner and A. G. Keller, *The Science of Society* (New Haven, 1927, Ⅲ, pp. 1550-3 ; IV, pp. 852-8) 参照。

16 B. Z. Seligman, Incest and Descent (*Journal of the Royal Anthropological Institute*, LIX, 1929, pp. 253) 参照。

17 R. H. Lowie, *Primitive Society* (New York, 1920, pp. 26-38) 参照。

18 この点について個人差にえらく幅のあることは，われわれの社会に関しては確信をもって証明されている。A. C. Kinsey, W. B. Pomeroy, and C. E. Martin, *Sexual Behavior in the Human Male* (Philadelphia, 1948, pp. 193-217) をみよ。

19 C. L. Hull, *Principles of Behavior* (New York, 1943, pp. 183-203) 参照。

20 これらの係数は，第七章で述べた信頼度のx^2検定を用いると，それぞれ五％および一〇分の一％レベルであり，信頼できるものである。

21 F. Eggan, The Cheyenne and Arapaho Kinship System (*Social Anthropology of North American Tribes*, ed. F. Eggan, Chicago, 1937, p. 76).

22 J. G. Frazer, *The Golden Bough* (3rd ed., 12 vols., London, 1922, Vol. Ⅲ : *Taboo and the Perils of the Soul*, pp. 85-6, n. 6) ; W. H. R. Rivers, Kin; Kinship (*Encyclopaedia of Religion and Ethics*, ed. J. Hastings, VII, New York, 1915, p. 706) 参照。

23 R. H. Lowie, *Primitive Society* (New York, 1920, pp. 104-5).

24 F. Eggan, The Cheyenne and Arapaho Kinship System (*Social Anthropology of North American Tribes*, ed. F. Eggan, Chicago, 1937, pp. 77-81).

25 E. D. Chapple and C. S. Coon, *Principles of Anthropology* (New York, 1942, pp. 312-13) ; R. H. Lowie, *Primitive*

Society (New York, 1920, p. 104); A. R. Radcliffe-Brown, On Joking Relationships (*Africa*, XIII, 1940, pp. 195–210) 参照。

26 C. S. Brant, On Joking Relationships (*American Anthropologist*, n. s., L, 1948, p. 161).

27 これが B.Z. Seligman, Incest and Descent (*Journal of the Royal Anthropological Institute*, LIX, 1929, pp. 255, 269) の達した本質的な解釈である。

28 この問題にみずからタックルしようとする読者のために、妻の兄弟の娘に対する行動データのある部族を挙げると、次の通りである。回避――アシャンティ族、ウィチタ族、尊敬――トラック島民、非公式――アチョリ族、チリカフア族、ドブ族、クオマ族、ミウォク族、ムルンギン族、ヤンキー、冗談――チェイエン族、キオワ・アパッチ族、ソンガ族、放縦――フォックス族。なお姉妹の娘に対する行動のデータは、さらに広く手に入れることができる。

29 C. S. Brant, On Joking Relationships (*American Anthropologist*, n.s., L, 1948, pp. 160–2) 参照。

第一〇章　インセスト・タブーとその拡大

本章ではひとつの仮説を設定し、これをテストしているが、その目的は、親族関係による性的動因《ドライブ》の禁止規則を説明することに置いている。そしてこの禁止規則も、特定の親族タイプと結びついている許可規則や義務規則と同様に、核家族の構成にもとづいているようにみえる。第九章で示したように、性的特権関係と選好的配偶とは、既婚者間に認められた性関係の拡大から出てきたものである。同じように、どんなインセスト・タブーと外婚的禁制も、明らかに核家族内の親子間・兄弟姉妹間の性的タブーの拡大したものと思われる。インセスト・タブーの遍在性と重要性とについては、すでに第一章で述べておいたが、なおその起源と機能については、別に説明が必要であろう。

ところでさまざまな社会のインセスト・タブーとその拠って来たるところについて、容認できる理論をつくるとなると、これは第一に、既知の事実と矛盾しないものでなければならない。第二に、こうした事実の全部または大部分を、十分、説明できるものでなければならない。そこでここでは、本研究にとって最も重要な経験的結論というものをまず提示して、既存の諸理論についての考察は、そのあとに延期することにしたい。ところでこの経験的結論というのは、以下の八つである。

まず最初の結論は、次のものである。すなわちインセスト・タブーは、既婚の両親を除いて、核家族内の異性の成員全部にひろく適用されている、ということである。第一章で要約しておいたが、二五〇のサンプル社会のデータによると、母と息子、父と娘、兄弟と姉妹のあいだの性的交渉または結婚が、ひろく許されているという例は、ひとつもない。もっとも二、三の、ごく稀で限られた例はみられるが、これらを別にすれば、この点での普遍性は、完全であると言える。

事実からする第二の結論は、核家族外の異性親族には、インセスト・タブーが普遍的には適用されていない、ということである。ある男性が、自分の母・姉妹・娘と結婚するのを許しているところはないが、少なくとも本研究のために調べたいくつかの社会では、男性はこれら以外の女性親族となら、だれとも結婚することができる。二、三の例にとどめるけれども、マーケサス島民とヤルロ族のあいだでは、男性は父方のオバと、オセット族（Osset）とセマ族（Sema）のあいだでは母方のオバと、ラケル族（Lakher）とメンタウェイ族のあいだでは異父の姉妹と、エド族とミナンカバウ族のあいだでは異母の姉妹と、バリー島民とチュクチ族のあいだでは平行イトコ（父の兄弟の娘、または母の姉妹の娘）と、カリブ族とケラキ族（Keraki）のあいだでは姉妹の娘と、ハイダ族とカバビシュ族のあいだでは兄弟の娘と、結婚することができる。

人類学者たちはふつう、結婚規則はよく記録しているけれども、特定親族との結婚外の性関係を支配する禁止や許可については、適切なデータを与えているものが比較的少ない。けれども断片的ながら、たしかな証拠も存在している。たとえばキオワ・アパッチ族やその他多くの部族では、ある男性とかれの義姉妹とのあいだに、完全な性的自由を許している。シルク族は義母との、バイガ族（Baiga）は母方のオバとの情事を大目にみているし、またトロブリアンド島民は、父方のオバとのそれを積極的に勧めている。マーケサス島民は、妻の留守のときは、義母または義姉妹と同棲することができる。トピナンバ族は姉妹の娘との、カインガング族は兄弟の娘との、バリ族は母の兄弟の妻との、レプチャ族（Lepcha）は父の兄弟の妻との性関係を許している。要するに、少なくともわれわれの二五〇のサンプル社会では、核家族外の親族で、かれとの性関係や結婚が許されていないも

表80　オバ・メイ・第一イトコとの性関係

	婚前の交渉		結婚	
	禁止または否認	場合によってあるいは自由に許される	禁止または否認	場合によってあるいは自由に許される
父の姉妹	63 (97.0)	2 (3.0)	181 (97.3)	5 (2.7)
母の姉妹	58 (98.3)	1 (1.7)	167 (98.2)	3 (1.8)
父の兄弟の娘	75 (98.7)	1 (1.3)	205 (95.3)	10 (4.7)
父の姉妹の娘	38 (77.6)	11 (22.4)	136 (67.7)	65 (32.3)
母の兄弟の娘	37 (72.5)	14 (27.5)	122 (60.7)	79 (39.4)
母の姉妹の娘	69 (98.6)	1 (1.4)	185 (93.4)	13 (6.6)
兄弟の娘	60 (98.4)	1 (1.6)	170 (97.7)	4 (2.3)
姉妹の娘	51 (96.2)	2 (3.8)	151 (95.0)	8 (5.0)
計	451 (93.2)	33 (6.8)	1,317 (87.6)	187 (12.4)

のは一人もいない。なお表80は、オバ・メイ・第一イトコとの関係について、その証拠を要約したものである。

われわれの調査からの第三の経験的結論は、インセスト・タブーはけっして核家族内に限られているのではない、ということである。一般的には、これは少なくとも、いくらかの二次親族・三次親族にも拡大されている。ブラジルのカインガング族は、この点、例外に近い存在であるが、この部族でも、息子の妻とは結婚しないし、半姉妹ともめったに結婚しない。われわれのサンプル社会のうち、二三二では、このインセスト・タブーを第一イトコの一人または数人にまで拡大しているが、一方、八例だけはこうした拡大を行なっていない。またこの八例中の二例——これにはヤンキーも含まれる——では、第一イトコ間の結婚を非認している。

われわれの第四の結論は、次のようである。すなわち核家族外の親族たちには、たとえかれらが一次親族と同じ親族呼称で呼ばれていても、インセスト・タブーの適用度は減じる、ということである。男性であるエゴからすると、自分の生母、姉妹、娘との性関係・結婚に対する禁止が、あらゆるインセスト・タブーのうちで最も強い。これ以外の親族も、同程度の厳しい禁止に置かれていることもあるが、ただわれわれのデータによると、核家族外の親族が核家族内の成員よりも厳重に忌避されている例は、ひとつも出てこない。しかし〔他の報告〕では逆の例も、しばしば現われてくる。もっとも、インセスト・タブーの強さの違いについて適切な情報を提供している民族誌家は、そう多くない。しかしかれらは、みなそれぞれの部族について、たとえば「分類的」姉妹よりも実際の姉妹に、イトコよりも半姉妹に、第二またはそれより遠いイトコよりも第一イトコに、タブーがより強く適用されていることを報告している。けれども強度の減少が、すべての方向にむかって同じだと思ってはならない。この点では、かえって不平等のほうが原則だからである。

第五の結論は、インセスト・タブーが核家族外の人びとに適用される場合、それは生物学的関係の近さとは、えらく違っている、ということである。規制は、文化の違いによって、大きく変化してくる。ある社会では、性交渉と結婚とが厳しく禁止されている親族が、別の社会では、特権的または選好的な相手となっている。また同じ社会のうちでも、このタブーは、しばしば特定の遠い親族に適用されているのに、系譜的にもっと近い親族には適用されていない。たとえばわれわれの〔調べた〕部族の約四分の一では、ある第二イトコたちは、厳格な結婚禁止に服しているのに、特定タイプの第一イトコとは、結婚が許され、あるいはむしろ奨励されている。実際、インセスト・タブーは、ある血縁親族を免除する反面、どんな生物学的親族関係もたどることのできない、養取、姻戚または儀礼的な親族に、きわめてしばしば適用されている。ヴィクトリア王朝のイングランドをゆさぶった事件として、亡妻の姉妹との再婚についての論争があるが、これは、以上のような〔タブーの〕非一貫性が、けっして未開文化に限られたものでないことを示している。なおこのさい、第一イトコとの結婚を支配する規則が、テスト・ケースとなるであろう。父の兄弟の娘、父の姉妹、母の兄弟の娘、母の姉妹の娘は、男性のエゴにとって、正確に同程度の血縁関係をもっている。ところが数タイプのイトコに適用される結婚規制には、同じ文化内部にも差異がみられ、これらの差異は、みな生物学的な期待からは逸脱している。表81に集めたように、こうした差異は、数多くみいだすことができる。

第六の結論は、インセスト・タブーがまったく慣習的な親族者の集合と大きく相関している、ということである。たとえばこのタブーは、分類式の親族呼称で呼ばれるすべての親族に適用される傾向がある。なおこの親族

表81　結婚規制とイトコのペアー

イトコのペアー	類似した結婚規制	いろいろな結婚規制	反対の結婚規制	計
父の兄弟の娘―父の姉妹の娘	124 (68.5)	10 (5.5)	47 (26.0)	181 (100.0)
父の兄弟の娘―母の兄弟の娘	113 (63.1)	10 (5.6)	56 (31.3)	179 (100.0)
父の兄弟の娘―母の姉妹の娘	161 (91.5)	4 (2.2)	11 (6.3)	176 (100.0)
父の姉妹の娘―母の兄弟の娘	156 (82.1)	15 (7.9)	19 (10.0)	190 (100.0)
父の姉妹の娘―母の姉妹の娘	125 (70.2)	6 (3.4)	47 (26.4)	178 (100.0)
母の兄弟の娘―母の姉妹の娘	119 (68.0)	7 (4.0)	49 (28.0)	175 (100.0)
計	798 (74.0)	52 (4.8)	229 (21.2)	1,079 (100.0)

には、性的にタブーとされる一次親族も含まれる。二五〇のサンプル社会について、エゴ世代の二次・三次親族に対してつかわれる呼称を調べてみると、四四一例では、母・姉妹・娘につかわれるのと同じ呼称で呼ばれ、九七一例では別の呼称で呼ばれている。そしてまえのグループでは、四一七例にインセスト・タブーが適用され、二四例にはこれが適用されていない。またあとのグループでは、三五一例にこれが適用され、六二〇例には適用されていない。すなわちインセスト・タブーが、「母」・「姉妹」・「娘」と呼ばれる親族と結びつく傾向は、一〇分の一％という極大の信頼度レベルで、＋.94の連関係数によって示される。インセスト・タブーには、また血縁親族集団のメンバーシップと同じ広がりをもつ傾向が示される。シブは、その一例となるであろう。すなわち文字通りのシブをもつ一六一の標本社会のうち、インセスト・タブーは、その一二九でシブの全成員に適用されている。二四では、外婚制への傾向がみられる。六社会は、非外婚のシブをもち、二社会は証拠を欠いている。なお多くの付加的データは、本章の他の個所で掲げることになるであろう。

第七の結論は、次のようである。インセスト・タブーと外婚的規制とは、他の性的禁止と較べて、ある特殊な強さと情緒性とを特徴としている、ということである。他の性的禁止のうち、月経のタブーだけが、ときとしてこれと同じ性格を示すが、ただしこれはけっして普遍的ではない。なお調査した社会では、姦通や私通に対するタブーが、その社会で普遍的な、最も厳しいインセスト・タブーよりも強いといったところは、ありそうもない。いや前者が、その強さの点で、後者と同じ、または後者に接近しているものも、ごく稀なように思われる。もちろん、こうした言い方は、質的判断を含んでいるので、これを容易に証明することはできない。しかし民族誌の証拠を公平に読まれる人たちも、きっと同じ結論に達するに違いない。なおほとんどの民族は、インセストの観念そのものにすさまじいまでの恐怖感を示している。そして読者も、この感覚になにかを感じとることになるであろう。さらにこの習律を破る者にはいつも死罪が課せられるが、読者は、この死罪の頻度にもショックを受けることになるであろう。けれども、これにはしばしば法律上の制裁がまったく存在していないことのほうが、もっと説得的であろう。というのも、このタブーは非常に強く内面化されており、その観念はきわめて深く抑圧されている。だからこうした行為は、まったく考えることができない。またかりに起ったとしても、それは超自然の干渉に帰せられ、その処罰は、容赦のない運命あるいは神の復讐に任せられるからである。姦通や私通の禁止に付着している情緒性は、ふつう、これとはまったく違っている。われわれの社会でも、もし男性が一方で自分の秘書や同僚の妻との浮気を、また他方で自分の母や姉妹との情事を想像するならば、このことの意味がわかってくるであろう。

第八の、そして最後の経験的結論は、次のものである。すなわちインセスト・タブーは犯される、ということである。強い文化〔的禁止〕の壁にもかかわらず、またこの壁が人びとの意識に内化されているにもかかわらず、われわれの標本社会――民族誌家がこの問題を調査した――のほとんどでは、近親相姦的な性関係が散発的に起っていることが報告されている。もちろん、われわれ自身の社会、また関係のある社会でも、インセストは実際に起っており、これを示すたくさんの臨床的・犯罪学的証拠も存在している。(1) だから近親間といっても、そこには性的動因に対する自然の免疫性といったものは、まったくない。また文化的拘束としては最も強いにもかかわらず、それはなお不完全な形でしか成功していない。これらは明らかである。

そこでインセストの規制理論は、それが以上の経験的結論のすべてと一致しないかぎり、有効なものとみることはできない。またそれらすべてを説明するものでないかぎり、満足なものとみることはできない。というわけで、このさい、広く受けいれられている仮説のいくつかを、分析してみたいと思う。なおこの問題については、

多くの気まぐれな理論があるが、これらは無視することにしたい。(2)

ところで初期の研究者たちは、こぞって次の理論を進めてきた。それは、近親交配が生物学的に危険であり、したがってインセスト・タブーは、これについての未開人の知的認知から出た、とするものである。けれども民族誌は、未開民族のあいだに、生殖過程または遺伝法則について、正確な知識があるという証拠をほとんど提供していない。たとえばアルンタ族やトロブリアンド島民のように、生理的父性を知らない部族が、以上の基礎に立つ禁制にどうして達することができたのか。この理解は、とりわけ困難となってくる。さらにこの理論は、インセスト・タブーがとくに強いタブーだということを説明していない。というのも、他の生物的防禦のタブーを犯し、それが不安や恐怖感と結びついていても、畏怖とは結びついていないからである。なおこの理論は、またわれわれの第五の経験的結論とも、まったく矛盾する。すなわちインセスト・タブーが合理的・生物学的知識から生まれたならば、なぜこのタブーが、実際の〔親族〕関係の近さと、大きく相関していないのか。事実このタブーは、第一イトコとの選好的な結婚を結びついている。こうした場合、このタブーは、近親交配を妨げるのでなくて、かえってそれを勧めることになってくる。そうした事例は、われわれの標本社会では、五六社会にみられる。これらにあっては、極端な近親交配が、強いインセスト・タブーと共存していることになるであろう。

おわりに遺伝学の最近の発展は、近親交配の生物学的有害性そのものに疑いをかけている。近親間の子孫には劣性の形質が現われるか、それが強調されるという。そしてこうした形質が望ましくないものであれば、近親交配は有害である。だがそれが望ましい——これもひとしく可能である——ものであれば、近親交配は、積極的に有益なものとなる。事実、畜産業者は、しばしば意図的にこれを行なっている。近親交配は、それ自身としては、善でもなければ悪でもない。その結果は、もっぱら当該種のもつ特殊な遺伝質にかかっている。そこで近親交配の生物学的有害性が言われてきたけれども、もしこれが事実でないならば、未開民族には、これを発見しまたは知ることができなかったことが考えられる。したがってこの仮定にもとづいたインセスト忌避の理論は、まったく有効性をもたないことになる。(3)

第二の理論は、ローウィ[4]も一時認めていたものであるが、インセストの禁止は本能による、とするものである。ただこの立場は、インセスト・タブーが核家族内では普遍的に適用されていること、その外では強さを減じること、おそらく一致しない。そればかりではなく、他の経験的結論も説明していないし、それらと調和もしていない。もし本能的ならば、インセストの忌避は、自動的になされるに違いない。したがって感覚されない衝動の畏怖といったものもなく、近親相姦への願望や行為についての臨床的・犯罪学的証拠もないに違いない。[5]そしてインセスト・タブーの多様なこと、このタブーが実際の血縁との相関を欠いていること、〔逆に〕それが文化的カテゴリーと合致していること、これらは、本能という原理だけでは説明できないものであろう。なおこのタブーの説明に他の要因が導入されるならば、あえて本能をもちだす必要はなくなってくる。きわめて可変的な社会現象を比較的安定した生物学的要因に帰するのは、誤りであり、このことは、今日ひろく認められている。本能論的解釈は、人間行動を扱う科学では、もう承認されていないのである。[6]

ところでウェスターマークは、この本能理論を退けて、インセストの禁止を子どものころつくられた習慣だとみた。——そしてこれは、インセスト・タブーのいろいろな適用や文化の多様性とも、十分一致する立場だと言える。けれどもかれは、さらに進んで、こうした忌避の慣習は、長いあいだの交わりのために、性欲の鈍化した結果だと主張している。[7]つまり異性でも、子どものころから同じ家庭で暮らしてきた者には、エロチックな魅力を感じない。これがかれの主張である。ところがこの理論は、インセスト・タブーがより広く拡大していくことを説明しない。また民族誌の事例は、しばしば同じ家で育った者同士の結婚が好まれていることを伝えている。ウェスターマークの理論はこうした事例とも調和しない。たとえばアングマサリク〔エスキモー〕族（Angmasalik）のあいだでは、「一緒に育った子どもたちが結婚するのは、けっして異例のことではない」[8]。さらにこの理論は、ひろくみられる兄嫁婚や姉妹婚の選好ともなじまない。なおこうした結婚には、しばしば同じ拡大家族の成員たち〔＝異母きょうだい〕が含まれる。さらにそれは、ほとんどの社会にみられる、夫婦間の永続的愛情とも矛盾してくる。というのは、この理論からすれば、夫婦の同棲生活はその正常な結果として、永続的愛情に代わって、性的無関心と、最終的には嫌悪が期待されなくてはならないからである。なおおびただしい臨床的証拠は、インセストの願望が核家族のうちに常に生じており、これは絶えざる社会的圧力と個人的抑圧とを通してだけ抑制されることを示している。とすればウェスターマークの理論は、とりわけこうした証拠をすっかり見落して、しかもそれを裏返しにさえしているわけである。

そのほかインセスト・タブーの起源に関する理論で、真面目な考察にあたいする唯一のものは、フロイトのそれであろう。[9] ウェスターマークと同様、フロイトも、このタブーが生得的・本能的なものというよりも、学習され、獲得されたものと考えている。すなわちこのタブーは、核家族のもつ普遍的な諸条件――フロイトの用語によれば、エディプス状況――にその起源をもっている。異性の親に対する子どもの幼児性欲は、家庭生活の諸条件からの必然的結果として、両親と、ライバルのきょうだいたちのために、欲求不満と挫折とに出会うことになる。アンビバレンスの感情が生まれてきて、「インセストの」衝動は抑圧される。したがって意識されることはないけれども、この衝動は、けっして絶滅したのではない。すなわち無意識のメカニズムによって、その表出が曲折されることになる。こうしてインセスト・タブーの情緒的強さ、これを犯すという観念と結びついた恐怖、これらは抑圧された衝動に対する通常の「反動形成」(reaction formations) として解釈され、または生得的誘惑に対する無意識的な防衛として解釈されるわけである。

インセスト・タブーの情緒性を明らかにするだけでなくて、フロイトの理論は、インセスト回避の普遍性を、人間社会生活の普遍的条件のひとつ、すなわち核家族の普遍性と関連づけて説明している。けれどもかれの理論は、こうしたタブーが直接の家族を超えて拡大していくことを説明しないし、いろいろな社会で、それがさまざまな適用を受けていることも説明していない。さらにこうしたタブーがなぜ、あらゆる文化の一部となっているかさえ、示唆していない。フロイト的な心的機構とその所産のほとんどではないにしても、その多くのもの、たとえば退行、攻撃性の転移、投射、加虐的行動などはふつう、反文化とされるか、せいぜい文化によって許容されているものにすぎない。ところがインセストの回避は、ひろく社会の承認を得ており、どこでもこれは、是認された文化規範のうちに織りこまれている。フロイトの理論は、有用ではあっても、それだけでは、民族誌家たちが明らかにした諸事実を説明することができない。さらに言えば、もちろんわれわれは、個人心理学に対するフロイトのすぐれた洞察や、この分野におけるかれの革命的な貢献を、別にけなすつもりはない。しかしかれの文化理論への冒険は、ほとんど夢想に近いものだということも認めなければならない。

なるほどインセスト・タブーの諸理論は、それぞれ単独では、この禁止現象を全面的に理解することはできそうもない。満足な解釈には、人間行動にかかわる諸学問の科学的貢献を取りこんでいくことが必要である。事実、完全な説明のためには、少なくとも四つの学問領域、すなわち精神分析、社会学、文化人類学、行動心理学の成果を総合することが求められる。すなわちこれら四つの学問がもたらすそれぞれの貢献が統合されたとき、完全で妥当な理論というものが現われてくる。そしてこの四つの基本的要素のどれかが欠けた場合には、この現象はいぜんとして神秘的で、説明されないものとして残ることになるであろう。ことばを換えれば、インセスト・タブーについての完全な理論は、人間行動を扱う諸科学の学際的・統合的な研究の最近の発展に俟たなくてはならなかったわけである。

ところでフロイトの理論は、すでに示唆したように、インセスト・タブーがとくに強い情緒性をもつことについて、有効な説明を提供している唯一のものである。またそれは、普遍的な条件、つまり核家族内の支配的な諸条件から出発していることで、個人の行動——それも文化がとらえ、制度化できるものに限られるが——における諸傾性が、あらゆる社会で起ることを説明している。もっともそれは、あらゆる文化がなぜこうしたこと〔＝インセスト・タブー〕をするのかを理解する助けにはならない。けれどもフロイトの理論は、あらゆる民族がそこからタブーをつくる、本質的な行動要素をもっていることを仮定する基礎をたしかに提供している。事実、フロイトの貢献に拠らなくては、インセスト禁制の普遍性は、おそらく説明できないであろう。もしインセストの禁制が、特殊な行動組成の偶然的な出現、あるいはローカルな環境によったとしたならば、それがたとえば食人慣習、ポトラッチ、擬娩《クーバード》といったもの以上に広がることは、なかったとしなくてはならない。

そこで子どもの成長過程で、インセスト回避の習慣をつくっていくところの核家族の諸条件、まずこれから始めなければならない。ところでこの習慣は、社会的是認が与えられ、文化的にパターン化されるまえに、個人の学習の所産として考えられなくてはならない。では成熟へとむかう子どもにとって、家族内でその性的衝動の直接の表現を禁止するようにみちびく環境とは、いったいどんなものであろうか。

ふつうの幼児は、みな栄養の補給、からだの世話、その他さまざまな欲求の充足を、両親や年長のきょうだいたちから提供されている。その結果、こうした人たちへの接近の傾向が発達することになる。幼児性欲についてのフロイトの立場にコミットするつもりはないけれども、ただわれわれは、次の事実を認めなければならない。子どもが異性の親・きょうだいへとむかうことを学習する場合、そのアプローチ反応は、多く偶然または模倣を通じて、性的反応と似たものとなり、また大人たちからそのように解釈されるものになる、ということである。そして性によるタイプづけが習得され、成熟が進んでいくにつれて、こうしたアプローチは、ますます明白に性的なものとなる。また他の強化された諸反応からの般化によっても、これが強められることになる。というわけで、それは消えてなくなるか、禁止されるかしないかぎり、思春期の開始とともに、子どもを完全な性器的な近親相姦にみちびくことになるであろう。

けれども家族内における子どもの性的反応は、必然的にその妨害に遭遇する。両親は、そのおたがいのこと、他の子どもたちのこと、それにいろいろ大人としての活動に気を奪われるので、子どものアプローチ反応は、拒否されることになる。それでこうした欲求不満は、年齢の上昇と自立性とが増すにつれて、ますます頻繁になっていく。しかししつけによって、清潔、気質の〔自己〕コントロール、その他文化的拘束を身につけていくので、これらの制止は、たしかにある程度まで、性的衝動にも般化される。しかしなによりも重要なのは、子どもが受ける処罰である。すなわち子どもは、異性の親・きょうだいに性的と解釈されるアプローチ反応を示したとき、かれは他の成員たちから、さらに長じては地域社会から、その処罰を受ける。つまり拒否の反復、欲求不満、そして処罰の結果、かれはみずからのインセスト的衝動を禁圧することを学習する。そして強く内化された拘束という手綱を、みずからにかけるようになっていく。

しかし子どものインセスト回避の発達にとっての決定的な要因は、両親の拒絶的態度と処罰的行動とである。性的経験をもつ大人として、父親は自分の娘に、魅力を感じることもあろう。そしてこの魅力のうちには、たとえ認めていないにしても、無意識で抑圧された形でのエロチックな部分もあろう。母親も同じように、その息子にひかれることが考えられる。しかし両親は、内化された拘束によって社会化されているので、こうした愛着には不安をおぼえる。だからかれらは、かれらの子どもに対するあからさまな表現を外らそうとする。さらに息子への母親の愛着は、父親にとって、父の母への関係にとって、たとえ現実的でなくても象徴的な意味で、ひとつの脅威となってくる。すなわち母と息子とのあからさまな性的表現は、父には欲求不満となって、これが嫉妬という形で、攻撃性を呼ぶ(10)。こうして父は刺激されて、その報復的手段として母と息子の双方に禁止的影響を及ぼすようになる。同じような形で、母は、父と娘の親しすぎる行動に反感をもち、これを妨げようとする。さらにまた息子と娘とのエロチックな接近は、両親がそれぞれ異性の子どもにもつ無意識的愛着を脅かして、似たような反感と処罰とを呼ぶことになる。要するにはっきりした文化的タブーがなくても、家族の構造そのものが、夫婦関係は別として、他の一次関係における性的抑制を個人に学習させるように働くわけである。

さらにこうした傾向は、たくさんの事例のうちで繰り返されることによって、確実に社会の認可と支持を受けるようになる。となるとフロイトの理論は、この点では、われわれを誤らせていると言える。そこでわれわれは、このさい、社会科学のほうにむかわなくてはならない。ところで核家族では、インセストの回避が求められて、人間社会は、これを支持している。また人間社会は、こうした回避傾向を文化規範にまで高めて、これに社会的認可を与えている。ではそれは、なぜであるか。ところがこれには、有力な社会学的理由が存在している。人間社会の成員は社会化されているので、すでにインセストに対して嫌悪の念をもっている。したがってインセストの発生を妨げ、これを罰するように動機づけられている。しかしこれとは別に、たいせつなのは、インセストの禁止そのものが、独立した社会的価値だということである。

第一章でみたように、家族は重要な集団的ニード——経済的協働、再生産、教育、社会——に貢献している。そしてどんな社会も他にこれらを充たす十分な手段をみいだしてはいない。だから家族を弱めるものは、みな協働を阻害し、再生産を低下させ、幼児の死亡率を高め、無能な成員、社会化に耐えない成員、あるいは犯罪者の比率を増加させる。つまりこれらは、みな家族の政治的体質を弱めることになる。近ごろの社会学的文献が、家族解体についておびただしく証明しているように、家族内の葛藤こそ、弱体化の源であって、しかも性的な競合と嫉妬よりも破壊的なものはない。だから親子のあいだ、ないしはきょうだい同士の性的対立を減少させることは、家族を協働的な社会集団に固めることになる。さらに集団的サービスの効果を促して、全体としての社会を強めていくことになるのである。

それにブレンダ・セリグマン(11)も指摘しているように、親子間の性関係は、親の権威を破壊する。親の権威は、社会秩序にとっても、文化の伝達にとっても、きわめて必要である。さらにインセストの放棄は、未成年・成年の子どもと両親とのあいだの、また子どもたち相互の継続的な協働を可能にする。つまり対立の源を除くことで、社会的な統一が促される。こうして集団的な効用が、一人ひとりの個人的利益に加わることになる。またこの集団的効用のために、家族内の性的拘束が文化的な規範となり、社会統制のいろいろなメカニズムによって支持されることにもなるのである。

インセスト・タブーの社会的効用は、部分的ではあるけれども、たしかにはっきりと意識されている。それはたとえば、現代のヨーロッパ人が、離婚の増加や出生率の低下に危険を感じているのと、同様である。そしてそのかぎりで、インセスト・タブーを含む家族モーレスの集団的強化は、これを合理的とみてよいであろう。もっとも意識して考えられていようといまいと、このタブーの効用は、ますます明確なものとなっている。というのは、家族内の葛藤は、これを減少させることが望ましい。すなわち家族の集団的サービスの十分な発揮を妨げないレベルにまで、減少させることが望ましい。そしてこれのできなかった社会は、やがて他との競争に敗れて、姿を消していった。とともにこの問題を、はっきりした仕方、十分の仕方、すなわちインセスト・タブーによって解決した社会だけが、生きのびることができた。結局これらだけが、近代の民族誌家によって研究されている、ということである。(12) だから生物学的という、可能ではあるが疑わしいものは別として、インセストの禁止は、まことに重要な社会的価値をもっている。これこそ、このタブーがすべての文化に存在し、すべての社会がこれを実行していることを説明するものであろう。

なお集団が生きのびるという点からして、インセスト・タブーには、もうひとつ有力な効用が認められる。ただこれはいくぶん、あいまいではある。どの家族も、ひとつの明確な社会集団であって、またそうなので、それ自身の文化をもっている。(13) なるほどある家族の成員は、他の家族の人たちと、圧倒的部分の集合的習慣を共有している。しかしそれでも常に、少なくとも二、三は、かれらだけに特徴的な習慣を保持している。現代のアメリカ家族でも、ふつう、二、三の家庭療法、秘伝の調理法、ちょっとした技術のコツ、その家だけの迷信をもっている。その他、標準的行動の断片ではあるけれども、その成員だけがもち、そして他の者とは共有しないものをもっている。しばしばちょっとした発明が、まず家族のうちで生まれる。ところでインセスト・タブーは、家族の外との結婚を強制するので、自動的にこうした文化要素の伝播を生むことになる。子どもは、みな二つの家族文化——父と母との定位家族それぞれの文化——が結ばれた集団で育てられる。そこでこの集団は、借用や発明もあるけれども、この二つの〔定位家族という〕源泉から、最も役立つ要素を選びだして、それ自身の家族文化を形成していく。というわけでインセスト・タブーは、内的伝播と選択的排除という文化過程を促すことになる。したがってこのタブーをもつ社会は、他のものが等しい場合には、もっと早く進歩するであろうし、これを欠いている社会よりも、文化的にもっとよく装備されるようになるであろう。(14)

インセスト・タブーがなければ、——ほとんどではなくても——多くの結婚は、兄弟と姉妹とのあいだ、親と成長した子どもとのあいだで、行なわれることになろう。こうした状況のもとでは、〔家族〕集団内の〔文化〕伝播は、おそらくもっとゆっくりと進行する。とともに家族文化〔相互間〕の差異は、時の経過にしたがって、いよいよはっきりしたものとなっていくに違いない。〔一般に〕文化の差異は民族中心主義を促して、社会的凝集にとっては、これが不利に働いていく。〔同様に〕インセスト婚を行なう社会は、他の社会よりも、危機において統一と協働とを展開させる力が弱い。こうしてライバルたちによって、よりたやすく破壊され、併呑されることになりやすい。ところが家族間の通婚は、社会的連帯を促していく。ヨーロッパの歴史は、王朝間の通婚によって国際的連携が固まった例を、繰りかえし提供しているが、大きなスケールで起ることは、小さな形でもこれが起る。すなわち通婚によって、家族間に新しい関係と協働とのきずながつくりだされる。そしてこのきずなが、全体社会の凝集と強さを増加させる。さらに通文化的な繁栄と進歩をみちびくのである。

生物学的な価値がどんなであっても、それとは別に、インセスト・タブーの社会的効用はきわめて大きい。すなわちこのタブーが現われると、どこでも家族内の性に関する禁制は、十分に固定化し、永続化していく。そしてフロイトの理論は、すべての社会に、この禁制の現われることを保証している。したがってインセスト・タブーは、普遍的だと言うことができる。また個人の行動と文化の変化とに関する既存の諸原理によっても、この遍在性は、十分に説明されている。したがってあえて未開人の合理性とか、本能的恐怖とか、あるいは慣れからくる性的無関心とか、こうした疑わしい新仮説をもちだす必要はない。

このように精神分析と社会学の理論とが結びついて、インセスト回避の傾向が普遍的に出現していること、既知の社会では、核家族内にみなそれが是認されたタブーとして確立していること、この二つを十分に説明している。けれどもインセスト・タブーがなぜ規則的に二次親族、さらに遠い親族と結びついているか、なぜこうした親族のあいだにおける現われが、社会によって極端に違ってくるかについては、なにも説明していない。そこでインセスト・タブーが拡大していく理論を理解するには、他の社会科学理論へと移っていく必要があるわけである。

さてインセスト・タブーが、核家族を超えて拡大していく傾向は、行動心理学でいう「刺激の般化」(15)(stimulus generalization)という原理によって説明することができる。この原理によれば、ある刺激または状況的形相と結びついて学習された習慣的反応は、類似した他の刺激または状況によって、前者との類似の程度にしたがって、引き起される傾向がある。だからだれか二次またはそれより遠い親族が、性的にタブーとされる核家族の成員と似ていると、その程度にしたがって、回避の行動がその親族へと拡大されることになりやすい。たとえば母の姉妹は、多くの点で母と似ている。彼女たちは同じ世代に属しているし、きょうだい全体として似た特徴とその他身体的特性をもつことになりやすい。それに彼女たちは、ふつう、同じ社会集団に属している。つまり母と母の姉妹とは、同じ定位家族をもち、同じ血縁集団に属している。それは、キンドレッド、リネージ、シブ、モイエティの別はあっても、そうである。また母処居住、または姉妹型《ソロレート》の多妻婚のもとでは、彼女たちは同じ世帯員であり、より大きな家族集団のメンバーとなりやすい。姉妹婚の行なわれるところでは、母の姉妹はいつでも、母の役割を実際に引きうけることになるだろう。すでにみたように、同じ親族呼称が、きわめてしばしばこの二人の女性に適用されているし、パターン化した類似の行動も、この二人にむかって表明されている。そこでこうしたひろい類似性に注目すると、自分〔=男性〕の母と普遍的に結びついているインセスト・タブーが、彼女の姉妹にひろく拡大されても、おどろくには当たらないであろう。

けれども心理学の行動理論は、インセスト・タブーが家族外の親族へと般化される傾向を説明して、この拡大の起りうるメカニズムを提供するにとどまっている。それは、拡大がなぜある場合には起り、他の場合には起らないか、なぜ特定の社会では起り、他の社会では起らないか、の理由を説明することができない。こうなるとわれわれは、文化人類学者たちが長く続けてきた、社会構造の分析に頼らなくてはならない。事実、人類学者だけが、拡大が起ったり起らなかったりする、それぞれの条件を明らかにすることができる。すなわちどんな社会慣習と社会構成とが、一次親族と他の親族とのあいだに類似性の階梯をつくりだし、インセスト・タブーが前者から後者へと般化されるようになるのか。またどんな社会的実践と形態とが、この般化を禁ずるほどの差異を生みだすのか。これらを示すことのできるのは、人類学だけである。このような人類学の諸原理、すなわち心理学の理論を補い、学習のメカニズムに働く諸条件を説明する諸原理については、すでに第七章で述べておいた。

といっても完全な説明は、まだわれわれの手許にはない。というのは、たとえ般化への心理学傾向とこれを促す文化的条件があっても、般化された反応は、これが報いられまたは補強されないかぎり、実際の社会規範として固まることはないと思われるからである。もしこの反応が好ましく、また有用だということが示されないかぎり、その間に「識別」[16](discrimination)が起るであろう。つまりこうした〔般化の〕反応は、禁じられるか、消えてなくなるであろう。そして違った種類の行動が、とって代わることになるであろう。要するに家族内のインセスト・タブーは、はじめ核家族のメンバーと似た二次親族またはもっと遠い親族へと拡大される傾向を示す。しかしこの傾向は、少くともなにかの効用をもたないかぎり、実際に拡大し、または外婚という規則を生みだすことにはならないであろう。

拡大されたインセスト・タブーが、一般に社会的効用をもっていることは、人類学者[17]・社会学者[18]が、ともにこれを認めている。その理由は、さきに家族内のインセスト・タブーについて指摘した理由と平行したものである。すなわち家族内のインセスト・タブーは、家族内の性的対立と嫉妬とを外らせる。それとまったく同様に、拡大されたインセスト・タブーは、キンドレッド、リネージ、シブ、拡大家族、クラン、または地域社会のうちで、同じことをさせる。そしてこのために、これらの集団の統一性または社会的連帯が高められ、成員たちの機能遂行における協働が容易となる。さらに外婚は、集団間に友好関係を確立させ、より大きな政治的単位へと結びつける。そして結果として、このタイプの集団内・集団間の結合を発達させなかった社会に対して、競争上の有利さが生まれる。おわりに通婚とその結果としての集団間の平和関係とは、文化特性の相互の借用を助成して、「文化の横断的成熟」(cross-fertilization of cultures)を促し、社会的適応と文化的進歩とに有利に働く。そして社会構造が心理学的般化を支持している多くの事例では、拡大されたインセスト・タブーが社会規範として定着しているが、以上の利点は、このことを十分に説明しているように思われる。

こうしてインセスト・タブーと外婚の規則とに関する完全な科学的説明が、人間行動を扱う四つの独立した学問を総合することから現われる。すなわち精神分析は、このタブーのもつ特殊な情緒性を説明している。またこのタブーの犯されることも説明しており、これは本能の仮説も、ウェスターマークの獲得的〔=後天的〕嫌悪の理論も、ともに明らかにできなかった点である。また精神分析は、タブーが核家族の外ではその強さが減ずること、またインセスト回避の傾向が、文化的洗練の基盤として役立ち、これが普遍的にみられることも説明している。次に社会学理論は、家族内のインセスト・タブーと拡大されたそれとがもつ社会的効用を証明して、その遍在性を説明している。また心理学の行動理論は、拡大の生ずるメカニズムと、社会的効用が慣習に変形されていくメカニズムとを明らかにし、こうして拡大されたタブーの普遍性と諸相の双方をどう説明するかについて、本質的な部分を提供している。最後に文化人類学は、——般化を回路づけまたは識別を生みだす——社会構造と慣行とのさまざまな条件——外婚の規則と拡大されたインセスト・タブーの違った現われ方、それらと慣行的な親族集合との相関、逆にそれらと生物的関係の近さとの対応の欠如——を明らかにして、われわれの説明に貢献している。

そしてこの四つの社会科学の理論体系のうち、どの一つが欠けても、妥当な説明は不可能なのである。インセスト・タブーに関するこれまでの仮説は、みなただ一つの、またはせいぜい二つの理論体系にしか拠っていなかった。したがって観察された事実の重要な部分は、説明することができなかった。ところが社会諸科学の学際的知識と研究とが進んできた。こうして人間行動という問題を追求するために、四つの体系的理論のもつ知的用具を、同時にもちこむことができるようになってきた。つまり合理的で完全な解釈は、この日の来るのを待たなければならなかったわけである。そしてもしこれに成功しているならば、これまで社会科学の解けなかった問題も、同じ連繋的攻略にもちこむ望みが出てくるわけである。

ところでわれわれの合成的仮説のうち、家族内のインセスト・タブーの理由に関する部分は、現在われわれに使えるどんな方法によっても、独立したテストを行なうことができない。というのは、タブーと、それが結びついている家族組織の双方が遍在していることが、これらと相関させるべき独立変数を、われわれから奪ってしまうからである。したがってわれわれの解釈のうち、この部分の妥当性は、精神分析学者と社会学者——われわれはこれらの援助を受けた——の利用している証拠に、もっぱら拠ることになってくる。しかしインセスト・タブーが、核家族外の親族に拡大していく部分については、二五〇の社会からのデータで、これをテストすることができる。この拡大と、この拡大を生みだし、固定化したとみられる条件とは、いずれも可変的だからである。

核家族を出るインセスト・タブーを支配する諸原理について分析するには、まず血縁親族から始めなくてはならない。この場合には、因果の諸因子が単純なので、すぐに証明される。しかし姻族の場合には、付加的因子を含んでくるので、この考察は、のちに譲ることにしたい。

拡大されたインセスト・タブー――これはしばしば外婚規則とも呼ばれるが――は、ふつう、婚前の性交渉、婚外の性関係、および結婚にひとしく適用されている。ただわれわれの標本社会のうち、ひと握りの社会だけが、この三つの行動型の現われ方において、なにか重要な点で違っている、と報告されている。たとえば、特定親族には婚前の関係は許されるが、婚外の関係は許されない。あるいはもっとしばしば、婚前の関係や姦通は禁じられているが、結婚は承認されている、といったものである。けれどもこの三つの規則の一致は、きわめて一般的であるので、大部分の統計テストでは、わずかの例外は、無視してもかまわない。そしてこれは、まことに好都合なことになってくる。というのは、このためわれわれは、拡大された性的禁止タイプの総代表として、結婚規則をつかうことができる。なお結婚規則は、ほとんどの文献が、これを報告しているからである。そこで重要なテストは別として、〔以下では〕結婚規則のデータだけを示すことになるであろう。

さてわれわれのサンプル社会では、そのほとんどにあって、同世代〔者間〕の結婚に対する選好が存在している。なるほど二次婚は、しばしば異世代のあいだで行なわれる。またいくつかの部族では、一次婚でも、世代のラインを横切るものが、かなり一般的にみられる。けれどもこのタイプの一次婚を規則的に行なうのは、レス族だけである。すなわち男性のエゴの選好的配偶者は、女性の交叉イトコの娘だからである。ところでこのように同世代レベルの結婚が、ひろく選好されるということは、分析と証明の手数を簡単にしてくれる。というのはこのため、遠近の異なるイトコのデータ〔だけ〕で、ふさわしいテストが可能となるからである。

なお一部はこの〔同〕世代選好のために、また一部はエゴの核家族成員との緊密な結びつきと親族関係とのために、オバ・メイ・半姉妹といった二次血縁親族は、めったに適格な配偶者とはならない。われわれのサンプル全体では、父の姉妹との結婚が許されているのは五社会で、母の姉妹とは三社会で、兄弟の娘とは四社会で、姉妹の娘とは八社会で、〔異〕父の娘と〔異〕母の娘とはそれぞれ三社会で、許されているにすぎない。なお二つ以上の社会では、これら親族とは婚前・婚外の性交渉も許されていない、と報告されている。だからインセスト・タブーの血縁親族への拡大について、もし諸社会のあいだに大差があるとすれば、それは第一イトコから始まる、ということになる。

次に二次親族を超えて、当初のインセスト・タブーが拡大していくときには、方向と距離との二つの点で、その違いが出てくる。まず方向では、三つの道のどれかを取ることが可能であって、これらは三つの主な出自規則にぴったり対応している。すなわち禁止は、双系出自と同様に、血縁的つながりのすべての線に沿って、対称的・平等的に分枝していく。または母系・父系出自のように、一方の性をたどる血縁的なつながりに沿って、非対称的・非平等的に拡大していく。われわれの二五〇の全標本社会では、イトコへの拡大の型が、対称的に双系、非対称的に父系、非対称的に母系、それから以上三者のどれか二つの組み合わせ、こうしたものでない例は、ひとつも現われない。また〔以上の分類からの〕逸脱例も稀であって、これらはふつう、折衷的な性格のものである。すなわち特定の交叉または平行イトコが、それぞれ、反対のタイプのイトコと結合しているのがそれである。

次にこの三タイプの拡大の及ぶ距離であるが、これには無数の段階が存在している。けれども分析すると、それぞれのタイプに四つの距離形態を認めることができる。そこで三つの方向と四つの距離形態とを組み合わせると、一二の拡大が分類され、これらには、次のようなナンバー・名称・定義を与えることができる。

B1、双系的非拡大（Bilateral Non-Extension）——二次親族を超える結婚禁止の双系的拡大を欠いている。結婚は、第一イトコのいくらかまたは全員のあいだだけが、全面的に是認されている。

B2、双系的最小拡大（Minimal Bilateral Extension）——第一イトコとの結婚は、みな禁止もしくは否認されているが、少なくとも若干の第二イトコとのそれは許されている。

B3、双系的標準拡大（Normal Bilateral Extension）——第二イトコとの結婚は、みな禁止もしくは否認されているが、少なくとも実際の系譜関係のたどれる、さらに遠い親族の若干とのそれは許されている。

B4、双系的最大拡大（Maximal Bilateral Extension）——実際の系譜関係が、どの線に沿ってもたどれるような親族は、それがどんなに遠い親族でも、これらとの結婚は禁止される。

M1、母系的非拡大（Matrilineal Non-Extension）——結婚の禁止が、他の線よりも女性の線に沿ってひろく拡大するという傾向が欠けている。

M2、母系的最小拡大（Minimal Matrilineal Extension）——結婚の禁止が、少なくともなにかの線よりも、女性の線に沿ってひろく拡大されていくが、しかし実際の系譜関係のたどれる範囲を超えることはない。

M3、母系的標準拡大（Normal Matrilineal Extension）——親族関係は、推定されてはいるが、実際の系譜関係のたどれない、そうしたシブの仲間その他にまで、結婚の禁止が母系的に拡大されている。

M4、母系的最大拡大（Maximal Matrilineal Extension）——結婚の禁止が、エゴとその母との、実際のまたは推定の母系親族だけでなく、父の同様な母系親族にまで拡大されている。

P1、父系的非拡大（Patrilineal Non-Extension）——結婚の禁止が、他の線よりも男性の線に沿ってひろく拡大するという傾向が欠けている。

P2、父系的最小拡大（Minimal Patrilineal Extension）——禁止が、他の線よりも男性の線に沿ってひろく拡大されていくが、しかし実際の系譜関係のたどれる範囲を超えることはない。

P3、父系的標準拡大（Normal Patrilineal Extension）——親族関係は推定されてはいるが、実際の系譜はたどれない、そうしたシブの仲間その他にまで、禁止が父系的に拡大されている。

P4、父系的最大拡大（Maximal Patrilineal Extension）——禁止が、エゴとその父との、実際のまたは推定の父系親族だけでなく、母の同様な父系親族にまで拡大されている。

インセスト・タブーの拡大していく方向は、特定タイプの血縁親族集団が存在しているか、存在していないか、またはこれが連結しているかどうか、にほとんど拠っている。その基礎となる原理は、第七章の公準1の確証で証明したように、親族呼称が一次親族から二次親族に、それより遠い親族に拡大していくのを支配している原理と、同様なものである。ただここでは、有意の社会的等化因子は、ただ一つしかない。すなわちタブーとされる一次親族と同じ血縁親族集団に加入している、ということである。居住の近接その他の等化因子も、たしかに効果がないわけではない。が、これらは、キンドレッド、リネージ、シブ、モイエティの影響を受けて、影のうすいものとなっているので、あえて考察するまでのこともない。

インセスト・タブーの拡大していく距離は、このタブーを回路づけている親族集団ができてから、どのくらいの時が経過したか、この時間的経過の関数である。また、当の親族集団が、どのくらい機能的意味をもっているかにも、おそらく相関している。さらにはじめのインセスト・タブーが、社会化の過程を通して、どのくらい内面化されているか、これにもおそらく相関している。だが少なくとも前者〔＝親族集団の機能的意味〕は、また時間的因子に大きく依っている。

変化の過程は、血縁親族集団の構造変質に始まる、ひとつの適応の過程または進化の過程である。ふつう、居住規則の変化にともなって、既存の親族集団は、消滅するか、あるいは新しいタイプのものに進化していく。したがってある二次親族またはそれより遠い親族と、はじめのインセスト・タブーの適用されている親族とのあいだの社会的類似は、親族集団への参加をもたらした以前のきずなが消えてしまうか、新しいきずなが発達していくかにつれて、減少したり増加したりする。またこれにしたがって、外婚制への傾向も、減退したり増進したりする。なおこうした変化は、かなり速く起るに違いない。というのも、血縁親族集団と外婚の規則とが対応していないということは、ごく少数のケースでしか起っていないからである。にしてもこうしたケースのあることは、次の事実を示し、あるいは証明するのに十分であろう。すなわち外婚制は、親族集団の構造にとっては、固有の側面でないこと、そして両者間にふつうみられる一致は、一定の時の経過によってだけ得られたものだ、ということである。

インセスト・タブーの母系的拡大は、当然、母系出自の導入に続き、父系的拡大は、父系出自の拡大に続いて起る。時の経過とともに、外婚制はまずリネージをとらえ、それからシブを、最後にフラトリーまたはモイエティをとらえていく。こうしてエゴの母とその姉妹といった単系親族が、母系社会では、外婚的タブーの対象となり、エゴの姉妹と娘といった単系親族は、父系社会では、その対象となってくる。単系的拡大の最終場面でも、母系出自のもとでは父と娘のタブーが、父系出自のもとでは母と息子のタブーが般化されている。ただこの最終段階では、それぞれ母系的最大拡大と父系的最大拡大とが生まれて、外婚規則が、エゴ自身の単系親族集団の成員に加えて、母系出自のもとでは父の母系親族に、父系出自のもとでは母の父系親族にも適用されるようになる。

双系的拡大は、双系の親族集団の確立に続いて起る。母と息子、父と娘、兄弟と姉妹のそれぞれのタブーは、はじめキンドレッドの全体に拡大され、やがて最終的にはディームの全体、知られるかぎりの血縁親族へと拡大される。あるいはキナウルト族のような極端なケースでは、部族の全体へと拡大される。単系的でも双系的でも、とにかくどんなタイプの血縁親族集団も欠くところでは、当初のインセスト・タブーが、二次親族を超えて拡大する傾向はほとんどない。またどんな形の外婚制も、ふつう、これが完全に欠如している。

そこで以上の解釈の統計的確証であるが、これは、二五〇のサンプル社会の証拠を表示したあとのことにしたい。若干のケースについては、推論をやむなくしたけれども、われわれのサンプル社会全体の結婚禁止は、これをナンバー・方向・距離に従って分類できることが判明した。ただ単系的拡大タイプにみられる双系的最少拡大は、この分類では無視している。ほとんどのケースが、まったく偶発的だからである。それは交叉イトコ婚の禁止から、自動的に出てくる。交叉イトコ婚の禁止は、単系的最大拡大から必然的に出てくるものである。一般にはクロウ型またはオマハ型の呼称法（一次親族もしくは二次親族の呼称が、交叉イトコに拡大されているので）と、不可避的に結びついてくる。サンプルの分類は、次の通りである。

双系的非拡大（B1・M1・P1）

バリー島民、ブイン族、カリブ族、チュクチ族、インカ族、カババビシュ族、カインガング族、カリナゴ族、クルド族、マクシ族（Macusi）、マーケサス島民、メンタウェイ族、ナンビクアラ族、ナスカピ族（Naskapi）、シリオノ族、トピナンバ族、ツワナ族、ワラパイ族（一八族）

双系的拡大

最小（B2・M1・P1）——アンダマン島民、アングマサリク族、アイマラ族、カヤパ族、コマンチェ族、コパー・エスキモー族、フトナ族（Futunans）、ジュクン族、キオワ・アパッチ族、コリヤーク族、クテナイ族（Kutenai）、クワキウトル族、ラップ族、マンガレヴァン族（Mangarevans）、マオリ族、マタコ族、ミクマク族（Micmac）、パイウト族（Paiute）、ルテニア人、セカニ族（Sekani）、セマング族、タラフマラ族、テニノ族、テトン族、テワ族、ワショ族、ウィチタ族、ヤンキー（二八族）

標準（B3・M1・P1）——アツジェウィ族（Atsugewi）、チリカフア族、クナ族、フラットヘッド族（Flathead）、ハバスパイ族、ヒュパ族、イファゴ族（Ifugao）、インガサナ族（Ingassana）、オナ族、オントン＝ジャワ族、パウニー族、ピマ族、サモア人、シャスタ族、シリア系キリスト教徒、タケルマ族、タオス族、トケラウ族（Tokelau）、トンガ族、トバトラバル族（Tubatulabal）、ウラワン族（Ulawans）、ウィント族（Wintu）、ヤグハン族（一三族）

最大（B4・M1・P1）——アラパホ族、ブラックフット族、チェイエン族、エディストーン族（Eddystone）、フォックス族、ハワイ人、クララム族（Klallam）、クラマス族（Klamath）、ヌバ族、キナウルト族、ショショーン族、シンカイエトク族、ウィシラム族（Wishram）、ユロク族（一四族）

双系的・父系的拡大（M1を含む）

アザンデ族（B3・P4）、バリ族（B4・P4）、ディンカ族（Dinka）（B3・P3）、エロマンガ族（B3・P2）、イボ族（Ibo）（B3・P2）、カタブ族（Katab）（B3・P3）、キカプー族（Kicapoo）（B3・P3）、レプチャ族（B3・P4）、マブイアグ族（Mabuiag）（B3・P3）、マリコパ族（Maricopa）（B4・P3）、マサイ族（Masai）（B3・P2）、オジブア族（B3・P3）、オマハ族（B4・P4）、セニアング族（B4・P4）、ショナ族（Shona）（B3・P3）、ソガ族（B3・P3）、ティ

コピア族（B3・P3）、ゾサ族（Xosa）（B4・P3）、ズル族（Zulu）（B4・P4）（一九族）

双系的・母系的拡大（P1を含む）

チョクタウ族（Choctaw）（B3・M3）、クリーク族（B3・M4）、ホピ族（B3・M4）、クルタッチ族（Kurtatchi）（B3・M3）、プカプカ族（B3・M2）、シェルブロ族（Sherbro）（B3・M3）（六族）

母系的拡大

最小（M2・P1・B1またはB2）——ロングダ族、マンダン族、ムブンド族（Mbundu）、トゥイ族（四族）

標準（M3・P1・B1またはB2）——アピナエ族、アロシ族（Arosi）、カリエル族（Carrier）、チェワ族（Chewa）、ダカ族（Daka）、エヤク族、ゲトマッタ族（Getmatta）、ハイダ族、イラ族（Ila）、イロクォイ族、カスカ族（Kaska）、コンゴ族（Kongo）、クチン族（Kutchin）、ラムバ族（Lamba）、レス族、マーシャル島民（Marshallese）、ミナンカバウ族、モタ族（Mota）、ナチェズ族、ナウルア族（Nauruans）、ナヤール族、ドロ族（Ndoro）、ラムコカメクラ族（Ramkokamekra）、ロセル族（Rossel）、サンタ・クルス島民（Santa Curz）、テテカンチ族（Tetekantzi）、ティスムル族（Tisumulun）、トリンジト族、トロブリアンド島民、チムシアン族（Tsimshian）、ヴェダ族、ヤオ族、ヤルロ族、ユチ族（三四族）

最大（B4・P1・B2）——アコマ族、チェロキー族、コチティ族（Cochiti）、クロウ族、ドブ族、ジェメズ族（Jemez）、ナバホ族、トラック島民、ズーニ族（Zuñi）（九族）

母系的・父系的拡大（B1またはB2を含む）

アシャンティ族（M3・P3）、アルンタ族（Arunta）（M3・P4）、ベナ族（M2・P3）、ディエリ族（M3・P3）、ヘレロ族（M3・P3）、カミラロイ族（Kamilaroi）（M3・P3）、カリエラ族（Kariera）（M3・P3）、マヌス族（M2・P3）、ムルンギン族（Murungin）（M3・P3）、ナンカン族（M2・P4）、ペンテコスト族（M3・P3）、ラノン族（M3・P4）、

シルク族（M2・P3）、タナラ族（Tanala）（M2・P2）、トダ族（M3・P3）、ウォジェオ族（M3・P2）、ヤコ族（M3・P3）（一七族）

父系的拡大

最小（P2・M1・B1またはB2）――アラペシュ族（Arapesh）、アラウカン族（Araucanians）、ボレワ族（Bolewa）、チャワイ族（Chawai）、エド族、フィジー島民、キルバ族（Kilba）、ラケル族、満州族、ナンディ族（Nandi）、タニーズ族（Tannese）、ソンガ族、ヴェンダ族、ワピシアナ族（一四族）

標準（P3・M1・B1またはB2）――アベラム族、アチョリ族（Acholi）、アルバニア人、アンガミ族（Angami）、アオ族（Ao）、アウナ族（Awuna）、バチャマ族、バイガ族、バナロ族、バタク族（Batak）、ブーイヤ族（Bhuiya）、チェンチュ族（Chenchu）、チェレンテ族（Cherente）、中国人、クールグ族（Coorg）、ダホメイ族、ドロボ族（Dorobo）、エピ族（Epi）、ガンダ族（Ganda）、ゲス族（Gesu）、ギリアーク族、ゴンド族（Gond）、ヘンガ族、ホ族（Ho）、ホッテントット族（Hottentot）、イアトムル族、ケラキ族、コランコ族、キイガ族（Kyiga）、レンジ族（Lenge）、ロータ族（Lhota）、リンバ族（Limba）、マイル族（Mailu）、マラブ族（Malabu）、メンディ族（Mendi）、ミキル族、ミウォク族（Miwok）、ジジム族（Ngizim）、オロカイヴァ族（Orokaiva）、オセット族、ペディ族（Pedi）、レディ族（Reddi）、レングマ族（Rengma）、サベイ族、セマ族、スス族（Susu）、スワジ族（Swazi）、タレンシ族（Tallensi）、サド族（Thado）、ティムネ族、チェルタル族、ヴァイ族、ヴァニモ族、ウィネバゴ族、ウィトト族、ヤクート族、ユマ族（五七族）

最大（P4・M1・B2）――キタラ族（Kitara）、キワイ族、クトブ族（Kutubu）、ランゴ族（Lango）、ルイセノ族（Luiseno）、ミリアム族（Miriam）（七族）

インセスト・タブーの拡大傾向が、なによりも血縁親族集団の存在によって決定されるという仮説は、単系出自の場合には、ただちに確証される。すなわち表82は、母系的拡大が母系親族集団の存在と、父系的拡大が父系

表82　外婚的拡大と単系親族集団

母系的拡大	母系親族集団	社会の数
あ　る	あ　る	67
あ　る	な　い	3
な　い	あ　る	4
な　い	な　い	176

統計的指数　Q＋.99, $x^2$1000

父系的拡大	父系親族集団	社会の数
あ　る	あ　る	113
あ　る	な　い	3
な　い	あ　る	14
な　い	な　い	120

統計的指数　Q＋.99, $x^2$1000

母系的・父系的拡大	二重出自	社会の数
双方ともある	あ　る	15
双方ともある	な　い	3
一方または双方ともない	あ　る	5
一方または双方ともない	な　い	227

統計的指数　Q＋.99, $x^2$1000

表83　外婚的拡大と親族集団

双系的拡大	キンドレッドの報告	社会の数
あ　る	あ　る	26
あ　る	な　い	64
な　い	あ　る	5
な　い	な　い	155

統計的指数　Q＋.83, $x^2$1000

二次親族以上への非拡大	親族集団の報告	社会の数
拡大なし	な　い	12
拡大なし	あ　る	6
拡　大	な　い	44
拡　大	あ　る	188

統計的指数　Q＋.79, $x^2$1000

親族集団〔の存在〕と、両方向への拡大が二重出自の存在と、強く結びついていることを示している。そしてこの結びつきは、どの場合も、連関係数＋.99という最高の信頼度で計測されている。疑わしいケースは、消極的に解釈しておいたが、それでも統計値において極大のマグニチュードの得られたことに注目しなくてはならない（たとえばロングダ族の宗教的モイエティ、ユチ族の政治的・儀礼的モイエティ、競技で対抗するワショ族の出自集団は、いずれも父系親族集団に、母系的に相続されるブイン族のトーテムは、母系のリネージとして分類しておいた）。証明は、このように圧倒的に成功しているので、もうこれ以上、証拠を加える必要はないであろう。

ただ双系的拡大が双系親族集団の存在に拠っているかどうかは、これほど決定的に証明することはできない。というのも、キンドレッドの場合には、民族誌の資料が不完全なために、否定的なケースとしては、はっきりその不在を報告しているものよりも、無報告の事例をつかわなければならなかったからである。そこで係数のマグニチュードの低下が心配されたのであるが、それにもかかわらず、表83に集めたデータは、なお双系的拡大がキンドレッドの存在と、またこの非拡大があらゆる血縁親族集団の不在または無報告と、およそマグニチュード＋.80というきわめて高い連関係数で結びついていることを示している。なお単系社会でも、双系的拡大を生みだすうえでのキンドレッドの役割は、ホピ族、クルタッチ族、オジブワ族、プカプカ族、ティコピア族によって、はっきり例証されている。

ところで拡大の距離に関する仮説を確証することは、さらに困難となってくる。われわれの理論によると、最大の拡大は、母系、父系または双系の組織が長期にわたって確立しており、また高度の統合に達している社会で、これが期待されることになる。社会体系の相対的年齢または発達程度に関する基準は、これが立てにくい。したがって本書でも、これまでのところ、証拠はただひとつの基準についてしか、発見されていない。それは、第八章で確認されたホワイトの仮説についてである。すなわち単系構造の諸タイプのうち、クロウ型とオマハ型の親族呼称法をもつタイプが、最も高度に発達しており、したがって最も古い、ということである。これをわれわれの理論に適用すると、母系的の最大拡大は、実質的にはクロウ型の呼称法と結びつき、父系的の最大拡大は、オマハ型の呼称法と結びついていることを、期待してよいであろう。そしてこの理論的期待は、表84に示したデータによって支持されている。ただ標本数が少ないために、信頼度の指数は低いが、連関係数は高いプラスで、かつ一貫している。にしても、この二つのテストでは、信頼度は二五％レベルに達している。

はじめのインセスト・タブーが拡大していく距離が、なによりも時間的因子によるということは、おそらくわれわれの証拠によっても、確かめられる。ただこの結論を確定するには、なお調査・研究が必要であろう。しかし拡大の方向が、現存の血縁親族集団によって決定されるという点は、すでに完全に証明された。同じキンドレッド、リネージ、シブに属するエゴの血縁親族は、すでにみたように、エゴにとって、第二の防衛線をなしている。エゴの一次親族すなわちかれ自身の〔核〕家族が、かれの必要とするものを供給できないとき、エゴはその

表84　拡大の方向とその距離

拡大の方向	最大拡大		最小または標準拡大		統計的指標	
	オマハ型またはクロウ型呼称	他の呼称	オマハ型またはクロウ型呼称	他の呼称	Q	x^2
父系的	6	6	23	58	＋.43	2
母系的	7	4	16	26	＋.48	2

援助や支持を、この人たちに求めることになる。だから血縁親族集団が、ある程度、核家族の特徴をもっていても、ほとんどおどろくには当たらないであろう。第七章でみたように、一次親族の呼称がこれらの成員に拡大し、またどこでも、家族内で生まれたインセスト・タブーが、これらの人びとに般化していく傾向がみられる。だから外婚規則が一次のインセスト・タブーよりも普遍的でないことは、血縁集団がごくわずかの社会で欠けていること、また他の二、三の社会では、それがまだ若くて、大きな影響を及ぼすまでになっていないこと、ただそのかぎりのことにすぎない。

一次のインセスト・タブーが姻族に拡大していくという問題は、血縁親族の場合よりも複雑である。けれどもこれまで輪郭をえがかなかったような原理は、これには含まれてこない。ところでこの問題は、三つのカテゴリーに分けられる。第一は、特定の姻族、とりわけ妻の母、息子の妻、妻の兄弟の妻を含むもので、すなわちこれらに対しては、第九章で示したように（表79をみよ）、特別の要因が性関係と結婚とを禁止して、回避規則を通して、このタブーを強化する方向へとみちびいていく。

第二のカテゴリーは、その社会の社会構造上の特徴からして、たまたまエゴと同じ血縁親族集団のメンバーとなっている姻族を含むものである。こうした親族には、外婚という制限が、血縁親族一般に対するのとまったく同じように、拡大される傾向がある。表85は、このカテゴリーの姻族との結婚および婚外関係が、いずれもほぼ普遍的に禁止されていることを示している。連関係数は異常に高く、全体の信頼度も、これと同様である。

姻族の第三のカテゴリーは、エゴの配偶者と同じ血縁親族に属する姻族を含むものである。第九章（表76、77をみよ）では、許された夫婦間の性関係は、ちょうど父と

表85　姻族への拡大（第２のカテゴリー）

親族とその関係の仕方	エゴと同じ親族集団		違う親族集団		統計的指標	
	禁止された関係	許された関係	禁止された関係	許された関係	Q	x^2
父の妻—結婚	19	0	24	27	+1.00	*
父の妻—婚外	10	0	15	2	+1.00	*
父の兄弟の妻—結婚	20	0	18	15	+1.00	*
父の兄弟の妻—婚外	10	0	10	3	+1.00	*
母の兄弟の妻—結婚	11	1	23	33	+ .88	100
母の兄弟の妻—婚外	4	0	11	6	+1.00	*
妻の兄弟の娘—結婚	17	0	13	20	+1.00	*
妻の兄弟の娘—婚外	7	0	2	0	.00	*
妻の姉妹の娘—結婚	13	0	13	5	+1.00	*
妻の姉妹の娘—婚外	5	0	3	1	+1.00	*

表86　姻族への拡大（第３のカテゴリー）

親　族	妻と同じ親族集団		違う親族集団		統計的指標	
	結婚許可	結婚禁止	結婚許可	結婚禁止	Q	x^2
父の妻	5	22	3	40	+.50	2
父の兄弟の妻	2	13	3	35	+.35	—
母の兄弟の妻	8	26	3	31	+.52	2
妻の兄弟の娘	15	5	8	23	+.79	100
妻の姉妹の娘	3	2	4	22	+.76	5

娘、母と息子、兄弟と姉妹のインセスト・タブーが、親族集団所属のチャンネルに沿って拡大するのと同様に、〔今度は〕夫婦それぞれの血縁親族集団へと拡大される傾向のあることが示された。最も著しい例、すなわち兄弟の妻と妻の姉妹に関する証拠は、すでに表76に掲げておいたが、他の姻族との結婚の場合のデータは、表86に集めておいた。すなわち理論的期待は、中位の信頼度をもつ、高い正の一貫した連関係数によって確認されている。

そこでこれまでの証拠から、インセスト・タブーの姻族への拡大を支配する一般法則をつくることが可能となってくる。すなわちその拡大は、その親族がエゴの属するなにかの血縁親族集団の成員であるか、回避の規則によってエゴから離れているか、そのかぎりにおいてこれが起り、かれまたは彼女が、エゴの配偶者と同じ血縁親族集団に加入しているかぎりで、これがチェックされる傾向がある。

性行動と結婚とが、社会構造の形態によって大きく回路づけられていることは、いまはまったく明らかとなった。そして血縁親族集団の水路的効果に主に注目したのは、それが華々しくまた確実に証明されるからであった。けれども社会組織の他の特性も、明らかに補助的な影響を及ぼしている。たとえば親族呼称法と性行動とのあいだには、証明可能な関係が存在している。すなわちある親族呼称法で呼ばれる親族〔A〕があり、そしてこの呼称が、系譜的にエゴにより近く、それとの性関係が禁止されている親族〔B〕にも適用されているときには、Aは同じタブーのカテゴリーに位置づけられる傾向がある。これは表87に示されているが、本表は、二五〇の標本社会において、一〇以上の許可が記録されている二次・三次親族のすべてについて、結婚・婚前・婚外の性関係に関するデータを掲げたものである。理論的期待は、一様に高いプラスの、しかも一貫した連関係数で支持されており、さらにほとんどの事例で、これが実質的な信頼度をもって援護されている。

ほかにも親族構造と性行動の関係を示す、たくさんの表を作ってみたが、ここではそれらを提示しなかった。というのも、家族的・親族的諸集合のさまざまな形態が、親族呼称法と性行動の双方に、それぞれ回路的・決定的影響を与えていることを示されており、したがって呼称法と性行動との結びつきは、単に共通の原因からの平

表87　親族呼称法と性行動

親族とその関係の仕方	タブー視される近親者と同じ親族呼称		タブー視される近親者とは違う親族呼称		統計的指標	
	禁止または否認される関係	許されるまたは条件づきの関係	禁止または否認される関係	許されるまたは条件づきの関係	Q	x^2
父の兄弟の妻—結婚	26	7	3	6	+.72	20
母の兄弟の妻—結婚	20	15	11	16	+.32	2
父の兄弟の娘—結婚	164	6	38	4	+.48	2
父の姉妹の娘—婚前	21	2	19	8	+.63	5
父の姉妹の娘—結婚	89	15	44	47	+.73	1000
母の兄弟の娘—婚外	21	3	17	11	+.64	10
母の兄弟の娘—結婚	69	18	49	57	+.63	1000
母の姉妹の娘—結婚	153	5	24	5	+.73	100
兄弟の妻—婚前	3	1	19	23	+.57	—
兄弟の妻—婚外	3	2	17	24	+.36	—
兄弟の妻—結婚	5	3	24	125	+.79	100
妻の姉妹—婚外	3	0	14	25	+1.00	*
妻の姉妹—結婚	5	3	22	116	+.80	100
妻の兄弟の娘—結婚	13	4	4	11	+.86	20

行的結果を反映しているにすぎない。そう思われたからである。われわれは、親族構造〔＝呼称法〕が性関係に補助的な影響を及ぼしていること、そして前者が逆に後者から影響される度合よりも、いくぶん大きいのではないかと思っている。ただこれを、民族誌のデータから決定的に証明する手段を欠いている。けれども最近の心理学的実験(19)によって、これが可能になることが考えられる。というのは、人間現象の場合二つの刺激は、それらに違った名前よりも同じ名前の与えてあるほうが、反応の転移を起しやすいことが示されているからである。

通文化的な分析は、明らかに次のことを証明している。それは、性行動のパターンは、「歴史的な偶然」(historical accident) を反映するものでも、人間文化のなかでの閉鎖的体系をつくるものでもない。どこでも、それは社会組織の支配的形態によって塑型され、方向づけられている、ということである。事実、性行動のパターンが、社会組織によっていることは、きわめて明瞭である。したがってこのパターンは、構造的形態がわかれば、相当程度まで、これを予測することができる。さらに本書の終章が明らかにするように、その統轄原理を、かなり複雑な科学的法則として組織することも可能であろう。

原註1 A. T. Bingham, *Determinants of Sex Delinquency in Adolescent Girls* (New York, 1923, pp. 34-41) ; L. J. Doshay, *The Boy Offender and His Later Career* (New York, 1943, pp. 77, 149) ; A. C. Kinsey, W. E. Pomeroy, and C. E. Martin, *Sexual Behavior in the Human Male* (Philadelphia, 1948, p. 558) ; S. Riemer, A Research Note on Incest (*American Journal of Sociology*, XLV, 1940, pp. 566-75) ; J. B. Tomkins, Penis Envy and Incest (*Psychoanalytic Review*, XXVII, 1940, p. 319)を参照。

2 たとえばラグラン卿は『ジャカスタの犯罪』(Lord Raglan, *Jacasta's Crime*, 1933, London) のなかで，すべてのインセスト・タブーが「同じ河岸に住む女性と性交渉をもつことは危険だという太古の呪術的信念」に起源がある，としている (p. 191)。

3 このインセスト・タブーの理論に反対するさらに広範な議論と，関係のある諸権威の文献については，W. G. Sumner and A. G. Keller, *The Science of Society* (New Haven, 1927, Ⅲ, pp. 1571-94) をみよ。

4 R. H. Lowie, *Primitive Society* (New York, 1920, pp. 15, 105). ただこの見方は，その後，かれのThe Family as a Social Unit (*Papers of the Michigan Academy of Sciences*, XVIII, 1933, p. 67) で撤回された。

5 R. Fortune, Incest (*Encyclopaedia of the Social Sciences*, VI, 1932, p.620) 参照。

6 L. L. Bernard, *Instinct* (New York, 1924) 参照。

7 E. Westermarck, *The History of Human Marriage* (5th edit., New York, 1922, Ⅱ, p. 192). この見解は，H. Ellis, *Psychology of Sex* (London, 1934, p. 80) でも採られている。

8 G. Holm, Ethnological Sketch of the Angmagsalik Eskimo (*Maddelelser om Grφnland*, XXXIX, 1914, p. 65).

9 くわしくは S. Freud, *A General Introduction to Psychoanalysis* (Garden City, 1938, pp. 186-7, 291-6) をみよ。

10 G.B. Vetter, The Incest Taboo (*Journal of Abnormal and Social Psychology*, XXIII, 1928, pp.232-40) 参照。

11 B. Z. Seligman, Incest and Descent (*Journal of the Royal Anthropological Institute*, LIX, 1929, pp. 243-5).

12 *Ibid.*, p. 239 参照。

13 J. M. Roberts, The Navaho Household (未刊学位論文，エール大学) 参照。

14 W. G. Sumner and A. G. Keller, *The Science of Society* (New Haven, 1927, Ⅲ, pp. 1617-20) 参照。

15 C. L. Hull, *Principles of Behavior* (New York, 1943, pp. 183-203) 参照。

16 *Ibid.*, p. 266 参照。

17 B. Z. Seligman, Incest and Descent (*Journal of the Royal Anthropological Institute*, LIX, 1929, pp.271–2); E.B. Tylor, On a Method of Investigating the Development of Institutions (*Journal of the Royal Anthropological Institute*, XVIII, 1889, pp. 267–8) 参照。

18 W. G. Sumner and A. G. Keller, *The Science of Society* (4 Vols, New Haven, 1927, Ⅲ, pp. 1617–21) 参照。

19 J. S. Birge, *The Role of Verbal Response in Transfer* (未刊学位論文, エール大学) 参照。

第一一章　性の選択に関する社会法則

この短い終章は、本書のいろいろな理論的・事実的結論を総合することを目的としている。というのは、これらが性と結婚とについて、その相手方の選択に関係しているからである。そしてここでの諸原理は、——あらゆる社会で働くと思われる——誘引と反撥とからなる一連の相互作用に関する階梯によって表わされるであろう。なおこの階梯のそれぞれは、どんな特定の社会に対しても、かなり正確に測ることができる。したがって読者が好むならば、これはそのまま、性の選択に関する普遍的な社会法則とみることもできるであろう。もっとも著者は、この〔社会法則という〕名称がふさわしいものか、あるいはもっと控え目な名称にするほうがよいかは、ほとんど問題としていない。著者の目的は、本書の結論のいくつかを援用するだけであって、事実や理論に、これ以上新しいものを加えようとするのではない。

人間は、どこでも、またその性的目的がなんであっても、あるかぎられた基本的基準——そのあるものはプラス、またあるものはマイナスであるが——にもとづいて、相手方の選択をしているようにみえる。そして、この基準はそれぞれ、極大の誘引または反撥からゼロの誘引または反撥に至るまでの差異の連続体をなしている。けれども文化とパースナリティの諸要因は、強調を置く特定の基準を、個々の社会について、いくぶん変えるように働いている。そこでこれらの諸要因は、連続体の違った諸点で、その効果をもつことになる。そしてこうした強調の度合は、通文化的な比較を行なってみると、あるモードの点に集まってくることがわかる。というわけで、連続体ごとに、標準となる階梯または等級を確定することができることになる。ところで社会組織の諸要因は、しばしば特定の階梯の方向を外らしたり、または階梯の発生に影響を及ぼしたりする。したがってさまざまな階梯が交叉する点は、社会ごとに異なってくる。けれども個々のケースにあっては、かなり狭い範囲内で、次のような特定の集団または人びとの集合を決定することが可能である。すなわち、マイナスの基準によって排除されず、しかも地域的に適用されるプラスの基準によって、最高位に位置する集団あるいは集合、がそれである。つまりその社会において選好される性・結婚の相手方は、〔理想的には〕こうした人たちということになる。

一　民族中心主義におけるマイナスの階梯　社会生活すなわちアソシエーションは、二つの基本的な側面をもっている。社会的協働と積極的な「われら意識」という表《おもて》の面と、対立と非成員に対する「民族中心主義」(ethnocentrism)という裏の面とである。ところでこの民族中心主義が性と結婚との選好にも影響してくるので、ここに種族的内婚というマイナスの階梯がつくられる。とともにこのマイナスの階梯は、社会的距離に比例して、すなわち社会的紐帯の減少、文化的差異の増加にともなって、ますます強く作用する。この連続体の主な階梯は、次のようである。

1、人間以下の動物——獣姦についてひろくみられるタブーは、この反撥の極点を反映している。

2、異なる文化・国民性をもつ人びと——ただアメリカを含むごくわずかの社会では、このレベルまたはこれに続くレベルにおいて、〔さらに〕文化と人種とのあいだの区別を設けている。したがって違った文化をもつ人たちが、肉体的特徴でも著しく違っていると、もっと強くこの人たちを拒否することになる。

3、異なる部族または国家の人びと——しかしエゴの社会と似た文化をもっている人びと。

4、エゴの部族または国家のうちにある集団の成員——しかし違った文化、たとえばカースト、少数民族などの特徴をもった人びと。

5、エゴの部族または国家のうちにある集団の成員――しかし違った下位文化、たとえば社会階級・居住地域などの特徴をもった人びと。

6、大きな文化的差異を表わしていない市民の人びと。

ほとんどの社会では、選好される相手方は、この第六のグループのうちにみいだされる。もっともこの場合でも、特別のタブーが、特定のより高いレベルまたはそれ以上の全員に適用される。そこで中間レベルの人びとを、下から上へと選好序列が下降するように位置づける、ということも行なわれる。こうした例外は、外婚というマイナスの階梯が、第六または第五レベルに拡がっていて、これらの人びとが排除される場合である。たとえばカーストがシブの序列の外婚単位である場合に、ときどきこれが起る。こうしたとき上昇婚の要求があっても、第五・第六レベルは排除されて、選好の相手を、第四のレベルにみいだすことになる。さらに極端なのは、キナウルト族であって、ここではインセストを恐れるあまり、結婚の相手方を、部族外に求めている。さきの階梯からすれば、3がそれである。

二　外婚におけるマイナスの階梯　家族内のインセスト・タブーは、現行の出自規則の決めた回路に従って、家族外の親族に拡大していくが、その様態は、すでに第一〇章で述べておいた通りである。そしてこの拡大の及ぶ平準的な距離が、外婚の階梯における、主なステップを形成することになる。

1、一次血縁親族

2、二次血縁親族――ただわずかの社会では、特定の二次親族を、拡大されたインセスト・タブーから除いている。たとえば、南アメリカの若干の熱帯低地の部族がそれで、ここでは姉妹の娘が除かれている。なお特殊な拡大の原理のために、ふつうこのカテゴリーには、若干の二次姻族が含まれる。たとえば妻の母、息子の妻などがそれである。

3、一次のインセスト・タブーの最小拡大に含まれる親族――すなわち双系出自における三次の血縁親族、単系出自におけるリネージ仲間などが、それである。

4、標準的外婚の拡大に含まれる親族——たとえば双系出自における四次・五次の血縁親族、単系出自におけるシブ仲間などが、それである。

5、外婚の最大拡大に含まれる親族——たとえば双系出自のもとで、たどれるかぎりの全血縁親族、母系または父系出自における両親の単系親族、などがそれである。

6、非親族。

なお外婚規制の拡大しないすべてのレベルは、一緒に扱ってよい。だから——それがどんな種類のものであっても——最小の拡大すら欠けていると、第三から第五レベルまでの人びとは、性・結婚の選好に関するかぎり、非親族と等しいものとなる。

三　姦通におけるマイナスの階梯　結婚の普遍性とこの関係にともなう特別な性的特権の普遍性とは、ふつう、この特権を監視する嫉妬と一緒になって、姦通関係をひろく否認する結果をもたらす。けれども第九章でみたように、夫婦の性的特権という物指しが拡大していく関係、すなわち若干の姻族との関係が存在している。こうした例では、非親族の人との場合に較べて、姦通はそれほど嫌われない。むしろまったく許されていることもある。こうして、姦通における階梯が生まれる。その主なステップは、次の通りである。

＜未婚者について＞

1、非親族および遠い親族の配偶者。

2、エゴの血縁親族集団の成員の配偶者。

3、エゴのきょうだいの配偶者。

4、未婚の人たち。

＜既婚者について＞

1、非親族と遠い親族。

2、エゴの配偶者が属する血縁親族集団の成員。

3、エゴの配偶者のきょうだい。

4、（該当するものなし）

第三レベルと第四レベルとは、ときとして、その位置が逆転する。すなわち特権関係は認めているが、婚前の性関係を否認しているような社会が、それである。

四　同性愛におけるマイナスの階梯　この第四の階梯は、おそらく両性という生物学的事実と、生殖に置かれる普遍的価値から生まれるものである。このためほとんどの社会は、結婚と性関係とを、異性の人びとのあいだに限ろうとする。ところがいくつかの社会は、とくに限られた文脈のもとで、同性愛を許している。またごくわずかの社会は、この点でひろい寛容を示している。しかしこうした社会でも、同性愛の関係が、規制的階梯に従っているところもある。このことは、注目すべきであろう。たとえばケラキ族のモイエティ外婚などが、これである。その主な階梯は、数では三つになるであろう。

1、エゴと同性の人びと。

2、著しくクロス・セックスな特徴を示す異性。たとえば性倒錯、女性的男性、男性的女性などがそれである。

3、異性の典型的な代表者。

簡単に言えば、プラスすなわち誘引の階梯が、さきのマイナスすなわち反撥の階梯に、確実な圧力を及ぼす。この圧力のために、社会化の十分でない人、犯罪性のある人、社会化の過分な人、神経症の人、そのほか強い情緒的・状況的ストレスのもとにある人たちは、このタブーを無視して、誤った結婚、インセスト、姦通、公然たる同性愛などに走りがちになる。

五　近接性におけるプラスの階梯　三つのプラスの階梯のうち、その最初は、性的表現の機会という要因にもとづいている。これが近接性の階梯と呼ばれるものである。というのも、空間的に近いことは、明らかにこの機会の有力な要素だからである。主な等級は、次の通りである。

1、エゴの地域社会の成員、すなわちいつも面接的関係の保たれている人びと——地域社会が、通常、クランや外婚ディームとなっていない社会では、ほとんどの結婚と性関係とは、同じ地域社会の住民のあいだで行なわれることになる。

2、隣接した地域社会の住民——選好的な性・結婚の相手方は、社会が外婚的ディームまたはクラン地域社会に組織されていて、外婚と姦通というマイナス階梯が第一レベルの人びとを排除するように働いている場合は、この2のレベルでみいだされる。

3、遠い地域社会の住民――この点では、民族中心主義というマイナス階梯が、ふつう、逆の影響を及ぼし始める。

六　適齢におけるプラスの階梯　性・結婚の当事者間の年齢差は、とくに適当とされるそれから、文化的に不適当とされるそれまで、プラスの階梯を形成している。ただこの階梯は、主に一次婚に適用されて、婚前・婚外の性関係に関しては、かなり厳密性を欠いている。またこれは、二次婚にはほとんど作用せず、ここでは他の要因が、もっと強く性の選択に影響してくる。なおこの階梯は、近接性の階梯と同様、機会という要素にもとづいている。年齢の層化は、あらゆる社会にみられるが、これは同世代の人びとを、最も緊密な接触にもたらすことになりやすい。さらに言うならば、少年・少女が適齢に達したとき、かれらよりも上の世代は、もうほとんどが結婚関係にあり、また下の世代は、まだ不適格の状態に置かれている。こうしたわけで、稀な例外――著しいは、われわれのサンプル中のレス族であるが――を除けば、一次婚は、とりわけ同世代で行なわれることになる。なお女性は、男性と較べて、いくぶん成熟が早いので、初婚では通常、花婿は花嫁よりも少し年上というのが、適当とされている。それで最も典型的な階梯は、次のようになる。

1、同世代の人びと、似た年齢の人びと――多少年齢差のあるときは、男性のほうが年長。

2、同世代であるが、年齢の違った人びと――女性のほうが年長であるか、または男性のほうがずっと年長。

3、隣接した世代の人びと――男性のほうが年長。

4、隣接した世代の人びと――女性のほうが年長。あるいは非隣接世代の人びと。

七　親族関係におけるプラスの階梯　第七の、そして最後の階梯は、親族関係におけるそれである。この事実は、これに対立する外婚の階梯によって、不明瞭になっているが、あらゆる社会の人たちは、明らかに性・結婚の相手方を、現実のまたは慣行的な親族関係の近さに正比例して選ぼうとしている。ところでこの傾向は、二つの源から発している。ひとつは、一次親族に対する無意識的なインセストの誘引である。精神分析が証明したように、これは核家族に必然的に生まれてくる。もうひとつ――民族中心主義の対極として――は、あらゆる社会集団に生まれるところの「われら意識」または「同類意識」である。人は、他者との社会関係を結べば結ぶほど、多くの集団に参加するようになってくる。そしてかれらとの一体感とかれらへの誘引は、ますます大きなものになっていく。なお社会紐帯の最多数とバラエティとは、エゴの核家族の成員と分有されている。ともにほとんどの社会では、これらは、系譜的距離と密接に比例して減少していく。現実的・慣行的親族関係の階梯は、こうしてインセストの誘引と社会的所属双方の程度をはかるものとして、役立ってくるわけである。以下は、ひろく区別されているこの階梯である。

1、一次親族――配偶者は、普遍的に選好されている性的対象であるが、これを除いた一次親族の全員。かれらは、通常、外婚というマイナスの階梯、とくに一次のインセスト・タブーによって、排除される。しかし一次親族間における誘因の強さは、犯罪学的・臨床的証拠だけでなく、王家の近親婚のように特別な文化的例外によっても示されている。ただこうした異例は、次のような〔特殊な〕状況のもとで生まれた。すなわち関係者は権力と威信とを十分に備えており、したがって、性的タブーとしては最も強いこのタブーからも、みずからを救うことができた、そうした状況のことである。

2、二次親族と三次親族――姻族を除いて、このカテゴリーに入る全員は、外婚タブーの最小またはより大きな双系的拡大によって排除される。また最大の母系的・父系的拡大によっても排除されることになる。姦通のマイナス階梯による若干の例を除いて、〔このカテゴリーで〕排除されないものには、義理のきょうだいと、その他近い姻族とが含まれる。これらは、特権的性関係と選好的二次婚にとっての、最もありふれた対象だからである。また単系出自のもとでは、交叉イトコも、選好的一次婚と婚前関係との、最もふつうの対象となってくる。

3、系譜的結びつきのたどれない遠い親族――このカテゴリーの姻族は、姦通のマイナス階梯によって排除される傾向がある。また血縁親族は、双系の血縁集団をもつ社会では、外婚のマイナス階梯によって排除されるか、少なくとも「非親族」のレベルにまで引きおろされる。けれども母系および父系社会では、二次交叉イトコとそれより遠い交叉イトコとは、外婚の単系的拡大によっても影響されない。むしろより近い親族が最大の拡大によって排除されない場合には、かえって選好的な性的対象となる。

4、エゴとの親族関係が、単に慣行的または伝統的である人びと——たとえば同じディームまたは部族の成員。

親族関係における階梯は明らかに、民族中心主義のそれと、真向からぶつかる。他方、この階梯は、近接性のそれときわめて平行的に進行する。ただ前者は、通常、後者よりも下降が急である。そして両者は、ディームまたはクラン地域社会に組織された社会では、そのほとんどが一致する。親族関係の階梯は、地域社会が分節化されている場合、とくに有効である。しかしわれわれの社会のように、親族集団が地域化されず、親族が分散しているところでは、近接性の階梯に大きく代わられる傾向がある。

ところでうえに述べた七種の階梯グループによって、特定社会の社会組織を分析してみると、かなり正確に、どのカテゴリーの人びとが、性・結婚の対象として選好されているかを予測することができるであろう。われわれの社会も、その一例とすることができよう。第一の階梯〔=民族中心主義〕は、ここではむしろ強調されていて、すべての外国人と、異なるカースト・階級・人種集団に属する市民は、みな排除される。第二の階梯〔=外婚〕は、世界的視野からすれば、平均以下の強調であるが、一次・二次・三次の血縁親族のすべてが排除される。第三の階梯〔=姦通〕は、異常な力点の置かれるものであるが、どのタイプの姦通的結合も、みな斥けられる。しかも婚前の性関係を防ぐというところまで、拡大される傾きがある。第四の階梯〔=同性愛〕も、きわめて強調されており、男性のエゴに対しては、すべての男性と男性的女性とが排除される。第五の階梯〔=近接性〕は、われわれの地理的移動〔のはげしさ〕のため、おそらく平均以下の効果しかない。しかし同じ町の住民、とくに同じ町の近隣の住民には、有効に働いている。第六の階梯〔=適齢〕は、たぶん正常と思われるが、男性と年長の女性との結婚、男性と非常に若い女性との結婚には、反撥する。なおそれほどではないけれども、未婚の女性との情交にも反撥する。第七の階梯〔＝親族関係〕は、われわれの社会では、結婚の選択にはとくに大きく影響しない。ここでは双系の出自と親族集団の非地域化とから、この階梯が近接性の階梯に先行を許しているからである。

要するに性の選択に関する法則は、それが他の社会では交叉イトコ婚にみちびくにしても、われわれ固有の社会構造という文脈のもとで働く場合には、次のようなものになりやすい。まず未婚のアメリカの男性には、結婚および非公式の性関係において、次のような女性を選ばせる。すなわち同年またはやや年下で、典型的な女らしさをもった女性。未婚で、かれの近くに、少なくともかれの町に住み、かれと同じカースト、階級に属し、異なる文化的特徴をもたない女性。また既婚の男性には、以上のような性的対象が、唯一の高度な被選好者、すなわちかれの妻となる。なおこれらの予測は、結婚に関する社会学的文献も、十分、支持するものである。またわれわれ自身が「参加的観察者」(participant observers)として、われわれの生活文化のなかでの性行動について知っていることからも、十分なサポートを得ている。

あるすぐれた先学は、(1)社会構造の分野で立派な一書をものしているが、ところでかれは、その最後の一節で、われわれ「アメリカ」の文明について、次のような結論を述べている。すなわち、「無計画なごっちゃ混ぜ、つぎはぎだらけ」だというのである。しかしわれわれの研究がもたらしたものは、このことばに真向から対立している。本章で、また本章全体を通じて、われわれは、次の事実をみいだすことができた。われわれの社会にみられる性行動と社会組織の形態とは、世界の未開民族における類似現象と同じ規則性を示している。また同じ科学的原理に符合している、ということである。

原註1　R. H. Lowie, *Primitive Society* (New York, 1920, p. 441). ただかれの *Social Organization* (New York, 1948) は、本書の原稿が完成したのちの出版であるけれども、このなかではかれは、――われわれが異議を唱えざるをえなかった――はじめの研究における発言や立場を、実質的に修正している。この書物は、理論的な新味はほとんどないけれども、幅の広さ、領域、判断の点では推奨にあたいするものである。

付論A　歴史的再構成の技法

この付論は、なによりも歴史的関心をもつ歴史家と人類学者とに向けられている。周知のように、今はなき文明の記録は、考古学、文書の記録を含めて、技術、経済、宗教、政治に関しては、その証拠が比較的豊富である。しかし出自規則、親族呼称法、その他社会組織の諸側面についてのインフォーメーションは、まことに乏しい。そこでなにかの技法があって、それによって、最近の社会組織が十分に記述されるようになり〔人類学〕、また歴史期の豊富な記録が、それにさきだつ構造形態を――高い信頼度で――明らかにするようになるならば〔歴史学〕、きわめて有益だといってよいであろう。つまりこれによって、より以前の組織形態からの継起が推論されて、歴史学者は、間接資料のうちにも、十分な証拠をみつけることになるであろう。また考古学者は、住居址のようなデータから、特定の歴史時代あるいは考古学的層位とある社会構造の型とのあいだの可能な関連を推定できるようになるであろう。となると、これまで歴史的再構成がきわめてむずかしいとされてきた文化の側面〔＝社会組織〕も、かなり長い時間的な深みに達することができるわけである。

ところでこの技法は、第七、第八、第一〇の各章でそれぞれ確証した、親族呼称法の決定因子、社会組織の進化、インセスト・タブーの拡大に関する諸理論によって、すでに暗示されている。すなわち適応的な再調整は、みな一つの社会組織の形態から他のそれへの移行が完了するまで、ふつう、かなり長期の経過を必要とする。そしてこの事実――「文化的遅滞」としてよく知られている現象――から、ほとんどの社会体系においては、以前の組織形態からの「残存」(survivals)がある、ということになる。したがってこれらを分析すれば、歴史的に先行する社会構造のタイプについて、しばしば信頼できる指標が与えられることになる。事実、こうした内的証拠からの演繹は、実際の歴史的証拠、言語的関連の分析、この双方が利用する分布の研究、こうしたものともよく一致することがわかってきた。となると、これらを体系化して、歴史的再構成の技法を公式化することは、きわめて望ましいことであろう。なぜなら、この技法は、他の方法を補い、他の証拠が欠けている場合にも、過去への洞察を可能にしてくれるからである。

そこで以下に提案する方法を、われわれの二五〇の標本社会に適用するとき、次のことがわかってくる。すなわち、内的証拠からの推論は、〔ひろく〕認知されている語族に対しては、社会組織の単独の起源タイプにむかって、過去へと収斂されていく、ということである。もちろん、この場合、その語族は、単独の歴史的始源をもっていなければならない。となるとこれは、提案される再構成の技法に、明らかに歴史的性格を与えることになる。それだけでなく、この技法を引きだした理論全体にも、そうした性格を与えることになる。したがってこの歴史的・比較的テストは、本書の進めてきた諸仮説にも、あわせて確証を与えることになるわけである。

さてここに提案する歴史的再構成の技法は、二つの表を利用している。なおこの二表は、本書の諸所で達した結論を要約したものである。すなわちA表は、社会組織の進化についての限られた可能性をまとめたもので、これは第八章で得られた。本表には、われわれの分類におけるすべてのサブタイプがリストされており、これにはそれぞれが直接に引きだされうる他のサブタイプのすべてが示されている。なおその可能性は、ほぼ蓋然性の順序で並べられている。(　)で囲んだ派生タイプは、理論的にも、またわれわれの標本社会の証拠からも、あまり起りそうもない。それでこれらは、とくに証拠のないかぎり、この方法を適用するときには、無視することができる。

A表

構造的サブタイプ	蓋然的・可能的派生タイプ
標準的エスキモー型	父処エスキモー型、新処ユーマ型、新処フォックス型、新処ハワイ型、（新処ギネア型）、（新処ナンカン型）、（母処エスキモー型）、（双処エスキモー型）
双処エスキモー型	母処エスキモー型、父処エスキモー型、（標準的エスキモー型）
母処エスキモー型	双処エスキモー型、標準的エスキモー型
父処エスキモー型	標準的エスキモー型、父処ナンカン型、双処エスキモー型、（母処エスキモー型）
標準的ハワイ型	父処ハワイ型、母処ハワイ型、双処ナンカン型、双処ギネア型、双処ユーマ型、双処フォックス型、双処エスキモー型
母処ハワイ型	標準的ハワイ型、（標準的ナンカン型）、（新処ハワイ型）
新処ハワイ型	父処ハワイ型、標準的ハワイ型、母処ハワイ型
父処ハワイ型	標準的ハワイ型、父処ナンカン型、新処ハワイ型、（父処ギニア型）、（母処ハワイ型）

構造的サブタイプ	蓋然的・可能的派生タイプ
標準的ユーマ型	父処ハワイ型、父処イロクォイ型、父処エスキモー型、（標準的ダコタ型）、（双処ユーマ型）、（新処ユーマ型）、（標準的フォックス型）
双処ユーマ型	双処ダコタ型、双処イロクォイ型、（標準的ユーマ型）、（母処ユーマ型）
母処ユーマ型	母処ハワイ型、母処エスキモー型、（標準的イロクォイ型）、（双処ユーマ型）、（新処ユーマ型）、（母処フォックス型）
新処ユーマ型	新処ダコタ型、新処イロクォイ型、（標準的ユーマ型）、（母処ユーマ型）、（双処ユーマ型）
標準的フォックス型	父処ハワイ型、父処クロウ型、父処エスキモー型、（標準的オマハ型）、（標準的スーダン型）、（双処フォックス型）、（新処フォックス型）、（標準的ユーマ型）
双処フォックス型	双処オマハ型、双処クロウ型、双処スーダン型、（標準的フォックス型）、（母処フォックス型）
母処フォックス型	母処ハワイ型、母処エスキモー型、（母処フォックス型）、（標準的クロウ型）、（新処フォックス型）、（母処ユーマ型）

構造的サブタイプ	蓋然的・可能的派生タイプ
新処フォックス型	新処オマハ型、新処クロウ型、新処スーダン型、(標準的フォックス型)、(母処フォックス型)、(双処フォックス型)
父処フォックス型	二重クロウ型、標準的フォックス型、父処クロウ型
標準的ギネア型	父処ハワイ型、父処エスキモー型、二重ナンカン型、(双処ギニア型)、(新処ギネア型)、(父処ナンカン型)
双処ギネア型	標準的ギネア型、双処ダコタ型、双処オマハ型、双処スーダン型
新処ギニア型	標準的ギニア型、新処ダコタ型、新処オマハ型、新処スーダン型
標準的ダコタ型	標準的ギネア型、標準的ユーマ型、二重イロクォイ型、(父処フォックス型)、(双処ダコタ型)、(新処ダコタ型)、(標準的オマハ型)、(標準的スーダン型)、(父処イロクォイ型)
双処ダコタ型	標準的ダコタ型
新処ダコタ型	標準的ダコタ型、(双処ダコタ型)
標準的スーダン型	標準的ダコタ型、標準的ギニア型、標準的フォックス型、二重クロウ型、(双処スーダン型)、(新処スーダン型)、(標準的オマハ型)、(父処フォックス型)

構造的サブタイプ	蓋然的・可能的派生タイプ
双処スーダン型	標準的スーダン型
新処スーダン型	標準的スーダン型、(双処スーダン型)
標準的オマハ型	標準的ダコタ型、標準的フォックス型、標準的ギネア型、標準的スーダン型、二重クロウ型、(双処オマハ型)、(新処オマハ型)、(父処オマハ型)
双処オマハ型	標準的オマハ型
新処オマハ型	標準的オマハ型、(双処オマハ型)
標準的ナンカン型	母処ハワイ型、母処エスキモー型、(双処ナンカン型)、(新処ナンカン型)
オジ処ナンカン型	標準的ナンカン型
双処ナンカン型	標準的ナンカン型、双処イロクォイ型、双処クロウ型、(父処ナンカン型)
二重ナンカン型	父処ナンカン型
新処ナンカン型	標準的ナンカン型、新処イロクォイ型、新処クロウ型、(父処ナンカン型)、(オジ処ナンカン型)、(双処ナンカン型)
父処ナンカン型	双処ナンカン型、オジ処ナンカン型、(新処ナンカン型)、(標準的ナンカン型)
標準的イロクォイ型	標準的ナンカン型、母処ユーマ型、(双処イロクォイ型)、(新処イロクォ

構造的サブタイプ	蓋然的・可能的派生タイプ
	イ型)、(標準的クロウ型)
オジ方イロクォイ型	標準的イロクォイ型、(オジ処ナンカン型)
双処イロクォイ型	標準的イロクォイ型、(父処イロクォイ型)
二重イロクォイ型	父処イロクォイ型、二重ナンカン型、(二重クロウ型)
新処イロクォイ型	標準的イロクォイ型、(父処イロクォイ型)、(オジ方イロクォイ型)、(双処イロクォイ型)
父処イロクォイ型	双処イロクォイ型、オジ処イロクォイ型、(父処ナンカン型)、(新処イロクォイ型)、(標準的イロクォイ型)、(父処クロウ型)
構造的サブタイプ	蓋然的・可能的派生タイプ
標準的クロウ型	標準的イロクォイ型、母処フォックス型、標準的ナンカン型、(双処クロウ型)、(新処クロウ型)
オジ方クロウ型	標準的クロウ型、(オジ方イロクォイ型)、(オジ方ナンカン型)
双処クロウ型	標準的クロウ型、(父処クロウ型)
二重クロウ型	父処クロウ型、二重イロクォイ型、(二重ナンカン型)
新処クロウ型	標準的クロウ型、(父処クロウ型)、(オジ処クロウ型)、(双処クロウ型)
父処クロウ型	双処クロウ型、オジ方クロウ型、(新処クロウ型)、(父処イロクォイ型)、(標準的クロウ型)

次にB表は、社会組織の特徴をリストしたものであるが、これから先行する構造形態についての推論を引きだすことができる。ここでは、そのそれぞれが頭文字で示されているが、この文字は、二、三の競合する例を除いて、本書のはじめの諸表で、シンボルとして用いたものと同じである。なおこれらは、参照の便を考えて、論理的順序ではなくて、アルファベット順に並べられている。推論の根拠は、本文で明確にしておいたので、ここでは複雑な例についてだけ、要約することにしたい。

B表

A、標準的父処規則に対する代替としての「オジ方居住」(Avunculocal residence) は、通常のオジ方居住をともなう構造から、かならずしも直接に派生するものではないことが示されている。なお標準的オジ方居住制からの推論については、以下のRを参照。

B、インセスト・タブーの「双系的拡大」(Bilateral extension) は、単処居住をともなう単系構造において、標準的または最大の拡大をすれば、双系構造からの派生であることを示している。これは一般に、双処または新処居住、とくにキンドレッドと結びついて起る。ただクリーク族のように、双系的外婚が文化変容のはげしいように報告されている社会では、確定的証拠のないかぎり、推論を引きだすべきではない。

C、オバとメイ、もしくはオバまたはメイに対する「分枝傍系型呼称」(Bifurcate collateral terms) は、一般の一夫多妻制が欠け、居住規則が父処以外のものであれば、父処的構造から直接に、あるいは近似的に派生したことを示している。

D、「出自規則」(Descent rule) は、多くの推論を許している。分類上の主な三要因のうち、出自は、通常ひとつの安定した構造的均衡から他のそれへと移行するさい、居住 (R) よりは遅れるが、イトコ命名法 (N) よりも早く変化する。こうして出自が、変化する三要素のうちいちばん最近に変化したと思われる構造タイプは、居住とは一致しているが、命名法とは一致していない、といったタイプである (われわれは、一致ということで、居住・出自・命名法の特定の結びつきが、エスキモー型、ハワイ型、ダコタ型、スーダン型、オマハ型、イロクォイ型、クロウ型の標準的サブタイプに起っていることを意味する)。出自の変化は、当然、同一の命名法、同一の居住規則といった特徴をもつサブタイプ間の移行だけを示している。たとえば父処エスキモー型から標準的ギネア型へ、父処クロウ型から標準的フォックス型へ、二重イロクォイ型から標準的ダコタ型への移行を示す。双系出自は、母系出自または父系出自から、直接に派生することができるが、二重出自からは派生しない。母系出自は、双系出自からだけ進化しうる。父系出自は、双系出自だけでなく、母系出自からも起りうる。もっとも母系出自からの場合は、ほとんどいつも、短期間ではあるけれども、双系または二重出自という中間段階を経由する。たとえばエスキモー型、ハワイ型、ユーマ型、フォックス型の父処のサブタイプと、ナンカン型、イロクォイ型、クロウ型の二重出自のサブタイプとは、母系構造から父系構造への、いろいろ可能な移行において、その標準的な中間段階をなしている。二重出自は、ふつう、母系構造だけから変化しうるが、稀に異種の財産に対して異種の相続規則があることによって、双系的構造から生まれることもある。けれどもこうしたケースは、単系親族集団がシブよりもリネージであり、〔しかも〕非外婚的であるような場合に現われる。

E、「イトコ呼称のエスキモー型」(Eskimo cousin terms)は、これが親族組織の分類される呼称に代わりうるならば、エスキモー型のイトコ呼称は、標準的エスキモー型構造から究極的に派生してきたことを示唆している。けれどもとくにハワイ型構造にあっては、確証的な指標のないかぎり、この推論には、ウエートを置くほどの強さはない。通常のエスキモー型呼称法からの推論については、以下のNを参照。

F、オバとメイ、もしくはオバまたはメイに対する「分枝融合型呼称」(Bifurcate merging terms)は、もし姉妹型の多妻婚が欠け、居住規則が母処以外のものであれば、母処構造からの派生を示している。けれどももし構造が厳密に父系であれば、確証的な証拠が要求される。これらの例では、これに代わる説明が可能だからである。

G、オバとメイ、あるいはオバまたはメイに対する「世代型呼称」(Generation terms)は、居住規則が双処以外のものであれば、双系構造からの、とくに標準的ハワイ型からの派生を示している。

H、「ハワイ型のイトコ呼称」(Hawaiian cousin terms)は、これが親族組織の分類される呼称に代わりうるならば、標準的ハワイ型の構造から究極的に派生してきたことを示している。けれどもとくにエスキモー型の構造にあっては、確証的な指標のないかぎり、この推論には、ウエートを置くほどの強さはない。通常のハワイ型呼称法からの推論については、以下のNを参照。

I、男性の所有する財産の「母系的相続」(Matrilineal inheritance)、および(あるいは)権威的地位に対する母系的継承は、それが排他的な規則であっても、単に重要な代替物であっても、母系タイプの血縁親族を欠くあらゆる社会にあっては、母系的構造から派生してきたことを示している。

K、「キンドレッド」(Kindreds) は、ふつう、双処居住からか、新処・双系出自かから発展する。したがってとくに双系的構造という特徴をもつ。こうしてエスキモー型またはハワイ型構造の単処のサブタイプにおいてキンドレッドが存在する場合は、これが同一タイプの標準サブタイプから派生したことを示している。なおユーマ型またはフォックス型の単処のサブタイプにおいて、キンドレッドが存在する場合は、単系的派生という特殊な反対証拠さえなければ、エスキモー型またはハワイ型からの派生を示している。さらにどんな単系タイプの単処のサブタイプにおいても、これが存在する場合は、通常、双系的構造から究極的に派生してきたことを示している。

L、オバとメイ、あるいはオバまたはメイに対する「直系型呼称」(Lineal terms) は、居住規則が新処以外であれば、新処構造から、そして通常、とくに標準的エスキモー型からの派生を示している。けれどもこの直系型の呼称は、他の双系的構造と著しく矛盾するのでもなく、ハワイ型から派生したという徴候を否定しているわけでもない。

M、母系タイプのどんな血縁親族も欠く構造において、なおインセスト・タブーの「母系的拡大」(Matrilineal extension) のみられるのは、その居住規則が母処以外であれば、母系的構造からの派生を示している。

N、「交叉イトコに対する親族命名法」(Nomenclature for cross-cousins) は、多くの推論を許している。これは通常、ひとつの安定した均衡的構造が他のそれへ移行するさい、居住 (R) と出自 (D) よりは遅れて変化する。したがってこの三つの分類上の特徴が相互に一貫性をもっている状況のもとでは、最も遅く変化することになる。交叉イトコの呼称は、とりわけ次のような特殊な派生については、そのはっきりした指標となる。すなわちユーマ型またはイロクォイ型からダコタ型へ、フォックス型からスーダン型またはオマハ型へ、ハワイ型からギネア型またはナンカン型へ、ダコタ型またはイロクォイ型からユーマ型へ、スーダン型、オマハ型、クロウ型からフォックス型へ、がそれである。なお同タイプの標準的サブタイプからの直接または近似的派生は、ダコタ型、スーダン型、オマハ型、イロクォイ型、クロウ型のさまざまなサブタイプに、ほとんどひとしくこれがみられる。

P、父系タイプの血縁親族集団を欠く構造にあって、なおインセスト・タブーの「父系的拡大」(Patrilineal extension) のみられる場合は、この拡大は、もし居住規則が父処または母処↓父処以外のものであれば、父系的構造から派生したことを示している。

R、「居住規則」(Residence rule) も、多くの推論を許している。一般にひとつの安定した構造的均衡から他のそれへと移行するさい、この居住は、三つの分類上の要因のうち、最も早く変化する。したがってそれが出自規則と一致しないときには、変化する三要因のうち、これが最もあとのもの〔=新しいもの〕となる公算が高い。居住にもとづいた各サブタイプについて、それに先行する可能性のあるものは、A表に列挙しておいたが、ここで居住規則の継起を支配する一般原理について、述べておくことにしたい。オジ方居住は、母処的構造からだけ発展しうる。双処居住は、稀に例外もあるけれども、母処または父処的構造からだけ進化しうる。母処居住は、一般に双処的構造だけから発展しうる。もっともこれが新処に起源をもつことも、知られていないわけではない。新処居住は、ふつう、父処的基盤から進化する。ただこれが母処とオジ方から出てくることも可能である。父処居住は、どんな他の居住規則をもつ構造においても起りうる。しかし母処から父処に移行する場合は、ほとんど例外なく、その中間に一時的ではあるけれども、双処の段階を経由している。

S、結婚の選好的形態としての「姉妹型多妻婚」(Sororal polygyny) は、それがとくに母処居住と一致してくるので、次のことを示す傾向がある。すなわちそれが他のどれかの居住規則とともにみられるときは、先行の母処的構造から直接に、または近似的に派生してきた、ということである。けれどもこれは単に推定的な証拠によっている。したがってこれは、他の根拠からして、少なくとも他の選択肢と同程度の可能性が示されなくては、受けいれるべきではない。

T、「母処→父処居住」(Matri-patrilocal residence) は、母処的構造からの直接の、または近似的派生を示している。タイラーが示唆しているように、これはふつう、母処から父処へと移行するさい、その適応手段として起るものである。

U、「単系親族集団」(Unilineal kin groups) は、少なくとも二つの推論を可能にしてくれる。すなわちそのふつうの発展は、リネージまたは地域化されたシブから、より大きな拡大されたシブ（そして究極的にはフラトリーやモイエティ）へということになる。したがって単系的構造において、シブやモイエティではなくて、リネージ〔だけ〕が存在していることは、もし母系出自から父系出自への移行についての特別の証拠がなければ、これは双系的構造から最近、派生したことを示している。単系出自の衰微は、ちょうど外婚制の喪失を通してのそれのように、あらゆるサイズの親族集団に、ほとんどひとしく影響を与える。したがってどれか双系的構造（エスキモー型、ハワイ型、ユーマ型またはフォックス型）に非外婚のシブまたはモイエティの存在しているときは、それが同じ出自規則をもつ単系的構造から、究極的に派生してきたことを示している。

V、「さまざまの残存」(Variant survivals)。これは、社会構造のふつうの特徴からの特別の派生であって、保守的な保持をみちびくような状況下で、現われてくる。ところがこうした残存が、しばしば先行する構造形態を解く鍵を提供してくれる。母系出自の可能的先行に関する二、三の残存を挙げるならば、孤立した地域（たとえばかけ離れたジュクン族地区における母処居住）、特殊な状況（たとえば母処居住と母系出自とを含む、特殊なダホメイ族の結婚形態）、宗教的文脈（たとえばブイン族にみられるトーテムの母系的相続）などが、それである。けれども社会組織の先行形態について、その推論を可能にするところの〔残存的〕慣行は、ひろい多様性を示している。したがってこの方法の使用者は、このことを警戒しなくてはならない。

ここに提示する技法は、特定の社会の構造的前史を再構成するためのものであるが、これを適用するにあたっては、次の段階を順序に従って踏まなくてはならない。

1、現行のイトコ命名法・出自規則・居住規則によって構造を分析し、第八章で示した分類のシステムに従って、その構造が属するタイプとサブタイプとを確定する。

2、A表のうちから、ふさわしいサブタイプを捜して、問題のサブタイプが直接に派生しうる他の諸サブタイプに注目する。選択肢が一つだけなら、それが捜している先行構造であって〔次の〕第三、第四の段階は、とばしてもよい。しかしいくつもの選択的派生が存在するならば、どれがより蓋然的かを知るために、第三、第四の段階が計画されてくる。

3、残存を確かめるために、現在の構造を調べる。すなわち現在の構造と一致しないところの諸要素、またはその保守性その他の理由で、はじめの組織形態以来そのままになっていると思われる諸要素を調べる。

4、B表のうちから残存を捜しだす。これは、この残存が一致するところの、可能的な先行形態を決定するための作業である。そしてよくあるように、残存が選択肢のひとつを支持しているならば、これを実際の先行形態だと推定することができる。

5、第二または第四の段階で、蓋然的な先行形態が確定されたならば、イトコ呼称法・出自・居住についての変化を行なってみる。これは、現在の構造を、さきに示した先行のサブタイプに戻してみるための〔操作的な〕作業である。

6、もう一度、A表を参照して、先行構造が引きだされたところの、可能的なサブタイプを捜してみる。このサブタイプが一つ以上あれば、どれがより蓋然的かを決定するために、第三、第四の段階を繰りかえす。もしみつかれば、これが先行構造に直接、先行して存在していた構造だと推定することができる。

7、現存の形態のまえに、どんな諸形態が三つ、四つ、またはそれ以上、前後して存在していたか、この証拠を得るために、第六の段階を繰りかえす。この作業は、どんなより初期の構造的サブタイプも、内的証拠によって決定されないというところまで、つまり選択肢としてよりは蓋然的なものになるまで、続けられなくてはならない。あるいは別のルートから引きだされる、もっと初期の形態についての決定的な証拠があれば、さらに続けられなくてはならない。

提起した技法を例示するために、うえの基準と規則とを、以下、二五〇の社会すべての社会的前史を再構成することに適用してみたい。なおここでは、それぞれの社会について再構成された先行形態は、みな〔実際の〕継起とは逆の順序で挙げられている。またこれには、各推論の根拠がB表のシンボル〔=頭文字〕で示されている。シンボルOは、A表に記したそれぞれの枠のほかには、指標のないものである。データは、歴史的推論〔をすること〕をまったく予想しないで集められたものである。したがって著者が、無数の価値ある手がかりを見逃したことは争えない。というわけで、批判によって、はっきりした誤りが修正され、また関心のある専門家は、かれらの周知の社会に、この方法を試みられることを希望する。とくにわれわれがテストした結論と反するような、現実的または推論的な証拠のある社会で、これを試みられることを希望する。こうしてはじめて、この方法を無効とするか有効とするか、そしてこれを洗練し、改良することもできるようになるからである。

1、アベラム族 (Abelam) ——標準的ダコタ型。標準的ギネア型か、標準的ユーマ型か、二重イロクォイ型から (O)。

2、アチョリ族 (Acholi) ——標準的オマハ型。標準的ダコタ型か、標準的フォックス型か、標準的ギネア型か、標準的スーダン型か、二重クロウ型から (O)。

3、アコマ族 (Acoma) ——双処クロウ型。標準的クロウ型から (FR)。オバとイトコ呼称とが、双処ナンカン型を経由して、標準的ハワイ型への初期の移行を示している。

4、アルバニア人 (Albanians) ——標準的ギネア型。父処エスキモー型から (DLN)。標準的エスキモー型から (L)。

5、アンダマン島民 (Andamanese) ——標準的エスキモー型。父処エスキモー型か、新処ユーマ型か、新処フォックス型か、新処ハワイ型から (O)。

6、アンガミ族（Angami）——標準的オマハ型。標準的ダコタ型か、標準的フォックス型か、標準的ギネア型か、標準的スーダン型か、二重クロウ型から（O）。
7、アングマサリク族（Angmagsalik）——父処エスキモー型。標準的エスキモー型から（KNR）。
8、アオ族（Ao）——標準的オマハ族。標準的ダコタ型か、標準的フォックス型か、標準的ギネア型か、標準的スーダン型か、二重クロウ型から（O）。
9、アピナエ族（Apinaye）——標準的ナンカン型。おそらく母処エスキモー型から（DN）。標準的エスキモー型から（RN）。けれどもこの典型的に行なった再構成は、男性の父系出自、女性の母系出自、母系モイエティ、四つのシブを通じる結婚のサイクルといった、アピナエ族の異常な社会構造を無視している。これらのものは、二重出自と両系親族集団とをともなった、オーストラリア式システムの残存として、すなわち二重クロウ型か、二重イロクォイ型か、二重ナンカン型が、異例の双処的移行という段階を経たものと解釈されるかもしれない。これはまた、二つの小さな父処的あるいは父系的特徴、すなわちオバに対する選択的な分枝傍系型の呼称、父の姉妹に対する選択的なオマハ型の慣行との存在を、説明するものかもしれない。
10、アラパホ族（Arapaho）——母処ハワイ型。標準的ハワイ型から（R）。
11、アラペシュ族（Arapesh）——標準的オマハ型。標準的ダコタ型か、標準的フォックス型か、標準的ギニア型か、標準的スーダン型か、二重クロウ型から（O）。
12、アラウカン族（Araucanians）——標準的オマハ型。標準的フォックス型から（U）。
13、アロシ族（Arosi）——標準的イロクォイ型。標準的ナンカン型から（N）。母処ハワイ型から（DGN）。標準的ハワイ型から（GR）。
14、アルンタ族（Arunta）——二重イロクォイ型。父処イロクォイ型から（O）。双処イロクォイ型から（R）。標準的イロクォイ型から（RS）。標準的ナンカン型か、母処ユーマ型から（O）。
15、アシャンティ族（Ashanti）——二重クロウ型。父処クロウ型から（DF）。双処クロウ型から（FR）。標準的クロウ型から（FR）。

16、アツジェウィ族（Atsugewi）——父処ハワイ型。標準的ハワイ型から（R）。母処ハワイ型から（RST）。標準的ハワイ型から（R）。双処エスキモー型から（ELN）。母処エスキモー型か、父処エスキモー型から（ELR）。標準的エスキモー型から（EL）。母処ハワイ型からさきの再構成は、いよいよ思弁的となってくる。

17、アウナ族（Awuna）——標準的スーダン型。標準的ギネア型から（N）。父処ハワイ型から（D）。標準的ハワイ型から（GR）。この再構成は、メイに対する選択的世代呼称という、たった一つの残存にもとづいているにすぎないが、西アフリカにおける分布と一致している。

18、アイマラ族（Aymara）——おそらく標準的ハワイ型から父処ハワイ型へ。しかしイトコ呼称を欠いている。

19、アザンデ族（Azande）——標準的スーダン型。標準的フォックス型から（BN）。

20、バチャマ族（Bachama）——父処フォックス型。標準的フォックス型から（D）。双処フォックス型から（GR）。双処クロウ型から（IR）。標準的クロウ型から（FN）。

21、バイガ族（Baiga）——標準的ダコタ型。標準的ギネア型か、標準的ユーマ型か、二重イロクォイ型から（O）。

22、バリー島民（Balinese）——父処エスキモー型。標準的エスキモー型から（R）。新処ハワイ型から（GHN）。おそらく標準的ハワイ型から（GH）。父系リネージは、父処ギネア型への初期的移行を示している。

23、バナロ族（Banaro）——標準的ダコタ型。標準的ギネア型か、標準的ユーマ型か、二重イロクォイ型から（O）。

24、バリ族（Bari）——標準的オマハ型。標準的フォックス型から（B）。父処ハワイ型か、父処エスキモー型から（B）。最大の双系的拡大を保持しているが、これは資格十分な双系的構造から最も直接的に派生したことを示唆している。

25、バタク族（Batak）――標準的スーダン型。標準的ダコタ型か、標準的ギネア型か、標準的フォックス型か、二重クロウ型から（O）。
26、ベナ族（Bena）――標準的ダコタ型。標準的ユーマ型から（K）。双処ユーマ型から（KR）。双処イロクォイ型から（DMNT）。標準的イロクォイ型から（FRV）。標準的ナンカン型か、母処ユーマ型から（O）。うえの段階のほとんどは、実際の歴史的証拠によって検証されている。
27、ブーイヤ族（Bhuiya）――おそらく標準的ダコタ型。しかしイトコの呼称を欠いている。
28、ブラックフット族（Blackfoot）――父処ハワイ型。標準的ハワイ型から（BR）。
29、ボレワ族（Bolewa）――標準的ギネア型。父処ハワイ型から（DU）。標準的ハワイ型から（GNR）。選択的イロクォイ・イトコ呼称が、標準的イロクォイ型への初期の移行を示している。
30、ブイン族（Buin）――標準的ユーマ型。父処イロクォイ型から（V）。双処イロクォイ型から（R）。標準的イロクォイ型から（FR）。標準的ナンカン型か、母処ユーマ型から（O）。
31、カリブ族（Carib）――母処ユーマ型。母処ハワイ型か、母処エスキモー型から（O）。
32 カリエル族（Carrier）――父処イロクォイ型。双処イロクォイ型から（R）。標準的イロクォイ型から（RT）。標準的ナンカン型か、母処ユーマ型から（O）。
33、カヤパ族（Cayapa）――双処エスキモー型。母処エスキモー型から（FR）。標準的エスキモー型から（O）。選択的メイ呼称とイトコ呼称とが、標準的ハワイ型への初期の移行を示している。
34、チャワイ族（Chawai）――標準的ギネア型。父処ハワイ型から（D）。標準的ハワイ型から（D）。
35、チェンチュ族（Chenchu）――双処ダコタ型。標準的ダコタ型から（R）。
36、チェレンテ族（Cherente）――標準的スーダン型。二重クロウ型から（S）。父処クロウ型から（D）。双処クロウ型から（R）。標準的クロウ型から（RS）。この再構成は、分布上の証拠とも一致する（たとえばラムコカメクラ族の証拠）。

37、チェロキー族（Cherokee）――標準的クロウ型。標準的イロクォイ型か、母処フォックス型か、標準的ナンカン型から（O）。

38、チェワ族（Chewa）――標準的イロクォイ型。標準的ナンカン型か、母処ユーマ型から（O）。

39、チェイエン族（Cheyenne）――母処ハワイ型。標準的ハワイ型から（KR）。

40、中国人（Chinese）――標準的ダコタ型。標準的ギネア型から（HN）。父処ハワイ型から（D）。標準的ハワイ型から（H）。ただこの再構成は、交叉イトコ呼称がきょうだい呼称から合成されているという、認められるにしても、わずかな証拠にもとづいている。

41、チリカフア族（Chiricahua）――母処ハワイ型。標準的ハワイ型から（R）。父処ハワイ型から（C）。

42、チョクタウ族（Choctaw）――標準的クロウ型。母処フォックス型か、標準的イロクォイ型か、標準的ナンカン型から（O）。双系的拡大が古くて、それが最近の文化変容の現象でなければ、母処フォックス型からの派生を示している。

43、チュクチ族（Chukchee）――父処エスキモー型。双処エスキモー型から（R）。母処エスキモー型から（RT）。おそらく標準的エスキモー型から（L）。

44、コチティ族（Cochiti）――標準的イロクォイ型。標準的ナンカン型から（N）。母処ハワイ型から（D）。標準的ハワイ型から（GHR）。

45、コマンチェ族（Comanche）――新処ハワイ型。母処ハワイ型から（S）。標準的ハワイ型から（R）。

46、クールグ族（Coorg）――標準的ダコタ型。標準的ギネア型か、標準的ユーマ型か、二重イロクォイ型から（O）。

47、コッパー・エスキモー族（Copper Eskimo）――標準的エスキモー型。父処エスキモー型から（C）。

48、クリーク族（Creek）――標準的クロウ型。母処フォックス型か、標準的イロクォイ型か、標準的ナンカン型から（O）。双系的拡大が古くて、それが最近の文化変容の現象でなければ、母処フォックス型からの派生である。

49、クロウ族（Crow）――父処クロウ型。双処クロウ型から（R）。標準的クロウ型から（RS）。この再構成は、クロウ族がヒダッァ族（Hidatsa）から分かれたという歴史的証拠によって、確証されている。

50、クナ族（Cuna）――母処ハワイ型。おそらく新処ハワイ型から（L）。

51、ダホメイ族（Dahomeans）――標準的スーダン型。二重クロウ型から（V）。父処クロウ型から（DV）。双処クロウ型から（R）。標準的クロウ型から（RV）。この再構成は、アシャンティ族からの再構成とも一致している。もっとも標準的ギネア型と二重ナンカン型とを経由しての標準的ナンカン型からの選択的派生も、分布上の証拠と一致するであろう。

52、ダカ族（Daka）――標準的クロウ型。標準的ナンカン型から（N）。母処ハワイ型から（D）。標準的ハワイ型から（GR）。

53、ディエリ族（Dieri）――二重イロクォイ型。父処イロクォイ型から（D）。双処イロクォイ型から（R）。標準的イロクォイ型から（RS）。標準的ナンカン型か、母処ユーマ型から（O）。

54、ディンカ族（Dinka）――標準的スーダン型。標準的フォックス型から（BN）。

55、ドブ族（Dobuans）――標準的イロクォイ型。標準的ナンカン型か、母処ユーマ型から（O）。選択的なオジ方居住と、選択的クロウ型イトコ呼称とは、オジ方クロウ型、すなわち隣のトロブリアンド島民の構造への初期の移行を示している。

56、ドロボ族（Dorobo）――標準的オマハ型。標準的ダコタ型か、標準的フォックス型か、標準的ギネア型か、標準的スーダン型か、二重クロウ型から（O）。

57、エディストーン族（Eddystone）――標準的ハワイ型。父処ハワイ型か、母処ハワイ型か、双処ナンカン型か、双処ギネア型か、双処ユーマ型か、双処エスキモー型から（O）。

58、エド族（Edo）――父処エスキモー型。標準的エスキモー型から（L）。食物タブーの父系的相続と、それに結びついた理論的な外婚とは、標準的ギニア型への初期の移行を示している。

59、エピ族（Epi）――標準的ダコタ型。標準的ギネア型か、標準的ユーマ型か、二重イロクォイ型から（O）。

6、エロマンガ族（Eromangans）――標準的ユーマ型。父処エスキモー型から（B）。標準的エスキモー型から（LN）。父系的拡大の発展が、たとえ親族集団と結びついていなくても、標準的ダコタ型への初期の移行を示している。

61、エヤク族（Eyak）――オジ方イロクォイ型。標準的イロクォイ型から（FR）。標準的ナンカン型か、母処ユーマ型から（O）。

62、フィジー島民（Fijians）――標準的ダコタ型。標準的ユーマ型から（父系出自がはじまっている）。父処イロクォイ型から（O）。双処イロクォイ型から（R）。標準的イロクォイ型から（RST）。標準的ナンカン型か、母処ユーマ型から（O）。

63、フラットヘッド族（Flathead）――父処ハワイ型。標準的ハワイ型から（K）。おそらく母処ハワイ型から（RS）。

64、フォックス族（Fox）――新処フォックス型。新処オマハ型から（DU）。標準的オマハ型から（R）。姉妹型の多妻婚は、母系的構造（たとえば標準的フォックス型と父処クロウ型を経由した標準的クロウ型）から究極的に派生してきたことを反映している。あるいはこれに代わるキンドレッドと双系的外婚制は、なにか双系的な先行形態のあることを示しているかもしれない。

65、フトナ族（Futunans）――父処ハワイ型。標準的ハワイ型から（GK）。おそらく母処ハワイ型から（FR）。

66、ガンダ族（Ganda）――標準的ダコタ型。標準的ユーマ型から（D）。父処イロクォイ型から（V）。双処イロクォイ型から（R）。標準的イロクォイ型から（FR）。標準的ナンカン型か、母処ユーマ型から（O）。

67、ゲス族（Gesu）――標準的スーダン型。標準的ダコタ型か、標準的ギネア型か、標準的フォックス型か、二重クロウ型から（O）。イトコ呼称のエスキモー型の側面は、記述的呼称をつくる際の合成方法を反映しているだけであって、エスキモー型の派生を示すものではない。

68、ゲトマッタ族（Getmatta）――父処イロクォイ型。双処イロクォイ型から（R）。標準的イロクォイ型から（R）。標準的ナンカン型から（N）。母処ハワイ型から（D）。標準的ハワイ型から（GR）。

69、ギリヤーク族（Gilyak）――標準的スーダン型。標準的ダコタ型か、標準的ギネア型か、標準的フォックス型か、二重クロウ型から（O）。姉妹型の多妻婚は、母処的構造からの可能な派生を示している。

70、ゴンド族（Gond）――標準的ダコタ型。標準的ギネア型か、標準的ユーマ型か、二重イロクォイ型から（O）。姉妹型の多妻婚は、究極的な母処的派生の可能なことを示唆している。

71、ハイダ族（Haida）――オジ方クロウ型。標準的クロウ型から（FR）。

72、ハバスパイ族（Havasupai）――標準的ユーマ型。父処ハワイ型か、父処イロクォイ型か、父処エスキモー型から（O）。母処―父処居住は、究極的には母処からの派生を示唆しているが、これは同じく母処ハワイ型か、標準的イロクォイ型か、母処エスキモー型でもありうる。

73、ハワイ人（Hawaiians）――父処ハワイ型。標準的ハワイ型から（G）。

74、ヘンガ族（Henga）――標準的ダコタ型。標準的ユーマ型か、二重イロクォイ型（D）。父処イロクォイ型から（DV）。双処イロクォイ型から（R）。標準的イロクォイ型から（FR）。歴史的証拠は、イロクォイ型からダコタ型へのほとんど直接的な移行を示している。

75、ヘレロ族（Herero）――二重イロクォイ型。父処イロクォイ型から（DI）。双処イロクォイ型から（R）。標準的イロクォイ型から（R）。標準的ナンカン型か、母処ユーマ型から（O）。

76、ホ族（Ho）――標準的ギネア型。父処ハワイ型から（DN）。標準的ハワイ型から（N）。イトコ呼称はおそらくイロクォイ型で、その場合には、姉妹型的多妻婚が究極的には標準的イロクォイ型から派生してきたことを示している。

77、ホピ族（Hopi）――標準的クロウ型。標準的ナンカン型から（N）。母処ハワイ型から（BD）。標準的ハワイ型から（BKR）。この再構成は、ショショーン族（Shoshonean）の分布によって確認されている。

78、ホッテントット族（Hottentot）——標準的ダコタ型。標準的ユーマ型か、二重イロクォイ型から（D）。父処イロクォイ型から（D）。双処イロクォイ型から（R）。標準的イロクォイ型から（FRT）。

79、ヒュパ族（Hupa）——父処ハワイ型。標準的ハワイ型から（N）。

80、イアトムル族（Iatmul）——標準的オマハ型。標準的ダコタ型か、標準的フォックス型か、標準的ギネア型か、標準的スーダン型か、二重クロウ型から（O）。

81、イボ族（Ibo）——標準的ダコタ型。標準的ギネア型から（N）。父処エスキモー型から（BDU）。標準的エスキモー型から（LN）。

82、イファゴ族（Ifugao）——標準的ハワイ型。父処ハワイ型か、母処ハワイ型か、双処ナンカン型か、双処ギネア型か、双処ユーマ型か、双処フォックス型か、双処エスキモー型から（O）。

83、イラ族（Ila）——父処イロクォイ型。双処イロクォイ型から（R）。標準的イロクォイ型から（FNR）。標準的ナンカン型か、母処ユーマ型から（O）。オバに対する選択的世代呼称は、標準的ハワイ型からの究極的派生のありうることを示唆している。

84、インカ族（Inca）——父処ハワイ型。標準的ハワイ型から（NR）。母処ハワイ型から（FR）。

85、インガサナ族（Ingassana）——標準的ハワイ型。父処ハワイ型から（R）。父処ナンカン型から（D）。オジ方ナンカン型から（A）。標準的ナンカン型から（FR）。イロクォイ型もしくはクロウ型からの派生もほぼ等しく蓋然的である。

86、イロクォイ族（Iroquois）——標準的イロクォイ型。標準的ナンカン型から（N）。母処ハワイ型から（DK）。

87、ジェメズ族（Jemez）——新処イロクォイ型。標準的イロクォイ型から（FNR）。標準的ナンカン型か、母処ユーマ型から（O）。

88、ジュクン族（Jukun）――標準的ハワイ型。双処ナンカン型から（ＩＶ）。標準的ナンカン型から（ＲＶ）。母処ハワイ型か、母処エスキモー型から（Ｏ）。実際の歴史的証拠は、この再構成の多くを確証している。

89、カバビシュ族（Kababish）――標準的フォックス型。標準的スーダン型から（ＮＵ）。この移行は、明らかに父の兄弟の娘と選好的に結婚するイスラム教を導入した結果である。

90、カインガング族（Kaingang）――標準的ハワイ型。父処ハワイ型か、母処ハワイ型か、双処ナンカン型か、双処ギネア型か、双処ユーマ型か、双処フォックス型か、双処エスキモー型から（Ｏ）。

91、カリナゴ族（Kallinago）――母処ユーマ型。母処ハワイ型か、母処エスキモー型から（Ｏ）。母系のリネージは、標準イロクォイ型への初期の移行を示している。

92、カミラロイ族（Kamilaroi）――二重イロクォイ型。父処イロクォイ型から（Ｄ）。双処イロクォイ型から（Ｒ）。標準的イロクォイ型から（ＲＳ）。標準的ナンカン型か、母処ユーマ型から（Ｏ）。

93、カリエラ族（Kariera）――二重イロクォイ型。父処イロクォイ型から（Ｄ）。双処イロクォイ型から（Ｒ）。標準的イロクォイ型から（ＲＳ）。標準的ナンカン型か、母処ユーマ型から（Ｏ）。

94、カスカ族（Kaska）――標準的クロウ型。標準的ナンカン型から（Ｎ）。母処ハワイ型から（Ｄ）。標準的ハワイ型から（ＧＲ）。

95、カタブ族（Katab）――標準的ギネア型。父処ハワイ型から（ＢＤ）。標準的ハワイ型から（ＢＧ）。

96、ケラキ族（Keraki）――標準的ダコタ型。標準的ギネア型か、標準的ユーマ型か、二重イロクォイ型から（Ｏ）。

97、キカプー族（Kickapoo）――新処オマハ型。標準的オマハ型から（ＮＲ）。キンドレッドは、おそらく文化変容の結果であろう。

98、キルバ族（Kilba）――標準的ギネア型。父処ハワイ型から（Ｄ）。標準的ハワイ型から（ＧＲ）。

99、キオワ・アパッチ族（Kiowa Apache）――母処ハワイ型。標準的ハワイ型から（Ｎ）。おそらく父処ハワイ型から（CR）。
100、キタラ族（Kitara）——標準的オマハ型。標準的ダコタ型か、標準的フォックス型か、標準的ギネア型か、標準的スーダン型か、二重クロウ型から（O）。
101、キワイ族（Kiwai）——おそらく標準的ダコタ型。もっとも、イトコ呼称を欠いている。
102、クラランム族（Klallam）——父処ハワイ型。新処ハワイ型から（L）。母処ハワイ型から（S）。標準的ハワイ型から（NR）。
103、クラマス族（Klamath）——父処ハワイ型。標準的ハワイ型から（N）。
104、コンゴ族（Kongo）——父処クロウ型。双処クロウ型から（R）。標準的クロウ型から（NRS）。
105、コランコ族（Koranko）——父処フォックス型。標準的フォックス型から（D）。父処クロウ型から（D）。双処クロウ型から（R）。標準的クロウ型から（FNR）。
106、コリヤーク族（Koryak）——父処エスキモー型。標準的エスキモー型から（N）。
107、クルド族（Kurd）——標準的フォックス型。標準的スーダン型から（NU）。オバに対する直系的呼称は、おそらく究極的には標準的エスキモー型から派生したのであろう。またスーダン型からフォックス型への移行は、イスラム教と父の兄弟の娘との選好婚とを導入した結果、外婚制を喪失したことを反映している。
108、クルタッチ族（Kurtatchi）——双処イロクォイ型、標準的イロクォイ型から（RS）。標準的ナンカン型から（N）。母処ハワイ型から（B）。標準的ハワイ型から（GKR）。双系的特性は、最近の双処居住に帰すにはあまりに多い。
109、クチン族（Kutchin）——父処イロクォイ型。双処イロクォイ型から（R）。標準的イロクォイ型から（NR）。標準的ナンカン型か、母処ユーマ型から（O）。
110、クテナイ族（Kutenai）——父処エスキモー型。おそらく標準的エスキモー型から（N）。この構造は、また父処ハワイ型としても分類できるであろうし、あるいは標準的ハワイ型から派生したものかもしれない（H）。

111、クトブ族（Kutubu）——標準的ギネア型。標準的ギネア型から（N）。父処ハワイ型から（D）。標準的ハワイ型から（G）。

112、クワキウトル族（Kwakiutl）——父処ハワイ型。標準的ハワイ型から（KLN）。父系リネージは、標準的ギネア型への初期の移行を示している。

113、クオマ族（Kwoma）——標準的オマハ型。標準的ダコタ型か、標準的フォックス型か、標準的ギネア型か、標準的スーダン型か、二重クロウ型から（O）。

114、キイガ族（Kyiga）——標準的ダコタ型。標準的ギネア型か、標準的ユーマ型か、二重イロクォイ型から（O）。

115、ラケル族（Lakher）——標準的ギネア型。父処ハワイ型から（D）。標準的ハワイ型から（N）。

116、ラムバ族（Lamba）——父処イロクォイ型。双処イロクォイ型から（RT）。標準的イロクォイ型から（FRT）。標準的ナンカン型か、母処ユーマ型から（O）。

117、ランゴ族（Lango）——標準的オマハ型。標準的ダコタ型か、標準的フォックス型か、標準的ギネア型か、標準的スーダン型か、二重クロウ型から（O）。

118、ラップ族（Lapps）——父処エスキモー型。双処エスキモー型から（R）。母処エスキモー型から（RT）。標準的エスキモー型から（N）。

119、レンジ族（Lenge）——標準的オマハ型。標準的ダコタ型か、標準的フォックス型か、標準的ギネア型か、標準的スーダン型か、二重クロウ型から（O）。

120、レプチャ族（Lepcha）——標準的ギネア型。父処ハワイ型から（BD）。標準的ハワイ型から（BGN）。

121、レス族（Lesu）——標準的イロクォイ型。標準的ナンカン型か、母処ユーマ型から（O）。

122、ロータ族（Lhota）——標準的オマハ型。標準的フォックス型から（D）。父処クロウ型から（D）。双処クロウ型から（R）。標準的クロウ型から（FNRT）。ただ、そこには他の母系構造からの選択的ではあるが、あまり直接的でない移行があり、こうした移行も、ほとんど等しく蓋然的である。

123、リンバ族（Limba）——標準的スーダン型。標準的ギネア型から（N）。父処ハワイ型から（D）。標準的ハワイ型から（GN）。

124、ロングダ族（Longuda）——オジ方クロウ型。標準的クロウ型から（FR）。標準的ナンカン型から（N）。母処ハワイ型から（D）。標準的ハワイ型から（GNR）。この再構成は、オバに対する選択的な世代型呼称という、ごくわずかな証拠にもとづいているが、西アフリカの分布と一致している。

125、ルイセノ族（Luiseno）——標準的ダコタ型。標準的ギネア型か、標準的ユーマ型から（D）。父系のシブがはっきりと始まっており、これが非常に小さくて厳密に地域化されているので、標準的ハワイ型から標準的ギネア型と父処ハワイ型を経由して派生したという蓋然性が高いし、ショショーン族の分布によっても支持されている。

126、マブイアグ族（Mabuiag）——双処ギネア型。標準的ギネア型から（R）。父処ハワイ型から（BD）。標準的ハワイ型から（BGR）。母処ハワイ型から（RS）。双系的特徴は、それを双処居住だけに帰するには、あまりにも多い。残存に違いない。

127、マクシ族（Macusi）——母処ユーマ型。母処ハワイ型か、母処エスキモー型から（O）。

128、マイル族（Mailu）——標準的スーダン型。標準的ギネア型から（N）。父処ハワイ型から（D）。標準的ハワイ型から（GN）。

129、マラブ族（Malabu）——標準的ギネア型。父処ハワイ型から（D）。標準的ハワイ型から（N）。

130、満州族（Manchu）——標準的ダコタ型。標準的ギネア型か、標準的マーマ型か、二重イロクォイ型から（O）。

131、マンダン族（Mandan）——新処クロウ型。標準的クロウ型から（FNRS）。

132、マンガレヴァン族（Mangarevans）——父処ハワイ型。標準的ハワイ型から（GN）。

133、マヌス族（Manus）――二重クロウ型。父処クロウ型から（D）。双処クロウ型から（R）。標準的クロウ型から（FNR）。

134、マオリ族（Maori）――標準的ハワイ型。親族呼称は、二つの双系的タイプのあいだでほとんど同等に均衡しており、標準的エスキモー型か、新処ハワイ型か、どちらかからの派生を反映している。なお新処ハワイ型は、ポリネシア人の分布区域と、はるかによく一致している。けれども親族からの証拠は、どちらかの主な双系構造が、もう一方のそれから派生したと推論するには、いつも疑わしさを残している。

135、マリコパ族（Maricopa）――標準的ギネア型。父処ハワイ型から（BD）。標準的ハワイ型から（BN）。

136、マーケサス島民（Marquesans）――新処ハワイ型。標準的ハワイ型から（NR）。

137、マーシャル島民（Marshallese）――標準的イロクォイ型。標準的ナンカン型から（N）。母処ハワイ型から（D）。標準的ハワイ型から（GNR）。

138、マサイ族（Masai）――標準的ダコタ型。標準的ギネア型から（N）。父処ハワイ型から（BD）。標準的ハワイ型から（BG）。

139、マタコ族（Mataco）――新処ハワイ型。父処ハワイ型か、標準的ハワイ型か、母処ハワイ型から（O）。

140、ムブンド族（Mbundu）――父処イロクォイ型。双処イロクォイ型から（R）。標準的イロクォイ型から（FR）。標準的ナンカン型か、母処ユーマ型から（O）。

141、メンディ族（Mendi）――標準的ギネア型。父処エスキモー型から（D）。標準的エスキモー型から（LN）。おそらく双処エスキモー型から（G）。

142、メンタウェイ族（Mentaweians）――母処ユーマ型。おそらく母処ハワイ型から（O）。標準的ハワイ型から（NR）。父処ハワイ型から（CR）。拡大家族に似たクランは、標準的イロクォイ型への初期の移行を示している。

143、ミクマク族（Micmac）――父処ハワイ型。標準的ハワイ型から（NR）。母処ハワイ型から（FRT）。

144、ミキル族（Mikir）――おそらく標準的ダコタ型。しかしイトコ呼称を欠いている。

145、ミナンカバウ族（Minangkabau）――おそらく標準的イロクォイ型。しかしイトコ呼称を欠いている。ただ究極的には、標準的ハワイ型から派生してきた蓋然性が高い（G）。

146、ミリアム族（Miriam）――標準的ダコタ型。標準的ギネア型から（N）。父処ハワイ型から（D）。標準的ハワイ型から（G）。

147、ミウォク族（Miwok）――標準的オマハ型。標準的ダコタ型か、標準的フォックス型か、標準的ギネア型か、標準的スーダン型か、二重クロウ型から（O）。

148、モタ族（Mota）――オジ方クロウ型。標準的クロウ型から（FNRS）。標準的ナンカン型から（N）。母処ハワイ型から（D）。標準的ハワイ型から（GNR）。

149、ムルンギン族（Murungin）――二重クロウ型。父処クロウ型から（D）。双処クロウ型から（R）。標準的クロウ型から（FRST）。これに代わって、父処イロクォイ型と二重イロクォイ型とを経由して、標準的イロクォイ型から二重クロウ型への派生も、内的証拠から、同様にありうるし、分布からの証拠では、もっと蓋然性が高い。

150、ナンビクアラ族（Nambikuara）――標準的ユーマ型。父処イロクォイ型から（D）。双処イロクォイ型から（R）。標準的イロクォイ型から（FNR）。標準的ナンカン型か、母処ユーマ型から（O）。

151、ナンディ族（Nandi）――標準的オマハ型。標準的ダコタ型か、標準的フォックス型か、標準的ギネア型か、標準的スーダン型か、二重クロウ型から（O）。

152、ナンカン族（Nankanse）――二重ナンカン型。父処ナンカン型から（D）。オジ方ナンカン型から（A）。標準的ナンカン型から（FR）。母処ハワイ型から（D）。標準的ハワイ型から（GNR）。

153、ナスカピ族（Naskapi）――標準的ユーマ型。おそらく父処ハワイ型から（O）。二つの選択的派生のうち、父処エスキモー型は、統計的に蓋然性が低く、父処イロクォイ型は、母処・母系的残存を欠くので、ありそうもない。なお父処ハワイ型の派生は、分布上の証拠とも一致している。

154、ナチェズ族（Natchez）――父処クロウ型。双処クロウ型から（R）。標準的クロウ型から（RST）。

155、ナウルア族（Nauruans）――標準的イロクォイ型。標準的ナンカン型から（N）。母処ハワイ型から（DK）。標準的ハワイ型から（GNR）。

156、ナバホ族（Navaho）――標準的イロクォイ型。標準的ナンカン型か、母処ユーマ型から（O）。オバとメイに対する選択的分枝傍系の呼称は、おそらくより早い時期に、父処的構造があったことを反映している。

157、ナヤール族（Nayar）――標準的イロクォイ型。標準的ナンカン型か、母処ユーマ型から（O）。双系的構造（KU）と、おそらく父処的構造（C）から派生したという指標が存在している。

158、ドロ族（Ndoro）――オジ方クロウ型。標準的クロウ型から（FR）。標準的ナンカン型から（N）。母処ハワイ型から（D）。標準的ハワイ型から（GNR）。

159、ジジム族（Ngizim）――標準的ギネア型。父処ハワイ型から（D）。標準的ハワイ型から（GN）。

160、ヌバ族（Nuba）――父処ハワイ型。父処ナンカン型から（I）。オジ方ナンカン型から（A）。標準的ナンカン型から（FRT）。母処ハワイ型から（D）。標準的ハワイ型から（GKNR）。

161、オジブア族（Ojibwa）――双処ダコタ型。標準的ダコタ型から（R）。標準的ギネア型か、標準的ユーマ型から（O）。キンドレッドと双系拡大とが、文化変容かあるいは双処居住かによるならば、ユーマ型を経由してのイロクォイ型からの派生がありうる（S）。そうでなければ、ギネア型を経てのハワイ型かエスキモー型からの派生である（BK）。

162、オマハ族（Omaha）――新処オマハ型。標準的オマハ型から（R）。キンドレッドは、おそらく文化変容の所産であろう。姉妹型多妻婚の発生は、究極的には母処からの派生を反映しているとみられる。

163、オナ族（Ona）――父処エスキモー型。双処エスキモー型を経ての母処エスキモー型からか、父処ナンカン型を経ての標準的ナンカン型から（RST）。

164、オントン=ジャワ族（Ontong-Javanese）——標準的ハワイ型。母処ハワイ型から（DF）。非外婚的な母系のリネージと父系のリネージをもつ二重出自は、おそらく二重相続、すなわち住居は母系、土地は父系ということの結果であろう。

165、オロカイヴァ族（Orokaiva）——標準的ダコタ型。標準的ギネア型か、標準的ユーマ型か、二重イロクォイ型から（O）。

166、オセット族（Osset）——標準的ギネア型。父処エスキモー型から（D）。標準的エスキモー型から（N）。姉妹型の多妻婚は、母処的構造、おそらく母処エスキモー型からの派生を示唆している。

167、パイウト族（Paiute）——新処ハワイ型。母処ハワイ型から（S）。標準的ハワイ型から（R）。父処ハワイ型から（CR）。

168、パウニー族（Pawnee）——母処フォックス型。母処ハワイ型から（K）。標準的ハワイ型から（BGR）。

169、ペディ族（Pedi）——標準的ダコタ型。標準的ユーマ型から（D）。父処イロクォイ型から（D）。双処イロクォイ型から（R）。標準的イロクォイ型から（FRT）。標準的ナンカン型か、母処ユーマ型から（O）。

170、ペンテコスト族（Pentecost）——二重クロウ型。父処クロウ型から（D）。双処クロウ型から（R）。標準的クロウ型から（FNR）。標準的ナンカン型から（N）。母処ハワイ型から（D）。標準的ハワイ型から（GR）。標準的クロウ型よりさきの派生は、オバに対する選択的世代型の呼称というわずかな証拠に依っているにすぎない。しかし分布は、これを支持している。

171、ピマ族（Pima）——標準的ユーマ型。新処ユーマ型か、双処ユーマ型から（O）。新処ダコタ型か、双処ダコタ型から（DU）。標準的ダコタ型から（NR）。

172、プカプカ族（Pukapukans）——二重ナンカン型。父処ナンカン型から（D）。双処ナンカン型から（R）。標準的ナンカン型から（R）。母処エスキモー型か、母処ハワイ型から（BDGKN）。イトコの呼称は、さらに標準的エスキモー型からの派生を示唆し、オバとメイの呼称は、標準ハワイ型からの派生を示している。また後者は、ポリネシア人の分布とも一致している。

173、キナウルト族（Quinault）——父処エスキモー型。標準的エスキモー型から（KL）。おそらく新処ハワイ型から（H）。姉妹型の多妻婚は、究極的には母処的構造、たとえば母処ハワイ型からの派生が可能なことを示している。

174、ラムコカメクラ族（Ramkokamekra）——標準的クロウ型。標準的イロクォイ型か、母処フォックス型か、標準的ナンカン型から（O）。

175、ラノン族（Ranon）——二重クロウ型。父処クロウ型から（D）。双処クロウ型から（R）。標準的クロウ型から（FR）。

176、レディ族（Reddi）——標準的ダコタ型。標準的ギネア型か、標準的ユーマ型か、二重イロクォイ型から（O）。父の妹と母の妹に対する直系的呼称は、たとえ蓋然的ではないにしても、エスキモー型の先行が考えられる。

177、レングマ族（Rengma）——標準的オマハ型。標準的ダコタ型か、標準的フォックス型か、標準的ギネア型か、標準的スーダン型か、二重クロウ型から（O）。

178、ロセル族（Rossel）——父処クロウ型。双処クロウ型から（R）。標準的クロウ型から（FNR）。

179、ルテニア人（Ruthenians）——標準的エスキモー型。父処エスキモー型から（C）。実際の歴史的証拠もこの再構成は確認している。

180、サベイ族（Sabei）——標準的スーダン型。標準的ダコタ型か、標準的ギネア型か、標準的フォックス型か、二重クロウ型から（O）。

181、サモア人（Samoans）——標準的ハワイ型。おそらく母処ハワイ型から（F）。

182、サンタ・クルス島民（Santa Cruz）——父処イロクォイ型。双処イロクォイ型から（R）。標準的イロクォイ型から（FNR）。標準的ナンカン型か、母処ユーマ型から（O）。

183、セカニ族（Sekani）——父処ハワイ型。標準的ハワイ型から（N）。母処ハワイ型から（ST）。ただ父処ナンカン型を経由して、なにか母系的構造からの派生も、同じくありうる。
184、セマ族（Sema）——標準的オマハ型。標準的ダコタ型か、標準的フォックス型か、標準的ギネア型か、標準的スーダン型か、二重クロウ型から（O）。
185、セマング族（Semang）——父処エスキモー型。標準的エスキモー型から（LN）。
186、セニアング族（Seniang）——父処フォックス型。標準的フォックス型から（BD）。父処クロウ型から（D）。双処クロウ型から（R）。標準的クロウ型から（NRS）。
187、シャスタ族（Shasta）——標準的ユーマ型。父処ハワイ型か、父処イロクォイ型か、父処エスキモー型から（O）。
188、シェルブロ族（Sherbro）——父処ナンカン型。双処ナンカン型から（R）。標準的ナンカン型から（R）。母処エスキモー型か、母処ハワイ型から（BD）。標準的エスキモー型から（EL）か、標準的ハワイ型から（GH）。エスキモー型の指標とハワイ型の指標とが、一様に均衡している。
189、シルク族（Shilluk）——標準的スーダン型。二重クロウ型から（DM）。父処クロウ型から（D）。双処クロウ型から（R）。標準的クロウ型から（RS）。
190、ショナ族（Shona）——標準的オマハ型。標準的フォックス型から（BD）。父処クロウ型から（D）。双処クロウ型から（R）。標準的クロウ型から（NRS）。双系的構造を経ての、母系からの数種の派生が、同様に可能である。
191、ショショーン族（Shoshone）——標準的ハワイ型。母処ハワイ型から（RS）。
192、シンカイエトク族（Sinkaietk）——標準的ハワイ型。母処ハワイ型から（RS）。おそらく新処ハワイ型から（L）。
193、シリオノ族（Siriono）——母処フォックス型。母処ハワイ型から（G）か、母処エスキモー型から（L）。

194、ソガ族（Soga）――標準的オマハ型。標準的フォックス型から（BD）。父処クロウ型から（D）。双処クロウ型から（R）。標準的クロウ型から（NRS）。双系的構造を経ての母系からの別の諸派生も、同じく可能である。

195、スス族（Susu）――標準的ダコタ型。標準的ギネア型か、標準的ユーマ型か、二重イロクォイ型から（O）。

196、スワジ族（Swazi）――標準的ダコタ型。標準的ユーマ型から（D）。父処イロクォイ型から（D）。双処イロクォイ型から（R）。標準的イロクォイ型から（NRS）。メイに対する選択的な世代型の呼称法は、究極的にはハワイ型からの派生を示しているとみられる。

197、シリア系キリスト教徒（Syrian Christians）――父処ハワイ型。標準的ハワイ型から（N）。おそらく母処ハワイ型から（FR）。

198、タケルマ族（Takelma）――標準的フォックス型。父処ハワイ型か、父処エスキモー型から（B）。

199、タレンシ族（Tallensi）――おそらく標準的ダコタ型。しかしイトコの呼称を欠く。

200、タナラ族（Tanala）――標準的ダコタ型。二重イロクォイ型から（DM）。父処イロクォイ型から（DM）。双処イロクォイ型から（R）。標準的イロクォイ型から（NR）。標準的ナンカン型から（N）。母処ハワイ型から（GNR）。八段階も続く構造的段階の長さにもかかわらず、この再構成は、報告されている民族誌的事実に対しても、既知のマレー人の分布に対しても、これらを犯していることはない。

201、タニーズ族（Tannese）――標準的ダコタ型。標準的ギネア型か、標準的ユーマ型か、二重イロクォイ型から（O）。

202、タオス族（Taos）――標準的エスキモー型。おそらく母処エスキモー型から（F）。

203、タラフマラ族（Tarahumara）――新処ハワイ型。父処ハワイ型から（CR）。標準的ハワイ型から（N）。

204、テニノ族（Tenino）――標準的ハワイ型。父処ハワイ型から（CR）。

205、テテカンチ族（Tetekantzi）――父処ナンカン型。オジ方ナンカン型から（A）。標準的ナンカン型から（F

R)。母処ハワイ型から(N)。標準的ハワイ型から(GNR)。

206、テトン族(Teton)——標準的ユーマ型。父処イロクォイ型から(D)。双処イロクォイ型から(R)。標準的イロクォイ型から(NRS)。標準的ナンカン型か、母処ユーマ型から(O)。

207、テワ族(Tewa)——標準的エスキモー型。新処フォックス型から(N)。新処オマハ型から(DU)。標準的オマハ型から(CR)。父系モイエティは、おそらくオマハ型を、最も先行するものとしている。

208、サド族(Thado)——標準的オマハ型。標準的ダコタ型か、標準的フォックス型か、標準的ギネア型か、標準的スーダン型か、二重クロウ型から(O)。

209、ソンガ族(Thonga)——標準的オマハ型。標準的フォックス型から(D)。父処クロウ型から(D)。双処クロウ型から(R)。標準的クロウ型から(RS)。この再構成は、姉妹型の多妻婚のほんのわずかな証拠だけによっている。

210、ティコピア族(Tikopia)——標準的ギニア型。父処ハワイ型から(BDK)。標準的ハワイ型から(KN)。母処ハワイ型から(RS)。

211、ティムネ族(Timne)——標準的ギニア型。父処エスキモー型から(D)。標準的エスキモー型から(LN)。

212、ティスムル族(Tismulun)——父処イロクォイ型。双処イロクォイ型から(R)。標準的イロクォイ型から(FNR)、標準的ナンカン型か、母処ユーマ型から(O)。

213、トリンジット族(Tlingit)——オジ方クロウ型。標準的クロウ型から(FNR)。

214、トダ族(Toda)——二重イロクォイ型。父処イロクォイ型から(D)。双処イロクォイ型から(R)。標準的イロクォイ型から(FR)。

215、トケラウ族(Tokelau)——双処フォックス型。標準的ハワイ型から(BGK)。おそらく母処ハワイ型から(FR)。標準的ハワイ型から直接双処フォックス型へという異例移行は、おそらくキンドレッドの強い父系的傾斜によるものである。キンドレッドは、ハワイ型親族呼称法からオマハ型親族呼称法への移行を生むのに、十分であろう。さらにこうした派生は、強い双系的特性からの内的証拠だけでなく、ポリネシア人の分布とも完全に一致している。

216、トンガ族（Tongans）——父処ハワイ型。標準的ハワイ型から（KN）。母処ハワイ型から（RS）。

217、トロブリアンド島民（Trobrianders）——オジ方クロウ型。標準的クロウ型から（FNR）。

218、トラック島民（Trukese）——標準的クロウ型。標準的ナンカン型から（D）。標準的ハワイ型から（GR）。

219、チムシアン族（Tsimshian）——オジ方イロクォイ型。標準的イロクォイ型から（NRS）。標準的ナンカン型か、母処ユーマ型から（O）。

220、ツワナ族（Tswana）——標準的ユーマ型。父処イロクォイ型から（D）。双処イロクォイ型から（R）。標準的イロクォイ型から（NRS）。標準的ナンカン型か、母処ユーマ型から（O）。キンドレッドがはっきりしないことは、おそらく基本的双系タイプのひとつから派生したということの指標にはならないであろう。なお父系リネージは、ダコタ的構造への初期の移行を示している。

221、トバトラバル族（Tubatulabal）——父処ハワイ型。標準的ハワイ型から（N）。母処ハワイ型から（F）。

222、トピナンバ族（Tupinamba）——母処エスキモー型。標準的エスキモー型から（LN）。

223、トウィ族（Twi）——父処クロウ型。双処クロウ型から（R）。標準的クロウ型から（FRN）。

224、チェルタル族（Tzeltal）——標準的オマハ型。標準的フォックス型から（D）。父処クロウ型から（D）。双処クロウ型から（R）。標準的クロウ型から（FRT）。

225、ウラワン族（Ulawans）——父処ハワイ型。標準的ハワイ型から（GK）。母処ハワイ型から（FR）。

226、ヴァイ族（Vai）——標準的ギネア型。父処エスキモー型から（D）。双処エスキモー型から（GR）。母処エスキモー型から（FR）。標準的エスキモー型から（N）。

227、ヴァニモ族（Vanimo）——標準的ダコタ型。標準的ギネア型か、標準的ユーマ型か、二重イロクォイ型から

（O）。

228、ヴェダ族（Vedda）——標準的イロクォイ型。標準的ナンカン型か、母処ユーマ型から（O）。オバに対する分枝傍系型呼称は、ある父処構造の先行を、示すものであろう。

229、ヴェンダ族（Venda）——二重イロクォイ型。父処イロクォイ型から（D）。双処イロクォイ型から（NRS）。標準的ナンカン型か、母処ユーマ型から（O）。

230、ワラパイ族（Walapai）——標準的ユーマ型。父処ハワイ型か、父処イロクォイ型か、父処エスキモー型から（O）。母処→父処居住は、母処構造の先行していることを示唆している。しかしそれが双系タイプか、母系タイプか、を示す内的証拠はない。

231、ワピシアナ族（Wapisiana）——標準的ユーマ型。父処イロクォイ型から（D）。双処イロクォイ型から（R）。標準的イロクォイ型から（FNRT）。標準的ナンカン型か、母処ユーマ型から（O）。

232、ワショ族（Washo）——母処ハワイ型。標準的ハワイ型から（NR）。父処ハワイ型から（C）。

233、ウィチタ族（Wichita）——母処ハワイ型。標準的ハワイ型から（NR）。

234、ウィネバゴ族（Winnebago）——標準的オマハ型。標準的フォックス型から（D）。父処クロウ型から（D）。双処クロウ型から（R）。標準的クロウ型から（RST）。

235、ウィント族（Wintu）——新処ユーマ型。新処ダコタ型から（D）。標準的ダコタ型から（CNR）。姉妹型の多妻婚は、標準的イロクォイ型からの選択的派生を支持するには、あまりにも突発的である。

236、ウィシラム族（Wishram）——父処ハワイ型。標準的ハワイ型から（N）。母処ハワイ型から（S）。

237、ウィトト族（Witoto）——標準的ダコタ型。標準的ギネア型か、標準的ユーマ型か、二重イロクォイ型から（O）。

238、ウォジェオ族（Wogeo）——二重イロクォイ型。父処イロクォイ型から（D）。双処イロクォイ型から（R）。標準的イロクォイ型から（NRS）。標準的ナンカン型から（N）。母処ハワイ型から（D）。標準的ハワイ型から（GR）。標準的イロクォイ型からさきの再構成は、オバに対する選択的世代型の呼称に拠っている。

239、ゾサ族（Xosa）——標準的ギネア型。父処エスキモー型から（BD）。双処エスキモー型（R）か、父処ナンカン型（D）から。姉妹型の多妻婚は、究極的には母処からの派生を示唆している。この母処は、母処エスキモー型か、ある母系・母処構造かのどちらかである。

240、ヤグハン族（Yaghan）——父処ハワイ型。標準的ハワイ型から（N）。母処ハワイ型から（RS）。

241、ヤコ族（Yako）——おそらく二重クロウ型。しかしイトコの呼称を欠いている。

242、ヤクート族（Yakut）——標準的スーダン型。標準的ギネア型から（N）。父処ハワイ型から（D）。標準的ハワイ型から（H）。母処ハワイ型から（RT）。

243、ヤンキー（Yankee）——標準的エスキモー型。父処エスキモー型か、新処ユーマ型か、新処フォックス型から（O）。父系で継承される姓は、究極的には父系的構造からの派生を示すものであろう。

244、ヤオ族（Yao）——標準的イロクォイ型。標準的ナンカン型か、母処ユーマ型から（O）。

245、ヤルロ族（Yaruro）——標準的クロウ型。標準的イロクォイ型か、母処フォックス型か、標準的ナンカン型から（O）。

246、ユチ族（Yuchi）——二重クロウ型。父処クロウ型から（D）。双処クロウ型から（R）。標準的クロウ型から（FR）。この再構成は、先行するクロウ型についての歴史的証拠によって、これが確認され、オマハ型のイトコ呼称法は、ショウニー族（Shawnee）からの借用だからである。

247、ユマ族（Yuma）——双処ダコタ型。標準的ダコタ型から（CNR）。

248、ズル族（Zulu）——標準的ダコタ型。標準的ギネア型から（N）。父処ハワイ型から（BO）。標準的ハワイ型から（RS）。標準的ユーマ型を経ての、標準的エスキモー型からの選択的派生も、証拠と一致している。

249　ズーニ族（Zuñi）——標準的クロウ型。標準的イロクォイ型か、母処フォックス型か、標準的ナンカン型から（O）。

〔250、欠〕

さて以上の再構成において、著者は、意図的に内的証拠をその限界まで進めてみた。これは、現在からかけ離れた構造形態に関して、とりわけそうであった。このため、ときとして、非常にうすっぺらな推論をみちびくことになった。けれどもこれは、この方法をテストする、最大の機会を提供しているとも言える。それはともかく、技法はたとえ堅実であっても、この再構成は、多くのエラーを犯しているに違いない。――そのいくつかは、データ・ソースの欠陥によるであろうし、またいくつかは、インフォーメーションの適切な項目を記録するさい、著者が犯した誤りによるであろう。さらに、用いた基準のいくつかは、たしかに信頼性が低く、したがってこれらは、修正と改良とを必要とするであろう。

けれどもこの方法になにか効用があるとすれば、それは、この再構成のもつ多くの含蓄によって証明されなくてはならない。ところで語族は、このさい、理想的なテストの手段となってくる。というのは、言語上の関係が証明されたとき、そこから出てくる文句なしの結論は、次のものだからである。すなわち現在、関連のある言語を話す諸民族は、かつてはひとつの言語的コミュニティをなしていたに違いない。またそのコミュニティは、社会組織を含む共通の文化をもっていたに違いない、ということである。祖先のことばを話していた子孫たちは、その後、いろいろな地域へと散っていった。そのときかれらは、言語とともに、文化と社会組織の修正も受けたに違いない。したがって、全体として、言語的関連をもつ諸民族間の社会組織の差異は、時代をさかのぼるにつれて、減少していく。というわけでわれわれは、時間の深みをたどるにしたがって、言語的コミュニティに近づいていく。このことを期待すべきであろう。だからわれわれの再構成が、それぞれの語族の内部で、こうした過去への収斂を示さなければ、この方法は誤っている。こう推定しなくてはならない。それで各語族――われわれの標本では、これが三つ以上の社会によって代表されている――について、その証拠を分析してみることにしたい。

(一) アルゴンキン語族（Algonquian）――アルゴンキン語族の八部族は、過去においては、ハワイ型の共通の先行構造に収斂していくように思われる。このうち四部族――アラパホ族、ブラックフット族、チェイエン族、ミクマク族――は、今もハワイ型であって、他の構造のどんな残存も示していない。ナスカピ族は、現在、構造はユーマ型であるが、一時はハワイ型であったことを示している。オジブア族は、タイプはダコタ型であるが、選択的派生であるけれども、ハワイ型の蓋然性が高い。フォックス族とキカプー族だけは、それぞれフォックス型とオマハ型とであり、ハワイ型の先行形態からの派生を、確信をもって言うことはできない。けれどもこの二つの社会にみられる著しい双系的特徴――著者は、これを文化変容の結果だと推定している――は、おそらく以前のハワイ型の双系構造の残存を、現実に表わしているものと思われる。

(二) アサパスカ語族（Athapaskan）――標本のアサパスカ八社会もまた、共通のハワイ的起源から派生したように思われる。チリカフア族、ヒュパ族、キオワ・アパッチ族、セカニ族は、それぞれ異なる文化領域で暮らしているが、かつて他のタイプの構造をもっていたという証拠はない。この語族の残りの四代表は、こんにちでは母系である。しかもそのひとつ、カスカ族は、ハワイ型が先行したという特殊な徴候を示しており、隣接のカリエル族とクチン族も、同様な派生をした公算が高い。おわりにナバホ族は、たとえ内的分析ではなにも残存を現わしていないにしても、隣人であり親族でもあるアパッチ族からの分布上の証拠によって、たしかにハワイ的構造から派生したことが示される。

(三) オーストラリア語族（Australian）――五つのオーストラリア部族は、こんにちみな二重出自という特徴をもっており、はっきり母系の先行から派生してきたものである。始祖構造がイロクォイ型であったことは、とくにアルンタ族、ディエリ族、カミラロイ族、カリエラ族で示されている。ムルンギン族については、クロウ型構造からの選択的派生も、同程度に考えられる。

(四) バンツー語族（Bantu）――二三のバンツー語族は、悪名高い家父長制の地域としてはむしろ意外であるが、過去においては、母系的構造、おそらくイロクォイ型へと収斂される、という明白な証拠が与えられている。ただチェワ族、イラ族、コンゴ族、ラムバ族、ブンド族、ヤオ族だけは、こんにちでも厳格に母系的で、以前の構造がイロクォイ型かクロウ型以外のものであったという証拠はない。なお二重出自をもつヘレコ族とヴェンダ族、ユーマ構造をもつツワナ族、ダコタ構造をもつベナ族、ガンダ族、ヘンガ族、ペディ族、スワンジ族、オマハ構造をもつショナ族、ソガ族、ソンガ族のあいだには、類似した先行構造についての明白な内的証拠が存在している。そしてこれは、ダコタ構造のキイガ族、スーダン構造のゲス族、オマハ構造のキタラ族、レンジ族も、似た母系的派生であることを、きわめて蓋然的にさせている。というのは、これらはみな、母処制の徴候である、オバとメイ、あるいはオバかメイに対する分枝融合型の呼称法を示しているからである。残りの部族であるゾサ族とズル族は、こんにちでは父系であるが、しかしわれわれの再構成では、それぞれエスキモー的、ハワイ的起源を示している。なおこれらの再構成が大きく拠っている外婚の双系的拡大が、もし文化変容の影響に帰せらるべきだとするならば、母系的派生は、これらの部族に対してさえありうることになり、われわれの事例は、理論的期待からの逸脱ではないわけである。

(五) カリブ語族 (Cariban) ——この語族の三部族——カリブ族、カリナゴ族、マクシ族——はみなユーマ構造であって、単系的構造、あるいはもっと基礎的な双系的構造から派生したという内的証拠は、なにもない。

(六) ドラヴィダ語族 (Dravidian) ——一〇のドラヴィダ語族のうち、ナヤール族とヴェダ族とは、イロクォイ構造をもち、前者は、明らかに先行するハワイ構造からの派生である。二重出自をもつトダ族は、イロクォイ構造からダコタ構造への進化の過程にある。バイガ族、ブーイヤ族、チェンチュ族、クールグ族、ゴンド族、レディ族は、残存なしのダコタ型であり、トダ族と同じ移行をしてきたものと思われる。ホ族は、姉妹と交叉イトコとに同じ綴りの呼称をもち、タイプとしてはギネア型に分類されるけれども、実際にはダコタ型であろう。したがって同じような解釈が可能であろう。おそらくさきに示したナヤール族の先行構造を除いて、すべてのドラヴィダ系民族は、はじめイロクォイ構造をもち、のちにかれらの住む北部で、ダコタ型のサブ・グループが生まれてきたことで、データは一致している。

(七) ゲ語族(Ge)――われわれの標本における四つのゲ部族のうち、ラムコカメクラ族はクロウ構造をもち、他から派生したという徴候はない。しかしスーダン構造をもつチェレンテ族は、クロウ型が先行していたという証拠を示している。また変則的なナンカン構造をもつアピナエ族は、こんにちでは母系であって、たしかにかつてはクロウ型の組織のあったことが十分に考えられる。ハワイ構造をもつカインガング族だけは、実際にきわめて多様であるが、これは研究された特定の集団が、明白な文化解体の証拠を示していることによるかもしれない。したがってゲ語族のすべてが、一つの言語的コミュニティをなしていた当時、かれらがクロウ型の組織をもっていたということは、けっして不可能ではない。

(八) インド・ヨーロッパ語族(Indo-European)――インド・ヨーロッパ語族の四つの主な区分が、われわれの標本によって代表されている――すなわちヤンキーによるゲルマン区分、ルテニア人によるスラブ区分、アルバニア人によるトラキ・イリリア区分、クルド族とオセット族とによるインド・イラン区分がそれである。五社会のうちの二つ、すなわちルテニア人とヤンキーとは、エスキモー型の社会構造をもち、他からの派生についての内的証拠はない。残りのうちの二つ、アルバニア人とオセット族とは、こんにちではギネア型構造の特徴をもっているが、エスキモー型の先行を示す残存をとどめている。したがってクルド族を唯一の例外として、インド・ヨーロッパ民族の前史にあっては、社会構造がエスキモー型へと収斂していくことが示される。フォックス型の組織をもつクルド族でも、オバに対する直系型の呼称法がその証拠であるが、これも究極的には、同じ派生がけっして不可能ではない。

(九) マラヨ・ポリネシア語族(Malayo-Polynesian)――われわれの方法は、このマラヨ・ポリネシア語族によって、最もよく確認されている。われわれの標本では、この語族は、ハワイからマダガスカルまで、地球の半周にわたる四二の社会を含んでいる。このうちマライ区分に属するイファゴ族は、ハワイ型の構造で、他の先行した徴候はない。ところがエスキモー構造のバリー島民、ユーマ構造のメンタウェイ族、おそらくイロクォイ構造と思われるミナンカバウ族、ダコタ構造のタナラ族は、みなハワイ型からの派生についての内的証拠を示している。ただスーダンのバタク族だけは、同一の起源を示す明白な残存を欠いている。ミクロネシア区分では、三つの部族の全部――マーシャル島民、ナウルア族、トラック島民――は、こんにちでは、みなクロウ型かイロクォイ型の母系組織をもっているが、ハワイ型先行の誤りのない証拠を示している。ポリネシア区分では、ナンカン構造のプカプカ族、ギネア構造のティコピア族、フォックス構造のトケラウ族は、みな明らかにハワイ的構造から出てきており、残りの八つの代表――フトナ族、ハワイ島民、マンガレヴァン族、マオリ族、マーケサス島民、オントン＝ジャワ族、サモア族、トンガ族――は、いまなお構造はハワイ型で、他からの派生についての内的証拠はない。なおメラネシア区分のうちだけが、共通のハワイ型構造の原型についての証拠が、結論にまで至っていない。ただここでもエディストーン族とウラワン族とは、いまなお構造はハワイ型であって、現在はナンカン構造のテテカンチ族、イロクォイ構造のアロシ族・ゲトマッタ族・クルタッチ族、クロウ構造のモタ族・ペンテコスト族については、ハワイ型が最も初期であると推定することができる。けれども他の一四のメラネシア部族に関しては、内的証拠はユーマ型か、フォックス型か、ダコタ型か、イロクォイ型か、あるいはクロウ型を示していない。たぶんこれらの部族のいくつかでは、初期のハワイ構造がなにも残存していないであろう。しかし多くの場合、おそらく現住民族の祖先は、以前は別のことばを話しており、その後、移民の波に接触して、いまのマラヨ・ポリネシア方言を手に入れたものであろう。それは、より広いメラネシア諸島のいくつかの内部には、いわゆる「パプア」語が残っていることによって示唆されている。それでこうした状況なので、もっと初期のマラヨ・ポリネシア的社会構造の残存というものは期待すべくもないであろう。したがってわれわれの再構成は、次の仮説を圧倒的に支持している、と結論してよいであろう。すなわちはじめのマラヨ・ポリネシア言語コミュニティは、社会組織はハワイ型だったということである。

(一〇) ナチェズ・ムスコギー語族 (Natchez-Muskogean) ――この語族の三部族――チョクタウ族、クリーク族、ナチェズ族――は、クロウ型の構造を現わしており、先行についての内的証拠を欠いているという点でも、一致している。

(二) パプア語族 (Papuan) ——ニューギニアの原住民が一つの語族に入るか、それともいくつかに分かれるかは、まだ知られていない。けれども沖合諸島の住民を除けば、われわれの標本には、父系構造以外のものをもつパプア部族はない——すなわちアラペシュ族、イアトムル族、クオマ族はオマハ型、マイル族はスーダン型、アベラム族、バナロ族、ケラキ族、キワイ族、クトブ族、オロカイヴァ族、ヴァニモ族はダコタ型である。ただクトブ族とマイル族については、双系的派生が可能だという示唆もあって、全領域にわたってきわめて古い父系構造を推定するには、両部族とも、証拠が弱い。

(三) サリシュ語族 (Salishan) ——標本のサリシュ語四部族は、はじめのハワイ構造から派生したものと思われる。フラットヘッド族、クララム族、シンカイエトク族は、なおこのタイプの組織を保持しているが、キナウルト族のエスキモー構造は、ハワイ型からの派生を示唆している。

(三) シニト語族 (Sinitic) ——一〇のシニト語部族は、残念なことに、この語族の主な区分を適切に表わしていない。というのは、このうちの八部族は、アッサムから取ったからである。しかし父系構造が一般的である——アッサムでは、ほとんど常にオマハ型であって、他から派生したという徴候がない。けれども中国人、ラケール族、レプチャ族では、双系からの派生が考えられる。この語族全体としては、決定的な証拠にとぼしい。

(四) シュー語族 (Siouan) ——シュー語を話す五部族のうち、クロウ族とマンダン族とは母系、テトン族は双系、オマハ族とウィネバゴ族とは父系である。けれども内的証拠からすれば、はじめの母系組織——おそらくクロウ型——がオマハ族においては可能的、他の四部族においては蓋然的である。シュー語族とアルゴンキン語族とは、歴史時代に近隣者として生活しており、ともに非常によく似た社会構造を示している。ただこういう事実にもかかわらず、これらの構造を分析してみると、するどく異なる先行形態をもっていたことが示唆される。

(五) スーダン語族 (Sudanese) ——スーダン語族における言語関係は、ニューギニアにおけると同様に、ほとんど知られていない。おそらく複雑であろう。したがって、われわれの再構成をテストするのに用いることはできない。けれども次の点に注目するのは、興味あることであろう。すなわちこれらは、ナイルの地域ではじめのスーダン型またはオマハ型が、シエラ・レオネ〔共和国〕、リベリア、ナイジェリア沿岸ではエスキモー型が、アシャンティ族、ダホメイ族ではクロウ型が、北ナイジェリアではハワイ型が、それぞれ核であることを示唆している点である。

㈥　タノアン語族（Tanoan）――われわれのタノアン語族三部族からの証拠は、それぞれ矛盾している。すなわち母系のジェメズ族ではイロクォイ型の先行が示され、父系・非外婚のテワ族ではオマハ的起源が、そしてタオス族は現在のエスキモー構造のままで、これと異なる構造の残存を示していない。この語族だけが、その証拠とわれわれの仮説とがまったく違ってくる、唯一のものである。けれどもこれは、テワ族のシブにおける出自規則について、われわれがパーソンズ（E. C. Parsons）よりも、ハリントン（J. P. Harrington）に拠ったということから、まず出てきたものと思われる。

㈦　ウラル・アルタイ語族（Ural-Altaic）――この語族の三部族は、それぞれ語族内の異なる区分を代表している。――すなわちフィン系のラップ族、トルコ系のヤクート族、ツングース系の満州族がそれである。ラップ族は安定したエスキモー型の社会構造を、ヤクート族は明らかにハワイ型から派生したスーダン型の構造を、満州族はダコタ型（先行構造なし）の構造をもっている。けれどもこうした社会組織の多様性は、あまり重要でないかもしれない。というのは、この語族の統一性については、言語学者たちがなお論争中だからである。したがってこの主な区分も、実際には独立した語族であるかもしれない。あるいはあまりにまえに関係していたので、社会構造による収斂は、期待できないのかもしれない。

㈧　ウト・アズテック語族（Uto-Aztecan）――この語族の八つの代表は、明らかに先行のハワイ型構造へと収斂していく。すなわちコマンチェ族、パイウト族、タラフマラ族、トバトラバル族は四つの文化領域に分散しているが、その構造はハワイ型で、他から派生したという内的証拠はない。ルイセノ族のダコタ組織とホピ族のクロウ組織も、ともにハワイ型を先行形態とする痕跡をとどめている。ピマ族だけは、ダコタ型から派生したと思われるユーマ構造をもち、もともとハワイ構造だったと思わせる、確実な残存を示していない。けれどもこの部族の父系出自は、衰退的というよりも初発的であって、既存の父処居住規則にもとづいて、隣接のユーマ諸部族から借りてきたものと思われる。

(九) ユーマ語族 (Yuman) ——この語族を代表する四部族のうち、ユーマ族の構造タイプは、ダコタ型であるが、残りの三部族も、同一の構造へと発展していく、はっきりした証拠をとどめている。すなわちユーマ型のハバスパイ族とワラパイ族、ギネア型のマリコパ族が、それである。ただマリコパ族だけは、先行の組織について、ハワイ型を思わせる内的証拠を示している。そこで全体の印象であるが、この一群の部族ははじめは双系で、それもおそらくハワイ構造であった。ところが父処居住が進化してきて、そのため最近になって父系構造、すなわち初発的な父系構造をもつようになった。そのように考えられる。

誤りや見落しもあって、不明瞭な結果も現われてきたが、われわれは、われわれの再構成を語族によって検討してみた。そして時代をさかのぼるにつれて収斂していくという、理論的に期待される方向が、ここでは強く確認された。したがってこの方法は、確証されたといってよい。もともとこの方法は、構造的特徴の相互関係と、全体としての社会組織の進化とについてのわれわれの仮説に、全面的に拠っている。したがってこれらの諸理論も、また確証されたといってよい。その証明は、通文化的というよりは、むしろ歴史的仮定に大きく拠るものであったが、これにはさらに統計的な支持が加えられる。つまり歴史的なテストと、比較論的なテストとが、同じ結論に達したわけである。社会学者や機能主義の人類学者は、歴史的テストを疑い、歴史家や歴史主義の人類学者は、比較論的テストを疑って、それぞれわが道を行こうとしている。しかし社会科学者は、おそらくこの双方を受けいれて、この二つが完全に一致することに心のゆとりをおぼえるであろう。

解説

内藤莞爾

一

凡例でも記しておいたが、本書は George Peter Murdock, *Social Structure*, 1949 の全訳である。はじめ Macmillan Company から公刊されたが、一九六五年からは、Free Press 社からペーパー・バック本が出版されている。ただし内容においては、変更がない。なお本訳書につけた副題「核家族の社会人類学」は、訳者が加えたもので、原書名は「社会構造」だけである。「社会構造」ということばは、人類学・社会学の領域では早くからつかわれてきた。しかしきわめて多義的であって、学者によってその意味が違うばかりではない。ときには概念規定さえ欠き、ただ漠然とつかわれる場合もみられる。ところでこの多義的という点からすると、マードックの「社会構造」も、かれ独特の用法とするほかはない。それは家族を含めた親族組織をカバーする構造的文脈を指すだけであって、それ以上にも、またそれ以外にも出ない。そしてこの文脈を支配する概念として、「核家族」を置いている。かれの「社会構造」を明確にするために、あえてこの副題を加えたようなわけである。

「序」の冒頭にもあるように、本書は社会学・人類学・行動心理学・精神分析の四理論体系の総合を企図している。そしてこの総合のための技法として、いわゆる「通文化的サーヴェイ」（Cross-Cultural Survey）と統計法とを援用している。前者は資料獲得のための技法、後者は資料整理と検証のための技法である。もっとも本書は、以上の四理論体系に同じウェートを置いているのではない。かれは社会学から人類学に移行した学者であるが、本書が人類学書である以上、人類学が主導的立場を占めていることは言うまでもない。とともにこの人類学のすべてが摂取されているのでもない。かれに影響を与えたのは、ボアス（F. Boas）に始まる歴史主義の人類学であるが、しかしボアス自身への評価はかえって低く、むしろスパイアー（L.Spier）、ローウィ（R. H. Lowie）、クローバー（A. L. Kroeber）など、ボアスの門弟たちへの接近を示している。また当時、ラドクリフ＝ブラウン（A. R. Radcliffe-Brown）によってアメリカに導入された機能主義に対しても、好意的ではない。機能主義は、すでにかれの師であり、のちに同僚ともなった社会学者のケラー（A. G. Keller）から学んだと公言するほどであるが、それにラドクリフ＝ブラウン流の「統合への要請」に立つかぎり、マードックの「社会組織の進化」（本書第八章）のような歴史的・体制的変化の力学は、ほとんど展開する余地がなかった。このことも言えるであろう。しかしマードックは、のちにはこのケラーとも離れてくる。そして社会学者としてはサムナー（W. G. Sumner）やオグバーン（W. F. Ogburn）を挙げ、さらにランドバーグ（G. Lundberg）、パーソンズ（T. Parsons）、マートン（R. K. Merton）などに期待をかけている。ただ本書の内容では、この期待をうかがうことはできない。

行動心理学を第三の理論体系としたのは、具体的にはハル（C. L. Hull）の行動理論を大幅にとりいれたことによっている。たとえば「般化」（generalization）や「識別」（discrimination）などがそれである。行動心理学を摂取したことには、かつて学んだワトソン（J. B. Watson）の行動理論、パブロフ（I. V. Pavlov）の条件反射学の感化もあった。また社会心理学やゲシュタルト心理学に対する不信もあった。しかしなによりも、基礎的な心理・論理の過程は、すべての人に共通だという、マードックの信念にもとづくものであり、そしてハルの行動理論がその鍵を提供していることであった。にもかかわらずマードックは、社会・文化現象の理解に対しては、基礎的行動理論を単独で用いることを拒否する。すなわち歴史その他の影響が、特定の社会条件のもとで、行動のパターンに読みかえられていくが、そのとき行動理論は、この読みかえのメカニズムを提供するにすぎない。そして行動の条件に関する情報は、人類学だけがもつものである。これに対して第四の精神分析は、たとえば核家族内

付表　修正・出自規則の世界的分布

	アフリカ	環地中海	東ユーラシア	太平洋諸島	北アメリカ	南アメリカ	計
単系出自なし（双系）	13(4)	30(10)	17(5)	43(14)	143(46)	65(21)	311(100)
母系出自のみ	37(30)	7(6)	8(7)	28(24)	34(28)	7(6)	121(100)
父系出自のみ	176(44)	57(14)	68(17)	43(11)	42(10)	15(4)	401(100)
母系と父系（二重出自）	12(44)	2(7)	1(4)	12(44)	0(0)	0(0)	27(100)
資料不十分	0(0)	0(0)	0(0)	1(33)	0(0)	2(67)	3(100)
計	238(28)	96(12)	94(11)	127(15)	219(25)	89(10)	863(100)

のインセスト・タブーなどはよく説明している。しかしこのタブーが、外婚その他の形で、核家族の外まで適用されていくことについては、教えるところがない。要するに行動心理学も精神分析も、社会構造の領域では、補助的な理論体系にすぎない。同様に「等価性」とか「統合性」とかいういわゆる社会学的「原理」も、そのままの使用には限界が認められる。これらの多くは、制度的機能が言語化したにすぎない。そして制度そのものの分析は、人類学の任務となってくる。

「通文化的サーヴェイ」については、「はしがき」でも述べているが、あとの文章でこれに若干の補足をすることにしたい。ところで人類学の資料は、これまで局地的な現地報告、または学術調査の類から得てきた。そしてこうした資料から、時にはモーガン（L. H. Morgan）のような、巨大な「一般理論」がうち樹てられた。しかし実際には、「一般理論」にあたいするような、世界的展望を欠くものであった。なるほど未開民族に関する若干の計数処理は、一九一〇年代、ホブハウス（L. T. Hobhouse）などによって行なわれた（L. T. Hobhouse, G. C. Wheeler and M. Ginsberg, *Material Culture and Social Institutions of the Simpler Peoples*, 1915）。そしてそこでは遊牧民族と略奪婚との相関などが指摘されている。しかし拠るところの資料は弱く、また正確さを欠いている。こうして共通のアイテムにもとづく世界的展望は、親族組織の領域に限られるにしても、マードックによってはじめてもたらされた、といってよいであろう。もちろん、世界の民族分布とかれの挙げた標本社会の分布とのあいだには、かなり大きなズレがみられる。また当時、「通文化的サーヴェイ」のファイルは、二五〇の標本社会のうち、八五をカバーしているにすぎなかった。それに標本社会のすべてが、適性を備えているのでもなかった。にもかかわらず世界的展望へ大きく踏みだした。このことは認めなければならない。なおかれは、本書の刊行後も資料の蒐集を行なうとともに、地域区分にも若干の修正を加えている。いま出自規則についてだけ、その結果を示すと、付表のようである。表57―7（本訳書二三六頁）と比較されればさいわいである。すなわち五六五の標本を加えて、全部で八六三の社会をとりあげている。(1)

（1） G. P. Murdock, Ethnographic Atlas (*Ethnography*, 1967, 6-2); G. P. Murdock, World Ethnographic Sample (*American Anthropologist*, n. s. 59, pp. 664-87).

二

マードックの原書は、日本では最もよく読まれた人類学書のひとつであろう。それには刊行以来、すでに三〇年近くになるということもあろうが、実は、「核家族」(nuclear family) という用語とこの家族形態の普遍性とをはじめて世に問うた、このことに大きく関係している。われわれのみたところ、日本でこの用語の採用に踏みきったのは、人類学者よりもむしろ社会学者であった。こうして従来、"conjugal family" の訳語としての「夫婦家族」が、次第に「核家族」にとって代わられるようになった。さらに高度成長経済、都市化の時代を迎えて、現実にも夫婦と未婚の子どもからなる家族が増してきた。なおそれにさきだって、法は戸籍面から直系家族を抹消した。こうして報道機関も「核家族」の用語を採用して、「核家族時代」の到来を告げるかのような記事を掲載した。けれどもこうした流行は、命名者であるマードックの名前を後退させるとともに、また一部では弊害らしいものを生むことにもなった。ひとつは「核家族」の概念が、マードックの意図からそれて、日本化されてしまったことであろう。もともとかれの「核家族」は、家族的集団の構成要素としてのそれであって、現象形態としてのそれではない。構成要素なので、それが結婚（多妻婚、多夫婚）によって横に結びつくと「複婚家族」（polygamous family）となり、また縦に結びつくと「拡大家族」（extended family）となる。こうしてかれのいう家族の「複合形態」（composite forms）が形成される。ところが日本的な用法では、これを文字通りの夫婦と未婚の子どもからなる世帯、つまり現象形態としての核家族に転用してしまった。マードックの意図からすれば、現象形態としての核家族は、構成要素としての核家族が単独で現われたものにすぎない。

ところでこれは、単なることばの綾ではない。というのは、かれにあっては、複婚家族や拡大家族においても、なお核家族の原理が保持されるからである。そしてここに核家族の普遍性を主張する根拠が存在している。たとえば複婚家族の場合、なるほど複数の女性が、その夫を共通にしている。しかしそこでも、複数の核家族が他とともにしない生活的・感情的な単位をなしている。拡大家族も、その意味においては同じである。子は、定位家族においては親と一緒であっても、子みずからは、その妻子とともに生殖家族をつくっている。そして現象形態として核家族をとらえては、このへんの理解ができないことになる。日本の用法では、核家族を他の形態とは異質のものとすることになるからである。なおマードックの核家族を現象形態としてとらえたために、拡大家族を「直系家族」に置き換えるという風を生んできた。マードックの拡大家族は、世代を異にする複数の核家族が、ひとつの家族的集団をつくっておれば、その最少要件が充たされる。日本の直系家族は、親夫婦と子夫婦（主に長男夫婦）が同居している形態を指している。そしてここでは一子（長男）残留制が原則となっているとともに、出自がきわめて尊重される。ところがマードックの拡大家族では、一子にかぎるというような限定もなく、また出自とも無関係である。むしろ日本的用法では、傍系家族や大家族に近い存在である。

また日本では、マードックの「核家族」を以上のようにとりあげたために、この概念が他の親族組織に適用され、拡大されていくことには、あまり注目しなかった。忌憚なく言わしていただくと、日本の読者は、本書のはじめの数章だけに目を通して、後半を放置したうらみがないとはいえない。ところで後半の特徴は、次の二点に示される。㈠親族および親族呼称法の分析にもとづいて、社会組織の進化をとりあげる。㈡かれが本研究を開始した当初の目的である性行動の解明のために、インセスト・タブーの拡大と配偶者選択の社会法則とを問題とする。もともと本書は、オリジナルな社会人類学の原論であって、概論としての性格は稀薄である。そしてこの原論的な特徴は、むしろ後半において現われてくる。とともに「通文化的サーヴェイ」の威力も、この後半で発揮されてくるのである。さらにさきの二点を通じて、核家族の原理が貫かれている。たとえば核家族では、夫婦を別として、他の成員のあいだではインセスト・タブーが課せられる。とともに夫婦の一方は、かならず他の核家族の成員から求めなければならない。こうして親族組織というものがつくりだされる。また親族呼称法を含めた親族関係にも、核家族の原理が投影されてくるのである。

それからこの後半で注目されるのは、社会組織の進化を確定する手法であろう。ところで機能主義とこれを支える"intensive study"が定着して以来、社会進化の問題は、その非科学性のためにタブー視されてきた。もちろんマードックも、初期の人類学者が試みたような、亜人類にまでさかのぼる壮大な進化論を展開するのではない。またここでの「進化」の概念は、なんら価値判断を含んでいない。それは文化の諸領域におけると同じように、社会構造の領域における「適応的変化の過程」(processes of adaptive change) を指すにすぎない。というのは社会組織も、これを構成諸要素に分析してみると、けっして統合や調和の状態を持続しているのではない。生活条件、外的条件の影響を受けるにしても、すべての諸要素が一様に反応するのではない。そこでは時系列的に前時代の「残存」をとどめながら、徐々に変化していく要素もみられる。こうしてマードックは、社会組織の「進化」を測る三領域として、居住規則と出自規則と親族呼称法を挙げ、そのそれぞれをいくつもの変数に区別している。通文化的な観察によれば、条件への適応は、居住規則が最も早く、出自規則の変化は、居住規則の変化に続いて起る。呼称法は、さらに遅れる。そしてこの前提に立って、三領域の変数の相関から、個々の民族・部族についての「歴史的再構成」を行なおうとするのである。その手法は明らかに操作的であるが、しかし単なる順列組合せではない。一つの変数から他の変数への移行過程は複数であるけれども、しかし直接に移行できる変数もあれば、それが不可能な変数も存在している。たとえば母系から父系への移行は、多くの場合、双処居住やオジ方居住という居住制の変化を必要とする。父系から母系への移行には、さらに多くの変数が必要である。そしてかれは、この意味の「短期進化史」に異常な関心を示し、付論Aとしてその技法を公開している。さらに二五〇の標本社会にこれを適用するとともに、一九の語族についてその有効性を確認している。

というわけで本書は、共時的な構造分析であるとともに、通時的な動態分析でもある。しかもその操作的な手法が示しているように、社会構造はたとえ半独立のシステムではあっても、そこには神秘的で不可知のものはなにもない。これがマードックの信念であり、すなわち自然現象と同じ科学的法則に服すべきであるとするのである。

三

マードックは、ジョージ・ブロンソン (George Bronson) を父とし、ハリエト・エリザベート (Harriet Elizabeth) を母として、一八九七年五月、コネチカット州メリデンに生まれた。スコットランド人とイングランド人との血を引いて、祖先のピーター・マードック (Peter Murdock) は、一六九四年、農民としてアメリカに移住してきた。

本書の著者マードックは、メリデンのハイスクールを卒えて、マサチュセッツ州アンドーバーのフィリプス・アカデミーを経て、一九一五年、エール大学に進み、歴史学を専攻、一九年、A・Bのタイトルを得た。社会進化論に関心を寄せ、歴史派人類学に好意的であるのも、あるいはこうしたスクーリングに関係のあることも考えられる。第一次世界大戦には陸軍砲兵少尉として参戦したが、一九一九年から二〇年にかけてハーバード法科大学に学び、その後、一年あまりの世界旅行に出た。一九二二年、エール大学に戻って社会学を専攻、二五年にはPh Dを手にすることになった。同年メリーランド大学の社会学講師になったが、任期三年ののち母校エール大学の社会学助教授に就任した。そして一九三四年には、民族学(ethnology)の副教授、次いで人類学(anthropology)

の教授に任ぜられ、一九三八年には四一歳の若さで主任教授となった。第二次世界大戦との関係も深く、一九四二年から四三年にかけて、政府の委嘱によって、南北アメリカの戦略的索引の作成を指導した。海軍少佐として従軍し、のちに海軍予備隊の司令官となって、沖縄軍政府の一員として、半年間を送ったこともある。一九四七―四八年にはミクロネシアの人類学的調査を指導し、のちにはこのプロジェクトの助言者となった。エール大学での在籍は二一年間に及んだが、一九六〇年には同大学を退き、以来、ピッツバーグ大学の Andrew W. Mellon Professor（社会人類学）として今日に至っている。なお一九四七年には応用人類学会々長、四九年には Viking Fund Medalist を受賞、五二―五三年にはアメリカ民族学会々長、五五年にはアメリカ人類学会々長を歴任している。(1)

著作の主なものを挙げると、次のようである。

〔著書〕

Our Primitive Contemporaries, 1934.

Outline of Cultural Materials, 1938.

Ethnographic Bibriography of North America, 1941.

Social Structure, 1949.

Outline of World Cultures, 1954.

Africa, 1959.

Culture and Society, 1965.

〔編著〕

Studies in the Science of Society, 1938.

Social Structure in Southeast Asia, 1960.

Ethnography, 1962.

〔訳書〕

J. Lippert, *The Evolution of Culture*, 1931 (*Kulturgeschichte der Menschheit in ihrem organischen Aufbau*, 1886-7).

なお本書と表裏一体をなす「通文化的サーヴェイ」であるが、「はしがき」でも述べられているように、これは一九三七年、マードックの指揮のもとで、エール大学の人間関係研究所（Institute of Human Relations）の研究プロジェクトとして始められた。このプロジェクトは、ロックフェラー財団の援助のもとでなされたが、その最初の成果が前出の *Outline of Cultural Materials* である。そして一九四三年には、「通文化的サーヴェイ」は、五〇万枚のファイル・カードに集成され、これには一五〇の文化に関する中心的事項が、みな盛りこまれることになった。しかしこれは、すべてスムースに進んだのではなかった。とくにいくつかの事項については、一枚のカードをつくるために一〇〇ほどの資料に当たらなければならなかった。報道関係は、このファイルを「文化銀行」（culture bank）と呼んだが、しかしその価値はただちに認められたのではなかった。一部では、手頃なライブラリーぐらいにしかみなかった。けれども「パールハーバー」以後は、このファイルは、本書のような研究目的のためばかりでなく、軍事的にも大きく脚光を浴びるようになった。太平洋関係の資料がおびただしく収録されていたからである。なおその後は、さらにその内容を充実させることが計画されて、一九四九年には Human Relations Area File Inc.（HRAF）が組織された。これにはエール大学以外に、ハーバード、プリンストンなど一二の大学が参加している。さきに紹介した五〇〇を越える標本社会も、この HRAE によるものである。

（1） Current Biography, March 1957, p.30-32.

四

「社会構造」刊行以後のマードックの業績について、その一端に触れておきたい。性行動は、本書の研究目的のひとつであったが、本書が刊行された一九四九年、かれはアメリカ社会学会で挨拶して、現代社会はますます婚前性関係の度合を強くしていくだろうことを示唆している。そしてその結果、配偶者の選択がますます合理的になって、離婚の減少につながるであろうことを予言している。同じ発言は、翌五〇年のアメリカ社会衛生学会でも行なわれているが、本書の第一〇章、第一一章に連なる問題である。(1) またアメリカ家族そのものの安定性についても、かれはけっして悲観的ではない。なるほどいくつかの非ヨーロッパ系の諸社会に較べては、非安定的であることは争えない。しかしそれも相対的にとどまっている。民族誌的スペクトルを通してみれば、安定という目的に向って着実に進んでいる、というのである。(2)

しかし最も注目されるのは、双系的親族に関するその後の研究であろう。本書でもたびたび言及しているが、従来の人類学は単系親族には異常な関心をもった反面、双系親族については、その時代的位置づけはもちろん、構造分析さえこれを放置したうらみを残している。ところで一九五七年、バンコクで太平洋学術会議が開かれたが、このとき「東南アジアの社会構造」がシンポジウムでとりあげられた。わが国からは馬渕東一氏が参加した。さきに挙げた *Social Structure in Southeast Asia* は、そのときの成果であるが、マードックは、その第一章で双系親族の問題をさらに進めている。このなかでかれは、この種の非単系の親族組織に対しては“cognatic”の語が妥当だとしているが、なおこれには三種のものが区別される。㈠双系的 (bilateral) =エスキモー型、㈡準単系的 (quasi-unilineal) =カリブ型、㈢選択出自的 (ambilineal) 〔ramage的〕=ポリネシア型がそれである。第一の双系的親族組織は、核家族的な小集団とキンドレッドとによって特徴づけられるが、準単系的親族組織は、cognatic な原理にもとづきながらも、そこには拡大家族と単処・単系が出現して、単系構造への移行を示している。第三の選択出自的親族集団は、ポリネシアに多いタイプであるが、高砂族にもみられ、双処居住制のために、選ばれた居住にともなって、選ばれた配偶者の出自集団に所属するようになるものである。(3)

(1) *Time*, Feb. 13, 1950.

（2） G. P. Murdock, Family Stability in Non-European Cultures (*Annals of the American Academy of Political and Social Science*, Nov., 1950).

（3） なお加治明氏の書評を参照（「民族学研究」二六巻三号、一九―二一四頁）。

五

おわりに本訳書が完成するまでの経過について述べておきたい。すでに一〇年前のことになるが監訳者を中心とした九州大学の演習（社会学大学院）で、マードックの原書をテキストとしてつかうことになった。たまたま学園紛争のために、この演習は中止に追いこまれたが、せっかく始めたことであるので、紛争が終ってからも、有志の諸君にこのテキストによる読書会をもつことを勧めた。もちろん当時は、訳書として出すなどは考えていなかった。それは蒲生正男教授（明治大学）がやがて訳されるように報道されていたし、専門の方による訳のほうがよいにきまっているからであった。ところが同教授は、都合によって、これを中止されたので、われわれがお引き受けするようなことになった。

訳文の分担は、次のようである（カッコ内は現在の勤務先）。はしがきおよび第一章岩田啓靖（山口女子大学）、第二章小谷朋弘（広島大学）、第三章坂本喜久雄（東亜大学）、第四章小谷典子（旧姓三浦、九州大学）、第五章井上寛（島根大学）、第六章小谷典子、第七章坂本喜久雄、第八章井上寛、小谷朋弘、第九章小谷典子、第一〇章岩田啓靖、第一一章小谷朋弘、付論A小谷典子、索引坂本喜久雄、小谷典子。また原稿整理の一部は、米沢和彦（熊本商科大学）、佐藤明代（駒沢大学博士課程）をわずらわせた。なお原稿は、監訳者が全面的に改稿して、全体の統一を図った。監訳者は、戦前、民族学の研究所に籍を置いたこともあり、現在も人類学との若干のつながりをもっている。しかし非専門人には変わりがない。誤訳のおそれなしとしないので、これらについては識者のご指摘を期待している。最後にこの大冊の出版を快諾された新泉社と、いろいろご高配をいただいた同社編集部の桜井俊紀、寺門次郎両氏に厚く御礼を申しあげたい。

索　　引

〔そ〕

〔た〕

〔ち〕

〔つ〕

〔て〕

文　献

250の標本社会のデータとして利用した民族誌の原資料は，われわれの調べた社会の別に従って，アルファベット順で，すべて以下に収録されている。部族名の前の星印は，われわれが「通文化的サーヴェイ」のファイルで調べた原資料を指している。なお理論的な業績は，収録されていないが，これらは引用した個所の註に略記せずに挙げておいた〔本訳書では，章末の「原註」がそれである〕。

〔A〕

アベラム族（*Abelam*）

Kaberry, P. M. "The Abelam Tribe, Sepik District, New Guinea." *Oceania*, XI, 233-257, 345-367. 1941.

アチョリ族（*Acholi*）

Seligman, C. G. *Pagan Tribes of the Nilotic Sudan*, pp. 113-134. London, 1932.

アコマ族（*Acoma*）

Kroeber, A. L. "Zuñi Kin and Clan." *Anthropological Papers of the American Museum of Natural History*, XVIII, 83-87. 1917.

Parsons, E. C. "The Kinship Nomenclature of the Pueblo Indians." *American Anthropologist*, n. s., XXXIV, 377-389. 1932.

White, L. A. "The Acoma Indians." *Annual Reports of the Bureau of American Ethnology*, XLVII, 17-192. 1930

アルバニア人（*Albanians*）

Durham, M. E. *Some Tribal Origins, Laws and Customs of the Balkans*. London, 1928.

＊アンダマン島民（*Andamanese*）

Man, E. H. *On the Aboriginal Inhabitants of the Andaman Islands*. London, 1882.

Radcliffe-Brown, A. R. *The Andaman Islanders*. Second edit. Cambridge, 1933.

アンガミ族（Angami）

Hutton, J. H. *The Angami Nagas*. London, 1921.

アングマサリク族（*Angmagsalik*）

Holm, G. "Ethnological Sketch of the Angmagsalik Eskimo." *Meddelelser om Grφnland*, XXXIX, 1-147. 1914.

アオ族 (*Ao*)

Mills, J. P. *The Ao Nagas.* London, 1926.

*アピナエ族 (*Apinaye*)

Nimuendajú, C. "The Apinayé." *Catholic University of America Anthropological Series*, VIII, 1-189. 1939.

アラパホ族 (*Arapaho*)

Eggan, F. "The Cheyenne and Arapaho Kinship System." *Social Anthropology of North American Tribes*, ed. F. Eggan, pp. 33-95. Chicago, 1937.

アラペシュ族 (*Arapesh*)

Mead, M. "The Mountain Arapesh." *Anthropological Papers of the American Museum of Natural History*, XXXVI, 139-349; XXXVII, 317-451; XL, 183-419. 1940-47.

アラウカン族 (*Araucanians*)

Cooper, J. M. "The Araucanians." *Bulletin of the Bureau of American Ethnology*, CXLIII, ii, 687-760. 1946.

Hallowell, A. I. "Araucanian Parallels to the Omaha Kinship Pattern." *American Anthropologist*, n. s., XLV, 489-491. 1943.

アロシ族 (*Arosi*)

Fox, C. E. "Social Organization in San Cristoval, Solomon Islands." *Journal of the Royal Anthropological Institute*, XLIX, 94-120. 1919.

*アルンタ族 (*Arunta*)

Spencer, B., and Gillen, F. J. *The Arunta.* 2 vols. London, 1927.

*アシャンティ族 (*Ashanti*)

Rattray, R. S. *Ashanti.* Oxford, 1923.

——. *Ashanti Law and Constitution.* Oxford, 1929.

アツジェウィ族 (*Atsugewi*)

Garth, T. R. "Kinship Terminology, Marriage Practices and Behavior toward Kin among the Atsugewi." *American Anthropologist*, n. s., XLVI, 348-361. 1944.

アウナ族 (*Awuna*) (Fera group)

Rattray, R. S. *The Tribes of the Ashanti Hinterland.* 2 vols. Oxford, 1932.

アイマラ族 (*Aymara*)

Tschopik, H. "The Aymara." *Bulletin of the Bureau of American Ethnology*, CXLIII, ii, 501-573. 1946.

アザンデ族 (*Azande*)

Seligman, C. G. *Pagan Tribes of the Nilotic Sudan*, pp. 495-539. London, 1932.

〔B〕
バチャマ族 (*Bachama*)

Meek, C. K. *Tribal Studies in Northern Nigeria*, I, 1–57. London, 1931.

バイガ族 (*Baiga*)

Elwin, V. *The Baiga*. London, 1939.

バリー島民 (*Balinese*)

Belo, J. "A Study of a Balinese Family." *American Anthropologist*, n. s., XXXVIII, 12–31. 1936.

Covarrubias, M. *Island of Bali*. New York, 1937.

バナロ族 (*Banaro*)

Thurnwald, R. "Banaro Society." *Memoirs of the American Anthropological Association*, III, 251–391. 1916.

バリ族 (*Bari*)

Seligman, C. G. *Pagan Tribes of the Nilotic Sudan*, pp. 239–296. London, 1932.

バタク族 (*Batak*) (Toba group)

Loeb, E. M. "Patrilineal and Matrilineal Organization in Sumatra :the Batak and the Minangkabau." *American Anthropologist*, n. s., XXXV, 16–50. 1933.

＊ベナ族 (*Bena*)

Culwick, A. T. and G. M. *Ubena of the Rivers*. London, 1936.

ブーイヤ族 (*Bhuiya*)

Sarat Chandra Roy. *The Hill Bhuiyas of Orissa*. Ranchi, 1935.

ブラックフット族 (*Blackfoot*) (Piegan group)

Josselin de Jong, J. P. B. de. "Social Organization of the Southern Piegans." *Internationales Archiv für Ethnographie*, XX, 191–197. 1912.

Michelson, T. "Notes on the Piegan System of Consanguinity." *Holmes Anniversary Volume*, pp. 320–333. Washington, 1916.

Spier, L. "Blackfoot Relationship Terms." *American Anthropologist*, n.s., XVII, 603–607. 1915.

Wissler, C. "The Social Life of the Blackfoot Indians." *Anthropological Papers of the American Museum of Natural History*, VII, 1–64. 1912.

ボレワ族 (*Bolewa*)

Meek, C. K. *Tribal Studies in Northern Nigeria*, II, 288–310. London, 1931.

ブイン族 (*Buin*)

Rivers, W. H. R. *The History of Melanesian Society*, I, 258–261. Cambridge, 1914.

Thurnwald, H. "Woman's Status in Buin Society."*Oceania*, V, 142–170. 1934.

〔C〕
*カリブ族 (*Carib*) (Barama River group)
Gillin, J. "The Barama River Caribs of British Guiana." ***Papers of the Peabody Museum of American Archaeology and Ethnology***, Harvard University, XIV, No. 2. 1936.
カリエル族 (*Carrier*)
Morice, A. G. "The Western Dénés." ***Proceedings of the Canadian Institute***, series 3, VII, 109–174. 1890.
*カヤパ族 (*Cayapa*)
Barrett, S. A. "The Cayapa Indians of Ecuador." ***Indian Notes and Monographs***, XL, Parts 1–2. 1925.
チャワイ族 (*Chawai*)
Meek, C. K. ***Tribal Studies in Northern Nigeria***, II, 145–164. London, 1931.
チェンチュ族 (*Chenchu*)
Fürer-Haimendorf, C. von. ***The Chenchus.*** London, 1943.
*チェレンテ族 (*Cherente*)
Nimuendajú, C. "The Šerente." ***Publications of the Frederick Webb Hodge Anniversary Publication Fund***, IV, 1–106. 1942.
チェロキー族 (*Cherokee*) (東部集団)
Gilbert, W. H., Jr."Eastern Cherokee Social Organization."***Social Anthropology of North American Tribes***, ed. F. Eggan, pp. 285–338. Chicago, 1937.
*チェワ族 (*Chewa*)
Steytler, J. G. Ethnographic Report on the Achewa Tribe of Nyasaland. 未刊草稿.
チェイエン族 (*Cheyenne*)
Eggan, F. "The Cheyenne and Arapaho Kinship System. ' ***Social Anthropology of North American Tribes***, ed. F. Eggan, pp.35–95. Chicago, 1937.
中国人 (*Chinese*)
Chen, T. S., and Shryock, J. K. "Chinese Relationship Terms." ***American Anthropologist***, n. s., XXXIV, 623–669. 1932.
Feng, H. Y. "Teknonymy as a Formative Factor in the Chinese Kinship System." ***American Anthropologist***, n. s., XXXVIII, 59–66. 1936.
Kroeber, A. L. "Process in the Chinese Kinship System." ***American Anthropologist***, n. s., XXXV, 151–157. 1933.
Latourette, K. S. ***The Chinese, Their History and Culture.*** 2 vols. New York, 1934.
チリカフア族 (*Chiricahua*)
Opler, M. E. "An Outline of Chiricahua Apache Social Organization." *Social*

Anthropology of North American Tribes, ed. F. Eggan, pp. 171–239. Chicago, 1937.

チョクタウ族 (*Choctaw*)

Eggan, F. "Historical Change in the Choctaw Kinship System." *American Anthropologist*, n. s., XXXIX, 34–52. 1937.

Swanton, J. R. "Source Material for the Social and Ceremonial Life of the Choctaw Indians." *Bulletin of the Bureau of American Ethnology*, CIII, 1–282. 1931.

*チュクチ族 (*Chukchee*)

Bogoras, W. "The Chukchee," Part II. *Memoirs of the American Museum of Natural History*, XI, 277–733. 1907.

コチティ族 (*Cochiti*)

Goldfrank, E. S. "The Social and Ceremonial Organization of Cochiti." *Memoirs of the American Anthropological Association*, XXXIII, 1–129. 1927.

Parsons, E. C. "The Kinship Nomenclature of the Pueblo Indians." *American Anthropologist*, n. s., XXXIV, 377–389. 1932.

コマンチェ族 (*Comanche*)

Hoebel, A. E. "Comanche and H_3kandika Shoshone Relationship Systems.' *American Anthropologist*, n. s., XLI, 440–457. 1939.

クールグ族 (*Coorg*)

Emeneau, M. B. "Kinship and Marriage among the Coorgs." *Journal of the Royal Asiatic Society of Bengal, Letters*, IV, 123–147. 1939.

*コッパー・エスキモー族 (*Copper Eskimo*)

Jenness, D. "The Life of the Copper Eskimos." *Report of the Canadian Arctic Expedition*, 1913–18. XII, A, 1–277. Ottawa, 1922.

*クリーク族 (*Creek*)

Swanton, J. R. "Social Organization and Social Usages of the Indians of the Creek Confederacy." *Annual Reports of the Bureau of American Ethnology*, XLII, 23–472. 1928.

*クロウ族 (*Crow*)

Lowie, R. H. *The Crow Indians*. New York, 1935.

——. "The Kinship Systems of the Crow and Hidatsa." *Proceedings of the International Congress of Americanists*, XIX, 340–343. 1917.

——. "Social Life of the Crow Indians." *Anthropological Papers of the American Museum of Natural History*, XXV, 179–248. 1922.

——. "Supplementary Notes on the Social Life of the Crow." *Anthropological Papers of the American Museum of Natural History*, XXI, 53–86. 1917.

Voget, F. W. 未刊フィールド・ノート.

* クナ族 (*Cuna*)

Nordenskiöld, E. "An Historical and Ethnological Survey of the Cuna Indians," ed. H. Wassén. *Comparative Ethnographical Studies*, X, 1–686. Göteborg, 1938.

〔**D**〕

* ダホメイ族 (*Dahomeans*)

Herskovits, M. J. *Dahomey, an Ancient West African Kingdom.* 2 vols. New York, 1938.

ダカ族 (*Daka*) (Dirrim group)

Meek, C. K. *Tribal Studies in Northern Nigeria*, I, 394–412. London, 1931.

* ディエリ族 (*Dieri*)

Elkin, P. A. "The Dieri Kinship System." *Journal of the Royal Anthropological Institute*, LXI, 493–498. 1931.

Howitt, A. W. *The Native Tribes of South-East Australia.* London, 1904.

ディンカ族 (*Dinka*)

Seligman, C. G. *Pagan Tribes of the Nilotic Sudan*, pp. 135–205. London, 1932.

* ドブ族 (*Dobuans*)

Fortune, R. F. *Sorcerers of Dobu.* New York, 1932.

ドロボ族 (*Dorobo*)

Huntingford, G. W. B. "The Social Organization of the Dorobo." *African Studies*, I, 183–200. 1942.

〔**E**〕

エディストーン族 (*Eddystone*)

Rivers, W. H. R. *The History of Melanesian Society*, I, 251–255. Cambridge, 1914.

——. *Psychology and Ethnology*, pp. 71–94. London, 1926.

エド族 (*Edo*)

Thomas, N. W. *Anthropological Report of the Edo-speaking Peoples of Nigeria.* London, 1910.

エピ族 (*Epi*)

Deacon, A. B. "Notes on Some Islands of the New Hebrides." *Journal of the Royal Anthropological Institute*, LIX, 498–506. 1929.

エロマンガ族 (*Eromangans*)

Humphreys, C. B. *The Southern New Hebrides.* Cambridge, 1926.

エヤク族 (*Eyak*)
Birket-Smith, K., and De Laguna, F. *The Eyak Indians of the Copper River Delta, Alaska.* København, 1938.

〔F〕
フィジー島民 (*Fijians*) (Lau group)
Hocart, A. M. "Lau Islands, Fiji." *Bulletin of the Bernice P. Bishop Museum*. LXII, 1–240. 1929.
フラットヘッド族 (*Flathead*)
Turney-High, H. H. "The Flathead Indians of Montana." *Memoirs of the American Anthropological Association*, XLVII, 1–161. 1937.
フォックス族 (*Fox*)
Tax, S. "The Social Organization of the Indians." *Social Anthropology of North American Tribes*, ed. F. Eggan, pp. 243–282. Chicago, 1937.
フトナ族 (*Futunans*)
Burrows, E. G. "Ethnology of Futuna." *Bulletin of the Bernice P. Bishop Museum*, CXXXVIII, 1–239. 1936.

〔G〕
ガンダ族 (*Ganda*)
Roscoe, J. *The Baganda.* London, 1911.
ゲス族 (*Gesu*)
Roscoe, J. *The Bagesu and Other Tribes of the Uganda Protectorate*, pp. 1–50. Cambridge, 1924.
ゲトマッタ族 (*Getmatta*)
Chinnery, E. W. P. "Certain Natives in South New Britain and Dampier Straits." *Territory of New Guinea Anthropological Reports*, III, 1–102. 1927.
*ギリアーク族 (*Gilyak*)
Sternberg, L. *Semya i Rod u Narodov Severo-Vostochnoi Azii.* Leningrad, 1933.
*ゴンド族 (*Gond*) (Maria group)
Grigson, W. V. *The Maria Gonds of Bastar.* London, 1938.

〔H〕
ハイダ族 (*Haida*)
Murdock, G. P. "Kinship and Social Behavior among the Haida." *American Anthropologist*, n. s., XXXVI, 355–385. 1934.
——. *Our Primitive Contemporaries*, pp. 221–263. New York, 1934.
ハバスパイ族 (*Havasupai*)

Spier, L. "Havasupai Ethnography." *Anthropological Papers of the American Museum of Natural History*, XXIX, 81–392. 1928.

——. "A Suggested Origin for Gentile Organization." *American Anthropologist*, n. s., XXIV, 487–489. 1922.

ハワイ人 (*Hawaiians*)

Emory, K. P. Personal communication.

Morgan, L. H. "Systems of Consanguinity and Affinity of the Human Family." *Smithsonian Contributions to Knowledge*, XVII, 1–590. 1870.

Rivers, W. H. R. *The History of Melanesian Society*, I, 374–387. Cambridge, 1914.

ヘンガ族 (*Henga*) (Tumbuka group)

Sanderson, M. "The Relationship Systems of the Wangonde and Wahenga Tribes, Nyasaland." *Journal of the Royal Anthropological Institute*, LIII, 448–459. 1923.

Young, T. C. *Notes on the Customs and Folklore of the Tumbuka-Kamanga Peoples*. Livingstonia, 1931.

ヘレロ族 (*Herero*)

Luttig, H. G. *The Religious System and Social Organization of the Herero*. Utrecht, 1934.

ホ族 (*Ho*)

Chatterjee, A., and Das, T. "The Hos of Seraikella." *Anthropological Papers of the University of Calcutta*, n. s., I, 1–94. 1927.

* ホピ族 (*Hopi*)

Beaglehole, P. "Notes on Personal Development in Two Hopi Villages." *Memoirs of the American Anthropological Association*, XLIV, 25–65. 1935.

Eggan, F. R. *The Kinship System of the Hopi Indians*. Chicago, 1936.

Lowie, R. H. "Hopi Kinship." *Anthropological Papers of the American Museum of Natural History*, XXX, 361–397. 1929.

Parsons, E. C. "The Kinship Nomenclature of the Pueblo Indians." *American Anthropologist*, n. s., XXXIV, 377–389. 1932.

Simmons, L. W. 未刊フィールド・ノート.

Titiev, M. "The Problem of Cross-Cousin Marriage among the Hopi" *American Anthropologist*, n. s., XL, 105–111. 1938.

* ホッテントット族 (*Hottentot*) (Nama group)

Hoernlé, A. W. "The Social Organization of the Nama Hottentots of Southwest Africa." *American Anthropologist*, n. s., XXVII, 1–24. 1925.

Schultze, L. *Aus Namaland und Kalahari*. Jena, 1907.

ヒュパ族（*Hupa*）

Gifford, E.W. "Californian Kinship Terminologies." *University of California Publications in American Archaeology and Ethnology.* XVIII, 17–18. 1922.

Goddard, P. E. "Life and Culture of the Hupa." *University of California Publications in American Archaeology and Ethnology*, I, 1–88. 1903.

Kroeber, A. L. "Yurok and Neighboring Kin Term Systems." *University of California Publications in American Archaeology and Ethnology*, XXXV, 15–22. 1934.

〔**I**〕

＊イアトムル族（*Iatmul*）

Bateson, G. *Naven.* Cambridge, 1936.

——. "Social Structure of the Iatmül People of the Sepik River." *Oceania*, II, 245–291, 401–451. 1932.

イボ族（*Ibo*）

Meek, C.K. *Law and Authority in a Nigerian Tribe.* London, 1937.

＊イファゴ族（*Ifugao*）

Barton, R. F. "Ifugao Law." *University of California Publications in American Archaeology and Ethnology*, XV, 1–186. 1919.

——. *Philippine Pagans.* London, 1938.

Lambrecht, F. "The Mayawyaw Ritual." *Publications of the Catholic Anthropological Conference*, IV, 169–325. 1935.

イラ族（*Ila*）

Smith, E. W., and Dale, A. M. *The Ila-speaking Peoples of Northern Rhodesia.* 2 vols. London, 1920.

インカ族（*Inca*）

Rowe, J. H. "Inca Culture at the Time of the Spanish Conquest." *Bulletin of the Bureau of American Ethnology*, CXLIII, ii, 183–330. 1946.

インガサナ族（*Ingassana*）

Seligman, C. G. *Pagan Tribes of the Nilotic Sudan*, pp. 429–437. London, 1932.

イロクォイ族（*Iroquois*）（Seneca group）

Goldenweiser, A. A. "On Iroquois Work." *Summary Report of the* 〔Canada〕 *Geological Survey, Department of Mines*, 1912. 464–475; 1913, 363–372.

Morgan, L. H. *League of the Ho-Dé-No-Sau-Nee or Iroquois*, ed. H. M. Lloyd, 2 vols. New York, 1901.

——. "Systems of Consanguinity and Affinity of the Human Family." *Smithsonian Contributions to Knowledge*, XVII, 150–169, 291–382. 1871.

〔J〕

ジェメズ族 (*Jemez*)

Parsons, E. C. "Kinship Nomenclature of the Pueblo Indians." *American Anthropologist*, n. s., XXXIV, 377–389. 1932.

——. *The Pueblo of Jemez.* New Haven, 1925.

＊ジュクン族 (*Jukun*)

Meek, C. K. *A Sudanese Kingdom: an Ethnographical Study of the Jukun-speaking Peoples of Nigeria.* London, 1931.

〔K〕

＊カバビシュ族 (*Kababish*)

Seligman, C. G. and B. Z. "The Kabâbîsh, a Sudan Arab Tribe." *Harvard African Studies*, II, 105–185, 1918.

カインガング族 (*Kaingang*)

Henry, J. *Jungle People.* New York, 1941.

カリナゴ族 (*Kallinago*)

Kirchhoff, P. "Die Verwandtschaftsorganisation der Urwaldstämme Südamerikas." *Zeitschrift für Ethnologie*, LXIII, 137–141. 1931.

Taylor, D. "Kinship and Social Structure of the Island Carib." *Southwestern Journal of Anthropology*, II, 180–212. 1946.

カミラロイ族 (*Kamilaroi*)

Howitt, A. W. *The Native Tribes of South-East Australia.* London, 1904.

Radcliffe-Brown, A. "Notes on the Social Organization of Australian Tribes." *Journal of the Royal Anthropological Institute*, LIII, 424–446. 1923.

＊カリエラ族 (*Kariera*)

Radcliffe-Brown, A. R. "Three Tribes of Western Australia." *Journal of the Royal Anthropological Institute*, XLIII, 143–170. 1913.

カスカ族 (*Kaska*)

Honigmann, J. J. Kaska Ethos. Unpublished doctoral dissertation.

カタブ族 (*Katab*)

Meek, C. K. *Tribal Studies in Northern Nigeria*, II, 1–90. London, 1931.

＊ケラキ族 (*Keraki*)

Williams, F. E. *Papuans of the Trans-Fly.* Oxford, 1936.

＊キカプー族 (*Kickapoo*)

Hockett, C. F. 未刊フィールド・ノート.

Jones, W. "Kickapoo Ethnological Notes." *American Anthropologist*, n. s. XV, 332–335. 1913.

Morgan, L. H. "Systems of Consanguinity and Affinity of the Human Family." *Smithsonian Contributions to Knowledge*, XVII, 291–382. 1871.

キルバ族 (*Kilba*)

Meek, C. K. *Tribal Studies in Northern Nigeria*, I, 181–213. London, 1931.

キオワ・アパッチ族 (*Kiowa Apache*)

McAllister, J. G. "Kiowa-Apache Social Organization." *Social Anthropology of North American Tribes*, ed. F. Eggan, pp. 97–169. Chicago, 1937.

キタラ族 (*Kitara*)

Roscoe, J. *The Bakitara or Banyoro.* Cambridge, 1923.

*キワイ族 (*Kiwai*)

Landtman, G. *The Kiwai Papuans of British New Guinea.* London, 1927.

クララム族 (*Klallam*)

Gunther, E. "Klallam Ethnography." *University of Washington Publications in Anthropology*, 1, 171–314. 1927.

クラマス族 (*Klamath*)

Spier, L. "Klamath Ethnography." *University of California Publications in American Archaeology and Ethnology*, XXX, 1–338. 1930.

コンゴ族 (*Kongo*)

Weeks, J. H. *Among the Primitive Bakongo.* London, 1914,

コランコ族 (*Koranko*)

Thomas, N. W. *Anthropological Report on Sierra Leone.* London, 1916.

コリヤーク族 (*Koryak*)

Jochelson, W. "The Koryak." *Memoirs of the American Museum of Naturall History*, Vol. X. 1905–08.

*クルド族 (*Kurd*) (Rowanduz group)

Leach, E. R. "Social and Economic Organization of the Rowanduz Kurds." London School of Economics and Political Science, *Monographs on Socia Anthropology*, III, 1–74. 1940.

*クルタッチ族 (*Kurtatchi*)

Blackwood, B. *Both Sides of Buka Passage.* Oxford, 1935.

*クチン族 (*Kutchin*) (Peel River group)

Osgood, C. "Contributions to the Ethnography of the Kutchin." *Yale University Publications in Anthropology*, XIV, 1–189. 1936.

クテナイ族 (*Kutenai*)

Boas, F. "Kinship Terms of the Kutenai Indians." *American Anthropologist*. n. s., XXI, 98–101. 1919.

Chamberlain, A. F. "Report on the Kootenay Indians of South-Eastern British

Columbia." *Reports of the British Association for the Advancement of Science*, LXII, 549–614. 1892.
Sapir, E. "Kinship Terms of the Kootenay Indians." *American Anthropologist*, n. s., XX, 414–418. 1918.
クトブ族（*Kutubu*）
Williams, F. E. "Natives of Lake Kutubu, Papua." *Oceania*, XI, 121–157, 259–294, 374–401; XII, 49–74, 134–154. 1940–41.
＊クワキウトル族（*Kwakiutl*）
Boas, F. "The Social Organization and the Secret Societies of the Kwakiutl Indians." *Report of the United States National Museum*, 1895, 311–738.
——. "The Social Organization of the Kwakiutl Indians." *American Anthropologist*, n. s., XXII, 111–126. 1920.
——. "Tsimshian Mythology." *Annual Reports of the Bureau of American Ethnology*, XXXI, 494–495. 1916.
Ford, C. S. *Smoke from Their Fires*. New Haven, 1941.
＊クオマ族（*Kwoma*）
Whiting, J. W. M. *Becoming a Kwoma*. New Haven, 1941.
——. 未刊フィールド・ノート.
Whiting, J. W. M., and Reed, S. W. "Kwoma Culture." *Oceania*, IX, 170–216. 1938.
キイガ族（*Kyiga*）
Roscoe, J. *The Bagesu and Other Tribes of the Uganda Protectorate*, pp. 162–183. Cambridge, 1924.

〔L〕
＊ラケル族（*Lakher*）
Parry, N. E. *The Lakhers*. London, 1932.
＊ラムバ族（*Lamba*）
Doke, C. M. *The Lambas of Northern Rhodesia*. London, 1931.
＊ランゴ族（*Lango*）
Driberg, J. H. *The Lango*. London, 1923.
——. "Some Aspects of Lango Kinship." *Sociologus*, VIII, 44–61. 1932.
＊ラップ族（*Lapps*）
Bernatzik, H. A. *Overland with the Nomad Lapps*. New York, 1938.
Nielsen, K. "Lappisk Ordbok." *Institutet for Sammenlignende Kulturforskning*, series B, XVII, 1–718. Oslo, 1934.
Nordström, E. B. *Tent Folk of the Far North*. London, 1930.
レンジ族（*Lenge*）

Earthy, E. D. *Valenge Women.* London, 1933.
＊レプチャ族 (*Lepcha*)
Gorer, G. *Himalayan Village.* London, 1938.
＊レス族 (*Lesu*)
Powdermaker, H. *Life in Lesu.* New York, 1933.
ロータ族 (*Lhota*)
Mills, J. P. *The Lhota Nagas.* London, 1922.
リンバ族 (*Limba*)
Thomas, N. W. *Anthropological Report on Sierra Leone.* London, 1916.
ロングダ族 (*Longuda*)
Meek, C. K. *Tribal Studies in Northern Nigeria,* II, 331–368. London, 1931.
ルイセノ族 (*Luiseno*)
Gifford, E. W. "Clans and Moieties in Southern California." *University of California Publications in American Archaeology and Ethnology,* XIV, 155–219. 1918.
Kroeber, A. L. "California Kinship Systems." *University of California Publications in American Archaeology and Ethnology,* XII, 339–396. 1917.

〔**M**〕
マブイアグ族 (*Mabuiag*)
Haddon, A. C., ed. *Reports of the Cambridge Anthropological Expedition to Torres Straits,* Vol. V. Cambridge, 1904.
＊マクシ族 (*Macusi*)
Farabee, W. C. "The Central Caribs." *University of Pennsylvania Museum Anthropological Publications,* X, 13–152. 1924.
Kirchhoff, P. "Die Verwandtschaftsorganisation der Urwaldstämme Südamerikas." *Zeitschrift für Ethnologie,* LXIII, 101–117. 1931.
＊マイル族 (*Mailu*)
Malinowski, B. "The Natives of Mailu." *Transactions and Proceedings of the Royal Society of South Australia,* XXXIX, 494–706. 1915.
マラブ族 (*Malabu*)
Meek, C. K. *Tribal Studies in Northern Nigeria,* I, 91–113. London, 1931.
満州族 (*Manchu*)
Shirokogoroff, S. M. "Social Organization of the Manchus." *Royal Asiatic Society (North China Branch), Extra Volume,* III, 1–194. Shanghai, 1924.
＊マンダン族 (*Mandan*)
Lowie, R. H. "Social Life of the Mandan." *Anthropological Papers of the American Museum of Natural History,* XXI, 7–16. 1917.

Will, G. F., and Spinden, H. J. "The Mandans." *Papers of the Peabody Museum of American Archaeology and Ethnology*, Harvard University, III, 81–219. 1906.

マンガレヴァン族 (*Mangarevans*)

Buck, P. H. "Ethnology of Mangareva." *Bulletin of the Bernice P. Bishop Museum*, CLVII, 1–519. 1938.

* マヌス族 (*Manus*)

Mead, M. "Kinship in the Admiralty Islands." *Anthropological Papers of the American Museum of Natural History*, XXXIV, 181–337. 1933.

* マオリ族 (*Maori*)

Best, E. *The Maori*. 2 vols. Wellington, 1924.

——. "Maori Marriage Customs." *Transactions and Proceedings of the New Zealand Institute*, XXXVI, 14–67. 1903.

——. "Maori Nomenclature." *Journal of the Royal Anthropological Institute*, XXXII, 182–201. 1902.

Firth, R. *Primitive Economics of the New Zealand Maori*. New York, 1929.

* マリコパ族 (*Maricopa*)

Spier, L. *Yuman Tribes of the Gila River*. Chicago, 1933.

マーケサス島民 (*Marquesans*)

Handy, E. S. C. "The Native Culture in the Marquesas." *Bulletin of the Bernice P. Bishop Museum*, IX, 1–358. 1923.

Linton, R. "Marquesan Culture." *The Individual and His Society*, by A. Kardiner, pp.137–196. New York, 1939.

* マーシャル島民 (*Marshallese*)

Murdock, G. P., Ford, C. S., and Whiting, J. W. M. "Marshall Islands." United States Navy, Office of Chief of Naval Operations, *Military Government Handbooks*, I, 1–113. 1943.

Wedgwood, C. H. "Notes on the Marshall Islands." *Oceania*, XIII, 1–23. 1942.

* マサイ族 (*Masai*)

Hollis, A. C. "A Note on the Masai System of Relationship and Other Matters connected therewith." *Journal of the Royal Anthropological Institute*, XL, 473–482. 1910.

Leakey, L. S. B. "Some Notes on the Masai of Kenya Colony." *Journal of the Royal Anthropological Institute*, LX, 185–209. 1930.

Merker, M. *Die Masai*. Berlin, 1904.

* マタコ族 (*Mataco*)

Hunt, R. J. "Mataco-English and English-Mataco Dictionary." *Ethnological*

Studies, V, 1–98. Göteborg, 1937.

Karsten, R. "Indian Tribes of the Argentine and Bolivian Chaco." Societas Scientiarum Fennica, ***Commentationes Humanorum Litterarum***, IV, i, 1–236. 1932.

Métraux, A. 未刊フィールド・ノート.

＊ムブンド族 (***Mbundu***)

Hambly, W. D. "The Cvimbundu of Angola." ***Field Museum of Natural History Anthropological Series***, XXI, 89–362. 1934.

Tastevin. "La famille 'Nyaneka.'" ***Semaine Internationale d'Ethnologie Religieuse***, V, 269–287. 1929.

メンディ族 (***Mendi***)

Thomas, N. W. ***Anthropological Report on Sierra Leone***. London, 1616.

メンタウェイ族 (***Mentaweians***) (North Pageh group)

Loeb, A.M. "Mentawei Social Organization." ***American Anthropologist***, n. s., XXX, 408–433. 1928.

ミクマク族 (***Micmac***)

Le Clercq, C. "New Relations of Gaspesia," ed. W. F. Ganong. ***Publications of the Champlain Society***, V, 1–452. Toronto, 1910.

Morgan, L. H. "Systems of Consanguinity and Affinity of the Human Family." ***Smithsonian Contributions to Knowledge***, XVII, 291–382. 1871.

Parsons, E. C. "Micmac Notes." ***Journal of American Folk-Lore***, XXXIX, 460–485. 1926.

Speck, F. G. "Beothuk and Micmac." ***Indian Notes and Monographs***, series 2, XXII, 1–187. 1921

——. "Kinship Terms and the Family Band among the Northeastern Algonkian." ***American Anthropologist***, n. s., XX, 143–161. 1918.

ミキル族 (***Mikir***)

Stack, E. ***The Mikirs***. London, 1908.

ミナンカバウ族 (***Minangkabau***)

Loeb, E.M. "Patrilineal and Matrilineal Organization in Sumatra." ***American Anthropologist***, n. s., XXXVI, 26–56. 1934.

＊ミリアム族 (***Miriam***)

Haddon, A. C., ed. ***Reports of the Cambridge Anthropological Expedition to Torres Straits***, Vol. VI. Cambridge, 1908.

ミウォク族 (***Miwok***)

Gifford, E. W. "Miwok Moieties." ***University of California Publications in American Archaeology and Ethnology***, XII, 139–194. 1916.

モタ族 (*Mota*)
Codrington, R. H. *The Melanesians.* Oxford, 1891.
Rivers, W. H. R. *The History of Melanesian Society,* I, 20–176. Cambridge, 1914.
*ムルンギン族 (*Murngin*)
Lawrence, W. E., and Murdock, G. P. "Murngin Social Organization." *American Anthropologist,* n. s., Vol. LI. 1949.
Warner, W. L. *A Black Civilization.* New York, 1937.
Webb, T. T. Personal communication, 1938.

〔N〕
ナンビクアラ族 (*Nambikuara*)
Levi-Strauss, C."The Social and Psychological Aspect of Chieftainship in a Primitive Tribe." *Transactions of the New York Academy of Sciences,* series 2, VII, 16–32. 1944.
——. "The Social Use of Kinship Terms among Brazilian Indians." *American Anthropologist,* n. s., XLV, 398–409. 1943.
ナンディ族 (*Nandi*)
Hollis, A. C. *The Nandi, Their Language and Folk-Lore.* Oxford, 1909.
ナンカン族 (*Nankanse*)
Rattray, R. S. *The Tribes of the Ashanti Hinterland.* 2 vols. Oxford, 1932.
*ナスカピ族 (*Naskapi*) (Northern group)
Hallowell, A. I. "Kinship Terms and Cross-Cousin Marriage of the Montagnais and the Cree." *American Anthropologist,* n. s., XXXIV, 171–199. 1932.
Speck, F. G. "Kinship Terms and the Family Band among the Northeastern Algonquians." *Proceedings of the International Congress of Americanists,* XIX, 143–161. 1918.
Strong, W.D. "Cross-Cousin Marriage and the Culture of the Northeastern Algonquian." *American Anthropologist,* n. s., XXXI, 277–288. 1929.
*ナチェズ族 (*Natchez*)
Haas, M. R. "Natchez and Chitimacha Clans and Kinship Terminology." *American Anthropologist,* n. s., XLI, 597–610. 1939.
Swanton, J. R. "Indian Tribes of the Lower Mississippi Valley." *Bulletin of the Bureau of American Ethnology,* XLIII, 1–274. 1911.
——. "Social Organization and Social Usages of the Indians of the Creek Confederacy." *Annual Reports of the Bureau of American Ethnology,* XLII, 23–472. 1925.
ナウルア族 (*Nauruans*)

Wedgwood, C. "Report on Research Work in Nauru Island, Central Pacific." *Oceania*, VI, 359-391. VII, 1-33. 1936.

*ナバホ族 (*Navaho*)

Carr, M., Spencer, K., and Woolley, D. "Navaho Clans and Marriage at Pueblo Alto." *American Anthropologist*, n. s., XLI, 245-257. 1939.

Opler, M. E. "The Kinship Systems of the Southern Athabaskan-speaking Tribes." *American Anthropologist*, n. s., XXXVIII, 620-633. 1936.

Reichard, G. A. "Social Life of the Navajo Indians." *Columbia University Contributions to Anthropology*, VII, 1-239. 1928.

ナヤール族 (*Nayar*)

Fawcett, F. "Nayars of Malabar." *Bulletin of the Madras Government Museum*, III, 185-322. 1901.

Panikkar, K. M. "Some Aspects of Nayar Life." *Journal of the Royal Anthropological Institute*, XLVII, 254-293. 1918.

ドロ族 (*Ndoro*)

Meek, C. K. *Tribal Studies in Northern Nigeria*, II, 589-605. London, 1931.

ジジム族 (*Ngizim*)

Meek, C. K. *Tribal Studies in Northern Nigeria*, II, 247-269. London, 1931.

ヌバ族 (*Nuba*) (Lafofa group)

Seligman, C. G. *Pagan Tribes of the Nilotic Sudan*, pp. 366-412. London, 1932.

〔O〕

オジブア族 (*Ojibwa*)

Landes, R. "Ojibwa Sociology." *Columbia University Contributions to Anthropology*, XXIX, 1-144. 1937.

*オマハ族 (*Omaha*)

Dorsey, J. O. "Omaha Sociology." *Annual Reports of the Bureau of American Ethnology*, III, 205-370. 1884.

Fletcher, A. C., and La Flesche, F. "The Omaha Tribe." *Annual Reports of the Bureau of American Ethnology*, XXVII, 17-654. 1911.

Fortune, R. F. "Omaha Secret Societies." *Columbia University Contributions to Anthropology*, XIV, 1-193. 1932.

オナ族 (*Ona*)

Gusinde, M. *Die Feuerland-Indianer*, Vol. I: "Die Selk'nam." Mödling bei Wien, 1931.

オントン=ジャワ族 (*Ontong-Javanese*)

Hogbin, H. I. "The Social Organization of Ontong Java." *Oceania*, I, 399-425.

1931.
＊オロカイヴァ族 (*Orokaiva*)
Williams, F. E. *Orokaiva Society.* London, 1930.
＊オセット族 (*Osset*)
Kovalesky, M. *Coutume contemporaine et loi ancienne: droit coutoumier Ossetien.* Paris, 1893.
——. "The Customs of the Ossetes." *Journal of the Royal Asiatic Society*, n. s., XX, 344–412. 1888.
——. "La Famille matriarchale au Caucase." *L'Anthropologie*, IV, 259–278. 1893.

〔P〕
＊パイウト族 (*Paiute*) (Surprise Valley group)
Kelly, I. T. "Ethnography of the Surprise Valley Paiute." *University of California Publications in American Archaeology and Ethnology*, XXXI, 67–210. 1932.
Kroeber, A. L. "California Kinship Systems." *University of California Publications in American Archaeology and Ethnology*, XII, 358–362. 1917.
パウニー族 (*Pawnee*) (Skidi group)
Dorsey, G. A. "Social Organization of the Skidi Pawnee." *Proceedings of the International Congress of Americanists*, XV, ii, 71–77. 1906.
Grinnell, G. B. "Marriage among the Pawnees." *American Anthropologist*, IV, 275–281. 1891.
Lesser, A. "Levirate and Fraternal Polyandry among the Pawnees." *Man*, XXX, 98–101. 1930.
Morgan, L. H. "Systems of Consanguinity and Affinity of the Human Family." *Smithsonian Contributions to Knowledge*, XVII, 291–382. 1871.
ペディ族 (*Pedi*)
Harries, C. L. *The Laws and Customs of the Bapedi and Cognate Tribes of the Transvaal.* Johannesburg, 1929.
Warmelo, N. J. van. "Kinship Terminology of the South African Bantu." *Union of South Africa Department of Native Affairs Ethnological Publications*, II, 1–119. 1931.
ペンテコスト族 (*Pentecost*)
Rivers, W. H. R. *The History of Melanesian Society*, I, 189–212, Cambridge, 1914.
Seligman, B. Z. "Asymmetry in Descent, with Special Reference to Pentecost." *Journal of the Royal Anthropological Institute*, LVIII, 533–558. 1928.

＊ピマ族（*Pima*）
Parsons, E. C. "Notes on the Pima, 1926." *American Anthropologist*, n. s., XXX, 445–464. 1928.
Russell, F. "The Pima Indians." *Annual Reports of the Bureau of American Ethnology*, XXVI, 3–390. 1908.
＊プカプカ族（*Pukapukans*）
Beaglehole, E. and P. "Ethnology of Pukapuka." *Bulletin of the Bernice P. Bishop Museum*, CL, 1–419. 1938.

〔**Q**〕
キナウルト族（*Quinault*）
Olson, R. L. "The Quinault Indians." *University of Washington Publications in Anthropology*, VI, 1–190. 1936.

〔**R**〕
ラムコカメクラ族（*Ramkokamekra*）
Nimuendajú, C. "The Eastern Timbira." *University of California Publications in American Archaeology and Ethnology*, XLI, 1–358. 1946.
ラノン族（*Ranon*）
Deacon, A. B. 'The Regulation of Marriage in Ambrym." *Journal of the Royal Anthropological Institute*, LVII, 325–342. 1947.
Radcliffe-Brown, A. R. "The Regulation of Marriage in Ambrym." *Journal of the Royal Anthropological Institute*, LVII, 343–348. 1927.
Seligman, B.Z."Bilateral Descent and the Formation of Marriage Classes." *Journal of the Royal Anthropological Institute*, LVII, 349–375. 1927.
レディ族（*Reddi*）
Fürer-Haimendorf, C. von. *The Reddis of the Bison Hills*. London, 1945.
レングマ族（*Rengma*）
Mills, J. P. *The Rengma Nagas*. London, 1937.
ロセル族（*Rossel*）
Armstrong, W. E. *Rossel Island*, Cambridge, 1928.
ルテニア人（*Ruthenians*）
Koenig, S. "Marriage and the Family among the Galician Ukrainians." *Studies in the Science of Saciety*, ed. G. P. Murdock, pp. 299–318. New Ha·ven, 1937.

〔**S**〕
サベイ族（*Sabei*）

Roscoe, J. *The Bagesu and Other Tribes of the Uganda Protectorate*, pp. 51–90. Cambridge, 1924.

サモア人 (*Samoans*)

Mead, M. "Social Organization of Manua." *Bulletin of the Bernice P. Bishop Museum*, LXXVI 1–218. 1930.

サンタ・クルス島民 (*Santa Cruz*)

Codrington, R. H. *The Melanesians*. Oxford, 1891.

Rivers, W. H. R. *The History of Melanesian Society*, I, 217–223. Cambridge, 1914.

セカニ族 (*Sekani*)

Jenness, D. "The Sekani Indians of British Columbia." *Bulletin of the Canda Department of Mines and Resources* (National Museum of Canada), LXXXIV, 1–82. 1937.

*セマ族 (*Sema*)

Hutton, J. H. *The Sema Nagas*. London, 1921.

セマング族 (*Semang*)

Evans, I. H. N. *The Negritos of Malaya*. Cambridge, 1937.

Schebesta, P. *Among the Forest Dwarfs of Malaya*. London, 1927.

*セニアング族 (*Seniang*)

Deacon, A. B. *Malekula*. London, 1934.

シャスタ族 (*Shasta*)

Dixon, R. B. "The Shasta." *Bulletin of the American Museum of Natural History*, XVII, 381–498. 1907.

Gifford, E. W. "Californian Kinship Terminologies." *University of California Publications in American Archaeology and Ethnology*, XVIII, 35–37. 1922.

シェルブロ族 (*Sherbro*)

Hall, H. U. *The Sherbro of Sierra Leone*. Philadelphia, 1938.

Thomas, N. W. *Anthropological Report on Sierra Leone*. London, 1916.

シルク族 (*Shilluk*)

Seligman C. G. *Pagan Tribes of the Nilotic Sudan*, pp. 37–105. London, 1932.

ショナ族 (*Shona*)

Bullock, C. *The Mashona*. Cape Town, 1928.

Seed, J. H. "The Kinship System of a Bantu Tribe." *Southern Rhodesia Native Affairs Department Annual*, X, 65–73; XI, 35–56. 1932–33.

ショショーン族 (*Shoshone*) (Hekandika group)

Hoebel, E. A. "Comanche and H3kandika Shoshone Relationship Systems."

American Anthropologist, n. s., XLI, 440–457. 1939.
シンカイエトク族 (*Sinkaietk*)
Cline, W., Commons, R. S., Mandelbaum, M., Post, R. H., and Walters, L. V. W. "The Sinkaietk or Southern Okanagon of Washington," ed. L. Spier. *General Series in Anthropology*, VI, 1–262. 1938.
* シリオノ族 (*Siriono*)
Holmberg, A. R. *Nomads of the Long Bow.* (In press, Smithsonian Institution.)
ソガ族 (*Soga*)
Roscoe, J. *The Bagesu and Other Tribes of the Uganda Protectorate*, pp 97–136. Cambridge, 1924.
スス族 (*Susu*)
Thomas, N. W. *Anthropological Report on Sierra Leone*. London, 1916.
スワジ族 (*Swazi*)
Marwick, B. A. *The Swazi.* Cambridge, 1940.
シリア系キリスト教徒 (*Syrian Christians*)
Anantha Krishna Ayyar, L. K. *Anthropology of the Syrian Christians.* Ernakulam, 1926.
Behanan, K. T. Personal communication, 1939

〔**T**〕
タケルマ族 (*Takelma*)
Sapir, E. "Notes on the Takelma Indians of Southwestern Oregon." *American Anthropologist*, n. s., IX, 250–275. 1907.
タレンシ族 (*Tallensi*)
Fortes, M. "Kinship, Incest and Exogamy of the Northern Territories of the Gold Coast." *Custom is King*, ed. L. H. D. Buxton, pp. 237-256. London. 1936.
* タナラ族 (*Tanala*)
Linton, R. "The Tanala." *Field Museum of Natural History Anthropological Series*, XXII, 1–334. 1933.
タニーズ族 (*Tannese*) (Whitesands group)
Humphreys C. B. *The Southern New Hebrides.* Cambridge, 1926.
* タオス族 (*Taos*)
Parsons, E. C. "The Kinship Nomenclature of the Pueblo Indians." *American Anthropologist*, n. s., XXXIV, 377–389. 1932.
——. "Taos Pueblo." *General Series in Anthropology*, II, 1–121. 1936.
* タラフマラ族 (*Tarahumara*)

Bennett, W. C., and Zingg, R. M. *The Tarahumara.* Chicago, 1935.
Lumholtz, C. *Unknown Mexico.* 2 vols. New York, 1902.
テニノ族 (*Tenino*)
Murdock, G. P. 未刊フィールド・ノート.
テテカンチ族 (*Tetekantzi*)
Hogbin, H. I. "The Hill People of North-Eastern Guadalcanal." *Oceania,* VIII, 62–89. 1936.
テトン族 (*Teton*)
Hassrick, R. B. "Teton Dakota Kinship Terminology." *American Anthropologist,* n. s., XLVI, 338–347. 1944.
テワ族 (*Tewa*)
Harrington, J. P. "Tewa Relationship Terms." *American Anthropologist,* n.s., XIV, 472–498. 1912.
Parsons, E. C. "The Social Organization of the Tewa of New Mexico." *Memoirs of the American Anthropological Association,* XXXVI, 1–309. 1929.
——. "Tewa Kin, Clan, and Moiety." *American Anthropologist,* n. s., XXVI, 333–339. 1924.
サド族 (*Thado*)
Shaw, W. *Notes on the Thadou Kukis.* London (?), 1929.
*ソンガ族 (*Thonga*)
Junod, H. *The Life of a South African Tribe.* Second edit. 2 vols. London, 1927.
*ティコピア族 (*Tikopia*)
Firth, R. *We the Tikopia.* New York, 1936.
ティムネ族 (*Timne*)
Thomas, N. W. *Anthropological Report on Sierra Leone,* Part I: "Law and Custom of the Timne and Other Tribes." London, 1916.
ティスムル族 (*Tismulun*)
Deacon, A. B. "Notes on Some Islands of the New Hebrides." *Journal of the Royal Anthropological Institute,* LIX, 480–495. 1929.
*トリンジト族 (*Tlingit*)
Oberg, K. "Crime and Punishment in Tlingit Society." *American Anthropologist,* n.s., XXXVI, 145–156. 1934.
Swanton, J. R. "Social Condition, Beliefs, and Linguistic Relationship of the Tlingit Indians." *Annual Reports of the Bureau of American Ethnology,* XXVI, 391–485. 1908.
*トダ族 (*Toda*)

Emeneau. M. B. "Toda Marriage Regulations and Taboos." *American Anthropologist*, n.s., XXXIX, 103–112. 1937.

Rivers, W. H. R. *The Todas*. London, 1906.

トケラウ族 (*Tokelau*)

Macgregor, G. "Ethnology of Tokelau Islands." *Bulletin of the Bernice P Bishop Museum*, CXLVI, 1–183. 1937.

* トンガ族 (*Tongans*)

Collocott, E. E. V. "Marriage in Tonga." *Journal of the Polynesian Society*. XXXII, 221–228. 1923.

Gifford, E. W. "Tongan Society." *Bulletin of the Bernice P. Bishop Museum* Vol. LXI. 1929.

Rivers, W. H. R. *The History of Melanesian Society*, I, 363–368. Cambridge, 1914.

* トロブリアンド島民 (*Trobrianders*)

Malinowski, B. *Coral Gardens and Their Magic*. 2 vols. New York, 1935.

——. *The Sexual Life of Savages in North Western Melanesia*. 2 vols. New York, 1929.

トラック島民 (*Trukese*)

Murdock, G. P., and Goodenough, W. H. "Social Organization of Truk." *Southwestern Journal of Anthropology*, III, 331–343. 1947.

チムシアン族 (*Tsimshian*)

Durlach, T. M. "The Relationship Systems of the Tlingit, Haida and Tsimshian." *Publications of the American Ethnological Society*, XI, 1–177. 1928.

Garfield, V. E. "Tsimshian Clan and Society." *University of Washington Publications in Anthropology*, VII, 167–340. 1939.

ツワナ族 (*Tswana*)

Schapera, I. *A Handbook of Tswana Law and Custom*. London, 1938.

Warmelo, N. J. van. "Kinship Terminology of the South African Bantu." *Union of South Africa Department of Native Affairs Ethnological Publications*, II, 72–87. 1931.

* トバトラバル族 (*Tubatulabal*)

Gifford, E. W. "Tübatulabal and Kawaiisu Kinship Terms." *University of California Publications in American Archaeology and Ethnology*, XII, 219–248. 1917.

Voegelin, E. W. "Tübatulabal Ethnography." *Anthropological Records*, II, i, 1–82. 1938.

* トピナンバ族 (*Tupinamba*)

D'Anchieta, J. "Informacao dos casamentos dos Indios do Brasil." *Revista Trimensal de Historia e Geographia*, VIII, 254–262. 1846.

D'Evreux, P. *Voyage au Brésil exécuté dans les années* 1612 *et* 1613, ed. F. Denis. Paris, 1864.

Staden, H. *The True Story of His Captivity*, ed. M. Letts. London, 1928.

トゥィ族 (*Twi*)

Mead, M. "A Twi Relationship System." *Journal of the Royal Anthropological Institute*, LXVII, 297–304. 1937.

チェルタル族 (*Tzeltal*)

Holmes, C. G. "Clanes y sistema de parentesco de Cancuc (México). *Acta Americana*, V, 1–17. 1947.

Rojas, A. V. "Kinship and Nagualism in a Tzeltal Community." *American Anthropologist*, n.s., XLIV, 578–587. 1947.

〔**U**〕

ウラワン族 (*Ulawans*)

Ivens, W. G. *Melanesians of the South-East Solomon Islands*. London, 1927.

〔**V**〕

ヴァイ族 (*Vai*)

Ellis, G. W. *Negro Culture in West Africa*. New York, 1914.

Thomas, N. W. *Anthropological Report on Sierra Leone*. London. 1916.

ヴァニモ族 (*Vanimo*)

Thomas, K. H. "Notes on the Natives of the Vanimo Coast, New Guinea." *Oceania*, XII, 163–186. 1941.

*ヴェダ族 (*Vedda*)

Seligman, C. G. and B. Z. *The Veddas*. Cambridge, 1911.

*ヴェンダ族 (*Venda*)

Stayt, H. A. *The Bavenda*. London, 1931.

〔**W**〕

ワラパイ族 (*Walapai*)

Kroeber, A. L., ed. "Walapai Ethnography." *Memoirs of the American Anthropological Association*. XLII. 1–293. 1935.

*ワピシアナ族 (*Wapisiana*)

Farabee, W. G. "The Central Arawaks." *University of Pennsylvania Museum Anthropological Publications*, IX, 13–131. 1918.

ワショ族 (*Washo*)

Barrett, S. A. "The Washo Indians." *Bulletin of the Public Museum of the City of Milwaukee*, II, 1–52. 1917.

Kroeber, A. L."California Kinship Systems." *University of California Publications in American Archaeology and Ethnology*, II, 362–365. 1917.

Lowie, R. H. "Ethnographic Notes on the Washo." *University of California Publications in American Archaeology and Ethnology*, XXXVI, 301–352. 1939.

Siskin, E. L. 未刊フィールド・ノート.

ウィチタ族（*Wichita*）

Lesser, A. "Levirate and Fraternal Polyandry among the Pawnees." *Man*, XXX, 98–101. 1930.

Spier, L. "Wichita and Caddo Relationship Terms." *American Anthropologist*, n.s., XXVI, 259–263. 1924.

ウィネバゴ族（*Winnebago*）

Eggan, F. Winnebago Kinship に関する R. Commons の草稿についてのノート.

Radin, P. "The Social Organization of the Winnebago Indians." *Museum Bulletin of the Canada Department of Mines, Geological Survey*, X, 1–40. 1915.

——. 'The Winnebago Tribe." *Annual Reports of the Bureau of American Ethnology*, XXXVII, 35–560. 1923.

ウィントゥ族（*Wintu*）

Du Bois, C. "Wintu Ethnography." *University of California Publications in American Archaeology and Ethnology*, XXXVI, 1–148. 1935.

Gifford, E. W. "California Kinship Terminologies." *University of California Publications in American Archaeology and Ethnology*, XVIII, 102–104. 1922.

ウィシラム族（*Wishram*）

Spier, L., and Sapir, E. "Wishram Ethnography." *University of Washington Publications in Anthropology*, III, 151–300. 1930.

＊ウィトト族（*Witoto*）

Murdock, G. P. "The Witoto Kinship System." *American Anthropologist*, n.s., XXXVIII, 525–527. 1936.

Whiffen, T. *The North-West Amazons*. London, 1915.

ウォジェオ族（*Wogeo*）

Hogbin. H. I. "Marriage in Wogeo, New Guinea." *Oceania*, XV, 324, 352. 1945.

——. "Native Culture of Wogeo," *Oceania*, V, 308–337. 1935.

——. "Native Land Tenure in New Guinea." *Oceania*, X, 113–165. 1939.

——. "Puberty to Marriage: a Study of the Sexual Life of the Natives of Wogeo, New Guinea." *Oceania*, XVI, 185–209. 1946.

——. "Social Reaction to Crime: Law and Morals in the Schouten Islands, New Guinea." *Journal of the Royal Anthropological Institute*, LXVIII, 223–262. 1938

〔X〕

ゾサ族 (*Xosa*) (Bomvana group)

Cook, P. A. W. *Social Organization and Ceremonial Institutions of the Bomvana*. Cape Town, 1931.

〔Y〕

ヤグハン族 (*Yaghan*)

Gusinde, M. *Die Feuerland-Indianer*, Vol. I: "Die Yamana." Mödling bei Wien, 1937.

ヤコ族 (*Yako*) (Umor group)

Forde, C. D. "Fission and Accretion in the Patrilineal Clans of a Semi-Bantu Community in Southern Nigeria." *Journal of the Royal Anthropological Institute*, LXVIII, 311–338. 1938.

——. "Government in Umor." *Africa*. XII, 129–162. 1939.

——. "Kinship in Umor—Double Unilateral Organization in a Semi-Bantu Society." *American Anthropologist*, n.s., XLI, 523–553. 1939.

——. "Marriage and the Family among the Yakö in South-Eastern Nigeria." *London School of Economics and Political Science Monographs on Social Anthropology*, V, 1–121. 1941.

*ヤクート族 (*Yakut*)

Jochelson, W. "The Yakut." *Anthropological Papers of the American Museum of Natural History*, XXXIII, 35–225. 1933.

Seroshevskii, V. L. *Iakuty*. St. Petersburg, 1896.

ヤンキー (*Yankee*) (Connecticut group)

Murdock, G. P. Connecticut community の未刊の観察.

Parsons, T. "The Kinship System of the Contemporary United States." *American Anthropologist*, n.s., XLV, 22–38. 1943.

ヤオ族 (*Yao*)

Sanderson, M. "Relationships among the Wayao." *Journal of the Royal Anthropological Institute*, L, 369–376. 1920.

Stannus, H. S. "The Wayao of Nyasaland." *Harvard African Studies*, III, 229–272. 1922.

＊ヤルロ族（*Yaruro*）

Petrullo, V. "The Yaruros of the Capanaparo River, Venezuela." *Bulletin of the Bureau of American Ethnology*, CXXIII, 161–290. 1938.

ユチ族（*Yuchi*）

Eggan, F. "Historical Changes in the Choctaw Kinship System." *American Anthropologist*, n.s., XXXIX, 34–52. 1937.

Speck, F. G. "Eggan's Yuchi Kinship Interpretations." *American Anthropologist*, n.s., XLI, 171–172. 1939.

——. "Ethnology of the Yuchi Indians." *Anthropological Publications of the University Museum*, University of Pennsylvania, I, 1–154. 1909.

ユマ族（*Yuma*）

Forde, C. D. "Ethnography of the Yuma Indians." *University of California Publications in American Archaeology and Ethnology*, XXVIII, 83–278. 1931.

Gifford, E. W. "Californian Kinship Terminologies," *University of California Publications in American Archaeology and Ethnology*, XVIII, 62–65. 1922.

＊ユロク族（*Yurok*）

Gifford, E. W. "Californian Kinship Terminologies." *University of California Publications in American Archaeology and Ethnology*, XVIII, 27–29. 1922.

Kroeber, A. L. "California Kinship Systems." *University of California Publications in American Archaeology and Ethnology*, XII, 339-396. 1917.

Waterman, T. T., and Kroeber, A. L. "Yurok Marriages." *University of California Publications in American Archaeology and Ethnology*, XXXV, 1–14. 1934.

〔**Z**〕

ズル族（*Zulu*）

Krige, E. J. *The Social System of the Zulus*. London, 1936.

＊ズーニ族（*Zuñi*）

Kroeber, A. L. "Zuñi Kin and Clan." *Anthropological Papers of the American Museum of Natural History*, XVIII, 39–204. 1917.

Parsons, E. C. "The Kinship Nomenclature of the Pueblo Indians." *American Anthropologist*, n.s., XXXIV, 377–389. 1932.

監訳者略歴

内藤莞爾（ないとう　かんじ）

1916年静岡県生まれ。40年東京大学文学部社会学科卒業。74年日本学術会議会員（第10期）。76年日本社会学会会長。文学博士。九州大学名誉教授。

主要著訳書

『社会学要論』（編）関書院、1957年。

『社会学史概論』（共編）勁草書房、1976年。

『五島カトリックの家族分封』北川基金刊行会、1970年。

『末子相続の研究』弘文堂、1973年。

『西南九州の末子相続』（編）御茶の水書房、1971年。

『日本の宗教と社会』御茶の水書房、1978年。

メゾンヌーブ『社会心理』白水社、1952年。

M.ウェーバー『社会学の基礎概念』（共訳）角川書店、1969年。

R.カイヨワ『聖なるものの社会学』弘文堂、1971年。

新版　社会構造

1978年 7 月 1 日　第1版第1刷発行
2001年 3 月20日　新版第1刷発行

著　者＝G.P.マードック
監訳者＝内藤莞爾
発行者＝株式会社 新 泉 社
東京都文京区本郷 2－5－12
振替・00170－4－160936番　TEL03(3815)1662／FAX03(3815)1422
印刷・萩原印刷　製本・榎本製本

ISBN4－7877－0107－X　C1036

「エスニック」とは何か

青柳まちこ編・監訳
A5判・224頁・2500円

エスニシティという概念を使う上で避けて通ることのできない基本論文を集めて一冊にまとめた。論者は，F・バルト，W・イサジフ，E・イームズ，R・コーエン他

ルーマン　社会システム理論

クニール，ナセヒ著　舘野，池田，野﨑訳
A5判・246頁・2500円

広範な知の領域で論争を喚起し，“難解さ”で知られるN・ルーマンのシステム理論を分析，わかりやすく解説したはじめての書。ルーマン理論の全体像を解明する。

ミクロ－マクロ・リンクの社会理論

アレグザンダー他著　圓岡他訳
A5判・274頁・2800円

社会学の二大潮流であるミクロ理論とマクロ理論をつなぎ，新しい社会観察の立場を目指す，アレグザンダー，ルーマン，コリンズ，ミュンヒ等の6論文を収録。

〈表示価格は税別〉